언어와 소통

언어와 소통

— 의미론의 쟁점들

박근갑 / 황수영 / 정연재 / 허경 / 디트리히 부세 /
자크 기요무 / 박여성 / 이철 / 니클라스 루만 / 황정아

小花

책머리에

"인간을 움직이는 것은 행위가 아니라 그 행위를 둘러싸고 벌어지는 말이다."

독일어 개념사 사전과 이름을 함께하는 라인하르트 코젤렉(Reinhart Koselleck)은 스토아철학자 에픽테토스(Epictetos)가 남긴 이 경구에서 인간 경험과 기대 사이의 긴장 관계를 질문하는 의미론의 단서를 이끌어 낼 수 있었다. 말의 혼란을 일깨웠던 그 도덕지침 가운데 오늘날 인간학이 주목할 만한 과제가 들어 있다. 말의 힘이나 작용이 없다면 희망과 공포, 의지와 고통을 담고 있는 인간행위는 시간의 궤적으로 이어질 수 없다. 의식과 존재, 정신과 생활, 말과 실천, 곧 언어와 세계라는 이 대칭 관계는 인간학이 이해하고 설명하거나 재구성해야만 하는 오랜 과제에 속한다. 언어 없는 세계와 마찬가지로 세계 없는 언어는 존재하지 않는다. 그러므로 인간의 생각과 행동을 사유하는 마당에서 이 두 가지 기본 범주는 어느 한쪽으로 기울 수 없을 것이다. 이로부터 하나의 방법론 질문이 생겨난다. 인간 삶의 모든 영역을 담고 있는 언어들 가운데에서 어떻게 한 시대의 의미연관을 발견할 수 있을까? 개념사 사전을 이끄는 중심 명제는 바로 여기에 근거한다. "과거의 경험은 통합하려고 하며, 미래의 기대는 전망들을 파열시킨다." 이러한 균열 지점을 반영하는 신조어들이 이른바 '근대'라는 새로운 시간을 이끌게 된다. 이때 언어는 소통의 지표이면서 그 행위를 부추기는 요소로 작용한다.

이러한 방법론 과제는 이 땅에 서서 구경하는 먼 산일 따름일까? 『서유견문』으로 유명한 유길준의 말이 우리의 이목을 끈다. 처음으로 서양의 사정을 세세히 알린 이 책의 서문에 언어와 소통의 관계를 고심했던 흔적이 뚜렷하다.

"우리글은 우리 선왕께서 창조하신 인문(人文)이요, 한자는 중국과 통용하는 글자이니, 나는 오히려 우리글만을 순전히 쓰지 못한 것을 불만스럽게 생각한다. 외국 사람들과 국교를 이미 맺었으니 온 나라 사람이 상하, 귀천, 부인, 어린이를 가릴 것 없이 저들의 형편을 몰라서는 안 될 것이다. 그러니 서투르고도 껄끄러운 한자로 얼크러진 글을 지어서 실정을 어긋나게 전하기보다는, 유창한 글과 친근한 말뜻으로 진경의 상황을 그대로 힘써 드러내는 것이 올바를 것이다."

언문일치의 소통을 바라는 마음이 절절하다. 그 뒤로 수많은 서양 개념이 이 땅에 들어와 근대의 시간을 수놓았다. 오늘날까지 이어지는 그 말들은 전통의 경험을 낯설게 만들면서 미지의 기대를 드러내는 의미론 지평을 열었다. 그럼에도 언문일치의 소통은 꿈으로만 남았다. 민주주의, 자유, 공화정치, 역사, 헌법, 민족주의와 같은 사례에서 보듯 대부분의 이식 용어는 일본식 번역 과정을 거친 한자 말들이다. 일본의 토양에 적응했던 이 말들이 한국의 근대 시간과 접합하는 과정에서 어떠한 소통행위가 발생했는가? 유길준 당대에 나타나지 않은 이 질문은 오늘날에도 여전히 낯설다. 이 책에 담긴 여러 편의 글이 그러한 질문에 곧바로 답하지는 못하더라도 한국 근대성의 의미론 연구로 이어질 만한 징검다리를 놓을 수 있으리라 기대해 본다.

2016년 3월

필자들을 대신하여 박근갑

차례

'근대'의 의미론*

— 라인하르트 코젤렉과 한스 블루멘베르크

박근갑

한림대학교 사학과 교수를 역임했으며 지금은 『개념과 소통』 편집위원장을 맡고 있다. 저서로는 『개념사의 지평과 전망』(2016 · 공저), 『복지국가 만들기 : 독일 사회민주주의 기원』(2009) 등이 있고, 논문으로는 「역사 · 문명 · 진보 — 후쿠자와 유키치와 유길준의 시간 인식」(2014), 「메이지 교육체제와 '역사'의 의미론」(2014), 「국사에서 역사로」(2013) 등이 있다.

* 이 논문은 『개념과 소통』 제9호(2012. 6)에 게재되었다.

1.

우리의 시간이 탄생의 시간이며 하나의 새 시대로 넘어가는 과도기라는 점을 별로 어렵지 않게 내다볼 수 있다. 정신은 지금까지 존재와 생각을 기댔던 세계에서 완전히 벗어나 그것을 과거 속에 깊숙이 가라앉히려고 하면서 스스로 모습을 바꾸기 위해 애쓰고 있다.

헤겔(G. W. F. Hegel)의 『정신현상학』 서문에 나오는 이 말은[1] 유럽 계몽주의자들의 역사적 시간의식을 집약했던 설명으로 읽힌다. 독일어 표현의 '근대(Neuzeit)'가 '새로운 시간(neue Zeit)'이라는 계몽시대 유행어에서 유래했듯이 근대성은 새로움의 자기의식이 역사적으로 드러난 하나의 표상이었다. 그렇듯 미래로 향한 기대 · 희망 · 예측이 시대적 언어들 가운데 나타난다면, 새로운 시간경험들은 어떻게 설명되는가? 해석학의 전통을 비판적으로 이어받은 역사적 의미론이 그 과제를 떠맡는다. 그것은 '근대'를 하나의 시간 단위로 파악할 뿐 아니라 근대성의식의 역사성을 하나의 특정한 세계 상황의 표현으로 성찰함으로써 언어적 성과로 드러나는 근대의 명확한 증거들을 밝힌다.[2]

1 Hegel, G. W. F.(1952), *Phänomenologie des Geistes*, Hamburg : Verlag v. Felix Meiner, p.15.

2 Makropoulos, Michael(2011), "Historische Semantik und Positivität der Kontingenz : Modernitätstheoretische Motive bei Reinhart Koselleck," in Hans Joas and Peter Vogt eds., *Begriffene Geschichte : Beiträge zum Werk Reinhart Kosellecks*, Berlin : Suhrkamp Verlag, pp.481~513.

역사적 의미론이 지나간 현실 가운데 등장했던 시간경험들의 언어적 구성을 탐색한다는 점에서 그 과제는 개념사의 방법과 다를 바 없다. 독일어 개념사 사전 『역사적 기본 개념』을 이끌었던 라인하르트 코젤렉(Reinhart Koselleck)의 개념사 기획이 모범 사례이다.[3] 그는 그 과제를 이렇게 설명한다. "당면한 시간이 계속해서 새로운 시대, 즉 근대로 경험될수록 미래의 도전은 그만큼 커졌다. 그러므로 특별히 그때그때 당면하는 현재와 지금으로선 그 무렵이지만 어느덧 지나가 버린 미래가 연구될 것이다." 이렇듯 그가 이해하는 개념사는 과거의 경험들을 포괄하고 미래의 기대들을 한데 묶으며 시대적 변화를 신호하는 동시에 그것을 이끄는 '중심 개념들의 의미론(Semantik zentraler Begriffe)'이다.[4] 전통사회의 균열이 새로운 개념 정립의 갈등을 동반한다는 점에서 개념사는 시간경험의 역사를 재구성한다는 뜻이다. 근대라는 위기 상황이 그 중심에 있다. 그때부터 개념 정립을 둘러싼 갈등이 사회적 · 정치적 파괴력을 보이기 시작했으며, 수많은 용어가 지나간 경험의 이해에 멈추지 않고 미래의 도전으로 나아간다. 그렇게 '역사적 운동의 요소(Faktoren)이면서 동시에 지표(Indikatoren)'로 이해할 수 있는 개념들의 의미론은 되살아난다.[5]

이러한 방법론 전제가 기념비적 개념사 사전의 기획을 이끌었다. 그리고 그 항목들의 중심에는 '스스로 가속하는' 시간의 지평에서 후퇴를 모르는 전망 개념(Perspektivbegriff)이 자리할 수 있었다. 이를테면 역사, 진보, 혁명,

3 Brunner, Otto, Werner Conze and Reinhart Koselleck eds.(1972~1997), *Geschichtliche Grundbegriffe : Historisches Lexikon zur politisch-sozialen Sprache in Deutschland* 8 vols., Stuttgart : Klett-Cotta.

4 Koselleck, Reinhart(1979), *Vergangene Zukunft : Zur Semantik geschichtlicher Zeiten*, Frankfurt am Main : Suhrkamp, p.12.

5 Koselleck, Reinhart(1967), "Richtlinien für das Lexikon politisch-sozialer Begriffe der Neuzeit," *Archiv für Begriffsgeschichte* 11, pp.81~99.

공화제, 민주주의, 시민사회 등이 곧 그것이다. 코젤렉은 그 의미론을 탐색하기 위해 하나의 이상형(ideal type)을 설정하는데, '자텔차이트(Sattelzeit)'－'말안장시대(Sattelzeit)'가 그것이다.[6] 이 가상의 모델은 다음의 설명처럼 프랑스혁명 이전 시기에서 시작하여 혁명적 사건과 변동을 지나 우리 시대의 언어 공간으로 이어지는 개념의 변화를 추적하는 과제를 지니는 것이다. "지난 세기의 중반기 이래 같은 이름의 단어들에서 더 이상 '번역'을 요구하지 않을 만큼 오늘날의 의미 내용이 처음으로 확실하게 정해졌듯이 그러한 개념의 변화가 무엇보다도 1750～1850년 사이에 이루어졌다는 사실이 편찬 작업을 이끄는 발견적 원리(heuristisches Prinzip)이다. 그 탐색적 예견은 이를테면 하나의 '자텔차이트－말안장시대'를 내세우는데, 그때에 (개념들의) 어원이 오늘날 쓰는 의미로 바뀌었다."[7]

이러한 명제들에 따라 위기시대의 정치적·사회적 개념들은 그 가운데 작동하는 운동성과 가속성의 요소들을 통해 새로운 의미론을 얻었다. 이로써 코젤렉이 처음부터 기대했던 바대로 개념사와 사회사는 서로 방법론의 경계를 허물 수 있는 근거를 마련했다. 이와 더불어 '근대'의 역사서술은 방법의 공간을 확장했을 뿐 아니라 인식론의 영역에서 자기 성찰의 계기를 얻었다. 즉 "개념이 역사적으로 이해되듯이, 역사는 그 개개의 개념을 통해

6 Koselleck, Reinhart(2003), *Zeitschichten : Studien zur Historik*, Frankfurt am Main : Suhrkamp, pp.302 ff. 독일어 'Sattel'은 '말이나 자전거의 안장 또는 마주 보는 두 산이 아래 부분에서 서로 맞닿는 안부(鞍部)'를 의미한다. 여기에 '시간'을 합성한 말이 곧 '자텔차이트'인데, 코젤렉은 명확한 사전적 뜻풀이를 남기지 않았다. 따라서 그것의 정확한 번역어를 찾기 어렵다. 다만 그 말이 어느 시점에 이루어진 개념의 생성과 변화가 현대세계에까지 이어지는 운동성과 연속성을 함께 의미한다고 풀어 볼 수 있겠다〔이진일(2011), 「개념사의 학문적 구성과 사전적 기획 사이에서 : 『코젤렉의 개념사 사전』을 중심으로」, 『개념과 소통』 제7호, pp.135～162〕.

7 Koselleck, Reinhart(1967), 앞의 논문, pp.81 ff.

해석된다. 개념사는 개념과 역사의 수렴을 테마로 한다."[8] 그렇더라도 이른바 자텔차이트－말안장시대는 하나의 이상형 가설일 따름이다. 따라서 그것은 모든 개념 사례에 골고루 적용될 수는 없다. 다시 말하자면 이상형과 개별 개념 사이에 벌어지는 거리 간격의 편차를 조정해야만 하는 과제가 따로 남는다. 크게 볼 때 우선 두 가지 질문이 앞선다. ① 자텔차이트－말안장시대가 근대 이전 세계와 근대세계 사이의 근본적인 단절을, 그리고 그 시기와 현재의 연속성을 지시하는 이행기라면, 왜 특정한 기간(1750～1850)에 그 시작점과 마무리 지점이 위치하는가? ② 근대 개념들이 미래로 향한 운동지향성을 표출하면서도 전통적 요소들을 상당 부분 내포하고 있다면, 이러한 이중성은 어떻게 해명될 수 있을까?

코젤렉은 처음부터 이 이상형과 개별 역사 사이의 문제점을 감지하고 있었던 듯, 여러 글에서 개념사의 명제들을 보완하는 은유법(Metaphorik)의 중요성을 언급했다. 이를테면 그는 이미 개념사 사전을 기획하면서 "감각적이며 상황에 얽힌 콘텍스트가 개념에 정치적 · 사회적 추진력을 불어넣는다"는 근거에서 그러한 수사의 방법에 주목해야 한다는 점을 강조했다.[9] 이는 한스 블루멘베르크(Hans Blumenberg)의 은유학 방법에 초점을 둔 것이다. "절대적 은유는 개념보다도 더 근본적인 의미에서 역사를 지닌다. 왜냐하면 한 은유의 역사적 변화는 그 자체로 역사 과정의 의미지평과 관찰 방식의 메타동학(Metakinetik)을 생생하게 드러내 주는데, 그 안에서 개념들이 변이를 겪기 때문이다." 『코젤렉의 개념사 사전』 기획에 앞선 「은유학의 범례들」[10]에 나오는 설명이다. 블루멘베르크는 그렇게 또 다른 역사적 의

8 Koselleck, Reinhart(1967), 앞의 논문, p.85.

9 Koselleck, Reinhart(1967), 앞의 논문, p.87.

10 Blumenberg, Hans(1960), "Paradigmen zu einer Metaphorologie," *Archiv für Begriffsgeschichte* 6, pp.7～142. 이 논문은 1998년 같은 제목의 단행본으로 출간되었는데, 여

미론의 장을 열었다. 은유는 개념처럼 하나의 지표로 작용하는 역사적 증언이다. 그러면서 은유는 개념의 자산보다도 더 원초적인 의미를 전달한다. 개념의 형성에 앞서거나 개념의 저변에 잔존하는 상징적이며 회화적인 요소들이 은유학의 주요 대상이다. 은유의 의미론은 따라서 개념형성기, 즉 '로고스'의 공간을 건너 신화의 세계까지 거슬러 오르면서 전통과 근대의 경계를 넘나든다.

은유의 방법은 한 시대의 이념이나 정치행위의 밑바탕에 축적된 상징체계에 알맞다. 이로부터 은유의 역사는 '개념 형성의 앞마당에서(Vorfeld der Begriffsbildung)'[11] 규정되지 않은 채 임시적으로 존재하는 의미의 구성 요소에 가까이 갈 수 있다. 한 사회가 계몽의 시간을 늦게 경험할수록 근대적 개념 형성의 저변에 많은 전통 요소가 잔존한다고 보면, 은유의 의미지평은 보다 생생하고 원초적인 역사로 구성될 수 있을 것이다. 이 바탕에서 개념사와 은유학의 명제들이 서로 보완하면서 긴장 관계에 선다면, 거기로부터 새로운 탐색적 예견을 생성할 수 있을 것이다. 그러나 흥미롭게도 코젤렉은 위대한 개념사 사전 편찬을 마무리하면서 이런 말을 남긴다. "한스 블루멘베르크가 제시한 바대로 우리 개념들의 은유법이 체계적으로 연구되지 않았다는 사실 역시 비난받을 수도 있겠다. 이 모든 요구가 앞으로 계속되는 작업을 고대하는데, 우리 사전이 그렇게 완수되려면 아마도 너무 큰 부담을 졌을 것이다."[12] 은유학의 방법은 개념사 연구에 어떠한 짐을 지우는가?

기에서 인용한 부분은 단행본의 내용에 따른 것이다[Blumenberg, Hans(1998), *Paradigmen zu einer Metaphorologie,* Frankfurt am Main : Suhrkamp, p.13].

11 Blumenberg, Hans(1997), *Schiffbruch mit Zuschauer*, Frankfurt am Main : Suhrkamp, p.87.

12 Koselleck, Reinhart(1992), "Vorwort," in Otto Brunner, Werner Conze and Reinhart Koselleck eds., *Geschichtliche Grundbegriffe* 7, Stuttgart : Klett-Cotta, p.VIII.

2.

블루멘베르크의 은유학처럼 코젤렉의 개념사 또한 메타동학의 의미론을 펼친다. 이 점에서 개념사는 다른 역사학 분과들과 구별된다. 개념사는 우선 역사적 시간 체험을 명시하거나 함축하는 텍스트들을 통해 이미 언어로 표현된 과거의 실상을 밝힌다. 그러면서 그것은 가설이나 학술적 인식 범주들을 이용해 이전에 언어로 표현되지 않았던 사실을 재구성한다. 그러므로 개념사의 개념들은 두 가지 차원을 지닌다. 즉 사료가 전해 주는 개념들은 '지나간 현실'을 이해하는 '발견적' 통로를 열며, 나중에 형성되거나 정의된 개념들은 어떠한 역사의 가능성을 오늘날의 인식 조건과 연결하는 선험적 범주로 기능한다. 바로 이 두 번째 층위의 형식적 범주가 역사를 구성하고 성찰할 수 있도록 보편적이며 인간학적 조건을 지시한다. 코젤렉은 그 범주의 위치 가치를 이렇게 설명하고 있다.

"역사의 시간성을 지향하는 메타역사의 규정이 없다면 우리는 경험적 연구에서 표현들이나 어구들을 사용할 때마다 그 역사적 근거들을 구체적으로 밝혀야만 하는 소용돌이에 빠지고 말 것이다."[13] '경험공간'과 '기대지평'이라는 두 범주가 그러한 인식론적 과제를 떠맡는다. "역사가 가능하도록 토대를 세우는 인식 범주들이 중요하다. 다시 말하여 행동하거나 고뇌하는 인간들의 경험과 기대에 힘입지 않고 구성되는 역사란 없다."[14] 이로부터 어떠한 '근대'의 의미가 열리는가?

두 범주 사이의 '극성'에 위치하는[15] 코젤렉의 의미론은 명료하면서도 함축적이다. "근대에 이르러 경험과 기대 사이의 간격이 점점 커진다. 더

13 Koselleck, Reinhart(1979), 앞의 책, p.354.

14 Koselleck, Reinhart(1979), 앞의 책, p.351.

15 폴 리쾨르(2004), 『시간과 이야기 3』, 김한식 옮김, 문학과지성사, p.399.

정확하게 말하자면 기대들이 그때까지 만들어진 경험들과 점점 어긋나면서 근대가 하나의 새로운 시대로 이해된다."[16] 미래의 시간으로 향하는 신념과 희망이 이전의 모든 체험과 삶의 궤적에서 멀어지는 기대에 근거한다는 설명이다. 이러한 인간학적 명제는 메타역사의 층위에서 자신의 정당성을 입증하면서 계몽철학이 무너뜨렸거나 새로 세운 논제들을 능가한다. 그렇게 그것은 "모든 시대에 사람들이 역사라는 용어로 — 만들어진 역사든 이야기된 역사든 글로 쓰인 역사든 — 그들의 존재를 생각했던 모든 방식을 규제한다."[17] 그 증언 가치를 탐색하기 전에 먼저 두 범주의 개념 정의를 보자.

우선 경험이란, 사건들이 기억 속에 흡수되어 있는 '현재의 과거(gegenwärtige Vergangenheit)'이다. 합리적으로 다듬어진 것들 또는 지식이나 학술 체계 가운데 모습을 드러내지 않는 무의식의 행동 방식들이 경험으로 모인다. 경험이 공간적이라는 의미는 "누적된 과거를 단순한 연대기에서 벗어나게 해주는 층상(層狀)구조 속에 결집시키고 층을 이루게 하는 가능성을 환기한다."[18] 비유컨대 그것은 세탁기의 유리문처럼 그 뒤에서 색색의 온갖 빨랫감들이 아무 때나 나타나는데, 그것들은 모두 통 속에 들어 있다. 이와 다른 '존재 방식'에 근거하는 기대는 '오늘'에 성취되지만 아직 경험되지 않으면서 오직 추론할 만한 것을 지향하는 '현재화된 미래(vergegenwärtigte Zukunft)'이다. 희망과 공포, 염려와 호기심 또는 합리적 의지가 거기로 흘러들어 간다. 기대가 지평으로 향한다는 의미는 주어진 조건 속에 포함되어 있는 것을 넘어서서 미지의 경험공간을 나중에 펼쳐 주는 선을 지시한다. 이로써 경험의 공간과 기대의 지평 사이에 '존재 방식'의 불균형이 드러난다. 경험은 공간에 갇혀 결합되지만, 미래로 향한 긴장 가운데 기대는 파열하기

16 Koselleck, Reinhart(1979), 앞의 책, p.359.

17 폴 리쾨르(2004), 앞의 책, p.411.

18 폴 리쾨르(2004), 앞의 책, p.400.

때문이다. 이러한 대립 관계로부터 역사적 시간의 의미가 나온다. 코젤렉의 설명대로라면 "단절 없이 어떤 하나가 다른 무엇으로 바뀔 수는 없다."[19]

요약컨대 미래세계로 향한 긴장 가운데 기대가 지나간 모든 경험에서 점점 멀어지고 나서야 비로소 근대가 새로운 시대로 파악된다는 점이 코젤렉 의미론의 선험적 명제이다. 이로부터 개념사의 중심 과제가 설정된다. 그것은 곧 오늘날 새롭게 구성한 인식 범주와 사료로부터 직접 물려받은 개념 사이의 괴리나 수렴 과정을 측정하고 탐색하는 일이다. 이 모든 방법론 전제는 전체 역사의 지평에서 역사가가 자신의 서 있는 지점(Standpunkt)을 성찰할 때 가능하다. "계몽사상 이래 역사적 진행의 조건과 그 속에서 이루어지는 행위의 조건, 그리고 그 인식의 조건이 서로 얽히게 된다. 그러나 역사적 운동 한가운데에 서 있는 위치를 분명히 정하지 못한다면 그러한 연관성은 유지될 수 없다."[20]

이러한 변증의 논리는 또한 경험 연구의 장에서 자텔차이트-말안장시대의 이상형을 명시적으로 옹호할 만한 근거로 작용한다. 코젤렉이 보기에 그 이행기의 단서는 18세기 역사철학에 있다. "초기 근대를 그와 맞닿아 있던 과거에서 분리하면서 새로운 미래와 더불어 우리의 근대를 열었던 것은 무엇보다도 역사철학이다. 절대주의 정치의 그늘에서 정책과 예언을 대담하게 결합하는 시간의식과 미래의식이 처음에는 비밀리에, 그리고 나중에는 공공연히 자라났다. 합리적 미래 예측과 구원을 확신하는 기대의 혼합은 18세기의 특성인데, 이것은 진보의 철학으로 이어졌다." 그리고 그는 스스로 질문한다. 이러한 철학적 사유에 "고유한 미래 기대의 새로움은 무엇이었겠는가?"[21] 그 해답을 뒤따르면 '근대'를 신호하면서 이끌고 가는

19 Koselleck, Reinhart(1979), 앞의 책, p.357.
20 Koselleck, Reinhart(1979), 앞의 책, p.182.
21 Koselleck, Reinhart(1979), 앞의 책, p.33.

중심 개념들의 의미론이 보일 것이다.

코젤렉의 의미론 탐색은 우선 1870년대에 쓰이기 시작한 '근대(Neuzeit)'의 개념에 앞서서 18세기 후반 이래로 널리 쓰이기 시작했던 '새로운 시간(neue Zeit)' 또는 '최신의 시간(neueste Zeit)'이라는 것에서 시작한다. 이 표현들의 역사성은 매번 닥치는 순간순간이 자연적이거나 연대기적 새로움을 지닌다는 점에 머물지 않는다. 그것은 지금과 미래 사이의 새로운 관계로부터 새로운 시간의 질이 나타난다는 의미에서 중요하다. 이를테면 뷔슈(Johann Georg Büsch)는 1775년에 역사를 '옛 시대', '중간 시대', 그리고 '우리 시대까지 이어지는 새로운 시대'로 분류하면서 그 '새로운 시대'로부터 '최신의 시대'를 구분하거나 '지금의 세기'를 파악할 수 있다고 썼다. 이렇게 분류한 '새로운' 역사는 옛 시대에만 얽힌 것이 아니라 끊임없이 분화를 불러일으킨다는 점에서 시간적 고유성을 획득한 것이었다.[22] 이처럼 이미 프랑스혁명 '전야에' 이루어진 시대적 개념 형성은 '하나의 새로운 시간경험의 징후로서' 특별한 의미를 지닌다. 그 새로움이란 사람들이 그때부터 시간을 말하면서 더 이상 회고의식에만 머물러 있지 않았다는 사실에 있었다. 이제 사람들은 더 이상 돌이켜보면서 '중세시대'를 말하듯이 한 시점의 끝자락을 의식하기보다는 새로운 시대의 시작점에서 자기 존재를 알게 되었으며, 곧바로 그 지식을 새로운 개념으로 이끌 수 있었다. '하나의 새로운 미래지평'이 열리게 되자마자, 적어도 문학과 지성의 영역에서 스스로 자기 존재를 규정할 수 있었던 인간이 점진적으로 미래를 제어할 수 있도록 채비하고 있었거나 '역사 만들기'를 말하기 시작했다.[23]

이러한 '시간적 변화 계수'로부터 계몽시대의 성찰 개념들이 등장했다.

22 Koselleck, Reinhart(1979), 앞의 책, pp.318 ff.

23 Koselleck, Reinhart(2003), 앞의 책, pp.225 ff, pp.298 ff.

그 가운데 '진보(Fortschritt)'는 경험과 기대 사이의 시간적 차이를 유독 돋보이게 파악했던 '첫 번째 순수한 역사적 개념'이었다.[24] 그것은 '이전'과 '이후', 그리고 '~보다 이른' 또는 '~보다 늦은'이라는 시간화의 범주로써 일상의 영역과 정치의 장을 분류했다. 그것은 또한 '더 나은 것' 내지는 '완전함'으로 향한 미래의 기대를 드러낼 뿐만 아니라 시간의 척도로써 이편과 저편을 가르는 행위의 규범이 되기도 했다. 그렇게 인간이 스스로 역사적 시간을 성찰하기 시작했을 때, 진보는 비로소 발견될 수 있었다. 그러므로 그것은 하나의 성찰 개념이다. 실천의 장에서 보자면, 그것은 사람들이 온 힘을 기울여 그것을 기획할 때 생성한다. 장기적인 변화의 전망에서 미래란 곧 '계획의 지평(Horizont der Planung)'인데, 그것이 앞으로 나아가는 과정으로 설명할 수 있는 역사적 시간의 부수 현상이기 때문이다. 진보의 발견은 그렇게 역사적 세계의 발견과 분리될 수 없었다. 새로운 세계로 향한 역사의 시선과 진보의 시선이 하나의 원천에서 유래한 것이다.[25] '역사'와 '진보'는 같은 의미의 개념으로 생성했으며, 역사의 철학은 곧 진보의 철학이었다.[26]

이처럼 진보와 함께 새로운 시간을 지시했던 역사는 더 이상 '시간 속에서' 생성하는 것이 아니라 '시간을 통해' 이루어지는 개념이 되었다.[27] 말하자면 역사는 스스로 시간을 움직이는 힘이 되었다. 그 새로움은 어떠한 표현들 가운데 실현되는가? 어느 무엇의 역사라기보다는 '역사 자체'가 새로

24 Koselleck, Reinhart(1979), 앞의 책, p.366.

25 Koselleck, Reinhart(2003), 앞의 책, pp.323 ff.

26 Koselleck, Reinhart and Christian Meier(1979), "Fortschritt," in Otto Brunner, Werner Conze and Reinhart Koselleck eds., *Geschichtliche Grundbegriffe* 2, Stuttgart : Klett-Cotta, pp.371 ff.

27 박근갑(2009), 「'말안장 시대'의 운동개념」, 박근갑 외, 『개념사의 지평과 전망』, 소화, pp.31~59.

운 시대의 표상이며, 대표단수의 용어가 시작이라는 점이 우선 두드러지는 대목이다. 이전에는 신이 인간을 내세워 주재하는 역사만 있었으며, 스스로 움직이고 결정하는 역사의 의미는 없었다. 그러는 가운데 여러 역사들이 복수로 존재하면서 도덕과 윤리의 범례에 기여했다. 그러다가 1780년대에 이르러 어느 계몽사상가의 편지에 이런 문구가 등장했다. "우리가 그것을 보편적으로 관찰한다면, 역사 자체(Geschichte selbst)가 우리에게 이지적이고 도덕적이며 사회적인 모든 본질의 관계들을 훌륭하게 이해하는 지침을 준다." 이때 역사는 객체 없는 대표단수의 표현이었다. 이어서 그 글은 또한 하나의 성찰 개념을 명시한다. "여기로부터 도덕적 세계 또는 사색적이며 실질적인 모든 본질의 개념이 생성했다. 이러한 개념은 역사 일반(Geschichte überhaupt)의 표현과 다름 아니다."[28] 그렇듯 '역사'는 점점 더 추상화되고 복잡한 현실과 경험 들을 하나의 말로 수렴하는 보편 개념이 되었다.[29]

이처럼 추상적이며 보편적인 표현들과 더불어 역사 개념은 역사철학과 동반했다. 이를테면 셸링(F. W. J. Schelling)은 역사철학의 '첫 번째' 과제를 제기하면서, "하나의 역사를 전반적으로 생각할 수 있는 방법은 누구든 오직 자신의 의식을 통하여 모든 사실을 어떠한 것이라고 이해하는 거기에 있다"라고 스스로 답했는데,[30] 그 가운데 초월적 이상주의 체계로 역사를 성찰하는 방식이 들어 있다. 그런 다음 역사 일반은 하나의 과정으로 이해되었으며, 그것은 곧 역사 속에 깃들어 있는 절대정신 또는 이성을 성찰하

28 Wegelin, Jakob(1783), *Briefe über den Werth der Geschichte*, Berlin, p.24. Koselleck, Reinhart et al.(1979), "Geschichte, Historie," in Otto Brunner, Werner Conze and Reinhart Koselleck eds., *Geschichtliche Grundbegriffe* 2, Stuttgart : Klett-Cotta, p.650에서 재인용.

29 Koselleck, Reinhart(1979), 앞의 책, pp.265 ff.

30 Schelling, F. W. J.(1965), *Werke* 2, p.590, pp.591 ff, p.603. Koselleck, Reinhart et al.(1979), 앞의 논문, p.671에서 재인용.

는 사유 방식을 낳았다. 셸링은 그렇게 헤겔보다 한 걸음 앞서서 스스로 진보하는 역사를 사유했다. '진보'와 함께 새로운 경험을 지시하던 '역사'는 또한 미래를 향해 끊임없이 자신을 넘어서는 역사적 시간을 담는 개념으로 성장했다. 때마침 프랑스혁명이 동시대 사람들의 의식 속에서 그러한 '경험의 문턱(Erfahrungsschwelle)'을 넘어설 수 있도록 계기를 마련했다. 낭만주의 문필가 노발리스(Novalis)는 그 혁명의 진행 과정을 지켜보면서 "진보하면서 점점 더 넓게 나아가는 발전이 역사의 실체이다"라고 썼다. 셸링은 좀 더 단호하게 "앞으로 나아가지 않는 것은 역사의 대상이 아니다"라고 주장했다.[31] 이러한 진술들은 물론 역사적 시간의 확장과 운동 가운데 그 통일성의 근거를 세우려는 이상주의 사고에서 나온 것이다. 그렇기에 전체 세계 역사의 진행 과정이 사변적인 성격을 지녔지만, 늘 고유한 시간의 진단을 고려하는 전제에서 그러한 성찰이 가능했다. 그런 다음에야 역사는 혁명의 경험을 가공할 수 있었다.

코젤렉은 이렇듯 '위기시대' 언어들의 배양토에서 선험적 인식 범주를 가공한다. 그러면서 그는 계몽주의의 목적론 이념을 상대화하면서 그 전제를 뛰어넘는 보편적 의미론을 재구성한다. 그 과제는 곧 진보의 철학이 마지막으로 기댔던 세계 역사의 '궁극 목적'을 언어적으로 해부하면서 그 허구성을 규명하는 것이다. 무엇이 문제일까? "행위자들을 궁극 상태에 묶어 두면 역사의 심판을 핑계로 거기에 참여하는 사람들의 시선을 가로막게 된다." 코젤렉이 이끌어 낸 사례는 '혁명(Revolution)'의 개념이다. 그리스어 어원의 그 말은 처음에 '순수한 상태의 회귀' 또는 '정치체제의 순환'을 의미했으며, 16세기에는 '행성의 운행'과 같은 뜻으로 쓰였다. 그것은 드디

31 Schelling, F. W. J.(1958), *Werke* 1, p.394. Koselleck, Reinhart et al.(1979), 앞의 논문, p.673에서 재인용.

어 계몽의 시대에 역사철학의 전망 개념으로 상승하면서 갑작스런 사건이나 근본적 변혁을 표현하기 시작했으며, 프랑스혁명을 거치면서 더 이상 주어진 상황이나 가능성으로 회귀하지 않았다. 그 뒤 '혁명'은 끊임없이 매번 닥치는 현재의 경험공간을 이탈하여 기대했던 미래로 달려 나갔다. 적대적인 반동이 항상 혁명을 자극했기 때문이다. 그렇게 혁명과 반동의 상호작용이 초래한 최종 목표는 미래 없는 미래이며, 늘 아직 그때가 이르지 않았지만 언젠가는 다가올 낙원과 같았다. 이러한 의식이 끊임없는 당위의 형식 구조를 지니게 될 때, 천년왕국이나 계급 없는 사회와 같은 허구를 역사적 현실로 전이하는 일이 가능했다.[32]

자기 발전의 시간성에 기댄 코젤렉의 의미론 명제가 이처럼 진보철학의 목적론과 화해할 수 없다면, '스스로' 운동하고 가속하는 개념의 현상들은 어디에 근거하는가? 지표와 요소의 인식 범주는 기술혁신이나 대혁명 등의 거시 변혁이 선행하는 개념 변화 없이는 스스로 작용할 수 없다는 가정을 암시한다. 말하자면 개념 형성은 명확한 자기 목적의 토대에 근거할 수 없으며, 따라서 경험과 기대 사이의 단절 지점 곧 자텔차이트－말안장시대의 시작점은 우연성(Kontingenz)에 귀착할 따름이다. 그러므로 개념은 주어진 상황 안에서 표현되지만, 그 환경(테두리)은 개념 바깥에 위치한다. 역사의 과정이 전적으로 그 자체의 내적 동인에 의존할 수 없다면, 역사 밖에 위치하면서 결국 역사의 영역 안으로 시간성을 끌어들일 수 있는 계획된 행위자의 대안이 남아 있을 따름이다.[33] 코젤렉의 설명처럼 오직 이 전제가 경험공간

32 Koselleck, Reinhart et al.(1984), "Revolution," in Otto Brunner, Werner Conze and Reinhart Koselleck eds., *Geschichtliche Grundbegriffe* 5, Stuttgart : Klett-Cotta, pp.635 ~788.

33 Palti, E. J.(2010), "From Ideas to Concepts to Metaphors : The German Tradition of Intellectual History and the Complex Fabric of Language," *History and Theory* 49, pp.199 ff.

과 기대지평을 가르는 틈을 설명할 수 있다. "역사에서는 항상 주어진 조건들에 포함되는 것보다 많거나 적은 일이 일어난다. 인간은 원하건 원하지 않건 이러한 더 많음과 더 적음을 결정한다."[34] 코젤렉은 이 줄기에서 '만들어 낼 수 있는 역사'를 성찰했던 칸트(Immanuel Kant)의 언명을 불러낸다. "선천적 역사는 어떻게 가능한가?" 칸트가 이렇게 스스로 물으면서 '예언자가 미리 예고한 사건들을 스스로 만들고 실행한다면' 가능할 것이라고 대답했을 때,[35] 역사는 곧 미래의 기대지평에서 시간화된 도덕적 집행기관으로 등장한 것이다. 인식하는 주체가 없다면 진정한 역사는 없을 것이다.

코젤렉의 인식 범주는 역사가 존재하려면 "기대지평과 경험공간 사이의 긴장이 보존되어야 한다는 사실을 암묵적으로 인정하는 것이다."[36] 거기에 기댄 자텔차이트－말안장시대의 의미론은 근대를 미래 지향의 이성이 실현되는 시대로 규정하며, 따라서 그 가운데에는 이미 제도화된 가상세계가 들어 있다. 이러한 선험적 규범은 따라서 블루멘베르크가 구상하는 '우연성 의식'의 이론과 같은 맥락에 있다. 우연성이란 "필연성과 가능성의 관점에서 나온 사실성의 판단을 의미한다."[37] 그 이론은 구성적 세계 관계에 영향을 미치는 행위의 개방성을 포착함으로써 개념과 주어진 상황 사이의 가변적 관계를 성찰하도록 돕는다.[38] '근대'의 개념들이 우연성의 토대에 근거한다면, 그 의미는 완전히 정의되지 않은 채 유동할 수밖에 없다. 블루멘베르크의 설명처럼 그 토대는 자체 내에 개념 형성의 논리적 완결성을 방해하는 '비합리적 잔여'를 포함하고 있기 때문이다. 코젤렉은 그러한 우

34 Koselleck, Reinhart(1979), 앞의 책, p.278.

35 Koselleck, Reinhart(1979), 앞의 책, p.267에서 재인용.

36 폴 리쾨르(2004), 앞의 책, p.413.

37 Blumenberg, Hans(2009), *Wirklichkeiten in denen wir leben*, Stuttgart : Reclam, p.47.

38 Makropoulos, Michael(2011), 앞의 논문, pp.483 ff.

연성의 계기들을 메타역사의 인식 범주 안으로 끌어들이지 않았다. 만약 자텔차이트-말안장시대 모델이 그러한 유동적 토대에 근거했다면, 여러 근대를 유추할 수 있을 정도로 그 위치 가치는 달라졌을 것이다. 블루멘베르크의 은유학은 근대의 의미론에 또 다른 길을 여는가?

3.

은유도 개념처럼 지나간 의미지평을 증언하는 지표이다. 블루멘베르크는 그 의미론의 과제를 이렇게 설명한다. "은유는 역사적으로 이해하는 지각력에 근본적이며 중심적인 확실성·추정·평가를 부여하는데, 그것들로부터 한 시대의 행위·기대·활동·방관, 동경과 환멸, 관심과 무관심이 정리된다."[39] 블루멘베르크가 이해하는 은유는 무엇보다도 복잡한 여러 의미론 관계들을 그림처럼 축적하는데, 이를 통해 인간은 자기 자신뿐 아니라 세계와 더불어 화해하면서 소통한다. 거기에 기재된 다양한 정신적·문화적 현상은 역사적 대리인들이 구성했거나 조작한 것들인데, 그 대부분은 그들이 현실세계를 묘사하거나 그 근거에서 행동할 때 발생하는 어려움들을 보완하기 위해 이용한 상징이다. 이러한 은유는 경험세계에 하나의 영상을 투사하여 그 생생한 토대를 표현함으로써 개념체계의 구성을 전제한다. 이때 은유학과 개념사는 서로 공생 관계에 선다. 그러나 블루멘베르크의 은유학은 다른 한편으로 비개념성의 이론이다. 그 방법은 더 이상 하나의 역사적 현상학이 아니라 객관적일 수 없는 사고의 상관관계들에 깔려

39 Blumenberg, Hans(1998), *Paradigmen zu einer Metaphorologie*, Frankfurt am Main : Suhrkamp, p.25.

있는 원초적 성격을 보여 주려고 한다. 즉 은유는 모든 개념 형성의 밑바탕에 남아 있는 비합리성을 가리키면서 내부언어적 지침들로 기능한다. 그러면서 그것은 개념들이 의미론적 내용들을 안정되게 유지하지 못하는 근거를 표현한다. 블루멘베르크는 은유의 변형을 두 가지로 구분하면서 거기에 내재한 양면성을 설명한다.[40]

그 첫 번째 유형은 '신화에서 로고스로 향하는 길에' 남아 있는 '잔여 요소(Restbestände)'이다.[41] 이러한 성격의 은유는 '개념 형성의 앞마당에서' 규정되지 않은 채 임시적으로 존재한다. 그것은 아직도 개념이 결여된 영역에서 잠정적으로 개념 형성을 돕는다. 그리고 그것이 사유의 진행 과정에서 앞으로 명료하게 구성되고 표현될 언어를 어렴풋이 표현한다는 점에서, 그 기능은 탐색적 장식에 그친다. 블루멘베르크는 그러한 치장의 의미를 부정하지 않으며 개념에 앞서 상징적으로 구상되는 언어 형식을 인정한다. 그러면서 그는 동시에 대체 불가능하고 환원될 수 없으며 보다 포괄적 의미를 갖는 은유의 성격에도 주목한다. 그것은 철학적 사유 과정에서 반드시 필요하기 때문에 고유한 가치를 지닌다. 그 유형이 곧 '근본 요소(Grundbestände)'이다. 이러한 요소를 지닌 은유는 독립적인 의미 외에 또 다른 이해의 지평으로 내몰리지 않는다는 점에서 장식의 범주를 능가한다. 따라서 그것은 철학적 사유의 '잔재'가 아니라 '근본'을 구성한다. 블루멘베르크는 보다 넓은 전망에서 그것을 '절대적 은유(absolute Metapher)'라고 불렀다. 그의 생각은 이렇다. 우리가 점차 당면한 경험의 영역에서 더 멀리

40 Zill, Rüdiger(2002), "〈Substrukturen des Denkens〉. Grenzen und Perspektiven einer Metapherngeschichte nach Blumenberg," in Hans Erich Bödeker ed., *Begriffsgeschichte, Diskursgeschichte, Metapherngeschichte*, Göttingen : Wallstein ; 최성환(2008), 「블루멘베르크(H. Blumenberg)의 은유의 해석학 : '은유학의 범형들'을 중심으로」, 『철학탐구』 제23집, pp.227~250.

41 Blumenberg, Hans(1998), 앞의 책, p.10.

벗어나 스스로 세계의 전체성, 즉 세속 존재의 궁극 의미에 질문을 던질수록 우리는 더욱더 절실하게 은유의 절대성에 기대게 된다. 은유에 고유한 개념 이전의 차원을 분석하면, 우리가 상징을 통해 접속하는 원초적 형태를 보다 새로운 형태의 판단력으로 조망할 수 있을 것이다. 이러한 '절대적' 은유는 그 자체로 이해의 지평과 관찰 방식을 근원적으로 확장한다는 점에서 개념보다 훨씬 더 근본적인 역사성을 지닌다. 그 방법을 재구성하는 과제가 곧 은유학이다.[42] 보다 확실하며 명료한 개념은 바로 그 가운데에서 생성하고 변화하는데, 이러한 연루 관계를 통하여 "은유학은 사유의 하부구조, 즉 토대 혹은 체계적인 결정화(systematische Kristalisation)를 가능하게 하는 배양액에 다가가려고 한다."[43]

이러한 절대적 은유는 블루멘베르크가 후기 작품들에서 왕성하게 펼쳐 보인 철학적 · 현상학적 인간학의 사유체계와 깊이 연관된다. 따라서 그 의미와 기능은 특별한 주목의 대상이 될 수 있다. 그것은 왜 '절대적' 성격을 지니는가? 절대적 은유의 과제는 우선 '원칙적으로 대답할 수 없는 질문'에 해답을 제공하는 데 있다. 그 질문은 근본적으로 사유 과정에서 치워질 수 없기 때문에 중요하다. 왜냐하면 그것은 질문하는 행위 주체로부터 나온 것이 아니라 '현존재의 근거(Daseinsgrund)'에 이미 들어 있기 때문이다.[44] 그러므로 절대적 은유는 전문적인 명칭을 얻을 수 없으며, 개념의 형태로도 바뀔 수 없다.[45] 그것은 또한 '현실의 절대주의(Absolutismus der Wirklichkeit)'를 감당하는 과제를 지니기 때문에 절대적 성격을 지닌다. 현실이 갖는 절대주의란 "인간이 자신의 존재를 결정하는 조건들을 거의 장악하지 못했

42 Blumenberg, Hans(1998), 앞의 책, pp.9 ff.
43 Blumenberg, Hans(1998), 앞의 책, p.13.
44 Blumenberg, Hans(1998), 앞의 책, p.23.
45 Blumenberg, Hans(1998), 앞의 책, p.12.

으며, 더욱 중요하게는 절대로 그렇다고 믿을 수 없었다는 사실을 의미한다."[46] 이러한 개념 정의는 인간의 상황을 그 위치와 해석의 이중성으로 지시한다. 즉 인간은 그를 둘러싸고 있는 자연적 사건들에 내맡겨져 있으며, 또한 이러한 점을 의식하고 있다. 따라서 현실성의 절대주의는 이미 사실로 존재하는 것이 아니라 주어진 상황에서 그러한 현실의 압도적인 힘을 해석할 수 있을 때 비로소 나타난다. 이러한 여건에서 은유의 '절대적' 기능이 드러난다. 은유는 우리가 파악할 수 없는 것과 우리 사이에 끼어든다. 왜냐하면 우리와 너무 가깝게 있기 때문이다. 그렇게 은유는 우회로가 된다. 그러면서 그 메커니즘은 언짢은 것과 낯선 것을 길들인다. 블루멘베르크는 그 기능을 이렇게 설명한다. "문제의 대상에서 눈을 돌려 설명할 만하다고 미리 짐작되는 다른 대상을 주목하는 은유적 우회로는 현존하는 것을 낯선 것으로, 타자를 마음대로 다룰 수 있는 것으로 간주한다."[47] 이것이 곧 블루멘베르크 철학적 인간학의 사유 토대를 이루는 '자기주장의 행위' 또는 '거리 두기'이다.

이러한 바탕에서 은유는 '현실의 절대주의'를 방어하는 장치로 기능한다. 그 필요성은 코페르니쿠스의 인식혁명 이래 지구와 인간이 더 이상 우주의 중심에 위치할 수 없게 되었을 때 더욱 절실하게 드러났다. 블루멘베르크는 『구경꾼과 더불어 파선(*Schiffbruch mit Zuschauer*)』에서 의미를 상실한 세계와 보잘것없는 인간 존재의 실상을 그림처럼 드러낸다. 우선 해난, 안전한 연안, 관객의 구성 형태를 지닌 은유의 이미지는 로마시대의 에피쿠로스파 철학자 루크레티우스(Lucretius)의 시가(詩歌)에서 비롯한다. 폭풍우의 바다를 구경하는 관객은 누구나 그 장관에 매료될 수밖에 없는

46 Blumenberg, Hans(2006), *Arbeit am Mythos*, Frankfurt am Main : Suhrkamp, p.9.
47 Blumenberg, Hans(2009), 앞의 책, p.116.

데, 다만 그들이 안전한 땅 위에 서 있기 때문에 그러하다. 그렇지만 그 사람들은 늘 심술궂게도 끔찍한 파선의 불행을 즐기기보다 단단하고 안전한 지점에 위치하면서 비로소 그러한 재난을 파악하게 되었다는 자신들의 행복에 자족하는 것이다.[48] 이와 같은 묘사에서 바다는 계산할 수도 규칙도 없는 현실의 표상으로서 인간의 도전에 위협으로 다가오는 존재인 것이다. 그렇지만 인간은 늘 다시 거기에 맞서야 하므로, 비록 안전한 육지의 집 안에서 그렇긴 하지만 자신의 삶을 즐겨 항해의 그림 가운데 표현한다. "인간은 육지에서 삶을 이끌고 제도를 수립한다. 그렇지만 그는 도발적인 항해의 은유법을 선호하면서 자기 존재의 움직임을 온전하게 파악하려고 한다."[49]

블루멘베르크의 그림에서 바다는 가혹한 현실의 은유이다. 그것은 곧 의미 없는 세계와 무력한 인간을 그린다. 그리고 항해는 이러한 현실에 맞서는 '인간적 자기주장(humane Selbstbehauptung)'을 표현하는 은유이다. 블루멘베르크는 이렇게 서로 얽힌 두 은유에 두 측면을 지닌 자신의 기본 사상을 투영하고 있다. 그 한편에서는 무의미의 실재, 곧 절대주의 군주처럼 공포를 불러일으키고 무정하며 믿을 수 없는 현실세계의 강대한 힘이 버티고 있다. 그리고 그 맞은편에는 약하고 무능하면서도 창의력이 뛰어나며 재능이 풍부한 인간이 거기에 맞서 또 다른 방식으로 행동하고 긴장하면서 존재하고 있다. 여기에 인간이 원초적으로 짊어져야만 하는 부담의 의미가 함축되어 있다. 말하자면 인간은 그렇게 압도적인 전제 지배로부터 일정한 거리를 유지하여 그 무게를 덜어 내야만 하는 과제를 피할 수 없다. 그러나 현실이란 늘 감내할 수 없을 정도로 너무 무겁기 때문에, 인간은 예부터 그 횡포로부터 도망치거나 가능한 수단을 다해 그것을 자제시키려고 한다.[50] 인

48 Blumenberg, Hans(1997), 앞의 책, pp.31 ff.

49 Blumenberg, Hans(1997), 앞의 책, p.9.

50 Wetz, Franz Josef(2004), *Hans Blumenberg zur Einführung*, Hamburg : Junius Verlag,

류의 문화가 그 짐을 떠맡는다. 근대라는 시점에 정당성을 부여한 인간의 자기 주장이 그 한 가지 주요 현상이다. 『근대의 정당성(*Die Legitimität der Neuzeit*)』이 그러한 주제를 다루고 있다.[51]

이 책에 실린 글들은 「은유학의 범례들」보다 뒤에 쓴 것들이지만, 흥미롭게도 거기에서 은유의 의미는 뒷전에 있다. 이 책은 오히려 처음부터 근대세계와 연관되는 개념들의 '위상'을 물으면서 시작하는데, 이로부터 은유학과 개념사 사이의 긴장 관계를 이끌어 낼 만한 단서가 희미하다. 그것들은 대부분 코젤렉의 운동 개념들처럼 시간경험을 직접 전달하기보다는 근대의 의식세계를 밝히기 위해 가공한 개념들이다. 그렇지만 그 가운데 블루멘베르크 기본 사상의 핵심 주제가 들어 있으며, 또한 근대의 의미론을 새롭게 구성하는 발견적 예견을 구할 수 있다는 점에 주목할 수 있을 것이다. 서둘러서 미리 보자면, 중세 말기의 극단적 세계관이 근대적 인간성에 권한을 부여했으며, 또한 불가피하게 그러도록 강요했다는 점에 블루멘베르크 사유의 중심이 있다. 그것은 곧 근대가 완전히 새로운 출발이었으며 중세와 아무런 관련을 맺지 않았다는 일반론의 반증이기도 하다.[52] 서로 대립하는 개념 쌍, 즉 '신학적 절대주의'와 '인간적 자기주장'이 그 논지를 이끈다.

신학적 절대주의는 중세 말기 유명론(Nominalism)의 다른 이름이다. 그것은 곧 인간이 납득할 수 없는 신의 무한 권리를 무조건 따르는 믿음의 총칭이다. "절대권능(potentia absoluta)의 개념 안에는 가능한 것의 무궁함이 들어 있다."[53] 신은 스스로 창조한 것을 바로 다음 순간에 다시 파괴할

pp.92 ff.

51 Blumenberg, Hans(1996), *Die Legitimität der Neuzeit*, Frankfurt am Main : Suhrkamp.

52 Wetz, Franz Josef(2004), 앞의 책, pp.28 ff.

53 Blumenberg, Hans(1996), 앞의 책, p.169.

수 있다. 그렇듯 신의 의지와 횡포는 인간 이성의 잣대에 매이지 않는다. 모든 것의 근거를 이루는 전제 신의 진정한 목적은 그 피조물에게 드러나지 않고 숨어 있다. 즉 "신학적 절대주의는 인간이 창조의 합리성을 들여다보는 것을 거부한다."[54] 이러한 신은 스스로 절박하지도 자기실현의 논리에 매이지도 않는다. 따라서 그 존재는 "시간을 전적으로 불확정의 차원으로 만든다."[55] 이제 다음 순간에 모든 것이 뒤바뀔 수 있다. 신이 그렇게 하고 싶다면 이 세상을 바꿀 수도 아예 없앨 수도 있다. 그러므로 합리적으로 계산할 수 없을 정도로 불확실한 모든 피조물은 철저히 '우연한' 존재로 드러날 따름이다.[56] 블루멘베르크가 보기에 바로 이 점에서 행운과 안녕을 약속하는 창조 신앙에 균열이 생기기 시작했다. "창조자가 자신의 권력을 과시하는 외에 다른 목적을 지니고 자신의 피조물을 창조하지 않았다는 공식은 결국 세계 의미의 규정에서 인간을 완전히 제외시켰다."[57]

신이 이제 바로 인간에게 행사하는 절대권력 자체로 말미암아 예측할 수 없는 존재로 드러났을 때, 잘 정돈된 창조의 질서와 더불어 인간의 위상과 의미 또한 더 이상 형이상학적으로 근거할 수 없게 되었다. 그럼으로써 인간에게 감추어진 신은 마치 '죽은' 신과 같아졌으며,[58] 우연으로 대체될 수 있는 까닭에 '남아도는 신(der überflüssige Gott)'으로 전락한 것이다.[59] 이러한 점에서 블루멘베르크가 이해하는 근대는 인간의 이성에게 강요된 현상이다. 인간은 불가피하게 형이상학에서 탈피하여 자기 자신에게 집중해야만 했으며, 이 세계를 고유한 욕구에 따라 마음대로 이용하면

54 Blumenberg, Hans(1996), 앞의 책, p.164.
55 Blumenberg, Hans(1996), 앞의 책, p.181.
56 Blumenberg, Hans(1996), 앞의 책, p.173.
57 Blumenberg, Hans(1996), 앞의 책, p.194.
58 Blumenberg, Hans(1996), 앞의 책, p.404.
59 Blumenberg, Hans(1996), 앞의 책, p.165.

서 지배할 수 있도록 만들어야만 했다. 다시 말하자면 자연이 인간에게 더 냉담하고 무정하게 보일수록 인간은 자신에게 자연으로 주어진 것을 그런 만큼 무정하게 마음대로 처분할 수 있어야만 했다.[60] 근대는 그렇듯이 어쩔 수 없이 자기주장을 펼쳐야만 하는 인간의 필요성에서 시작할 수밖에 없었는데, 신학적 절대주의가 우회적으로 인간에게 그렇게 깨닫도록 짐을 지웠기 때문이다.[61]

블루멘베르크의 사유체계에서 중세 말기의 억압적 세계관은 근대의 시작점을 이루는 전제 조건일 뿐 아니라 정당성을 입증하는 근거가 된다. 고대와 중세의 철학사 전반에 걸쳐 있는 이 논제를 간추려서 보자면 이렇다. 중세 교부철학자 아우구스티누스는 세계에 늘 존속하는 모든 악의 책임을 온통 인간에게 전가함으로써 신의 제국을 빛과 어둠으로 나눈 고전고대 말기 그노시스파의 이원주의를 극복했다. 그럼으로써 그는 신의 부담을 덜었지만 대신 부당하게도 인간에게 너무나 무거운 짐을 안겼다. 중세 말기의 유명론자들은 무정하고 무관심하며 무자비한 신의 존재를 불러냄으로써 악의 책임에서 벗어나는 세계의 긍정성을 되찾았으나, 그것은 인간다운 자기주장이 나타난 근대에 비로소 가능했다. 즉 근대는 중세 말기 신학의 조건 아래에서 불가피했을 뿐만 아니라 부당하게 세계의 존재를 부정하는 이념을 극복했기 때문에 정당한 역사적 시기로 등장하는 것이다.[62]

블루멘베르크는 이와 같은 줄기에서 세속화(Säkularisierung) 개념이 근대의 정당성을 감쌀 수 있는지 묻는다. 수많은 논란을 일으킨 이 개념 또한 근대의 의미를 밝히는 하나의 인식 범주이다. 이를테면 카를 슈미트(Carl Schmitt)는 근대국가학의 중요 개념들이란 모두 세속화한 신학 개념들이라고 보았다.

60 Blumenberg, Hans(1996), 앞의 책, p.206.
61 Wetz, Franz Josef(2004), 앞의 책, p.33.
62 Blumenberg, Hans(1996), 앞의 책, pp.36 ff.

그리고 카를 뢰비트(Karl Löwith)가 보기에 근대 역사철학은 최종 목적을 기대하는 종말론 신앙에서 비롯한 것이며, 거기에서 구하는 역사의 존재와 의미는 중세적 구속사의 소명이 세속적 요구로 바뀐 모습이었다.[63] 이러한 논제를 두고서 블루멘베르크는 신학적 내용들의 일그러진 변형이 문제인가 아니면 그 단절이 중요한가를 묻는다. 그는 역사철학의 궁극 목적이 신학적 종말론의 단순한 탈바꿈이 아니라고 주장한다. 즉 근대의 진보 이념은 종말론적 기대지평이 세속화된 변형이 아니다. 그것은 오히려 중세 말기의 신학적 절대주의로 말미암아 강요된 자기주장의 의지가 원동력으로 작용한 역사적 현상이다. 세속사와 구속사는 각기 다른 범례를 따를 수밖에 없는데, 전자가 후자의 기능과 위치를 넘겨받는 일이 역사의 과정이다. 그러므로 세속화는 '역사적 부당성을 지닌 범주'로 비판될 수밖에 없다.[64]

블루멘베르크가 보기에 수많은 근대적 개념, 이를테면 주체 · 진보 · 역사 · 민족 등은 중세시대의 종교적 표상들과 같은 본성을 지니지 않으면서도 같은 기능을 지니고 있었다. 창조와 역사, 인간의 기원과 그 존재의 운명을 둘러싼 거대 질문의 답변이 신뢰성을 잃고 표류하게 되었을 때, 새로운 대답을 내놓아야 할 개념들이 근대에 이르러 비워 버린 위치를 대신 차지했다는 설명이다. 즉 "근대적 이성은 그에게 유산으로 남겨진 거대 질문들의 요구를 수용했다. …… 근대는 중세시대가 제기했으나 겉치레로 대답했던 문제들을 스스로 제기한 것으로 받아들였다."[65] 따라서 오늘날 세속화로 일컫는 범례들에서 발생한 일은 '진정으로 신학적인 내용들이 세속적인 자기 소외로' 변모한 것이 아니라 새로운 개념들이 '텅 빈 해답의

63 Schmitt, Carl(1968), *Politische Romantik*, Berlin : Duncher & Humbolt ; Löwith, Karl (1979), *Weltgeschichte und Heilsgeschehen*, Stuttgart : W. Kohlhammer.

64 Blumenberg, Hans(1996), 앞의 책, p.7.

65 Blumenberg, Hans(1996), 앞의 책, p.59.

자리들을 대신 차지한 것'인데,[66] 거기에 속한 질문이 사라질 수는 없었다. 그렇듯이 근대에 이르러 역사 전반에 걸친 질문의 대답을 거부하는 일이 명백히 가능하지 않았다. 이런 점에서 역사철학이란, 중세적인 질문을 중세 이후에 가능해진 수단으로 대답하고자 하는 시도이다. 이때 진보의 이념은 원래 지역적으로 한정되고 대상에 얽매어 있던 표현의 영역을 훨씬 뛰어넘어 일반화의 논리를 가공하느라 지나친 부담을 지게 되었다. 그 이념세계는 역사철학적 거대 질문에 하나의 대답을 내놓기 위해 의식 기능을 물려받았는데, 그것은 일찍이 구원의 교리가 창조와 심판 사이를 채웠던 영역을 대신 떠맡는 것이었다.[67]

'정당한' 근대의 의미를 찾는 블루멘베르크의 질문은 이렇게 이어진다. 중세의 거대 질문이 유산으로 물려준 '빈자리'를 근대 역사철학의 형이상학이 채울 수 있었을까? 그의 대답은 비관적이다. 근대의 진보철학은 다만 잘못된 대안이며 임시변통일 따름이었다. 절대권능의 신을 대신했던 근대의 개념들이 물려받은 질문에 적절히 대답하도록 요구된 수단들을 마음대로 처분할 수 없었기 때문이다. 인간의 이성을 해방시킨 과학기술문명 또한 한계를 벗어나지 못했다. 그것은 스스로 고유한 합리성에 근거하며 점점 신학적 이해 방식과 결별함으로써 근대의 긍정적 사유체계에 기여했다. 그렇지만 그것은 형이상학과 신학이 남겨 놓은 거대 질문을 해결할 수 없었을 뿐만 아니라 그 빈 공간 가운데 채워지지 않은 시스템의 위치를 절박하게 인지할 수 있는 가능성을 방해했다. 이러한 줄기에서 블루멘베르크는 진보의 문명이 '인식과 행복의 수렴'을 약속한다는 믿음에 의구심을 드러냈다. 그의 생각으로는 근대에 이르러 '호기심과 인간 행복의 안티테

66 Blumenberg, Hans(1996), 앞의 책, p.75.

67 Blumenberg, Hans(1996), 앞의 책, pp.59 ff.

제'가 발생했는데, 그것은 무엇보다 과학 인식이 가져다준 존재의 훼손(Daseinskränkung)에 말미암은 바 크다. 과학적 인식혁명 덕택에 지구와 인간은 우주의 중심에 설 수 없게 되었으며, 그때부터 인간 존재의 의미와 목적은 표류할 수밖에 없었던 것이다.[68]

근대의 인간이 결국 해답 없이 남겨진 빈자리에 기댈 수 없었다면, 이제 어떠한 길이 열려 있었을까? 이 세계가 그 어떠한 궁극 목표도 지닐 수 없다면, 감당할 수 없는 질문과 절연하면서 거기에 얽힌 기대를 낮추어야만 한다는 단 한 가지 가능성이 남을 수 있다. 이제 세계의 자의적인 지배력에 무력한 근대의 개개인은 어떠한 궁극적 안전망도 보장받지 못한 채 거듭거듭 새로운 질문에 봉착할 수밖에 없다. 어떻게 살아남을 것인가? 블루멘베르크는 인간학적 바탕에서 이렇게 설명한다. "현실과 마주칠 때 반사적으로 행동할 만큼 특수한 체질을 지니지 못한 인간의 결점, 즉 본능의 결핍은 어떻게 인간 존재가 생물학적 결함에도 살아남을 수 있을 것인가 하는 핵심 질문의 출발점이다. 그 해답은 다음의 공식으로 정리된다. 즉 이러한 현실과 직접 관련되지 않을 때 가능하다. 인간이 현실과 맺는 관계는 간접적이고, 구차하게 머뭇거리며, 선택적이고, 무엇보다도 '은유적이다'."[69]

4.

블루멘베르크의 은유들과 마찬가지로 코젤렉의 개념들 또한 인간학적 성찰의 토대를 이룬다. 경험과 기대 사이의 긴장을 포괄하는 인식 범주들

68 Blumenberg, Hans(1996), 앞의 책, pp.472 ff.

69 Blumenberg, Hans(2009), 앞의 책, p.115.

이 그러한 조건을 지시한다. "두 가지 메타역사의 범주들을 역사 연구에 적용해 봄으로써 우리는 역사적 시간, 특히 이전 시대들과 구분된다고 이를 만한 근대의 탄생을 인식하게 될 실마리를 얻었다. 이때 경험과 기대 사이의 불균형이라는 우리의 인간학적 전제 자체가 그 불균형을 진취적으로 파악한 변혁기의 특별한 인식 성과라는 사실이 분명하게 드러났다. 우리의 인식 범주들은 말할 것 없이 애초에 '새로운 시간'의 개념으로 떠올랐던 진보하는 역사의 생성을 밝히는 설명 모델 이상의 것을 제공한다." 그렇다면 근대의 시점을 넘어서는 메타동학의 의미론은 어떻게 가능할 것인가? 코젤렉의 설명은 이렇게 이어진다. "역사학은 지속적인 구조들을 숨겨 두고 있는 전통을 잘 알 때에만 끊임없이 변하는 것과 새로운 것을 인식할 수 있다."[70] 이 대목에서 은유학과 개념사의 접점을 볼 수 있다. 코젤렉 스스로 인정했듯 역사학은 다른 학문 분과들과는 달리 "오직 은유법에 기대어 생존한다."[71] 그러나 그의 자텔차이트-말안장시대는 좀체 특정한 경계선을 넘어설 줄 모른다. 그 시간이 너무나 많은 근대성의 개념들, 이를테면 '성찰 개념' · '시대 개념' · '운동 개념' · '행위 개념' · '기대 개념' · '미래 개념'으로 충만했기 때문일 것이다. 언제나 시작점은 의미론적으로 근대를 선취한 '계몽(Aufklärung)'의 시간이었다.[72]

이와 달리 블루멘베르크의 인간학은 암묵적으로 계몽주의와 '거리 두기'를 꾀한다. 그가 근대에 이르러 텅 비게 된 형이상학의 공간을 신화의 세계로 채우려고 했을 때, 그의 절대적 은유학은 절정에 이른다. 그가 인간학의 과제로 끌어들인 신화는 '현실의 절대주의를 축소하는 작업'이며,[73]

70 Koselleck, Reinhart(1979), 앞의 책, pp.374 ff.

71 Koselleck, Reinhart(2003), 앞의 책, p.305.

72 Koselleck, Reinhart(2006), *Begriffsgeschichten : Studien zur Semantik und Pragmatik der politischen und sozialen Sprache*, Frankfurt am Main : Suhrkamp, pp.309 ff.

73 Blumenberg, Hans(2006), 앞의 책, p.13.

그 임무는 '거리 두기의 실행'이다.[74] 신화는 이 거리 두기 과업을 어떻게 완수하는가? 그것은 역사들을 이야기하고 세계에 이름을 붙여 줌으로써 세계의 침묵을 극복한다. 그것은 또한 공포를 유발하는 자연을 인간의 모습을 띤 신들과 동일시함으로써 세계의 힘을 여러 세력으로 분산한다.[75] 이러한 인식론 전제에서 블루멘베르크는 신화와 로고스를 완전히 적대적 개념으로 보는 계몽주의 관점을 비판한다. 이성과 신화, 계몽과 종교는 이론적 측면에서는 서로 어긋나지만 실제 생활의 영역에서는 자주 서로 접속한다. 이 두 가지는 모두 익명의 현실이 강요하는 무시무시한 아나키에 맞서며, 무정한 현실세계의 절대주의와 거리를 유지한다는 무언의 목표와 더불어 질서를 창안한다. 이 질서는 신화에서 역사와 이야기에, 그리고 로고스에서 개념과 학설에 근거한다. 이 두 가지 모두 세계의 절대권력에 대항하여 인간이 자기주장을 펼 수 있도록 봉사한다.[76]

이러한 인간학적 설명으로부터 자텔차이트-말안장시대의 한계를 넘어서는 어떠한 새로운 탐색적 예견이 가능할 것인가? 근대의 의미를 비개념성 원리로 파악하는 사유 방식으로부터 개념사의 지평을 확장한다는 기획은 언뜻 하나의 역설로 보인다. 그러나 코젤렉 스스로 역사적 의미론의 동학을 넓히는 길을 이렇게 짧은 말로 설명한다. "역사를 사유하는 일은 항상 모험이며, 그것을 잘 알려면 늘 다른 방식으로 생각해야만 한다."[77]

74 Blumenberg, Hans(2006), 앞의 책, p.15.

75 Blumenberg, Hans(2006), 앞의 책, p.68.

76 Wetz, Franz Josef(2004), 앞의 책, pp.100 ff ; Zill, Rüdiger(1999), "Wie die Vernunft es macht ··· Die Arbeit der Metapher im Prozeß der Zivilisation," in Franz Josef Wetz and Hermann Timm eds., *Die Kunst des Überlebens : Nachdenken über Hans Blumenberg*, Frankfurt am Main : Suhrkamp, pp.164~183.

77 Koselleck, Reinhart(2006), 앞의 책, p.339.

참고문헌

폴 리쾨르(2004), 『시간과 이야기 3』, 김한식 옮김, 문학과지성사.

박근갑(2009), 「'말안장 시대의 운동개념'」, 박근갑 외, 『개념사의 지평과 전망』, 소화.

이진일(2011), 「개념사의 학문적 구성과 사전적 기획 사이에서 : 『코젤렉의 개념사 사전』을 중심으로』, 『개념과 소통』 제7호.

최성환(2008), 「블루멘베르크(H. Blumenberg)의 은유의 해석학 : '은유학의 범형들'을 중심으로」, 『철학탐구』 제23집.

Blumenberg, Hans(1996), *Die Legitimität der Neuzeit*, Frankfurt am Main : Suhrkamp.

Blumenberg, Hans(1997), *Schiffbruch mit Zuschauer*, Frankfurt am Main : Suhrkamp.

Blumenberg, Hans(1998), *Paradigmen zu einer Metaphorologie*, Frankfurt am Main : Suhrkamp.

Blumenberg, Hans(2006), *Arbeit am Mythos*, Frankfurt am Main : Suhrkamp.

Blumenberg, Hans(2009), *Wirklichkeiten in denen wir leben*, Stuttgart : Reclam.

Brunner, Otto, Werner Conze and Reinhart Koselleck eds.(1972~1997), *Geschichtliche Grundbegriffe : Historisches Lexikon zur politisch-sozialen Sprache in Deutschland* 8 vols., Stuttgart : Klett-Cotta.

Hegel, G. W. F.(1952), *Phänomenologie des Geistes*, Hamburg : Verlag v. Felix Meiner.

Koselleck, Reinhart(1979), *Vergangene Zukunft : Zur Semantik geschichtlicher Zeiten*, Frankfurt am Main : Suhrkamp.

Koselleck, Reinhart(2003), *Zeitschichten : Studien zur Historik*, Frankfurt am Main : Suhrkamp.

Koselleck, Reinhart(2006), *Begriffsgeschichten : Studien zur Semantik und Pragmatik der politischen und sozialen Sprache*, Frankfurt am Main : Suhrkamp.

Löwith, Karl(1979), *Weltgeschichte und Heilsgeschehen*, Stuttgart : W. Kollhammer.

Schmitt, Carl(1968), *Politische Romantik*, Berlin : Duncker & Humbolt.

Wetz, Franz Josef(2004), *Hans Blumenberg zur Einführung*, Hamburg : Junius Verlag.

Koselleck, Reinhart(1967), "Richtlinien für das Lexikon politisch-sozialer Begriffe der Neuzeit," *Archiv für Begriffsgeschichte* 11.

Koselleck, Reinhart(1992), "Vorwort," in Otto Brunner, Werner Conze and Reinhart Koselleck eds., *Geschichtliche Grundbegriffe* 7, Stuttgart : Klett-Cotta.

Koselleck, Reinhart and Christian Meier(1979), "Fortschritt," in Otto Brunner, Werner Conze and Reinhart Koselleck eds., *Geschichtliche Grundbegriffe* 2, Stuttgart : Klett-Cotta.

Koselleck, Reinhart et al.(1979), "Geschichte, Historie," in Otto Brunner, Werner Conze and Reinhart Koselleck eds., *Geschichtliche Grundbegriffe* 2, Stuttgart : Klett-Cotta.

Koselleck, Reinhart et al.(1984), "Revolution," in Otto Brunner, Werner Conze and Reinhart Koselleck eds., *Geschichtliche Grundbegriffe* 5, Stuttgart : Klett-Cotta.

Makropoulos, Michael(2011), "Historische Semantik und Positivität der Kontingenz : Modernitätstheoretische Motive bei Reinhart Koselleck," in Hans Joas and Peter Vogt eds., *Begriffene Geschichte : Beiträge zum Werk Reinhart Kosellecks*, Berlin : Suhrkamp.

Palti, E. J.(2010), "From Ideas to Concepts to Metaphors : The German Tradition of Intellectual History and the Complex Fabric of Language," *History and Theory* 49.

Zill, Rüdiger(1999), "Wie die Vernunft es macht··· Die Arbeit der Metapher im Prozeß der Zivilisation," in Franz Josef Wetz and Hermann Timm eds., *Die Kunst des Überlebens : Nachdenken über Hans Blumenberg*, Frankfurt am Main : Suhrkamp.

Zill, Rüdiger(2002), "〈Substrukturen des Denkens〉. Grenzen und Perspektiven einer Metapherngeschichte nach Blumenberg," in Hans Erich Bödeker ed., *Begriffsgeschichte, Diskursgeschichte, Metapherngeschichte*, Göttingen : Wallstein.

http://www.concepta-net.org/links

소통의 이론과 그 철학적 기반*

— 리쾨르의 해석학을 중심으로

황수영

세종대학교 교양학부 초빙교수. 서울대학교 철학과 대학원 졸업 후 프랑스 파리4대학에서 철학박사학위를 취득했다. 한양대학교 학술연구교수와 한림대학교 HK교수를 지냈으며, 저서로 『베르그손, 생성으로 생명을 사유하기 : 깡길렘, 시몽동, 들뢰즈와의 대화』(2014)가 있다.

* 이 논문은 『개념과 소통』 제3호(2009. 6)에 게재되었다.

서론
— 무엇이 소통되는가

사람 사이에서 무언가가 소통된다는 것은 우리 삶이 고립되어 있지 않다는 것을 보여 준다. 인간의 문화는 각자가 경험한 내용을 표현하고 이것을 상대방에게 전달하지 않으면 불가능하다. 사회 속에서 삶을 영위하는 우리는 매일 무언가를 전달하고 전달받으며, 이 전달된 내용을 나름대로 파악하면서 살아간다. 즉 소통은 인류학적 · 사회학적 사실이다. 물론 소통은 여타 생물의 사회에도 존재한다. 군집 생활을 하는 생물들은 어떤 수단을 통해서든 소통하지 않고는 살아갈 수 없다. 이미지나 소리, 동작과 같은 원초적인 수단들은 인간에게 여전히 중요한 소통의 원천이다. 그러나 인간 사회의 특징은 소통을 위해 기호들을 인위적으로 조작하고, 거기에 풍부한 내용을 첨가하는 데 있다고 할 것이다.

그렇다면 이러한 기호들의 조작과 전달에서 우리는 정확히 무엇을 소통하는가? 구조언어학의 용어로 말하면 〔야콥슨(Roman Jakobson)의 경우〕 발신자에서 유래한 메시지는 기호를 통해 수신자에게 전달된다. 소통은 기호를 통한 메시지들의 유통 과정이다. 구조언어학은 기호학으로부터 시작하여 20세기 인문과학이 과학으로서 자리매김하는 데 기념비적인 역할을 했다. 그러나 기호학은 기호들의 닫힌 체계를 다루며, 그 기초가 되는 외부세계를 고려하지 않는다는 비판을 받아 왔다. 메시지들의 유통이 인간 간의 진정한 소통이 되기 위해서는 '의미'의 발생과 이해가 있어야만 한다. 즉 의미의 전달이야말로 소통의 핵심이다. 의미는 단순한 언어적 과정만이 아니라 화자와 청자가 속하고 있는 특정한 상황과 기대지평, 그리고 문화공동체의 유구한 전승을 토대로 이루어진다. 이러한 이유로 구조주의와 맞서는 서구 인문학계의 다른 축에서는 의미론에 각별한 무게를 둔다.

의미를 전달하는 도구, 즉 기호에는 어떤 것들이 있을까? 우선 분절언어부터 시작해 보자. 의미의 즉각적 발생과 이해는 동작이나 이미지 혹은 소리(가령 천둥소리) 같은 자연적 기호에 의해서도 얼마든지 가능하지만, 인간 상호 간의 체계적 이해는 분절언어를 중심으로 조직되어 있다고 해도 과언이 아닐 정도로 언어기호의 역할은 소통에서 절대적인 역할을 한다. 언어는 어떻게 이런 역할을 할 수 있는가? 우선 단어들에서 시작해 보자. 보통 단어는 그것이 지칭하는 대상을 통해 의미를 획득한다. 20세기 초반의 지시론적 의미론은 바로 이런 입장을 대표한다. 자연언어는 종종 그것이 어떤 대상이나 행위를 투명하게 지시하는 것으로 생각되고, 그럼으로써 의미를 획득한다. 사실 수학에서 등장하는 인공적 기호들도 마찬가지다. 그러나 단어는 단순한 지시가 아닌 상징적 의미를 전달하기도 한다. 우리가 자주 사용하는 일상적인 말 중에서도 어떤 단어는 무언가 구체적인 것을 지시하기보다는 특별한 정서적 힘을 통해 의미가 전달된다. 가령 기독교문화가 일반적 힘을 획득한 곳에서 십자가라는 말은 '성스러움'이나 '고난'과 같은 종교적 의미를 전달한다. 이것은 단어가 가진 상징적 의미를 보여 주는 것이다.

단어 중에는 좀 더 보편적인 의미를 전달하는 것들도 있다. 누군가 '정의(justice)'라는 말을 한다면 이것은 어떤 의미로 이해될까? 이것을 우리가 가령 '올바름의 실천' 혹은 '공평한 분배'라고 이해한다면, 우리는 이 정의라는 말을 통해 실제로 존재하는 구체적 사물을 지칭한 것도 아니고 그 배후에 존재하는 이차적이고 상징적인 의미를 제시하는 것도 아니다. 우리는 단순히 그 말에서 가장 핵심이 되는 내용을 포착한 것이다. 즉 그 말의

'개념'을 이해한 것이다. 개념은 단지 그것의 지시 대상이나 문화적 전승체계에 의존하는 것이 아니고, 가능한 한 보편적으로 이해될 수 있는 과학적 지식체계를 지향한다. 그러므로 말이 내포하는 개념이 제대로 작동하기 위해서는 그것을 떠받치는 지식의 체계가 어느 정도 견고해야 한다.

이처럼 단어는 여러 가지를 전달하지만 자연언어가 단순한 외부 대상이나 행위를 지시한다면 상징이나 개념은 종종 추상적 의미를 전달하며, 그것들은 언어 사용의 배경이 되는 문화적 · 지적 체계를 전제한다. 그러나 단어들만으로는 소통의 과정을 완전하게 이해할 수 없다. 사실 자연언어든 인공언어든 상징이든 개념이든 그것들이 역동적인 방식으로 의미를 전달할 수 있는 것은 단어 안에서가 아니라 문장 안에서 기능할 때이다. 벤베니스트(Emile Benveniste)가 제시한 담화(discours)언어학은 이런 맥락을 염두에 두고 시작되었다. 그에 의하면 담화는 단순히 기호들의 유통이 아니라 사람 사이에서 소통의 기능을 갖는다. 그러므로 화자의 의도와 청자의 이해가 소통에서 중요한 요소로 등장한다. 언어학은 이로부터 기호학의 닫힌 체계를 극복하고 실제 세계와의 연결을 회복한다. 한편 비트겐슈타인(Ludwig Wittgenstein)에서 시작한 화용론적 언어철학은 언어의 역할을 사용과 맥락에 둠으로써 역시 언어와 세계의 역동적 관계를 강조한다.

프랑스의 푸코(Michel Foucault)에서 시작된 담론 이론은 담화라는 말을 좀 더 포괄적이고 체계적으로 이해한다. 담화가 일상적 상황에서 화자와 청자의 의사소통을 주로 다루고 있는 데 비해, 담론은 특정한 학문적 · 정치적 · 문화적 입장 안에서 행해지는 진술들의 집합이다. 비록 우리말에서 다르게 번역되고 있으나 discours라는 표현은 사실 이러한 두 가지 의미로 사용되므로, 담화와 담론은 각 경우에 적절한 번역이라 하겠다. 담론 이론은 말의 의미가 담론의 규칙 아래 있음을 주장한다. 개념어라고 해도 보편적인 의미를 담지하기보다는 담론이 유통되는 공간 안에서 새로운 의미를 획득한다. 담론 이론은 푸코에서는 닫힌 구조와 규칙을 강조하는 경향이 있었으나 알튀세르(Louis Althusser)와 페쇠(Michel Pêcheux)를 거쳐 외부세계(계급)와의 관계, 특히 다른 담론들과의 경쟁과 갈등 관계에 강조점이 주어진다.

담화를 대화 상황에서만 고려할 경우 그 의미는 매우 한정된다. 그러나 이것을 역사적 연관성으로 확장하면 소통의 범위는 그 폭과 깊이를 더한다. 다양한 제도들, 사회적 역할들, 그리고 집단과 계급, 국가, 문화 전통의 매개로 담화의 의미는 체계적인 접근을 요하게 된다. 담론 이론이 특정 집단이나 역사적 시기 간에 단절을 가정한다면, 가다머(Hans-Georg Gadamer)나 리쾨르(Paul Ricoeur)의 해석학에서는 역사의 연속성, 집단 간의 거시적 연관을 중심으로 담화의 의미를 추적한다. 개념사 이론을 창시한 코젤렉(Reinhart Koselleck)의 역사의미론도 이 전통에 서 있다.

역사가 소통의 장으로 들어오면 담화는 더 이상 살아 있는 현재성을 간직할 수 없고 텍스트(자료들과 기념물)에 의한 매개를 거쳐야 한다. 텍스트는 기록된 담화이며 저자로부터 분리되면서 '의미론적 자율성'을 갖는다. 그러므로 텍스트의 의미를 이해하기 위해서는 '해석'이라는 특수한 절차를 거쳐야 한다. 리쾨르는 이것을 '소통의 해석학'이라 부른다. 소통의 해석학은 과거와 현재 간의 소통만이 아니라 서로 다른 문화공동체의 소통에도 적용된다. 다양한 공동체의 소통은 직접적 대화 상황보다는 텍스트에 의한 매개를 거치기 일쑤이기 때문이다.

언어학이 20세기 인문과학의 기초 분야로 자리 잡으면서 인문과학의 방법론은 여기에 심대한 영향을 받고, 이에 대응하는 과정에서 다양한 이론을 개발한다. 소통의 문제와 관련한 우리의 연구는 의미론을 중심으로 이러한 이론들을 재검토할 것이다. 이 시도는 주로 리쾨르의 문제의식과 작업 방식을 따른다. 해석학을 현재의 지평에서 가장 잘 살려 낸 리쾨르는 프랑스의 구조주의로부터 영미의 언어철학, 그리고 독일의 해석학에 이르는 다양한 입장을 하나하나 검토하고 서로 대립하는 방법론들을 인문과학의 지향점으로 수렴하면서 커다란 틀에서 종합하고 있다. 그의 소통의 해석학은 이러한 종합의 결정판이라고 할 수 있다.

담화 분석
— 의사소통의 기초

보통 담화 분석은 일상적인 대화 상황을 전제로 하여 이루어진다. 담화에서 의미를 전달하는 기본 단위는 문장이다. 문장은 물론 단순(지시) 기호나 상징 혹은 개념을 나타내는 단어들로 이루어지지만, 단어들 각각이 내포하는 의미와는 다른 의미를 전달한다. 게다가 문장의 의미는 단순히 단어들의 의미의 합에 무언가를 덧붙이는 것이 아니라 기본적으로 다른 차원에서 생성된다. 리쾨르에 의하면 "문장은 좀 더 크거나 복잡한 단어가 아니다. 그것은 새로운 실체이다."[1] 그래서 리쾨르는 어휘기호들로서의 단어를 다루는 기호학과 문장의 의미를 다루는 의미론을 근본적으로 구별한다. 구조언어학의 입장에서는 문장의 의미는 기호들의 의미에 종속되어 있다. 여기에서 다루는 의미는 체계 내적 차이들에 의해 정의되며, 외부의 실재와는 관계가 없다. 소쉬르(Ferdinand de Saussure)가 말하는 랑그(langue)의 체계가 바로 그러하다. 따라서 그것은 '이것' 또는 '저것'으로 지칭되는 구체적 대상과는 무관한 유적(類的) 개념들로 이루어진 분류체계에 지나지 않는다.

1 폴 리쾨르(2003a), 『해석이론』, 김윤성 · 조현범 옮김, 서광사, p.34.

담화는 기호들의 가상적 체계가 아니라 현실적인 소통을 개시한다. 이것은 기호들의 의미로는 알 수 없고, 담화에서만 전달되는 의미가 있다는 것을 보면 금방 알 수 있다. 가령 실제적 대화 상황에서 화자가 '나'라는 말로 지칭하는 것은 대화가 진행되는 상황에서만 알 수 있는 내용이다. 일반적으로 인칭을 가리키는 지시적(referential) 표현들, 대화 상황에 의존하는 특정한 장소(거기)나 시간(좀 전에)을 가리키는 지표적(indexical) 표현들이 그러하다.[2] 담화의 이런 특징은 담화가 기본적으로 하나의 사건(event)이라는 사실에서 유래한다. 사건의 특징은 우선 시간 속에서 일회적으로 일어나며, 그것이 일어나는 현장의 생생함을 전달한다는 점이다. 또한 사건으로서의 담화는 발화자를 전제한다. 따라서 화자의 자기 지시적 특징이 중요해진다. 그뿐 아니라 화자는 대화 상대자에게 메시지를 전달한다. 메시지는 외적 대상을 지시하든 화자의 의도를 전달하든, 아무튼 문장의 내부 규칙과 무관한 언어 외적 세계를 표현한다. 이런 모든 특징이 담화의 사건적 특징을 구성한다.[3]

사건은 일회적이어서 일단 사라지면 더 이상 남지 않는다. 그렇다면 대화에서 소통되는 내용도 이러한 사건의 특징을 갖는가? 화자의 자기 지시적 특징이나 지표적 표현들을 고려하면, 말해진 내용이 있는 그대로 남아 있기는 어렵다. 그러나 모든 것이 사라지는 것은 아니다. 즉 사건으로서의 담화는 사라지지만, 거기에서 소통된 의미는 사건 속에 매몰되지 않는다. 의미는 시간을 벗어나 기적처럼 전달된다. "사건은 의미 속에서 지양된다. 바로 여기에 소통의 기초가 있다. 모든 담화는 사건으로 실행되지만,

2 자콥 메이(1996), 『화용론』, 이성범 옮김, 한신문화사, p.95.

3 Ricoeur, Paul(1986), *Du texte à l'action*, Paris : Seuil, pp.116~117 ; 폴 리쾨르(2002), 『텍스트에서 행동으로』, 박병수 · 남기영 편역, 아카넷, pp.116~117.

의미로서 이해된다."[4] 이것이 어떻게 가능한가를 보여 주는 것이 담화 이론의 과제이다. 그런데 담화에서 전달되는 의미는 무엇으로 이루어지는가? 그것은 일차적으로 문장을 이루는 단어들(기호들)과 명제의 의미, 즉 문장의 논리적 의미에 의존한다. 하지만 동시에 그것들을 넘어서기도 한다. 가령 문장이 가진 설득적이거나 명령적인 힘 혹은 의도의 측면은 논리적으로 포착되지 않는다. 그래서 이러한 의미를 포괄적으로 다루기 위해 리쾨르는 일상언어 철학자인 오스틴(John Langshaw Austin)과 설(John Searle)에게 의지한다.

우선 명제의 논리적 의미에 한정해 보자. 이것은 화자의 심리 상태와 무관하게 의사소통 시 전달되는 의미의 기초를 이룬다. 담화에서 발화되는 하나의 문장은 그 구문과 표현에 내재하는 의미, 즉 문자 그대로의 의미를 가지는 한편, 세계에 대해 무언가를 말하기도 한다. 20세기 초 프레게(Gottlob Frege)는 오늘날에는 고전이 된 어의(sense)와 지시체(reference)의 구분에 의해 의미를 설명하고 있다. 어의는 언어적 표현이 나타내는 문자적 의미이고, 지시체는 그것이 가리키는 대상이다. 프레게가 제시하는 유명한 사례에서 샛별과 금성은 같은 지시체를 갖고 있지만, 그 문자적 의미는 다르다. 어의와 지시체는 고전논리학에서 개념의 내포적 의미와 외연적 의미에 해당한다고 할 수 있는데, 내포가 전통적으로 주관적인 범주에 머물러 있던 반면 프레게는 어의의 객관적 의미를 구출해 냈다는 점에서 중요하다. 어의와 지시체는 개념이 아니라 문장에서도 말할 수 있다. 예컨대 누군가가 '오늘 비가 온다'라고 말하면, 이 문장이 나타내는 어의, 즉 문자적 의미는 그것대로 이해가 가능하다. 하지만 실제로 비가 오는지의 여부는 오늘의 날씨를 보고 검증해야 한다. 문장의 지시체는 그 문장의 내용이 사실인지

4 Ricoeur, Paul(2005), *Discours et communication*, Paris : Herne, p.22.

아닌지의 여부, 즉 진리치와 관련된다. 이처럼 발화된 문장의 어의와 지시체를 동시에 고려할 때만 올바른 의사소통이 가능하다. 어의와 지시체는 모두 소통 가능한 공통의 언어로 말해지며 개인적이고 주관적인 심리상태와는 다르다. 언어 표현에서 누구에게나 전달될 수 있는 논리적이고 객관적인 내용을 보존하려는 이런 시도는 20세기 초의 많은 인문학자의 주된 관심사 중 하나였다.

담화는 명제적인 것에 한정되지 않는 또 다른 층위를 갖는다. 오스틴은 담화를 기본적으로 행위라는 차원에서 접근하면서 그 수행성(the performatives)을 부각시킨다. 그럴 경우 담화는 프레게의 진리치보다는 적절성 / 부적절성이라는 기준에 의해 평가된다.[5] 오스틴에 의하면 담화는 언어행위(speech act)이다. 가령 사제가 갓 태어난 아기에게 '성부, 성자, 성령의 이름으로 세례를 주노라'라고 말한다면, 그 아이는 이제 기독교인이 된다. 종교적 행위에서만이 아니라 일반적 상황에서도 화자는 발화하면서 대화 상대자에게 명제의 의미만이 아니라 행위와 관련된 힘을 전달한다. 이것을 발화수반력이라고 부른다. 약속이나 주장, 명령, 희망과 같은 것들이 그것이다. 예컨대 '내가 약속할게'라고 말할 경우, 화자는 그것을 하겠다는 의무를 자기 자신에게 지우는 것이다. 그가 실제로 그것을 행하든 행하지 않든, 적어도 언어 규칙상으로는 그럴 의무가 부과된 것이다. 과거에는 이런 특징들이 화자의 주관적 심리나 의도에 종속된 것으로 생각되었다. 그러나 오스틴에 의해 그것은 언어의 문법적 표시들로 외재화되는 객관적 특징이 된다. 예컨대 직설법이나 명령법, 가정법(프랑스어에서는 접속법) 등은 이런 기능을 문법적으로 드러내 준다. 따라서 발화가 수반하는 힘은 언어로 고정되는 의미론적 기능을 획득한다.

5 J. L. 오스틴(1992), 『말과 행위』, 김영진 옮김, 서광사, pp.34~35.

오스틴에 의하면 화자가 언어행위를 할 때 세 가지 차원의 소통 가능성에 주목해야 한다. 첫째는 발화행위(locutionary act)로서 이것은 발화 내용의 명제적 의미를 전달하는 행위이다. 두 번째는 발화수반행위(illocutionary act)로서 방금 본 언어행위 이론에서 핵심을 차지하는 발화수반력과 관련된다. 세 번째로 발화효과행위(perlocutionary act)는 발화를 행함으로써 나타나는 결과가 있는데, 이것은 행태주의가 자극 · 반응 효과로 설명하는 것에 해당한다.[6] 발화효과행위의 결과는 구어의 특징을 이루지만, 상황에 종속적이어서 예측할 수도 없고 언어로 고정되거나 전달될 수도 없다. 그러므로 그것은 구어가 문어로 고정될 때 사라지는 부분이다. 그러나 적어도 발화수반행위는 문법적 도구들을 사용하여 고정된 의미를 전달할 수 있다. 명제적 의미가 사건의 지양 속에서 드러난다면, 언어행위의 수행성은 발화라는 사건적 특징을 드러냄에도 불구하고 전달될 수 있는 객관적 의미를 확보한다. 따라서 리쾨르에 의하면 '담화는 문장 내에서 사건과 의미의 변증법적 통일'을 잘 보여 준다.[7] 오스틴의 이론은 사건과 의미의 긴장 속에서 소통 가능성을 모색하는 시도이다.

리쾨르는 여기에서 멈추지 않고 더 나아간다. 오스틴의 발화수반력은 명령법 · 직설법 · 가정법과 같은 문법적 형식으로 외화되는데, 그 각각은 비트겐슈타인이 말한 의미에서 우리 삶의 양식을 반영하고 언어놀이의 규칙에 종속된다. 그런데 담화 시에 더 중요하게 전달되는 것은 이런 외재화된 형태라기보다는 그 뒤에서 작용하는 의도(intention)의 차원이다. 존 설은 약속이 함축하는 자기 구속이라는 특징을 분석하면서 '성실성의 조건'을 제시하는데, 이것은 '화자가 자신의 약속을 이행할 의도(S intends to do A)'를

6 J. L. 오스틴(1992), 앞의 책, pp.123~138.

7 폴 리쾨르(2003a), 앞의 책, p.39.

말한다. 이것은 단순히 문법적이고 논리적인 규칙 혹은 화용론적 의미에서 언어놀이 규칙의 차원이 아니라 화자의 '정신적(mental) 의도'의 차원이다. 설은 이것을 욕망과 믿음으로 압축시킨다. 의도의 다양한 의미는 믿음과 욕망의 질서에 속한다. 결국 담화 시 화자의 의도에 초점을 맞출 경우 심리적 고려를 하지 않을 수 없다.[8] 그러나 리쾨르에 의하면 "이 관계는 의미론의 심리학에의 정박인 동시에 심리학의 의미론에의 포섭이다."[9] 화자의 의도는 청자에 의해 의도로서 인정될 것을 목표로 하기 때문에 인식적 요소를 가지고 있다. 화자 A가 X를 의미한다는 말은 (상대방이 A의 의도를 인정할 경우) 상대방에게 일정한 효과를 산출한다는 것이다. 이것은 발화효과행위에서 나타나는 발화의 결과가 아니라 A의 발화가 진행됨과 동시에 그것이 수반하는 힘을 상대가 인정(recognition)하는 것이다. 이와 같이 의미론에 포섭된 심리학, 그리고 발화자의 의도에 대한 상대의 인정이라는 두 가지가 함축하는 것은 의사소통 시에 전달되는 의도가 개인의 주관적 심리에 국한되는 것이 아니라 소통 가능한 인식적(noetic) 차원을 획득한다는 것이다.

리쾨르가 분석한 담화의 의미는 언어가 기본적으로 사적인 것이 아니라 공적인 것이며, 그것은 삶의 양식을 반영하고 언어놀이의 규칙에 근거한다는 비트겐슈타인의 생각, 그리고 담화 시에 일어나는 화자와 청자의 소통은 심리적인 직관보다는 의미형성작용(noesis)과 그것의 인지라는 후설(Edmund Husserl)의 생각을 물려받은 것이다. 리쾨르는 인간 상호 간에 전달이 불가능한 사적 감정이나 고독이라는 근원적 차원, 혹은 언어가 아닌 직관으로

8 Searle, John R.(1969), *Speech Act : An Essay in the Philosophy of Language*, London ; Cambridge, Mass. : Cambridge University Press.

9 Ricoeur, Paul(2005), 앞의 책, p.55.

공감할 수 있는 차원을 인정한다. 그러나 적어도 언어로 소통을 가능하게 하는 삶의 의도적 부분이 있다. 담화는 이러한 기적을 수행한다. 리쾨르에 따르면, 인문과학은 딜타이(Wilhelm Dilthey)식의 감정이입이나 직관적 이해가 아니라 언어로 소통 가능한 공적 차원을 대상으로 한다. 개인 간 소통이든 집단 간 소통이든 혹은 서로 다른 문화공동체 간 소통이든, 그것이 어떤 공적 차원을 획득하고 담론으로 구성되며 사실을 해석하고 세계를 변화시키는 힘을 가질 수 있기 위해서는 소통의 이러한 측면에 주목해야 한다. 물론 서로 다른 지식체계와 문화적 배경을 가진 집단들 혹은 서로 다른 언어를 말하는 공동체들 사이에서 한 개념이나 진술이 문자 그대로 전달될 것이라는 생각은 소박하다. 그러므로 담화 시의 소통 조건을 탐색하는 것은 실제적 소통 가능성을 개시하기 위한 준비 작업이라 할 수 있다.

텍스트 이론

텍스트는 기록된 담화이다. 구어담화가 일상적 소통의 모범을 보여 준다면, 텍스트는 기록이라는 행위를 통해 담화를 글로 보존함으로써 아주 다른 소통의 형태를 가능하게 한다. 가장 간단한 예로 우리는 편지나 인터넷에 의해 원거리 소통을 할 수 있다. 이런 단순한 경우에 텍스트에 의한 소통은 공간적 거리와 시간적 지연이라는 요인들을 제외하고는 구어담화가 가진 기능과 크게 다르지 않다. 그러나 기록된 담화인 텍스트가 전달되는 방식은 대부분의 경우 쌍방향이기보다는 일방향적이다. 가령 돌이나 파피루스에 기록된 고대인의 문자는 스스로 말할 뿐 우리의 의문에 대답하지 않는다. 그뿐인가? 문학작품은 저자의 손에서 벗어나면 그 이해는 독자에게 맡겨진다. 한 작품을 이해하기 위해 저자를 직접 대면하겠다는 것은 어리석은 생각이다. 일반적으로 역사적 자료나 기념물, 그리고 작가의 작품은 우리에게 일방적으로 전달되는 듯하다. 한 공동체와 다른 문화공동체 사이에서도 사정은 마찬가지다. 정치적이거나 경제적 목적으로, 혹은 문화적 교류를 위해 직접 대면하는 경우 외에 일반인은 작품(소설 · 희곡 · 민담 · 여행기)이나 홍보물, 신문 혹은 그 밖의 매체를 통해 상대에 대한 정보를 얻는다. 이 경우 메시지의 주고받음은 간접적인 방식으로 일어나지만, 그렇다 하더라도 우리는 여전히 소통을 말할 수 있다. 그렇다면 그것은 어떤 방식으로 가능한가?

우선 기록된 담화인 텍스트는 담화에서 순수한 사건적 요소가 배제되고 의미론적으로 포섭된 내용을 지칭한다. 이렇게만 보면 글은 구어담화와 본질적으로 다른 본성을 갖고 있지 않다. 오히려 그 생생한 현장성을 상실함으로써 담화보다 더 허약한 존재론적 기반에 의지하게 된다. 이러한 이유로 소크라테스를 비롯하여 루소나 베르그송과 같은 철학자들은 글을 불신하고 말이 전달하는 살아 있는 정신성을 강조하였다. 그러나 다른 한편 문자의 발명 이후 그것을 기록하는 매체의 발달로 인한 사회의 변화를 보면 이와는 정반대의 판단을 할 수도 있다. 인쇄술의 발달은 여러 면에서 인류 역사에서 하나의 획을 긋는 사건으로 평가된다. 가령 이전까지 사제들이 독점한 성서의 내용이 대중에게 전달되면서 신과의 직접적 대면을 주장하는 종교개혁이 가능해졌다는 것은 잘 알려진 사실이다. 앤더슨(Benedict Anderson)은 인쇄술의 발달로 인한 독서 인구의 확대, 이로 인해 형성된 의식의 공유로부터 민족이라는 상상의 공동체가 출현하였음을 주장하기도 한다. 이러한 사실들은 근본적으로 텍스트가 가진 개방성에 기인한다. 텍스트는 일부에 의한 정보의 독점으로부터 다수의 청중 혹은 독자층을 만들어 낸다. 이것은 텍스트가 한편으로 저자로부터 독립하기 때문이고, 그럼으로써 독자에 의한 새로운 해석 가능성에 열려 있기 때문이다.

리쾨르는 이러한 사태를 텍스트의 '의미론적 자율성'이라고 명명한다. 텍스트는 단순히 구어담화에서 전달되는 의미론적 내용을 보존하는 데 그치는 것이 아니라 시간적·공간적으로 자신을 개방함으로써 그 스스로 새로운 의미체로 재탄생한다. 대화가 글로 기록될 때 화자는 더 이상 존재하지 않는다. 대신 저자가 새로이 등장한다. 하지만 저자는 우리의 질문에 대답하지 않는다. 글은 화자만이 아니라 저자로부터도 독립한다. 그뿐 아니라 글은 담화의 중요한 특징인 세계지시성도 상실한다. 허구를 다루는 문학은 말할 것 없지만 역사적 자료들도 마찬가지다. 현존하는 사료들은 과거를 재구성하기 위한 단서의 구실을 할 뿐 그 자체로 현재에 의미를 갖는 충만한 존재를 누리는 것이 아니다. 그렇다면 텍스트는 무엇을 지시하는가? 구체적 지시체가 없는 경우에도 의미를 갖는다고 할 수 있는가? 리쾨르에 의하면 텍스트는 직접 지시를 말소시키면서 유사세계(le quasi monde)를 창조한다. 가령 우리가 그리스세계에 대해 말할 때, 혹은 요순시대에 대해 말할 때 이는 무엇을 지시하는가? 서세동점기 우리가 가진 서구의 상(像)은 일종의 '아우라'로 감싸인 유사세계가 아니던가? 저자도 마찬가지다. 텍스트는 실제의 저자 대신 새로운 저자를 세운다. 이 저자는 우리에게 자신의 의도를 따를 것을 명하는 것이 아니라 "글에 의해 추적되고 기록되는 의미의 공간에 서 있다."[10] 우리가 텍스트를 이해하고 그것과 소통하는 것은 바로 이 유사세계, 그리고 새로운 저자와 더불어서이다. 텍스트는 이러한 이중의 개방으로 인해 독자를 작품과 소통하게 하는 동시에 작품을 매개로 인간 상호 간의 소통을 가능하게 한다.

10 Ricoeur, Paul(1986), 앞의 책, p.158 ; 폴 리쾨르(2002), 앞의 책, pp.167~168.

그렇다면 텍스트의 이해는 어떻게 가능한가? 텍스트가 시간과 공간을 초월하는 모든 독자에게 개방되어 있다는 사실은 그것을 이해하기를 까다롭게 만든다. 수학이나 논리학의 언어 같은 인공언어에 속하지 않는 모든 단어는 다의성을 가지므로 이것을 걸러 내는 일이 필요하다. 구어의 경우 상대방과의 대화 속에서 반복과 수정을 통해 이 모호함을 벗어날 수 있다. 텍스트의 경우에도 전후의 맥락을 고려하면 어느 정도 모호함을 피할 수 있지만, 직접적 이해는 구어에 비해서는 매우 제한되어 있다. 슐라이어마허(Friedrich E. D. Schleiermacher)와 딜타이에서 나타나는 초기의 해석학은 이런 문제를 해결할 것을 목표로 한다. 딜타이는 자연과학적 설명 방식을 무차별적으로 적용하는 실증주의에 반대하면서 이해의 방법을 주장한다. 그러므로 좁은 의미의 해석은 텍스트 이해의 기술(技術) 혹은 방법이라는 주제에 국한되어 있다. 그러나 텍스트 이해는 단순한 기술을 넘어서는 폭넓은 지평을 요구한다. 수학과 같은 인공언어로 쓰인 것이 아닌 모든 텍스트, 일반적으로 정신과학이나 인간과학이라 불리는 텍스트들은 언제나 특정한 문화적 · 역사적 배경 위에서 이해될 것을 요구한다. 딜타이는 이것을 잘 알고 있었지만, 텍스트의 저자나 해석자를 계몽주의가 가정한 근대적 개인으로 보았기 때문에 역사성을 이해하는 데 한계를 보였다. 가다머에 의하면, 이것은 계몽주의의 반발로 나타난 낭만주의와 그 유산을 물려받은 역사주의학파가 가진 공통의 문제점이다.

가다머는 이해를 인식 방법의 차원을 넘어서 현존재(Dasein)의 존재 조건으로 파악한 하이데거(Martin Heidegger)를 따른다. 이것은 심층적인 의미에서 근대성과의 결별을 의미한다. 계몽주의가 가정한 개인이 선입견으로 물든 과거(전통)와 단절하고 객관적 인식을 할 수 있다고 가정된 데 반해, 하이데거의 현존재는 언제나 상황에 처해진(던져진) 존재이며 '~로서(as) 세계를 파악하는' 일정한 '예견구조'에 종속되어 있다. 그러므로 우리는 언제나 우리가 가진 '선입견 · 선이해'를 통해 사물을 볼 수밖에 없다. 인간은 자아와 타자를 객관적으로 파악할 수 있는 절대적 이성을 가진 무한한 존재이기는커녕 역사성에 의해 제약된 유한한 존재이다. 가다머에서는 이성조차 역사적 본성을 갖는다. 그에 의하면 "개인의 선입견(선이해)은 그의 의식적이고 반성적인 판단보다 더욱 중요성을 갖는다. 왜냐하면 그것은 자신의 존재의 역사적 실재성을 구성하기 때문이다."[11] 우리가 소속된 역사나 사회적 전승 및 우리가 사용하는 언어 역시 이러한 선이해의 일부를 이룬다. 역사나 사회, 언어는 우리의 소유물이 아니라 우리가 그 안에서 살아가기 위한 조건이다. 우리는 동일한 언어와 문화, 동일한 역사에 소속되어 있음으로써 공통의 지평(horizon)을 갖는다. 지평이라는 이 비유적 표현은 모든 것을 볼 수 있는 신의 관점에 선 근대적 개인을 부정하기 위해 사용되었으며, 인식의 범위나 한계를 가리키는 동시에 현존재의 존재 조건이기도 하다. 상황에 처한 현존재는 자신의 상황을 넓히거나 좁힐 수 있는 지평을 갖는다. 지평은 현존재들이 서로 소통을 할 수 있는 토대이다. 서로의 지평을 조금씩 변형하여 공통의 지평을 갖게 될 때 우리는 지평융합에 이른다.

리쾨르는 가다머에서 해석학적 개념들을 대부분 자신의 소통의 해석학에 수용한다. 선이해와 소속성 그리고 지평융합은 사회적 · 제도적 형식 내에서 나타나는 소통의 근본구조를 이룬다. 그러나 리쾨르는 여기에서 가다머의 '시간적 거리(distance temporelle)'라는 개념에 주목하여 '거리 두기(distanciation)'라는 자신의 개념을 만들어 낸다. 이 개념은 소속성과 선이해를 전제하는 인문과학에서 어느 정도 객관성과 보편성을 가능하게 하는

11 Gadamer, Hans-Georg(1975), *Truth and Method*, Garette Barden and John Cumming eds., New York : Crossroad, p.261.

장치이다. 사실 소속성과 선입견, 그리고 전통의 권리 회복을 주장하는 가다머의 생각은 주관주의라는 비판에 노출될 수 있다.[12] 그래서 리쾨르에게는 소속성과 거리 두기의 변증법이 중요한 것으로 등장한다. 이것은 가까움과 멂, 자신과 타자 간의 긴장을 조율하는 장치이다.[13] 역사 이해나 서로 다른 문화공동체 간의 소통은 시간적으로나 공간적으로 거리를 가질 수밖에 없다. 해석은 이처럼 지리적 · 문화적 · 시간적 · 정신적으로 먼 것을 가깝게 하는 것이다. 그러나 다른 한편 우리는 자신의 역사성에 매몰되어 있을 경우, 타인이나 타 문화를 자신의 유일한 지평에서 판단하는 오류를 범하기도 한다. 이럴 때 거리 두기는 소속성과 일정한 긴장 관계를 유지하게 된다. 즉 자신의 지평을 넓히거나 상대의 지평과의 융합을 위해 자신이 소속된 문화나 역사에 대한 거리 두기가 필요하다.

리쾨르는 거리 두기가 소속성과 갖는 근본적인 긴장 관계를 강조하면서 그것을 텍스트 이해에 원용한다. 그에 의하면 "텍스트는 인간 간에 이루어지는 소통의 특수한 경우 이상의 것이다. 텍스트는 소통 내에서 이루어지는 거리 두기의 패러다임이다."[14] 즉 텍스트는 대화 상황의 기록과 보존이라는 보조적인 의미를 떠나 거리 두기에 의한 소통의 모범을 보여 준다는 것이다. 앞에서 우리는 담화에서 보존되는 것이 그 사건성보다는 의미에 있다는 것을 보았는데, 여기에 이미 사건과 의미의 긴장에서 비롯하는 거리 두기가 작용한다. 의미는 사건에 거리를 둠으로써 전달되고 보존된다. 이 부분이야말로 담화가 그 구어적 맥락에서 해방되어 텍스트와 공유되는 부분이다. 다른 한편 담화가 문자로 기록되면서 텍스트는 저자의 의도로부터

12 조지아 원키(1999), 『가다머 : 해석학, 전통 그리고 이성』, 이한우 옮김, 민음사, p.165.
13 Ricoeur, Paul(1986), 앞의 책, p.110 ; 폴 리쾨르(2002), 앞의 책, p.111.
14 Ricoeur, Paul(1986), 앞의 책, p.114 ; 폴 리쾨르(2002), 앞의 책, p.114.

자율성을 가진다. 텍스트의 세계는 저자의 유한한 지평으로부터 해방되어 시공을 넘어 독자에게 개방된다. 이것은 텍스트의 거리 두기가 행하는 생산적 기능이다. 텍스트 이해에서는 거리 두기와 '전유(appropriation)'의 변증법이 출현한다. 전유한다는 것은 낯선 것을 자기 것으로 만드는 것이다. 텍스트는 이미 그 시공적 거리와 저자로부터의 독립에 의해 우리에게 낯선 것으로 주어진다. 거리 두기와 전유의 변증법은 "모든 시공간적 거리를 문화적인 낯섦으로 바꾸어 버리는 타자성과 모든 이해를 자기 이해로 확장시키는 자기성 사이에 벌어지는 투쟁의 원리이다."[15]

내러티브 이론

내러티브는 시간적 선후 관계나 논리적 인과관계를 가진 사건들의 연속으로 이루어진 담화 혹은 텍스트이다. 내러티브는 그것이 가진 특별한 이야기(story)구조에 의해 청자 또는 독자에게 호소하는 힘을 가지고 설득적 효과를 낳는 점에서 의사소통적 기능을 갖는다. 그러므로 그것은 단지 문학작품이나 구전되는 이야기에서만 나타나는 것이 아니라 대화 상황에서도 수행된다. 내러티브 의사소통은 담화나 텍스트를 통한 의사소통의 한 경우이지만 몇 가지 관점에서 특별한 접근이 필요하다. 우선 그것은 이야기를 하는 시점 이전에 있었던 사건이나 체험 또는 상상을 시간적으로 재현·묘사하는 기능을 갖는다. 그러나 허구적 내러티브는 말할 것도 없고 일어난 일을 묘사하는 경우에도 화자는 그것을 있는 그대로 보고하는 것보다는 자신의 의도나 목적에 따라 일정한 줄거리(plot)를 가지고 진행한다.

15 폴 리쾨르(2003a), 앞의 책, p.83.

그러므로 화자의 의도와 줄거리의 구조를 이해하는 것이 내러티브 의사소통에서 중요한 관건이다.

리쾨르는 특히 역사서술에서 내러티브의 중요성을 강조하는데, 그것은 실증주의에 대한 비판을 함축하고 있다. 역사는 신화적 또는 허구적(문학적)인 내러티브와 비교해 '사실의 내러티브'이다. 역사서술은 한 문화공동체가 이야기의 형식을 빌려 스스로를 해석하고 자신의 정체성을 세우는 과정의 일부이기 때문이다.[16] 일반적으로 직접적인 소통과 시공적 거리를 가진 소통에서 내러티브의 역할은 다를 수밖에 없다. 실증적 자료의 빈자리를 상상력이 체계적으로 메우는 과정에서 그러하다. 그러므로 역사서술에서와 마찬가지로 지리적 · 문화적으로 거리가 먼 다른 공동체와의 소통에서도 내러티브는 상상력에 호소하는 특징을 갖는다. 텍스트 해석학은 이와 같은 내러티브 해석에서도 적용된다.

리쾨르가 허구의 내러티브인 문학과 사실의 내러티브인 역사를 비교하는 것은 양자를 대립시키기 위함이 아니다. 오히려 그는 둘 사이의 근접성에 주목한다. 실증주의자들은 역사가 과거의 실재성, 즉 과거의 '있었음'에 기초하고 있다고 생각한다. 하지만 과거의 사건을 관찰한 증인이든 기록이든 현재에 의해 재구성되는 상황을 피할 수는 없다. "역사란 역사가의 정신 속에서 과거를 다시 실행하는 것에 불과하다"는 콜링우드(Robin George Collingwood)의 말을 인용하면서 리쾨르는 "역사는 시간을 재형상화하기 위해 어떤 식으로든 허구를 사용하며 허구 역시 동일한 목적으로 역사를 사용해야만 구체화에 이를 수 있다"고 주장한다. 문제는 상상력이 어떤 방식으로 사실성을 보완하면서 일어난 일을 설명하는 목표에 통합될 수

16 Ricoeur, Paul(1986), 앞의 책, p.186, p.196 ; 폴 리쾨르(2002), 앞의 책, p.203, p.215.

있는가 하는 것이다.[17]

역사의 이야기구조, 즉 줄거리를 배제하는 것은 실증주의의 일반적 경향이다. 이러한 경향의 극단에는 역사서술을 자연과학의 서술과 등치시킴으로써 그 독특성을 말소시킨 것으로 악명 높은 헴펠(Carl Hempel)의 포괄법칙 모형(covering law model)이 있다. 이에 따르면 역사적 사건은 지진이나 기름 탱크의 폭발과 같은 물리적 상태의 변화와 다르지 않다. 물리적 사건이든 인간적 사건이든 모든 사건은 일정한 법칙, 그리고 사건이 일어날 당시의 조건(condition)이라는 두 가지 전제가 주어지면 논리적으로 추론되고, 따라서 설명된다고 말할 수 있다. 역사적 사건들이 이러한 절차에 따라 설명되기 어려운 이유는 역사에서 법칙이라는 것 자체가 불명료하여 과학적 수준에 이르지 못했기 때문이다. 헴펠의 모델은 물리적 사건과 역사적 사건의 차이를 보지 못한 점에서 비판의 대상이 되어 왔다. 자연과학이 시간적 인과관계를 다루는 것은 사실이다. 하지만 그것을 일반화된 시간 안에서 통합시키기 때문에 개별적인 독특한 시간구조 즉 이야기구조를 외면하고 있다.

다른 한편 구조주의는 이와는 다른 입장에서 이야기구조를 배제한다. 기호학의 모델을 내러티브 설명에 원용하는 구조주의는 텍스트의 의미를 그 내부 관계들로 환원한다. 가령 레비스트로스(Claude Lévi-Strauss)는 기호학자들이 음소, 형태소, 의미소 등을 정의하는 것과 같은 방식으로 신화를 서술하는 가장 작은 문장 단위인 '신화소(mythème)'를 정의하고, 이것을 통해 신화의 의미를 논한다. 즉 음운론에서 음소가 다른 것들과의 변별적 차이에 의해서만 존재하는 관계적 실체이듯이 신화소 역시 다른 문장들과

17 Ricoeur, Paul(1985), *Temps et récit 3 : Le temps raconté*, Paris : Seuil, p.265 ; 폴 리쾨르(2004), 『시간과 이야기 3』, 김한식 옮김, 문학과지성사, pp.352~353.

의 관계에 의해서만 의미를 갖는다. 그러므로 한 신화의 의미는 신화소들의 상호 배치에 의해 결정된다. 그것은 신화 내러티브의 폐쇄구조로 완결된다. 리쾨르에 의하면 이 경우 우리는 신화를 설명했다고는 말할 수 있지만, 그것을 해석했다고는 할 수 없다.[18] 구조주의는 이야기의 줄거리를 표면구조로 격하시키고, 대신 심층구조로서 관계의 차원을 부각시킴으로써 역시 이야기에 독특한 시간성을 배제한다. 이것은 역사를 담론의 시각에서 분석한 푸코의 경우도 마찬가지다. 구조주의가 역사에서 연속성보다 불연속성을, 통시적 고찰보다 공시적 분석을 선호하는 것은 잘 알려져 있다.

리쾨르는 역사가나 문학가의 관심은 단순히 과거의 객관적 기술이나 이야기의 구조적 분석에 있는 것이 아니라 더 근본적으로 의사소통의 영역을 넓히는 데 있다고 생각한다.[19] 이것을 위해 역사의 연속성 · 통시성이 무시되어서는 안 되며, 그 이야기구조에 의해 독자에게 깊이 닻을 내릴 수 있어야 한다. 내러티브 의사소통이 의도하는 바가 바로 그것이다. 그렇다고 해서 설명의 가치를 무시해도 된다는 것은 아니다. 리쾨르는 설명의 이론이 이야기를 따라가는 능력에 포함될 수 있다고 본다. 내러티브가 설명이 필요 없이 자명한 경우는 별로 없다. 딜타이의 주장과는 반대로 인간과학의 사실들은 즉각적으로 이해할 수 있는 것들로 되어 있지는 않다. "설명은 즉흥적 이해가 방해받을 때 우리에게 이야기를 계속 따라갈 수 있도록 하는 기능을 한다."[20] 즉각적 직관이 아니라 이야기를 따라가는 능력을 이해로 보면 설명은 이해를 확장하는 역할을 할 수 있다. 이런 면에서 리쾨르는 인문과학에서 설명과 이해라는 오래된 방법론 논쟁을 내

18 Ricoeur, Paul(1986), 앞의 책, p.167 ; 폴 리쾨르(2002), 앞의 책, p.178.

19 폴 리쾨르(2003b), 『해석학과 인문사회과학』, 윤철호 옮김, 서광사, pp.522~523.

20 Ricoeur, Paul(1986), 앞의 책, p.201 ; 폴 리쾨르(2004), 앞의 책, p.221.

러티브 이론으로 종합하고 있다.

역사에서 내러티브의 역할, 즉 역사와 허구의 교차로부터 '인간의 시간(le temps humain)'이라고 부를 수 있음직한 것이 나온다.[21] 이야기를 통한 과거의 재형상화야말로 모든 역사가가 목표로 하는 것이다. 가령 헤겔(G. W. F. Hegel)의 역사철학은 허구와 역사를 교차하는 모든 방식을 전체 속에 포괄하여 단수 집합명사로서의 '역사'를 구성하였다. 헤겔은 서구 근대인의 역사에 최상의 줄거리를 부여하였다. 그러나 이런 식의 역사 내러티브는 이미 그 효력을 상실하였다. '역사의 관념적 고찰은 그 자체가 어떤 해석학적 현상, 유한성이라는 동일한 조건에 놓인 해석적 작업'이다.[22]

결국 역사의 내러티브적 속성을 받아들이면 여러 역사 내러티브를 어떻게 평가할 것인가의 문제가 대두한다. 이것은 리쾨르가 '역사의식의 해석학'이라고 부른 것에 의해 가능하다. 리쾨르는 코젤렉의 역사의미론의 작업을 예로 든다. 코젤렉은 가다머의 영향사의식과 지평 개념의 연장선상에서 경험공간과 기대지평이라는 상위 범주들을 도입하여 근대적 시간 개념의 재형상화를 시도한다. 가다머의 영향사의식은 역사적 과거의 영향이 누적된 의식을 말한다. 코젤렉의 경험공간은 전승된 경험을 기억 속에 포함하는 현재이다. 기대지평은 미래를 향한 희망과 두려움과 기대가 투사된 현재적 미래의 장이다. 이 두 범주는 서로를 조건 짓는다. 서구의 근대인들은 자신의 시대를 새로움, 진보의 가속화, 그리고 역사 개조의 가능성으로 파악하였다. 이들은 자신의 시대를 새로움으로 표상함으로써 중세를 암흑의 시대로 재규정한다. 즉 전통과 과거를 평가절하함으로써 경험공간을 축소시킨다. 그런데 현재의 새로움은 미래와의 관계에서 비롯한다. 미래는

21 Ricoeur, Paul(1985), 앞의 책, p.279 ; 폴 리쾨르(2002), 앞의 책, p.371.

22 Ricoeur, Paul(1985), 앞의 책, p.298 ; 폴 리쾨르(2002), 앞의 책, p.396.

진보를 통해 이룩할 광명으로 표상된다. 고로 현재는 과거의 암흑과 미래의 광명 사이에 있으며, 미래로의 전진(가속)은 결국 역사를 능동적으로 만들어 간다는 의식으로 나타난다. 코젤렉이 인용한 로베스피에르의 발언은 이 점에서 의미심장하다. "시간으로 하여금 그 진정한 운명을 일깨워 줄 때가 왔다. 인간 이성의 진보는 이 거대한 혁명을 준비해 왔다. 그리고 그것을 가속시킬 의무는 특별히 당신에게 주어졌다."[23] 이처럼 "인류는 스스로를 이야기함으로써 그 자신의 주체가 된다. ……역사를 만든다는 표현과 이야기를 만든다는 표현은 서로 겹칠 수 있게 된다."[24]

리쾨르는 코젤렉의 작업을 역사 내러티브를 상대화하는 작업으로 보는데, 이는 리쾨르의 거리 두기 개념과 밀접한 관계가 있다. 근대 이전의 역사의식(최후의 심판 논제 또는 역사는 삶의 스승이라는 생각)과 근대의 역사의식의 차이는 각 시대의 사람들이 가진 기대지평과 경험공간의 관계 변화에서 유래한다. 이 두 범주는 역사의식을 구성하는 '선험적 범주들'이어서 "내용의 변주(variation)들에 대한 개념적 역사를 가능하게 한다."[25] 결국 내러티브 의사소통은 일반적인 텍스트와 마찬가지로 해석을 필요로 한다. 리쾨르가 볼 때 개념사를 통한 역사의미론은 이러한 소통의 해석학의 일부이다. 거리 두기를 통한 소통의 해석학은 소속성이나 선입견에 매몰되지 않게 해준다. 바로 이 지점에서 리쾨르는 하버마스의 이데올로기 비판의 입장이 소통과 자기 이해를 확장하고 복원하는 해석학의 기획에 편입될 수 있다고 믿는다.[26] 하버마스는 가다머와의 유명한 논쟁에서 전통과 선입견의 권위를 옹호하는 가다머의 해석학이 왜곡된 소통의 원천이 될 수

23 폴 리쾨르(2002), 앞의 책, p.405.
24 폴 리쾨르(2002), 앞의 책, p.407.
25 폴 리쾨르(2002), 앞의 책, p.412.
26 폴 리쾨르(2002), 앞의 책, p.51.

있다고 비판한다.[27] 그는 근대적 이성의 의식중심성을 비판하면서 이성의 해방적 관심을 제약 없는 의사소통의 영역에서 실현하고자 한다. 이데올로기 비판은 올바른 소통의 조건을 제시함으로써 그것의 규범적 평가를 할 수 있게 해준다. 그러나 그 동기는 전적으로 합리적인 정치적 공동체를 지향하기 때문에 소통이 가진 역사적·문화적인 포괄적 내용을 배제하게 된다. 한편 리쾨르의 소통의 해석학은 코젤렉의 범주들이 잘 보여 주듯이 상충하는 여러 내러티브를 각각의 상황에 내재적으로 이해하면서 서로 비교하게 해주는 장점이 있다. 결국 소통의 해석학과 이데올로기 비판이 서로 화해하기 위해서는 해석학이 윤리적이며 정치적인 관심을 배제할 수 없다.

주관성에서 상호주관성으로
— 소통의 철학적 기반

"나는 무엇을 아는가?(Que sais-je?)"라는 몽테뉴의 물음 이래 서양의 근대사상은 자기반성적 의식을 세계 인식의 아르키메데스의 점으로 삼는다. 데카르트의 '코기토, 에르고 숨(Cogito, ergo sum)'은 상식과 전통의 권위로 대표되는 모든 선입견을 철저하게 배제하고 오로지 나의 의식 주관에 확실한 것으로부터 출발하는 근대철학의 전형으로 자리 잡았다. 주관성의 철학이 목표로 하는 확실성은 선험성에 의해 확보되는데, 이것은 주로 근거가 약한 종교적 권위나 상식적 견해로부터 수학적·자연과학적 인식을 보장하기 위한 인식론적 시도였다. 여기에는 세계가 합리적인 수학적 질서에

27 폴 리쾨르(2002), 앞의 책, p.339.

의해 구성되어 있으며, 인간의 이성은 그것을 완벽하게 파악할 수 있다는 낙관적 믿음이 반영되어 있다. 따라서 인간과 인간의 소통의 문제는 중요한 것으로 제기되지 않는다. 이성을 가진 모든 인간은 자연이라는 합리적인 책을 읽을 능력이 있으므로 합리성이라는 원리가 우선이고, 소통은 오로지 이 원리를 매개로 하는 부차적 문제가 된다. 이 생각은 데카르트와는 다른 입장을 가진 홉스, 로크와 같은 경험론자들에서도 마찬가지이다. 단지 이들은 인간 사이의 사회적 관계 그리고 사회 구성의 정당화 문제에 더 관심을 두었을 뿐이다. 이들에게 인간은 욕망을 추구하는 원자적 개인에 불과하며, 이러한 고립된 개인들의 갈등을 조정하는 합리적 장치가 사회이다. 그러므로 인간 사이의 소통이나 상호작용은 기본적으로 개인들의 이해타산의 조정에 지나지 않는다. 사회 또는 국가는 계약에 의해 구성되며, 이 계약이라는 용어는 역시 개인들의 권익을 지켜 주는 조건에서만 가능한 합의를 지칭한다.

루소나 칸트는 이러한 냉정한 계약론에 도덕적 관점을 첨가하고자 하는 점에서 차이를 위한 일보를 내디뎠다. 사회는 맹목적 욕구들의 통제자이거나 이기심의 합리적 조정자이기보다는 개인들이 자발적 동의에 의거하여 일반의지에 자연권을 양도할 때 법과 권력의 정당성을 확보할 수 있다. 루소는 공화국에 대한 애국심과 인간 사이의 형제애를 강조하였으며, 칸트는 인격의 존엄성을 강조하고 실천이성을 통해 사회의 법과 정치질서를 확립할 것을 주장한다. 그러나 다른 계약론자들과 마찬가지로 이들의 출발점은 여전히 고립된 개인이며, 따라서 개인 간의 내재적 관계를 올바로 평가하고 있지 못하다는 것이 헤겔과 같은 국가유기체론자들의 비판이다. 헤겔은 개인적 자유의 구체적 조건들을 검토하면서 자유는 진공상태에서 개인에게 주어진 것이 아니라 공동체 내에서 타인과의 상호 인정 과정을 통해서만 실현될 수 있다고 한다. 공동체는 개인들의 갈등을 조정하는 도구적 목적만 가진 것이 아니라 인륜성을 실현하는 상호주관적 장이다. 인륜성은 추상적 법과 도덕적인 것이 통일된 형태이며, 곧 민족국가의 지반이 된다. 계약론자들이 시민사회와 국가를 구별하지 않았던 반면, 헤겔은 양자를 구분한다. 헤겔에게 시민사회는 계약론자들이 말하는 개인의 이익을 실현하는 곳에 지나지 않으며, 국가는 가족 · 민족 · 풍속 · 언어 · 제도 등으로 맺어진 유기적 실체이다. 이제 국가는 그 자체가 윤리적 목적을 가진 초월적 존재가 된다.

헤겔은 시민사회 내에서의 개인들의 상호작용이 개인의 이기적 주관성에서 비롯한다고 보기 때문에 그들 간의 참다운 소통과 연대의 가능성을 배제한다. 반면 국가라는 보편적 인륜공동체에 속한 개인들은 타자와 능동적으로 상호작용하고 타자에 의해서만 자기 이해가 가능한 상호주관적 관계를 맺는다. 이것은 개인 간의 관계가 국가라는 보편성에 의해 이미 통일되어 있기 때문이다. 그러므로 헤겔에서 국가는 개인들에게 상호 소통의 장을 마련해 주지만, 개인들은 국가를 통해서만 참다운 인륜성을 부여받는다. 따라서 개인 간의 상호주관성이 국가라는 거대한 실체 안에서 용해된다. 이 관점은 개인들을 전체에 종속된 것으로 보는 점에서 분명한 한계를 갖는다. 게다가 국가와 국가 간의 상호작용과 소통의 문제에서는 또 다른 난점을 노출한다. 한 국가 내에서 보이는 개인 간의 내재적 관계를 국가와 국가, 민족과 민족 사이에서는 더 이상 발견할 수 없기 때문이다. 헤겔이 국가를 '신적이고 항구적인 것', 객관정신이나 절대정신이라고 할 때 이는 근대적 주관성의 전형적 특징을 이루는 것이며, 단지 그것을 개인의 의식이 아니라 국가나 제도와 같은 외적 장치로 확대한 것이다. 그러므로 국가 외부와의 관계에서 한계가 나타나는 것 역시 근대적 주관성의 소통 불가능성에서 그 원인을 찾을 수 있다.

헤겔에 의하면 개인의 의식이 갈등과 분리, 투쟁의 불행한 의식을 거쳐 객관정신으로 고양되는 과정이 역사이다. 그러므로 개인이나 역사는 객관정신을 향한 목적론적 과정에 의해 회고적으로 반추될 뿐이다. 이러한 면에서 인간의 역사가 공포정치라는 실패의 경험을 거쳐야 했던 것이 일정한 필연성으로 의미화된다. 모든 것을 의미화하는 헤겔의 절대정신과 더불어 주관성의 근대는 막을 내린다. 이제 근대를 넘어서서 다원성과 소통을 화두로 하는 우리 시대의 철학적 기반으로 간주되는 상호주관성 개념의 성립 과정을 살펴보자.

이 개념의 형성은 다시 의식에서 시작하되 의미의 세계를 해명하는 것을 목적으로 하는 후설의 철학에서 나타난다. 리쾨르는 후설에서 상호주관성과 의미 이해의 해석학을 도출하기 위해 관념론의 의심을 받는 후설의 전기 철학을 과감하게 버린다. 후설의 전기 철학은 근대적 의식주관성의 연장선상에서 타자 이해를 시도하고 있으나, 역시 근대적 유아론(唯我論)의 함정에서 벗어나지 못하고 있다는 것이 일반적 견해이다. 후기 철학으로 불리는 생활세계적 현상학은 전기와는 반대 방향에서 반성과 언어 이전에 주어진 세계, 즉 선술어적 생활세계에서 출발한다. 리쾨르는 헤겔의 정신과 후설의 상호주관성을 비교하면서 의미의 세계는 "구성의 결과가 구성운동을 목적론적으로 통제하지 않으면 작동하지 않는다"라고 지적한다.[28] 역사적 현실의 합목적적 정당화에 의해 강한 내러티브적 성격을 띠는 헤겔의 역사관과 달리 후설에서 의미 구성을 위한 목적적 지평은, 자연적 상태에서 우리가 이미 이해하고 있는 타자(혹은 대상)를 향해 있다. 이것이 '지향성'의 진정한 의미이다. 의식은 언제나 자기 자신이 아니라 다른 무엇을 향해 있으며, 이 무엇은 추상이나 자의적 구성이 아니다. 타자는 나의 실존 속에 주어진 것이 아니라 내 실존의 '열려 있는 무한한

28 Ricoeur, Paul(1986), 앞의 책, p.282 ; 폴 리쾨르(2004), 앞의 책, p.321.

지평' 안에서, '내가 마음대로 할 수 없는 의미의 잠재력' 안에서 주어진다.[29] 의미 구성을 위해 내 존재의 지평을 명료화하는 것은 '해석'의 몫이다. 그러므로 타자는 해석의 대상으로 나타난다. 여기에 해석학자로서의 리쾨르의 입장이 드러난다.

의식이 이미 타자경험에서 출발한다는 주장 외에 상호주관성의 기초를 형성하는 후설의 두 번째 근거는 신체적 경험에 의지한다. 구체적인 체험의 영역에서 내 몸은 언제나 여기, 지금이라는 특수한 상황 아래에서 나타난다. 이 상황적 체험의 연장선상에서 타자의 신체를 경험할 수 있는데, 여기에서 우리는 나의 체험을 바탕으로 타자의 신체성을 '유비적(analogic)'으로 추리할 수 있다.[30] 이 유비추리는 순수한 추상이 아니라 신체적 체험에 근거하기 때문에 타자의 존재를 이해하는 단초가 된다. 신체적 체험은 리쾨르에 의하면 데카르트적인 추상적 코기토를 단번에 폐기하고 자아의 총체적 경험을 가능하게 해준다.[31] 물론 그것은 근대적 의식 주관이 누렸던 절대성을 결여하고 있다. 신체적 체험과 상황의존성은 유한한 존재로서의 인간을 특징짓는다. 후설의 생활세계적 현상학의 이념을 물려받은 하이데거의 현존재 분석은 근대적 인간관을 심층적으로 역전시킨 것임을 알 수 있다.

그러나 리쾨르에 의하면 후설이 보여 준 두 가지 근거가 타자의 존재증명을 목표로 한다면 그것은 불충분하다. 물론 타자의 존재는 증명에 의해서 확보되는 것이 아니다. 후설은 신체적 경험의 유비추리만으로 타자의

29 Ricoeur, Paul(1986), 앞의 책, p.80 ; 폴 리쾨르(2004), 앞의 책, p.78.

30 Husserl, Edmund(1982), *Cartesian Meditations : An Introduction to Phenomenology*, Hague : Martinus Nijhoff, p.113.

31 Ricoeur, Paul(1967), *Philosophie de la volonté : Le volontaire et l'involontaire*, Aubier Montaigne, p.12.

존재 및 헤겔이 객관정신에 의해 설명한 사회적 · 역사적이고 문화적인 공동체를 설명하고자 하였으나, 이것은 차라리 경험적 연구에 의해 보충되는 것이 낫다는 것이 리쾨르의 생각이다. 그래서 그는 헤겔의 객관정신을 배제하고 사회적 상호작용을 설명하는 막스 베버의 '이해사회학'의 연구 성과에 의지한다. 베버에 의하면 개인의 행동은 타자지향적이며, 객관적 실체처럼 보이는 사회나 국가 · 제도 등은 인간들이 공동으로 행하는 활동의 결과이다. 그러므로 후설의 상호주관성의 철학은 베버의 이해사회학과 결합할 때 헤겔의 객관정신에 대적할 수 있는 답변을 구성한다. "헤겔에 대한 후설의 결정적인 장점은 집단적 실체와 타협하지 않고 이를 거부한 것이며, 집단적 실체들을 언제나 상호작용의 조직으로 환원시키려는 그의 끈질긴 의지이다."[32] 상호주관성은 인간 행동의 개인적 책임을 물을 수 있고, 인간 사이의 상호 소통을 보장하며, 이 소통이 거대한 권력에 의해 왜곡될 때 비판의 계기를 마련할 준거가 된다.

주체의 순수한 의식에서 출발하는 근대적 관점과 결별하고 타자의 존재와 상호주관성을 강조하는 것은 그 철학적 논증의 성공 여부와 상관없이 근대와 현대를 가르는 일종의 패러다임 변화로 이해되어야 한다. 후설 이후 대부분의 철학자들은 이 개념에 의지하여 인간과 사회를 설명하는 새로운 담론을 수립한다. 가다머와 같은 해석학 전통에 서 있는 리쾨르의 경우 상호주관성은 언어를 통한 의사소통의 관점에서 더욱 중요하다. 언어는 이제 단순히 주체의 생각이나 감정을 표현하는 수단이 아니라 인간의 사회성 즉 상호주관성을 나타내는 징표가 된다. 리쾨르는 더 나아가 자기 자신조차 언어에 의해 매개되지 않고는 이해가 불가능하다고 주장한다. 그에 따르면 "기호들, 상징들, 텍스트들에 의해 매개되지 않는 자기 이해란 없

32 Ricoeur, Paul(1986), 앞의 책, pp.333~334 ; 폴 리쾨르(2004), 앞의 책, pp.296~297.

다."[33] 주체는 의미의 주인이 아니라 언어적 매개물들에 의해 비로소 알려지는 존재이다. 언어는 의미 있는 인간 경험의 조건이며, 이 조건 아래 자아와 타자는 동등하게 해석의 대상이 된다. 그러나 리쾨르는 구조주의자들처럼 주체의 죽음을 주장하지는 않는다. 주체의 죽음을 말하게 되면 담화와 텍스트는 언어의 체계 안에 갇히고 만다. 리쾨르의 주요 작업인 상징의 분석, 담화와 텍스트 이론, 내러티브 이론 등은 주체와 타자의 상호주관성을 전제로 주체와 주체, 역사와 현재, 문화공동체 사이의 소통 가능성을 섭렵하는 것이다.

33 Ricoeur, Paul(1986), 앞의 책, p.29 ; 폴 리쾨르(2004), 앞의 책, p.24.

참고문헌

김재현 외(1996), 『하버마스의 사상 : 주요 주제와 쟁점들』, 나남출판.

윤성우(2004), 『폴 리쾨르의 철학』, 철학과현실사.

한국해석학회 엮음(1995), 『해석학은 무엇인가』, 지평문화사.

빌헬름 딜타이(2002), 『체험, 표현, 이해』, 이한우 옮김, 책세상.

자콥 메이(1996), 『화용론』, 이성범 옮김, 한신문화사.

조지아 원키(1999), 『가다머 : 해석학, 전통 그리고 이성』, 이한우 옮김, 민음사.

폴 리쾨르(2000), 『시간과 이야기 2』, 김한식 · 이경래 옮김, 문학과지성사.

폴 리쾨르(2002), 『텍스트에서 행동으로』, 박병수 · 남기영 편역, 아카넷.

폴 리쾨르(2003a), 『해석이론』, 김윤성 · 조현범 옮김, 서광사.

폴 리쾨르(2003b), 『해석학과 인문사회과학』, 윤철호 옮김, 서광사.

폴 리쾨르(2004), 『시간과 이야기 3』, 김한식 옮김, 문학과지성사.

J. L. 오스틴(1992), 『말과 행위』, 김영진 옮김, 서광사.

Gadamer, Hans-Georg(1965), *Truth and Method*, Garette Barden and John Cumming eds., New York : Crossroad.

Husserl, Edmund(1982), *Cartesian Meditations : An Introduction to Phenomenology*, Hague : Martinus Nijhoff.

Mongin, Olivier(1998), *Paul Ricoeur*(Points Essais), Paris : Seuil.

Ricoeur, Paul(1967), *Philosophie de la volonté : Le volontaire et l'involontaire*, Paris : Aubier Montaigne.

Ricoeur, Paul(1984), *Temps et récit 2 : La configuration dans le récit de fiction*, Paris : Seuil.

Ricoeur, Paul(1985), *Temps et récit 3 : Le temps raconté*, Paris : Seuil.

Ricoeur, Paul(1986), *Du texte à l'action*, Paris : Seuil.

Ricoeur, Paul(1990), *Soi-même comme un autre*, Paris : Seuil.

Ricoeur, Paul(2004), *Sur la traduction*, Paris : Bayard.

Ricoeur, Paul(2005), *Discours et communication*, Paris : Herne.

Searle, John(1969), *Speech Act : An Essay in the Philosophy of Language*, London ; Cambridge, Mass. : Cambridge University Press.

Thompson, John B.(1981), *Critical Hermeneutics : A Study in the Thought of Paul Ricoeur and Jürgen Habermas*, London ; New York ; Melbourne : Cambridge University Press.

Ricoeur, Paul(1971), "Philosophie du langage," *Encyclopedia Universalis* ver. 12, Paris : Encyclopedia Universalis France.

Ricoeur, Paul(1978), "Philosophie et langage," *Revue philosophique de la France et de l'Etranger* 103(4).

Stevens, B., P. Ricoeur, J. Greish and J. Ladrière(1990), "Paul Ricoeur : Temporalité et Nnarrativité," *Etudes Phénoménologiques* 11.

Van de Wiele, J.(1982), "P. Ricoeur et M. Foucault : Le concept de discours," *Qu'est-ce que l'homme Philosophie / Psychanalyse : Hommage à Alphonse de Waelhens (1911-1981)*, Bruxelles : Facultés universitqire Saint-Louis.

철학적 해석학과 개념사*

정연재

세종대학교 교양학부 초빙교수. 한양대학교 철학과 대학원에서 박사학위를 받았으며, 세종대학교에서 기초교양교육프로그램 개발과 운영을 맡고 있다. 주요 저서로는 『윤리학과 해석학』(2008), 『인간 본성에 관한 철학 이야기』(공저·2007) 등이 있고 논문으로는 「존엄성 개념의 명료화를 통한 트랜스휴머니즘의 비판적 고찰」(2015), 「삶의 마지막에서 존엄성을 어떻게 고려할 것인가」, 「스마트시대 새로운 기초역량교육 모델 찾기」(2015), 「도덕성 강화에 대한 덕윤리적 비판」(2014), 「교육경험에 대한 가다머의 해석학적 분석」(2013) 등이 있다.

* 이 논문은 2012년 5월 31일 한림대학교 한림과학원이 주최한 제7회 심포지엄 「개념사의 이론과 방법」에서 발표 후 『개념과 소통』 제9호(2012. 6)에 게재되었다.

철학과 개념

철학자 프랜시스 베이컨은 사람을 거짓으로 말려들게 하는 마음의 경향을 '우상(idola)'으로 간주하면서, 특별히 우리가 언어를 사용할 때 생겨나는 편견인 '시장의 우상'을 버려야 한다고 역설한 바 있다. 전통적으로 명확한 개념의 사용은 철학의 학문성을 담보해 주는 중요한 기능으로서, 특히 개념의 정교화는 철학의 오랜 과제이자 요구였다. 예컨대 20세기 초반 논리실증주의의 등장은 철학의 본령이 개념의 정확성 추구를 통한 언어 비판에 있음을 여실히 보여 주는 상징적 사건이었다. 그러나 언어에 대한 깊은 관심을 갖는 현대철학의 주된 경향은 이러한 논리실증주의적 사고야말로 과학적 방법론의 이상을 대변할 뿐이라고 비판한다. 대표적인 것이 '철학적 해석학(philosophische Hermeneutik)'[1]의 입장이다.

만일 세계의 해석을 표현하는 언어가 확실하게 경험의 산물임을 우리가 받아들인다면, 언어적 해석의 한가운데에서 발생하는 개념 형성의 과정은

1 가다머는 자신의 해석학이야말로 아리스토텔레스에서 연원하는 실천철학(philosophia practica)의 전통 안에 속해 있음을 명시적으로 밝히면서, 자신의 해석학을 '철학적 해석학'이라 명명한다. 『진리와 방법』의 부제가 '철학적 해석학의 기본 특징'인 것도 바로 이 때문이다. 슐라이어마허(Friedrich E. D. Schleiermacher)와 딜타이(Wilhelm Dilthey)에 이르는 이전 해석학이 일종의 제작학(poietike)의 연장선상에 있다고 한다면, 자신의 해석학은 특정 해석을 위한 기술론(Kunstlehre)을 넘어서 실천철학의 위상을 갖는다고 보는 것이다. 실천철학은 한마디로 기계적 적용이 불가능한 삶의 전 영역에서 가장 현명한 선택을 하기 위한 지혜(phronesis)를 습득하는 영역이다. 가다머는 이러한 실천철학적 전통 안에 해석학의 중요한 본질이 있다고 본다.

결코 최초의 시작이 아니라는 것이다. 이른바 무전제적 해석이 불가능하다고 역설하는 해석학은 개념과 철학의 관계를 논리실증주의와는 전혀 다른 각도에서 접근하고 있다. 개념은 언어와 유기적 관계를 형성한다. 따라서 개념사적 해명의 작업 역시 개념의 순수성을 확보하는 차원을 넘어 개념을 언어적 삶(Sprachleben)과 가능한 한 통합시키는 것에서 출발해야 한다는 것이다. 그래서 한스게오르크 가다머(Hans-Georg Gadamer)는 '개념사의 과제야말로 철학사 연구의 보충 작업으로 수행되는 것이 아니라 철학의 수행과정에 깊숙이 개입하는 것이며, 철학 자체로서 실현되어야 하는 것'[2]이라고 밝히고 있다. 이러한 측면에서 이 글은 가다머가 주장하는 '철학으로서의 개념사(Begriffsgeschichte als Philosophie)'가 어떤 것인지, 그 의도와 사상적 배경을 분명하게 밝히는 것이 주요 목적이다.

이 글은 개념사에 대한 상이한 관점과 접근에도 불구하고 철학적 해석학이 '개념사' 연구에 일정 정도 기여할 수 있다는 판단 아래 일종의 개괄적 형태를 모색한다.[3] 따라서 가다머 해석학에 대한 심도 있는 논의보다는 거시적 안목에서 그것의 현실성을 도출하는 데 역점을 둘 것이다. 물론 이러한 논의가 개념사 연구의 보다 진전된 시도로 자리매김하기 위해 다음의 두 사안에 대한 해명은 필수적이라고 본다.

우선 가다머 해석학을 견인하는 '해석학의 보편성 주장(der Universalitätsanspruch der Hermeneutik)'이 어떻게 개념사 연구와 연관되는지, 그 토대를

2 Gadamer, Hans-Georg(1986a), "Begriffsgeschichte als Philosophie"(1970), in Hans-Georg Gadamer, *Gesammelte Werke II : Hermeneutik II*, Tübingen : Mohr Siebeck, p.81.

3 물론 여기에는 상당한 한계가 있음을 인정한다. 역사 연구의 기본 범주에 대한 이해의 차이, 무엇보다 개념사에 대한 상이한 관점에도 불구하고 코젤렉(Reinhart Koselleck)의 개념사를 넓은 의미에서 인문학적 · 해석학적 전통에서 보려고 시도한다면, 가다머 해석학은 개념사 연구에 중요한 시사점을 가져다줄 수 있을 것이다.

탐색하는 것으로 가다머의 언어관과 역사관의 핵심을 요약할 것이다.

다음으로 가다머가 시도했던 개념사 연구의 구체적 사례를 보여 줄 것이다. 그의 주저 『진리와 방법(*Wahrheit und Methode*)』의 도입 부분이 개념사적 작업으로 이루어진 것은 결코 우연이 아니다. 물론 이러한 접근은 근대 과학적 방법론에 대한 비판을 겨냥하여 인문주의 정신을 환기하는 목적에서 이루어졌지만, 개념사에 대한 가다머의 관심과 이해를 명백하게 확인할 수 있기에 중요하다. 이러한 해명 작업을 통해 개념사 연구에 가다머 해석학이 기여할 수 있는 가능성을 면밀히 탐색해 볼 것이다.

개념 형성과 언어적 삶

우선 가다머는 개념사 연구야말로 철저하게 언어적 삶의 광범위한 맥락 안에서 이루어져야 함을 강조한다. 가다머가 철학적 사유의 이상적 모델로 플라톤의 '대화'를 상정한 것도 바로 이러한 이유 때문이다. 일례로 플라톤의 대화는 언어의 생명력을 담지하는 터전으로, 질문과 답변 속에서 대화참여자 간에 역동적인 지평융합(Horizontverschmelzung)이 이루어지는 장이다.[4] 이러한 측면에서 개념사적 과제 역시 개념 형성을 담지하는 언어적 삶(Sprachleben)에서 발원한다. 여기에서 중요한 것은, 어떤 하나의 개념을

4 이에 대한 가다머의 언급을 직접 들어 보자. "언어가 비로소 대화 속에서 자신의 고유한 생명을 갖게 된다면, 플라톤의 대화는 여전히 살아 있는 대화를 일깨울 것이며, 우리가 이 세계에서 묻고 추구하면서 올바른 길을 찾아 나서는 모든 지평의 실속 있는 융합을 성취하게 될 것이다"〔Gadamer, Hans-Georg(1991), "'Platos dialektische Ethik' — beim Wort genommen"(1989), in Hans-Georg Gadamer, *Gesammelte Werke VII : Griechische Philosophie III*, Tübingen : Mohr Siebeck, p.127〕.

역사적인 측면에서 개별적으로 정의내리는 데 그치는 것이 아니라 개념의 다채로운 전개 상황을 새롭고 다양하게 드러내는 것이다. 즉 단어와 개념 간의 긴장 관계뿐 아니라 일상어가 새로운 개념적 진술로 각인되는 다채로운 과정들을 생동감 있게 보여 주어야 한다는 점이다.[5] 가다머는 다음과 같이 말한다.

> 개념사적 과제를 수행한다는 것은 스콜라적 경직성으로부터 철학함의 표현을 풀어내는 것이며, 생동력 있는 담화의 잠재력을 위해 철학함의 표현을 재획득하는 것이다. ……철학적 사유는 화학적이고 순수한 개념들의 경직성을 무너뜨려야 한다.[6]

결국 일상적 언어 사용과 개념 형성 간에 얼마나 긴밀한 관계를 보여 주는지, 인간의 언어적 삶에 개념이 유입되어 어떤 개념적 수행(begriffe Leistungen)을 이루어 내는지를 보여 주는 것은 개념사적 과제에서 매우 중요하다.

이 같은 '철학으로서의 개념사'라는 가다머의 입장을 이해하기 위해 그의 언어관과 역사관에 대해 살펴보자.

철학적 해석학의 시선에서 본 언어

우선 가다머는 언어에 대한 도구적 관점의 이해를 반대한다. 도구적 언어 이해는 언어를 대상성(Gegenstädlichkeit)이라는 개념을 통해 강제적으로 고착화한 근대 사유의 경향에서 비롯된 것이기 때문이다. 그는 언어에 대한 그리스적 관점을 환기시키면서, 언어를 하나의 도구가 아니라 언어

5 Gadamer, Hans-Georg(1970), 앞의 글, pp.88~89.
6 Gadamer, Hans-Georg(1970), 앞의 글, pp.88~89.

속에서 또는 언어를 통해 인간의 세계경험(Welterfahrung)을 구축할 수 있는 가능성을 찾는다. 즉 세계에 대한 인간경험의 본성을 '언어'라는 지평에서 바라봄으로써 세계를 하나의 대상으로 간주하지 않는다는 점이다.[7] 이 점에 대해 가다머는 다음과 같이 말한다.

> 우리의 세계경험의 언어성은 존재하는 것으로 인식되고 진술되는 것과 비교해서 앞서는 것이다. 언어와 세계 간의 근본 관계는 세계가 언어의 대상이라는 점을 의미하지 않는다. 오히려 인식과 진술의 대상은 이미 언어의 세계지평에 둘러싸여 있는 것이다. 인간적 세계경험의 언어성은 세계를 대상화하는 것을 포함하지 않는다.[8]

두 번째는 언어에서 생생한 사건(일어남 · Geschehen)에 비중을 두는 입장, 이른바 구어성(orality)에 대한 강조다. 텍스트를 비롯한 예술 작품, 역사적 전승도 하나의 고정된 이해와 해석의 대상이 아니라 일종의 살아 있는 대화 파트너로 존재한다.[9] 따라서 해석학은 물음과 대답의 형태로 다채롭

7 Gadamer, Hans-Georg(1999), "Die griechische Philosophie und das moderne Denken" (1978), in Hans-Georg Gadamer, *Gesammelte Werke VI : Griechische Philosophie II*, Tübingen : Mohr Siebeck, p.7.

8 Gadamer, Hans-Georg(1972), *Wahrheit und Methode : Grundzüge einer philosophischen Hermeneutik* (3rd ed.), Tübingen : Mohr Siebeck, p.426. 가다머는 '진술(Aussage)'이 '질문(Frage)'에서 유래한다고 본다. 과학이 대상에 대한 방법적 탐구 활동의 결과로서 일종의 진술체계(logos apophantikos)라면, 역사학을 비롯한 정신과학은 해석학적 기능, 이른바 질문과 대답의 상호작용의 체계다. 즉 진술에 비해 질문이 갖는 우위성 혹은 근원성은 방법에 앞서는 진리(Wahrheit vor der Methode)의 우선성, 즉 과학적 인식이 정신과학적 인식의 한 파생태임을 입증해 주는 것이다. 가다머 해석학에서 '질문'의 중요성과 그 근원성에 대해서는 다음의 논문을 참조하면 좋을 것이다. 김창래(2001), 「언어철학적으로 살펴본 정신과학의 의미」, 『해석학연구』 제8집, pp.67~73.

9 Gadamer, Hans-Georg(1972), 앞의 책, p.451.

게 전개되는 대화 속에서 그 역동적 의미를 포착하는 것이 주요 목적이 된다. 이른바 주어진 표현의 의미를 드러내는 '발견술'이 아니라 '표현하는 존재와 이해하는 존재자 간의 상호적 대화'가 핵심인 것이다. 물론 이 대화의 가능 조건은 언어다. 해석의 대상은 정태적이고 개념적이고 무시간적인 대상으로서가 아니라 구어적 사건으로 간주된다. 이런 측면에서 언어는 '말에 의한 사건'이며, 결국 이 사건(일어남)은 구어적 수행으로 생기하는 것이다.

세 번째는 해석학의 보편성 주장과 직결되는 언어관이다. 가다머는 먼저 해석학의 보편성과 관련하여, "해석학의 영역이 딜타이(Wilhelm Dilthey) 전통의 '문자적으로 고정된 삶의 진술'에 대한 이해를 넘어 '인간과 인간', '인간과 세계'의 일반적 관계에 이르기까지 광범위하다"[10]라고 말한다. 인간이 만들어 낸 모든 삶의 진술에 대한 이해는 언어라는 기본적 토대 위에서 가능하며, 이러한 의미에서 '해석학의 보편성 주장'이 정당하다는 것이다.[11] 언어란 우리 존재경험의 '보편적 매체'이며, 결국 해석학은 '언어적으로 매개된 세계경험의 보편성'을 확보하는 노력이다. "이해할 수 있는 존재는 언어다"라는 그의 언급은 해석학의 보편성을 담지하는 근본 명제인 것이다.[12]

10 Gadamer, Hans-Georg(1986c), "Text und Interpretation"(1983), in Hans-Georg Gadamer, *Gesammelte Werke II : Hermeneutik II*, Tübingen : Mohr Siebeck, pp.330 ff.

11 Gadamer, Hans-Georg(1986b), 앞의 논문, pp.330 ff.

12 코젤렉은 해석학의 보편성을 견인하는 가다머의 언어관이 언어결정론적 태도에 불과하다고 비판한다. 여기에서의 쟁점은 언어 이전 혹은 언어 외적으로 존재하는 것을 하나의 '실재'로 인정할 수 있는가 하는 것이다. 그런데 가다머의 언어관에서 나타나는 보편적 관점은 역사 전체가 언어로 수렴 가능하다는 일종의 적극적 의미보다는 인간의 유한성에서 나온 현실적 판단으로 보는 것이 적절해 보인다. 다시 말해 "이해될 수 있는 존재는 언어다"라는 말은 언어에서 드러난 존재만이 우리에게 이해될 수 있으며, 언어적 표현 이전에 존재하리라 추정된 존재 자체란 유한한 인간에게는 명백히 접근 불가능하고, 따라서 존재하지도 않는 것이다. 이러한 측면에서 그는 다음과 같이 말한다. "'이해될 수 있는 존

대화 원리에 기반한 텍스트 개념

가다머의 해석학의 보편성 주장에서 텍스트 개념은 매우 중요하다.[13] 텍스트 개념이 대화 원리(das dialogisches Prinzip)에 기반할 수 있는지의 여부가 해석학의 보편성 주장을 성립하게 하는 매우 중요한 요건이기 때문이다. 가다머는 텍스트가 철저하게 대화 원리에 기반하고 있음을 '번역'의 예를 통해 밝힌다. 해석의 극단적 형태는 낯선 언어들이 통합되는 번역으로서, 매개(Vermitellung)를 기본 구조로 갖는다.

가다머에 따르면, 번역의 과정은 하나의 기준을 다른 기준에 일방적으로 부과하는 것이 아니라 주어진 언어 가운데에서 말해질 수 있는 것의 지평을 확대하는 과정이다. 즉 번역이 텍스트와 번역자(해석자) 사이에서 진행되는 대화라고 가정할 때, 텍스트가 해석자와의 대화 파트너로서 적극적인 발언을 할 수 있도록 장을 열어 주는 것, 이른바 텍스트에 대한 개방성이 중요한 것이다. 따라서 텍스트에 대한 번역(해석)은 일종의 텍스트와의 변증법적인 상호작용이다. 그에 따르면, 텍스트에는 질문 가능성 · 임의성 · 해석 가능성의 다양성(Vielfältigkeit der Interpretationsmöglichkeiten)이 존

재는 언어다'라는 문장은 존재에 관한 이해자의 절대적 지배 존재를 뜻하는 것이 아니라 우리가 무엇을 만들어 내는 곳에서 존재를 경험할 수 없으며, 무엇인가가 스스로 개시하는 곳에서만 존재가 이해될 수 있을 뿐이라는 말이다." 이런 측면에서 언어는 인간 유한성의 표식이자, 해석학의 보편성은 유한성의 해석학(Endlichkeitshermeneutik)의 가장 중요한 본질이라 할 수 있다〔Gadamer, Hans-Georg(1986d), "Vorwort zur 2. Auflage"(1965), in Hans-Georg Gadamer, *Gesammelte Werke II : Hermeneutik II*, Tübingen : Mohr Siebeck, pp.XXIII 참조〕. 코젤렉과 가다머 사상의 차이점에 대해서는 다음의 논문을 참조했다. 나인호(2002), 「독일 개념사와 새로운 역사학」, 역사학회, 『역사학보』 제174집, pp.293~328 ; 서규환(2006), 「라인하르트 코젤렉의 역사 이론에 대하여」, 『서양사론』 제91호, pp.43~74.

13 가다머는 텍스트 개념에 중요성을 부여하면서 "텍스트는 문학 연구의 대상 영역에 대한 표제어 그 이상이며, 해석은 텍스트에 대한 학문적 해석의 기술 그 이상이다"라고 밝힌 바 있다〔Gadamer, Hans-Georg(1986b), 앞의 논문, p.337〕.

재한다.[14] 텍스트는 본질적으로 역사적 이해이며 항상 새로운 견해에 열려 있다. 즉 텍스트는 '의미과잉(Sinnüberschuß)', 즉 그 자체의 의미를 일의적으로 규정할 수 없는 '무진성(Unausschöpfbarkeit)'을 가지고 있으며, 이러한 '의미기대(Sinnerwartung)'는 텍스트를 파악하기 위한 도정에서 중요한 이정표 역할을 담당한다. 그래서 가다머는 텍스트 해석이야말로 언제나 '달리 이해함(anders verstehen)'으로 표현된다고 강조한다. 그는 대화 원리에 기반을 둔 텍스트 개념에 대해 다음과 같이 말한다.

> 생생한 대화에서와 마찬가지로 글쓰기에서도 텍스트 자체 속에 독자가 성취해야 하는 해석지평(Auslegungshorizont)과 이해지평(Verständnishorizont)이 동시에 열려 있다. '글쓰기'는 말해진 것의 단순한 고정 이상의 것이다. 즉 각각의 문자적 고정은 원래 말해진 것으로 소급해 간다. 모든 말해진 것은 언제나 이미 이해에 정향되어 있으며 여기에 타자 역시 포함하고 있다.[15]

가다머는 텍스트 개념을 설명하면서 텍스트의 타자성(Andersheit)에 대해 수용할 수 있는 태도가 중요함을 역설한다. 그래서 그는 모든 해석에 있어 중심이 되는 텍스트 개념을 "자신의 근거를 제기하는 해석자는 사라지고 텍스트가 말한다"[16]라고 정의한다.

이해의 역사성 : 영향사적 의식, 지평융합, 그리고 유한성의 계기

언어에 대한 가다머의 해석학적 성찰이 어떻게 심화되어 이해의 역사성

14 Gadamer, Hans-Georg(1986b), 앞의 논문, p.337.
15 Gadamer, Hans-Georg(1986b), 앞의 논문, p.344.
16 Gadamer, Hans-Georg(1986b), 앞의 논문, p.360.

으로 이어지는지 그 이행 과정에 주목해 보자.[17] 가다머는 역사가 본질적으로 열려 있다면, 그리고 과거와 현재가 불가분하게 미래와 연결되어 있다면, 역사는 결코 종결될 수 없음을 강조한다. 역사의 연속성(Kontinuität)을 주장하는 가다머의 논의는 그의 영향사적 의식(wirkungsgeschichtliches Bewußtsein)에서 구체화된다. 그에 따르면, 영향사적 의식은 자신의 고유한 역사성을 함께 성찰하는 의식이다. 모든 이해에서 '역사적' 상황으로부터 독립된 이해란 있을 수 없다. 역사적이라는 말은 하나의 '한계(Begrenztheit)'를 의미하며, 인간 스스로 자신의 존재 방식이 역사적이라는 사실을 깨닫는 것은 결국 어떤 한계 속에 있음을 깨닫는 것이다. 그는 이러한 역사적 존재의 제한적 존재 방식을 상황(Situation)과 연관시키면서 다음과 같이 말한다.

> 영향사적 의식이란, 무엇보다도 해석학적 상황의 의식이다. 그러나 어떤 상황의 의식을 얻는다는 것은 어떤 경우에도 어려운 과제이다. 상황 개념은 사람이 그 상황에 대립해 있지 않아서 대상적 지식을 가질 수 없다는 사실을 통해 특징지어진다. 인간은 상황 가운데 존재하고 어떤 상황에 처해 있는데, 그 상황을 해명한다는 것은 결코 완결될 수 없는 과제이다. 이것은 해석학적 상황, 즉 우리가 이해해야만 할 전승과 관련해서도 마찬가지로 적용된다.[18]

그가 말하는 상황 개념은 역사적 존재가 가질 수밖에 없는 한계와 연관되면서 또 다른 개념인 '지평(Horizont)'으로 자연스럽게 이어진다. 지평이란,

17 이해의 역사성에 대한 전반적 논의는 다음을 참조한다. 정연재, 『윤리학과 해석학』, 아카넷, pp.71~75.

18 Gadamer, Hans-Georg(1972), 앞의 책, p.285.

어떤 관점에서 분명하게 보이는 모든 것을 포함하는 시야의 범위(Gesichtskreis)이다.[19] 중요한 점은 지평 개념이 고정된 관점이 갖는 한계만을 뜻하는 것이 아니고, 기존의 관점을 넘어설 수 있는 운동의 계기도 포함하고 있다는 것이다. 이러한 점에서 가다머는 인간 현존재의 '역사적 운동성(geschichtliche Bewegtheit)'을 끊임없이 변화하는 지평 개념에서 찾는다.[20] 모든 인간적 삶이 이루어지고 전승의 방식으로 현존하는 과거지평은 언제나 움직임 속에 있다. 과거지평은 마치 현재지평을 규정짓고 한계짓는 어떤 고정적인 경계선이 아니라 끊임없이 변화하는 이해의 경계선이다. 따라서 우리가 전승 속에서 그 자체로 결정적이고 명료한 진리를 찾고자 하는 시도는 원칙적으로 포기되어야 한다.[21]

일례로 우리의 역사적 의식이 역사적 지평으로 몰입해 들어간다고 할 때, 이것은 우리 자신과 상관없는 낯선 세계로 멀어져 가는 것이 아니라 오히려 낯선 세계와 자기 자신의 세계가 하나가 되어 안으로부터 움직이는 더 큰 지평을 형성하는 것이다. 이 지평은 우리의 역사적 의식 자체 속에 담겨 있는 모든 것을 포괄하는 유일한 지평인 것이다.[22] 나아가 지평을 형성한다는 것은 일종의 자기 전이(Sichversetzen)다. 물론 이러한 자기 전이는 타자로의 감정이입을 의미하지 않으며, 자신의 본래 기준 아래에 타자를 굴복시키는 것도 아니다. 오히려 자신의 개별성을 극복하고, 나아가서는 타자의 개별성도 극복하여 한층 더 높은 보편성으로 고양되어 가는 것을 의미한다. 그가 '이해란 언제나 소위 그 자체로 존립하는 지평 간의 융합의

19 Gadamer, Hans-Georg(1972), 앞의 책, p.286.
20 Gadamer, Hans-Georg(1972), 앞의 책, p.288.
21 Gadamer, Hans-Georg(1972), 앞의 책, p.287.
22 Gadamer, Hans-Georg(1972), 앞의 책, p.288.

과정(Vorgang der Verschmelzung)'[23]이라고 강조하면서 내세운 '지평융합'은 근대 낭만주의 해석학이 간과한 현재라는 시간적 장(場)에서 새로운 매개와 통합의 계기를 강조하기 위함이었다. "텍스트의 이해는 언제나 이미 전승과 현재의 역사적인 자기 매개의 과제를 지닌다"[24]라고 말한 것도 바로 이 때문이다. 그는 전승 개념을 언어라는 매개체 안에 존재한다고 밝힘으로써, 전승과의 만남 속에서 이루어지는 해석학적 과제를 더욱 구체화한다.

> 해석학적 경험은 전승과 관련된다. 전승은 반드시 경험화되는 것이다. 전승이란 단순히 우리가 경험을 통해 알게 되고 또 지배하는 것을 배우는 사건이 아니라 스스로 이야기하는 너로서의 언어다.[25]

이제 영향사적 의식의 지속적 과제인 지평융합은 이해의 언어성과 지속적인 대화의 실현 형식과 자연스럽게 연결된다. 전통과 현재의 지속적인 매개를 통해 확보되는 이해의 역사성은 역사의 자기 완결적인 통일성과 체계화를 거부하는 동시에 미래의 불확실성과 마주하는 삶의 세계에서 언어라는 매개체를 통해 현재의 삶에 대한 풍부한 의미를 확보하는 계기를 만들어 내는 것이다.

인문주의 전통의 주요 개념에 대한 분석

"우리의 19세기를 특징짓는 것은 과학의 승리가 아니라 과학을 지배한

23 Gadamer, Hans-Georg(1972), 앞의 책, p.289.
24 Gadamer, Hans-Georg(1972), 앞의 책, p.355.
25 Gadamer, Hans-Georg(1972), 앞의 책, p.340.

방법의 승리다." 『유고』에서 밝힌 니체의 시대 진단은 정신과학(인문학)[26]의 정체성에 대해 진지하게 모색하는 가다머 해석학의 문제의식을 선취하고 있다. 가다머는 확실성에 기반한 방법론이 자연과학뿐 아니라 정신과학에까지 주도적으로 영향력을 행사했다는 점을 강조한다. 그에 따르면 "19세기 정신과학의 전개 과정에서 특징적인 사실은, 정신과학이 외적으로 자연과학을 모델로 인정했을 뿐 아니라 근대 자연과학과 똑같은 근거로 나왔기 때문에 정신과학은 자연과학과 마찬가지로 경험과 연구에 대한 동일한 열정을 발휘해야만 한다"는 점이다.[27] 이러한 측면에서 그는 '근대의식에 자리 잡고 있는 특수한 위선, 즉 과학적 방법과 과학에 대한 익명적 권위의 우상을 바로잡는 것'[28]을 자신의 해석학의 중요한 현안 문제로 설정한다.

이른바 확실성의 이념을 충족시키는 것만이, 그리고 확실한 검증을 통해서만이 진리가 될 수 있다는 것은 철학자 르네 데카르트에 의해 정식화된 이후 근대과학의 고유한 특징으로 자리 잡게 된다. 가다머는 합리적 증명과 이론화 가능성만이 참된 지식의 영역을 관장하는 유일한 시금석이 아니라는 전제 아래, 데카르트의 확실성 주장에 의해 배제된 전통적 진리의 영역, 대표적으로 역사·예술 영역에서의 진리의 경험 가능성(Erfahrungsmöglich-

26 Geisteswissenschaften을 말한다. 주지하다시피 정신과학은 moral science의 번역어로, 인문학에도 경험적인 연구 방법, 이른바 귀납추론이 통용될 수 있다는 흄(David Hume)과 밀(John Stuart Mill)의 견해가 암묵적으로 개입되어 있는 번역어라 할 수 있다. 가다머는 정신과학의 이러한 편향된 가치를 없애기 위해 방대한 개념사적 작업을 수행한다. 인문학의 근원이 바로 휴머니즘의 본령이라 할 수 있는 그리스의 paideia, 로마의 humanitas, 르네상스의 studia humanitatis임을 재확인하는 작업이 그것이다.

27 Gadamer, Hans-Georg(1972), 앞의 책, p.61.

28 Gadamer, Hans-Georg(1975), "Hermeneutics and Social Science," *Philosophy & Social Criticism* 2, pp.307~316.

keiten von Wahrheit)을 복원하려고 한다. 정신과학의 실현 방식(Vollzugsweise)은 통제된 탐구 절차로서의 방법에서가 아니라 폭넓은 의미에서 이해 안에서 성립하기 때문에 확실성의 이념에서 벗어난 학문 영역, 즉 '개연적인 것(verisimilitude)'[29]을 다루는 학문 영역 역시 중요함을 역설한다. 참된 것도 중요하지만 개연적인 것도 중요하다는 것, 이것은 아리스토텔레스 이후 지속되어 온 인문주의의 중요한 정신이며, 가다머는 이러한 인문주의 전통 속에서 정신과학의 학문성(Wissenschaftlichkeit)을 확보하고, 이것을 자신의 철학적 해석학의 중요한 출발점으로 삼는다.

가다머는 정신과학의 학문성을 특징짓는 핵심 요소를 헤르만 헬름홀츠(Hermann Helmholz)에게 포착한다.[30] 귀납 추론이 모든 학문의 방법론이 되어야 한다는 그의 주장은 영국의 경험론적 전통에서 크게 벗어나지 않은 것 같아 보이지만, 귀납을 두 종류로 구분하는 것은 주목할 만했다. 자연과학의 방법론에는 전형적인 논리적 귀납 외에 '예술적 · 본능적' 귀납(künstlerischinstinktive Induktion)이 있는데, 바로 이것이 정신과학에 고유한 방법이라는 것이다. 예술적 · 본능적 귀납은 무의식적으로 결론에 도달하는 방식이 특징이며, 무엇보다 이 방식은 분별력(Taktgefühl)[31]을 요구한다. 분별력

29 '역사는 기억의 삶'(키케로), "역사적 인식의 방식은 '타자의 증언에 대한 믿음'을 허용한다"〔테텐스(Johannes Nikolaus Tetens)〕, "개연성은 주로 역사적인 사실의 경우에서 작용하며 일반적으로 모든 과거, 현재, 미래의 사건들에 대해 작용한다. ……이러한 지식의 부분은 비록 증거를 통해 발견된 것이라고 해도 공리들에서 나온 것만큼의 강한 확신을 우리에게 가져다준다"(달랑베르). 개연성에 의해 도출되는 진리의 주장을 옹호하면서 가다머가 언급했던 대표적 사상가들이다〔Gadamer, Hans-Georg(1972), 앞의 책, p.20 참조〕.

30 이하의 논의는 Gadamer, Hans-Georg(1972), 앞의 책, pp.3 ff 참조.

31 Taktgefühl의 원래 뜻은 '촉감'이지만, 가다머가 이 단어를 통해 밝히고자 하는 바는 '상황에 대한 현명한 대처 능력', '상황에 대한 독특한 감수성', '재치', '기지(機智)'다. 이러한 측면에서 보면 이 단어는 일종의 상황 대처 능력이라 할 수 있는 '문제 해결 능력(Problem-

은 기억과 전승의 권위를 요구하는 특별한 정신적 능력이다.

그는 이러한 분별력이 정신과학을 성립시키는 토대일 뿐 아니라 인문주의의 정신을 담지한 원천으로 간주한다. 그래서 가다머는 분별력에 대한 정확한 의미 규명에 주력한다. 이를 위해 그는 분별력과 유기적 관계를 가지고 있는 빌둥(Bildung), 공통감각, 판단력, 취미를 면밀하게 검토한다. 일례로 인문주의가 분별력의 육성을 중시했다면 육성된 분별력은 다름 아닌 빌둥이며, 나아가 공통감각 · 판단력 · 취미는 빌둥과 함께 중요한 인문학의 중요한 정신을 일깨운다는 것이다.

빌둥

흔히 '형성, 교양, 도야' 등으로 번역되는 빌둥은 처음에는 종교적 영역에서 쓰이던 단어다. 신의 형상(imago dei)에 따라 창조된 인간은 자신의 영혼 안에 신의 형상을 잘 간직하고 이를 닮아 가고자 하는 노력을 해야 한다는 취지에서 사용되었다. 이후 빌둥은 Fomierung(formation)과 Kultur(culture)라는 개념과 경쟁을 하면서 독자적인 의미 영역을 구축하기에 이른다. 의미의 차이는 대략적으로 다음과 같다.[32]

어떤 구체적 형태(form)를 '만들어 감(형성)'이라는 뜻에서 formation과 유사하지만 formation에는 없는 요소, 이른바 모상과 전형을 담고 있는 Bild를 가짐으로써 빌둥은 '자연적 형성'이라는 개념적 외연을 넘어선다.[33] 또한 인간의 자연적 소질과 능력을 잘 육성 · 계발한다는 뜻에서 Kultur와

solving competence)'과도 밀접한 연관을 지닌다. 따라서 기존의 번역어인 감지력, 분별감은 일정 정도의 한계를 가진다고 볼 수 있다. 이 글에서 필자는 Taktgefühl을 '분별력'으로 옮겼다.

32 Gadamer, Hans-Georg(1972), 앞의 책, pp.7~9 참조.

33 무엇보다 formation에는 아리스토텔레스적 형상(forma, eidos)의 철학적 의미가 탈색되고 순수하게 자연적인 의미로 전환되었다는 점에 주목할 필요가 있다.

유사하지만 Kultur에는 없는 요소, 이른바 소질과 능력을 계발하는 '과정'에 머무는 것이 아니라 그러한 계발을 통한 '결과'를 포함함으로써, 빌둥은 '육성(계발)'이라는 개념적 외연을 넘어선다. 이런 측면에서 빌둥은 스스로 산출하는 존재이자, 산출된 존재를 의미하는 그리스어 physis(자연)를 연상시킨다.

무엇보다 가다머에게 빌둥 개념에 포함되어 있는 '결과'적 측면은 매우 중요하다. 빌둥은 육성(계발)의 과정에서 습득된 모든 것을 자기화하고 보존함으로써 단순한 능력 계발(Kultivierung)의 수단의 차원을 넘어선다는 측면에서 교양은 진정한 역사적 개념이고, 이러한 보존(Aufbewahrung)의 성격이 바로 인문학의 중요한 정신이자 자산이라고 가다머는 강조한다.[34] 이런 측면에서 그는 "정신과학은, 학문적 의식이야말로 이미 육성된 의식이기 때문에 학습될 수 없고, 모방될 수 없는 올바른 분별력을 소유한다는 점을 전제할 수 있으며, 특히 이 분별력은 하나의 원소처럼 정신과학의 판단 형성 및 인식 방식을 담지하고 있다"라고 말한다.[35] 빌둥이 헬름홀츠가 말한 분별력과 밀접한 연관성을 가지는 것은 이 때문이다.

분별력은 기억과도 유사하다. 기억은 일종의 보존행위이지만, 망각과 상기라는 능력을 토대로 한 보존이다. 따라서 잊어버릴 것은 잊어버리고, 잊어서는 안 되는 것을 상기하는 능력은 분별력과 유사하다는 것이다. 분별력 역시 일종의 상황 대처 능력으로서, 보편적 매뉴얼이나 원리로부터 도출된 지식을 토대로 하지 않는 말 그대로 감각 능력이기 때문이다.[36]

가다머는 역사에 대해서도 이러한 감각 능력이 작동한다고 보면서, 역

34 Gadamer, Hans-Georg(1972), 앞의 책, p.9.

35 Gadamer, Hans-Georg(1972), 앞의 책, p.12.

36 Gadamer, Hans-Georg(1972), 앞의 책, p.13.

사적 감각은 과거에 대한 일종의 보편적 감수성으로 보고 있다. 가다머는 빌둥에 대한 헤겔의 정의를 통해 감각 능력의 보편성을 정당화한다. 헤겔에게서 빌둥은 개체성 · 직접성 · 자연성으로부터 보편성으로의 고양, 이른바 보편화 능력을 의미한다. 인간은 개인적인 목적, 개인적인 필요성으로부터 거리를 두고 판단할 수 있는 현명함, 분별력을 갖춤으로써 개체성을 넘어 보편성을 지향해야 한다는 것이다. 물론 이때의 보편성은 이성의 추상적 보편성이 아닌 공동체적 삶을 가능하게 하는 구체적 보편성을 의미한다. 결국 빌둥의 본질은 일종의 보편 감각이며 공동체적 감각(ein allgemeiner und gemeinschaftlicher Sinn)이라 할 수 있다.[37]

공통감각

'공통감각, 공동감각, 공통감, 상식, 건전한 인간 오성'으로 번역되는 sensus communis는 다양한 의미를 가지고 있는 개념이다.[38] 공통감각 개념의 기원은 아리스토텔레스에게 소급되는데, 그는 이 개념을 각각 인식론적 차원과 윤리적 · 정치적 차원에서 사용한다. 전자가 외부 감각의 공통적 뿌리로서 외부 감각들을 통합하는 공통 능력(koine dynamis)을 가리킨다면, 후자는 흔히 실천적 지혜, 즉 프로네시스를 연상시키는 것으로 구체적 삶의 맥락에서 최선의 선택을 이끄는 실천적 태도를 의미한다. 특히 로마의 인문 정신(humanitas)을 주도했던 키케로는 공통감각의 정치적 · 사회적 의미를 강조하면서 아리스토텔레스의 실천철학적 정신을 환기시킨다. 가다

37 Gadamer, Hans-Georg(1972), 앞의 책, p.14.

38 공통감각의 다양한 의미는 아마도 독일어에서 가장 잘 드러난다. 이에 해당하는 영어 개념이 common sense(상식)로 국한되는 데 반해, 독일어로는 gemeiner Sinn · Gemeinsinn · Gemeinschaftssinn · gesunder Menschenverstand 등 다양한 용어로 나타나기 때문이다.

머가 공통감각에 대한 개념사적 분석을 통해 보여 주려고 하는 것 역시 바로 후자적 전통이다. 후자의 측면에서 공통감각의 변천 과정은 이탈리아의 수사학적 전통과 영국의 경험주의철학에서 두드러진다.

우선 이탈리아 수사학자 잠바티스타 비코(Giambattista Vico)에게서 공통감각은 불변의 이성규칙 혹은 연역적 방법에서 파악될 수 있는 것이 아니라 구체적 행위의 상황에서 성립된다. 또한 공통감각은 구체적 공동체 안에서 생활하면서 얻어진 감각이고, 공동체적 전통의 가치를 보존함으로써 규정된 감각이다. 그는 인간의 의지에 방향을 부여해 주는 것은 이성이라는 추상적 일반성이 아니라 한 집단 · 한 민족 · 한 국가 또는 전체 인류의 공동성을 나타내는 구체적 일반성이라고 역설하면서, 공통감각의 양성이야말로 삶에서 결정적인 의미를 지니는 개념이라고 보고 있다.[39]

공통감각을 인문주의의 정치적 · 사회적 전승에 연결시킨 영국의 섀프츠베리(Schaftesbury) 역시 주목할 만하다. 그는 공통감각을 공공 복리에 대한 감각, 공동체에 대한 사랑으로 이해한 인문주의자의 전통을 적극적으로 옹호하면서, 이것을 사람들 간의 깊은 연대감을 형성시키는 사회적 덕목으로 정립한다. 특별히 그는 공동체의 이익을 형성할 수 있는 능력은 인간에게만 고유하다고 본다. 모든 인간에게는 공익을 지향하는 관심이 존재하는데, 그는 이러한 관심을 '공동 관심(common interest)', '공동체 혹은 사회에 대한 사랑(love of the community or society)', '공동 번영감(sense of public weal)', '휴머니티 혹은 공동선에 대한 감각(humanity or sense of public good)'으로 다양하게 부르면서 이러한 공통감각을 기반으로 공공성을 지향하는 윤리학을 발전시킨다. 이러한 전통은 데이비드 흄과 프랜시스 허치슨(Francis

39 Gadamer, Hans-Georg(1972), 앞의 책, p.19.

Hutcheson)의 공감(sympathy)의 윤리와 도덕감(moral sense) 이론, 토머스 리드(Thomas Reid), 존 오스월드(John Oswald) 등의 스코틀랜드학파에서 모색한 공통감각의 철학으로 이어진다.[40]

가다머는 "역사 연구를 비롯한 정신과학의 연구 방식이 이러한 공통감각의 개념에 토대를 두고 있다"라고 분명히 말한다.[41] 왜냐하면 정신과학의 대상, 즉 행위와 결과에서 구체화되는 인간의 도덕적 · 역사적 존재는 그 자체가 공통감각에 의해 결정적으로 규정되기 때문이다. 결국 가다머는 합리적 증명과 이론의 가능성이 인식의 영역 전체를 모두 해명할 수 없다는 점을 인문주의 전통 속에서 정당화하면서, 공통감각에 대한 개념사적 분석을 통해 계몽주의 이후 절대화된 합리주의적 지식 모델을 비판할 뿐 아니라 정신과학의 정체성을 새롭게 확보하고자 한다.

판단력과 취미

영국과 라틴 계통 국가들에 비해 공통감각의 사회적 · 도덕적 의미가 제대로 활성화되지 못했던 18세기 독일에서는 매우 주목할 만한 개념적 변화가 일어난다. 공통감각의 도덕적 · 사회적 의미를 라틴어 judicium의 번역어인 Urteilskraft(판단력)이 대신 감당하고, 공통감각은 철저하게 이론적 판단 능력으로 그 의미가 축소되기에 이른다.

판단력은 일종의 '정신적 덕목(geistige Tugend)'으로, 특수한 것을 일반적인 것 아래로 포섭하는, 즉 어떤 것을 한 규칙의 사례로 인식하는 능력으로 주로 실천적 · 도덕적 영역에서 작동하는 정신의 고차적 능력으로 출발하

40 Gadamer, Hans-Georg(1972), 앞의 책, pp.21~22.

41 Gadamer, Hans-Georg(1972), 앞의 책, p.20.

게 된 것이다.[42]

그러나 판단력이라는 개념조차 바움가르텐(Alexander G. Baumgarten)과 칸트를 통해 그 의미의 반경이 위축되었다는 데 문제가 있었다. 예를 들어 바움가르텐에게서 판단력은 미학의 영역에서 저급한 인식 능력으로, 칸트에게조차 도덕의 영역이 아닌 미학의 영역에서 단순한 미적 판단 능력으로 간주되기에 이른다. 미적 판단 능력은 개념적 판단과는 다른 감각적 대상 안에서의 내적 일치에 따라 결정내리는 형태를 의미하며, 칸트는 이러한 감각적 판단을 취미(Geschmack)라고 부른다. 결국 칸트는 주어진 대상에 대한 감정이 보편적으로 전달될 수 있도록 판정하는 능력, 이른바 미적 판단 능력을 취미이자 공통감각으로 간주한 것이다. 가다머가 보기에, 인문주의의 주요한 자산인 빌둥이 특별히 독일적 상황에서 공통감각 · 판단력 · 취미 개념과 연계 및 전환되는 과정은 인문학의 정체성 측면에서 본다면 매우 아쉬운 것이었다.

그래서 가다머는 인문주의의 주도적 개념 가운데 하나인 취미를 미적 영역에 국한시켜 사용한 칸트 철학의 부당성을 지적하면서, 그라시안(Baltasar Gracián y Morales)이 정립한 취미 개념의 도덕적 · 사회적 의미를 환기시킨다.[43] 그라시안이 말하는 취미란, 어떠한 삶의 상황과 영역 속에서도 올바른 선택을 할 수 있는 고도의 기술을 의미한다. 따라서 그에게 취미는 사교적 · 정치적 삶의 영역에서 요구되는 예민한 감성과 날카로운 판단 같은 것이다. 취미는 그라시안에 의해 처음으로 개념적 중요성이 부여된 이후 현명한 삶을 실천하는 하나의 형식으로 매우 중요한 사회적 현상으로

42 Gadamer, Hans-Georg(1972), 앞의 책, p.28.

43 Gadamer, Hans-Georg(1972), 앞의 책, pp.32~33.

이어진다.[44] 예를 들어 17세기 그라시안적 취미는 귀족적 삶의 하나의 표현 방식으로서 궁정문화의 특성을 대변하는 개념으로 정립되었으며, 18세기 영국과 프랑스에서 부르주아지가 취미를 지닌 새로운 사회집단으로 등장하면서 대중의 취미라는 새로운 양상으로 전개되기도 한다.[45]

그러나 가다머는 근대의 취미 개념의 특성을 이와 같은 사회적 신분이나 계급에서가 아니라 판단의 공통성에서 찾는다. 즉 취미란, 편협한 이해관계나 사적 선호의 성격에서가 아니라 그 사회가 내리는 판단의 공통성을 통해 정당화된다는 것이다. 좋은 취미의 이상, 이른바 좋은 취미와 좋은 사회, 이상적 공동체의 유기적 연관성이 확보되는 것은 이 때문이다. 여기에서 가다머는 유행과 취미를 구분한다. '사회적 일반화'라는 측면에서는 유행(mode)과 같지만, 유행과 달리 취미는 공동체성(Gemeinschaftlichkeit)에 종속되지 않고 오히려 적극적으로 공동체성을 형성한다. 유행이 가지는 강제성에 비해 취미는 자유와 우월성을 담지함으로써 그 자체에 고유하고 규범적인 힘을 가진다. 따라서 취미는 유행과 달리 정신적 구별 능력이고 보편적 판단 능력으로서의 공동체적 감각인 것이다.[46]

이와 같이 정신과학은 자연과학과는 전혀 다른 학문성과 그 기원을 가지고 있다. 인문주의적 전통과의 단절이 결국 정신과학 내부에서조차 방법론에 집착하는 것으로 이어졌다면, 정신과학에서 중요한 것은 '진리 요구의 정당화'라는 과제를 위해 이러한 인문주의 전통을 다시금 회복하는 것이다. 일례로 역사적 전승은 과거로부터 정립되어 후대의 역사가에게 주어지는 하나의 외적 대상이 아니라 지속적으로 말을 걸어 오고 있는 해석학적

44 Gadamer, Hans-Georg(1972), 앞의 책, p.45.
45 페터 호헨달 외(1995), 『독일문학비평사』, 반성완 편역, 민음사, p.45 참조.
46 Gadamer, Hans-Georg(1972), 앞의 책, p.34.

경험의 대상이다. 해석학적 경험의 본질은 이미 여러 차례 밝힌 바와 같이 상호 대화를 통해 형성되는 경험이다. 역사적 전승과의 대화 속에서 참된 정체성을 확보해야 할 역사학이 방법론에 집착한다면, 전승을 대상화함으로써 사실 확인이나 원전 비판(Quellenkritik)의 수준으로 전락할 수 있다고 가다머는 우려한다. 결국 전승이 우리에게 이야기하는 것을 경청하는 것, 이것이 정신과학에 고유한 타자경험의 방식인 것이다.

철학으로서의 개념사

가다머가 근대적 유산의 한계를 문제시하며 모색한 철학의 방향은 단순한 '극복'이나 '청산'이 아니라 역사적 전통과의 연속성을 확보하는 방식이었다.[47] 이를 위해 가다머는 인문주의 전통을 담고 있는 개념들에 대한 역사적 분석을 시도하면서, 정신과학에서 여전히 도모해야 할 진리 탐구의 정신과 학문성에 대한 성찰을 일깨웠다. 또한 삶에 대한 역사의 공과를 기반으로 과거와 전통을 비판적 관점에서 보았던 니체와는 달리 역사적 '성찰'과 미래의 능동적 '창조'를 연계시켰다. 이른바 영향사적 의식 안에서 성취되는 지평융합을 통해 전통과의 연계성을 확보하면서 방법으로는 도달할 수 없는 진리의 영역을 복원시키려 했다.

가다머에게 전통에 대한 이해는 일종의 창조행위였다. 가다머가 '전통 안에는 결코 우리가 맹목적으로 따를 수밖에 없는 관습적인 것에 대한 선호가 놓여 있지 않다는 것, 그래서 전통은 그 자체가 지속적인 변화 가운

47 전통과의 연속성을 강조한 가다머의 입장에 대해서는 다음을 참조한다. 정연재(2008), 『윤리학과 해석학 : 그리스 철학의 수용과 재해석의 관점에서 본 가다머 철학』, 아카넷, pp.201~206.

데 있음'[48]을 강조한 것은 이 때문이다. 이러한 점에서 전통과의 상호작용을 강조하는 가다머의 해석학적 관점은 개념사 연구의 '생산성'에 기여할 수 있는 계기를 가져올 수 있을 것이다.

또 다른 측면에서 가다머의 해석학은 '타자성을 극복하고 이해의 합의에 이르는 지속적 노력'의 일환이다. 가다머가 개념적 수행의 터전으로 플라톤의 대화에 주목했던 이유 역시 인간의 유한성을 진지하게 고려하면서 종결되지 않는 질문의 길을 모색하는 독특한 방식 때문일 것이다. 이러한 측면에서 언어는 유한한 인간에게 중요한 의미를 가지며, 타자에 대한 개방성과 해석학적 경험의 개방성은 이러한 언어성(Sprachlichkeit)을 기반으로 새로운 수행적 차원의 의미를 획득한다.

앞에서 보았듯이 개념사 연구에서 중요한 것은 개념에 대한 개별적 연구보다는 역사적 기본 범주의 상관관계 속에서 이루어지는 통합 연구일 것이다. 가다머 역시 개념들에 관한 개별적 정의에 국한되는 개념사 연구는 철학적으로 정당화되지 않는다고 말한다. 역사적 전승을 통해 확정된 개념들이 언어적 삶에 유입되어 어떻게 다채로운 개념적 수행(begriffliche Leistungen)을 담당하는지, 그 면모를 추적하는 것이 중요하다는 것이다. 이러한 측면에서 통합적 연구를 지향하는 개념사 연구는 해석학의 기본 정신을 공유한다고 볼 수 있다.

'철학으로서의 개념사'라는 가다머 표현의 의미를 다시 생각해 보자. 개념사가 개념의 대상화와 방법론에 집착하고 개념의 순수성 확보를 위한 경직성에 묶여 있는 한, 그것은 철학에서 아무것도 아니다. 그러나 개념사

48 Gadamer, Hans-Georg(1986b), "Replik zu Hermeneutik und Ideologiekritik"(1971), in Hans-Georg Gadamer, *Gesammelte Werke II : Hermeneutik II*, Tübingen : Mohr Siebeck, p.268.

가 개념과 언어적 삶의 유기적 관계 속에서 풍부한 의미를 얻고자 끊임없이 시도한다면, 그것은 철학 자체일 것이다. 이것이야말로 개념사 연구가 진정한 철학적 사유의 길을, 역사 연구의 길을 여는 단초가 될 것이다.

참고문헌

정연재(2008), 『윤리학과 해석학 : 그리스 철학의 수용과 재해석의 관점에서 본 가다머 철학』, 아카넷.

아리스토텔레스(2006), 『니코마코스 윤리학』, 이창우 · 김재홍 · 강상진 옮김, 이제이북스(Aristoteles, *Ethica Nicomachea*).

페터 호헨달 외(1985), 『독일문학비평사』, 반성완 편역, 민음사〔Hohendahl, Peter Uwe et al.(1985), *Geschichte der deutschen Literaturkritik*, Stuttgart : J.B. Metzler〕.

김창래(2001), 「언어철학적으로 살펴본 정신과학의 의미」, 『해석학연구』 제8집.

나인호(2002), 「독일 개념사와 새로운 역사학」, 『역사학보』 제174집.

서규환(2006), 「라인하르트 코젤렉의 역사이론에 대하여」, 『서양사론』 제91호.

Gadamer, Hans-Georg(1972), *Wahrheit und Methode : Grundzüge einer philosophischen Hermeneutik*, 3 Aufl., Tübingen : Mohr Siebeck.

Gadamer, Hans-Georg (1976), *Vernunft im Zeitalter der Wissenschaft*, Frankfurt am Main : Suhrkamp Verlag〔한스게오르크 가다머(2009), 『과학시대의 이성』, 박남희 옮김, 책세상〕.

Gadamer, Hans-Georg(1993), *Über die Verborgenheit der Gesundheit*, Frankfurt am Main : Suhrkamp Verlag〔한스게오르크 가다머(2002), 『철학자 가다머 현대의학을 말하다』, 이유선 옮김, 몸과마음〕.

Ritter, Joachim et al. eds.(1971), *Historisches Wörterbuch der Philosophie* 1, Basel : Schwabe & Co.

Weinsheimer, Joel C.(1985), *Gadamer's Hermeneutics : A Reading of Truth and Method*, New Haven ; London : Yale University Press.

Gadamer, Hans-Georg(1975), "Hermeneutics and Social Science," *Philosophy & Social Criticism* 2.

Gadamer, Hans-Georg(1986a), "Begriffsgeschichte als Philosophie"(1970), in Hans-Georg Gadamer, *Gesammelte Werke II : Hermeneutik II*, Tübingen : Mohr Siebeck.

Gadamer, Hans-Georg(1986b), "Replik zu Hermeneutik und Ideologiekritik"

(1971), in Hans-Georg Gadamer, *Gesammelte Werke II : Hermeneutik II*, Tübingen : Mohr Siebeck.

Gadamer, Hans-Georg(1986c), "Text und Interpretation"(1983), in Hans-Georg Gadamer, *Gesammelte Werke II : Hermeneutik II*, Tübingen : Mohr Siebeck.

Gadamer, Hans-Georg(1986d), "Vorwort zur 2. Auflage"(1965), in Hans-Georg Gadamer, *Gesammelte Werke II : Hermeneutik II*, Tübingen : Mohr Siebeck.

Gadamer, Hans-Georg(1991), "'Platos dialektische Ethik' —beim Wort genommen" (1989), in Hans-Georg Gadamer, *Gesammelte Werke VII : Griechische Philosophie III*, Tübingen : Mohr Siebeck.

미셸 푸코의 '담론' 개념*

—'에피스테메'와 '진리놀이'의 사이

허경

한국근현대문화사상연구소 공동대표. 고려대학교 불어불문과를 졸업하고, 프랑스 마르크 블로흐대학교에서 「미셸 푸코와 근대성」을 제출, 철학 박사학위를 받았다. 귀국 후 고려대학교 응용문화연구소·철학연구소 연구교수를 역임했으며, 현재 대안연구공동체 파이데이아 대학원 교수로 있다. 질 들뢰즈의 『푸코』, 미셸 푸코의 『문학의 고고학』 등을 번역했으며, 『푸코의 '지식의 고고학' 읽기』 등의 저서가 있다.

* 이 논문은 『개념과 소통』 제9호(2012. 6)에 게재되었다.

미로가 미노타우로스를 만든다. 그 반대가 아니다.[1]

의미 관계들이 아니라 권력 관계들입니다.[2]

들어가는 말

미셸 푸코(Michel Foucault, 1926~1984)의 담론 개념은 그의 사유 내에서도 복잡한 층위의 다양한 변화를 겪는다. 푸코는 말년의 한 인터뷰에서 자신의 작업을 방법론적으로 '고고학(l'archéologie)'과 '계보학(la généalogie)'이라는 두 시기로 구분한 바 있다.[3] 우리는 푸코의 언급에 따라 그의 저술을 **방법론**의 측면에서 다음처럼 네 시기로 나눌 수 있다.[4]

① 초기 시기 : 『고전주의시대의 광기의 역사』(1961)

1 "C'est labyrinthe qui fait le Minautor : Non l'inverse"〔Foucault, Michel(2001f), "Pourquoi rédite-on l'oeuvre de Raymond Roussel? Un précurseur de notre littérature moderne" (1964), in Michel Foucault, *Dits et écrits I 1954-1975* (Collection 'Quarto'), Paris : Gallimard (이하 *DEQ I*), p.452〕.

2 "Relations de pouvoir, non relations de sens"〔Foucault, Michel(2001c), "Entretien avec Michel Foucault"(1976 / 1977), in Michel Foucault, *Dits et écrits II 1976-1988* (Collection 'Quarto'), Paris : Gallimard (이하 *DEQ II*), p.145〕.

3 Foucault, Michel(2001h), "Qu'est-ce que les Lumières?"(1984), *DEQ II*, p.1212, p.1415, p.1516, etc.

4 한편 이러한 두 가지 방법론적 축은 각기 지식 · 권력 · 윤리라는 내용적인 세 개의 축을 만나 지식의 고고학 · 권력의 계보학 · 윤리의 계보학이라는 세 시기를 구성한다.

② 고고학의 시기 : 『임상의학의 탄생 : 의학적 시선의 고고학』(1963), 『말과 사물 : 인문과학에 대한 하나의 고고학』(1966), 『지식의 고고학』(1969)

③ 고고학에서 계보학으로의 이행기 : 「철학 극장」(1970), 『담론의 질서』(1971), 「니체, 계보학, 역사」(1971)

④ 계보학의 시기 : 『감시와 처벌 : 감옥의 탄생』(1975), 『성의 역사 1~3』(1976~1984)[5]

푸코의 담론 개념은 주로 ③과 ④ 시기에 해당되는 개념이나 내용상으로는 ② 시기의 『지식의 고고학』에 등장하는 언표(énoncé)의 개념이 담론의 주된 속성을 이미 선취하고 있으므로, 담론 연구의 전문가들은 일반적으로 『지식의 고고학』을 담론 분석의 선구적 저작으로 본다.[6] 이하에서는 푸코의 방법론적 개념들을 **연대순**으로 살펴보면서 그 안에서 담론의 개념이 차지하는 의미와 차이 및 지위를 탐구하고자 한다.[7]

『임상의학의 탄생』(1963)
— 시니피에에 대한 구조 분석

우선 푸코 사유 초기의 주된 방법론적 개념은 1963년의 『임상의학의

5 이 구분은 필자의 학위논문에서 따온 것이다. Huh, Kyoung(2007), *Michel Foucault et la Modernité*, Thèse de doctorat, Université de Marc Bloch, pp.13~14.

6 Guilhaumou, Jacques(2004), "Où va l'analyse de discours? Autour de la notion de formation discursive," *Texto!*(Juin).

7 물론 이 논문은 어디까지나 푸코의 '담론' 개념에 대한 연구이므로 담론 이외의 개념들에 대한 제시는 간략한 소개의 형식에 그칠 것이다.

탄생』 초판에서 보이는 '시니피앙(signifiant)/시니피에(signifié)' 및 의미작용(signification)에 기초한 언어학적 개념이다.[8] 이 책에서 푸코는 다음과 같이 말한다.

> 정의상 타인의 사유에 대해 말한다는 것, 타인이 말했던 것에 대해 말하고자 한다는 것은 **시니피에에 대한 하나의 분석**을 수행하는 것이다. 그러나 시니피에를 오직 하나의 내용으로서만 다루어야 한다는 것은 필연적인 것일까? 혹은 다소간 암묵적인 하나의 양식 위에 서로서로 존재하는 주제들의 연속으로서만? 주석을 의미되는 동시에 의미하는 기원의 일치(adéquation origine signifié et signifiant) 안에 내버려 둠으로써 주석의 운명을 벗어날 수 있는 **시니피에에 대한 하나의 구조 분석**을 수행하는 것은 불가능할까? 따라서 의미론적 요소들을—다수 의미작용들의 자율적 핵으로서가 아닌—점차로 체계를 형성하는 **기능적 선분들**로서 간주해야 할 것이다. 한 명제의 의미는—명제가 담고 있는, 드러내는 동시에 숨기는, 의도의 창고에 의해서가 아니라—현실적이며 가능적인 다른 언표들에 대해 그것을 분절시키면서, 그것들과 동시적 혹은 시간의 직선적 계열 안에서 대립되는 **차이**에 의해 정의될 것이다. 이렇게 해서 **시니피에의 체계적 형식**이 나타나게 될 것이다.[9]

여기에서 푸코에 의해 '부정적'으로 설정된 개념들은 내용 · 주제 · 기원

8 물론 이렇게 의미작용의 개념을 푸코 '초기' 사유의 방법론적 경향으로 설정하는 것에는 다음의 전제가 부가되어야 한다. 1954년 푸코가 발간한 첫 번째 저작 『정신병과 인격』에 나타나는 현상학적 · 실존주의적 · 마르크스주의적 방법론, 그리고 이에 더하여 1961년 발간한 박사학위 논문 『고전주의시대의 광기의 역사』에 보이는 방법론적 혼재의 시기에 드러나는 일정한 니체적 경향을 거론하지 않기로 한다는 조건이 그것이다.

9 Foucault, Michel(1963), *Naissance de la clinique*, Paris : Presses universi- taires de France, p.XIII. 인용자 강조.

인데, 그 실제 내용은 주석 · 의도 · 의미작용이다. 곧 푸코는 하나의 고정된 실체로서의 주체를 전제하고 그 주체가 의도했던바, 곧 내용 및 주제 · 의미작용을 찾아내는 **주석행위**를 부정하는 것이다. 이는 철학적으로 대략 1950년대 중반까지 푸코 자신이 신뢰하던 현상학적 · 실존주의적 · 마르크스주의적 주체 관념에 대한 부정으로 해석될 수 있다. 이의 반대편에 존재하는 '긍정적' 계열은 차이를 기반으로 하는 시니피에 분석 혹은 시니피에의 체계적 형식에 대한 분석, 곧 '의미론적 요소들을 기능적 선분들로 간주하는' **구조 분석**이다. 푸코는 이를 단적으로 **시니피에에 대한 구조 분석**이라 칭한다.

이러한 방법론상의 변화는 1940년대 말 프랑스공산당에 가입했던 푸코가 1950년대 초에 이르러 탈당한 이후, 약간의 과도기를 거쳐 1960년대 초에 이르러 당시의 가장 주요한 '비(非)변증법적' 곧 '비(非)마르크스주의적' 방법론으로 인정받았던 시대 조류인 레비스트로스(Claude Lévi-Strauss) · 뒤메질(Georges Dumézil) 등으로 대표되는 '구조주의적' 방법론을 일정 부분 받아들인 것으로 이해될 수 있다. 푸코가 1940~1950년대 당시 프랑스 지성계의 주된 경향을 구성하던 마르크스주의적 방법론, 특히 사르트르(Jean Paul Sartre) 류의 실존주의적 마르크스주의적 방법론에 거리를 두기 시작한 것으로 이해될 수 있다. 이는 푸코가 광의의 헤겔적 · 마르크스주의적 의미로 이해되는 모순의 논리, 곧 변증법의 방법론을 일정 부분 포기한 것으로 이해될 수 있다. 한편 이러한 변화의 이유로 우리는 푸코가 탈당에 대한 이유로서 여러 차례 거론한 바 있는 당시 구소련의 여러 복잡한 정치적 사건들 외에도 1952년 겨울의 이른바 '의사들의 음모 사건',[10]

10 '모스크바 의사 재판 사건'으로도 불린다. 이는 암에 대한 강박적 공포증을 가지고 있던 스탈린을 치료하던 의사들이 정치적 이유로 숙청당한 사건이다. 이 의사들 대부분은 유

이에 더하여 푸코 자신의 개인적 성 정체성인 동성애가 가장 '진보적' 경향을 대변하던 프랑스공산당 내에서조차 이른바 '부르주아적 관점'과 그리 큰 차이를 보이지 못하고 억압적 관점으로 일관한 점, 그리고 1970년대 후반의 대담에서 푸코가 밝혔듯이 소련의 위성국가로서 스탈린주의적 정권하 폴란드에서 근무하던 당시의 개인적 · 정치적 체험 등을 들 수 있다.[11] 특히 마지막의 폴란드 체류 체험은 당시 스탈린주의적 국가에서 상대적으로 안전한 '프랑스인'으로 이렇게 오랜 시간 머무를 수 있었던 서구세계의 지식인이 거의 드물었다는 점에서 푸코의 독특한 체험을 구성한다고 말할 수 있다.

『말과 사물 : 인문과학에 대한 하나의 고고학』(1966)
— 고고학과 에피스테메

푸코가 1966년 발간한 『말과 사물』의 부제는 '인간과학에 대한 하나의 고고학'이다.[12] 이 책에 나타나는 **에피스테메**(épistémè) 분석은 고고학의 개념과 불가분의 관계를 지닌다. 우선 **고고학**은 다음처럼 정의된다. 고고학은 '주어진 한 시대의 앎 일반의 출현 조건을 얻기 위한 것'으로, 이 '출현

대인으로서 스탈린 사후 복권되었으며, '사회주의 조국' 소련에서 일어난 이 '진실을 거스르는' '반유대주의적' 행동에 젊은 시절 푸코는 큰 충격을 받은 것으로 보인다.

11 푸코는 1955년 가을 스웨덴 웁살라에 도착한 이후 1958년 10월에는 폴란드, 1959년 10월에는 서독 함부르크에서 해당 국가 대학의 강사 · 교수 혹은 프랑스대사관의 문정관, 프랑스문화원장 등으로 일한 바 있다. 푸코는 1960년 10월 클레르몽페랑대학의 교수로 임용되어 프랑스로 귀국한다. 이후에도 1960년대 중 · 후반 푸코는 튀니지의 튀니스대학에서 프랑스문학을 가르친다.

12 Foucault, Michel(1966), *Les mots et les choses : Une archéologie des sciences humaines*, Paris : Gallimard(이하 *MC*).

조건들의 장을 재구성'하고자 한다는 점에서 '역사(histoire)'와 구분된다.[13] 이른바 역사가 고정 불변하는 하나의 실체를 분석의 대상으로 전제해 놓고 그것이 각 시대에 따라 어떻게 인식되었는가를 살핀다면, 고고학은 매 지역 매 시기 하나의 대상을 둘러싼 앎이 어떻게 출현하고 구성되었는가를 추적한다.

푸코가 자주 언급하는 하나의 예를 들면, 서양의 경우 생물학(biologie)의 역사를 연구하고자 하는 사람은 18세기 말 이전에는 그런 학문이 존재하지 않았음을 발견하게 되는데 이는 생물학의 담론이 탄생한 것이 18세기 말, 19세기 초 이후의 일이기 때문이다. 즉 생물학은 18세기 말 이전에는 존재하지 않는다. 그 이전에 존재한 것은 생물학이 아니라 오직 자연사(histoire naturelle)일 뿐이다. 곧 고고학은 앎의 지층을 탐구한다. 따라서 고고학은 어떤 유물이 속하는 고고학적 지층이 아니라 **어떤 앎이 속하는 고고학적 지층**을 탐구하는 학문이다. 푸코가 『말과 사물 : 인간과학에 대한 하나의 고고학』이라는 제명의 책에서 수행하고자 하는 것은 16세기 이래 서구 인간과학을 형성한 인식론적 조건들 혹은 **인식론 장**(場)에 대한 분석이다. 이 인식론적 장을 푸코는 **에피스테메**라 부른다. 푸코에 따르면 주어진 하나의 지역과 시대에는 각기 이에 상응하는 단 하나의 에피스테메만이 존재한다.[14] 그리고 이 에피스테메는 시대마다 앎의 출현을 가능하게 해주었던 조건, 곧 **역사적 아 프리오리**(*a priori* historique)에 다름 아니다.[15] 고고학은 이렇게 아 프리오리의 '역사성'을 긍정함으로써 아 프리오리의 '보편성'을 가정하는 역사와는 질적으로 구분되는 기획이다.[16]

13 Revel, Judith(2002), *Le vocabulaire de Foucault*, Paris : Ellipses, pp.6~7.
14 *MC*, p.179.
15 *MC*, pp.12~13.
16 보다 자세한 것은 다음을 참조한다. 허경(2007), 「푸코의 에피스테메 개념」, 『에피스테메』

푸코 자신은 에피스테메의 개념이 구조(structure)의 개념과도 체계(systéme)의 개념과도 다르다는 점을 들어 에피스테메는 '구조주의적' 개념이 아니라고 주장한다. 푸코는 에피스테메가 구조주의에서 말하는 구조가 글자 그대로 구조를 중시할 뿐 '인식론적 장'의 개념을 필연적으로 함축하지는 않는다는 점에서 **구조**와 다르며, 레비스트로스적인 유일체계의 개념에 반해 다양한 체계들의 증식과 분절을 전제한다는 점을 들어 **체계**와도 다른 것이라 강변한다.[17] 그러나 푸코의 에피스테메 개념은—푸코 자신의 강력한 부정에도 불구하고—그것이 통시적 측면(역사)보다는 주어진 시공간 내에서의 공시적 측면(구조)을 중시한다는 점, 둘 이상의 시대에 대하여 각 에피스테메가 서로 통약 불가능한 것으로 간주된다는 점 등을 들어 연구자들에 의해 대체적으로 '광의의 구조주의적 함축'을 갖는 것으로 인정되고 있다. 이러한 함축의 핵심은 그것이 주체의 선험성 · 초월성을 부정하고, **주체**를 인식론적 장 내에서의 배치에 의해 파생되는 하나의 **효과**로 간주한다는 것이다.

그러나 방금 언급한 대로 푸코가 이 책 『말과 사물』의 발간 이후 일어난 떠들썩한 논쟁의 와중에서 자신이 '구조주의자'가 아님을 강변한 이유는 단순한 이론 '내적' 문제 이외에도 당시의 정치적 · 사회운동적 차원에서 이루어진 '외적' 차원이 존재한다. 푸코의 에피스테메 이론은 기본적으로 '구조주의적' 함축을 갖는 공시적 측면을 강조한다. 이 경우 부각되는 문제는 이러한 각 시대의 공시적 에피스테메는 왜 이후 시대의 다른 에피스테메로 변화했는가, 그리고 당시 책이 발간된 1960년대 중반 프랑스사회의 에피스테메는 무엇이고, 다음에 올 에피스테메는 무엇이며, 가장 결정적으

창간호, 고려대학교 응용문화연구소, 특히 pp.209~218. 이 논문은 다음의 책에 재수록될 것이다. 허경(근간), 『미셸 푸코 : 개념의 고고학』, 그린비.

17 Revel, Judith(2002), 앞의 책, p.26.

로 **도대체 그러한 변화는 어떻게 가능하며, 우리는 무엇을 할 수 있고, 해야만 하는가**의 문제가 된다. 쉽게 말해 푸코의 비판자들은 그의 에피스테메 이론이 변화의 이유도, 동력도, 앞으로 일어날 변화 가능성의 조건도, 가능한 미래의 변화를 위해 인민이 무엇을 해야 하는지도 전혀 제시하지 못하는 —본의든 아니든—'체제 수호적' 이론이라고 비판한다. 물론 푸코의 에피스테메 이론이 변화 가능성의 조건 제시에 전혀 무관심한 것은 아니었지만,[18] 이러한 마르크스주의자들의 비판에는 분명 타당한 부분이 있다.[19] 요약하면 푸코의 『말과 사물』은 **정치적 측면**에서 '무력하다' 혹은 더 나아가 '유해하다'는 비판에 직면하였다. 이에 대한 대응으로 푸코가 선택한 입장은 에피스테메 개념을 보다 폭넓은 '언표'의 개념 아래 종속시키고 이 언표들의 계열 곧 **담론 형성**이 갖는 효과를 측정하는 것, 달리 말해 **권력의 효과**를 드러낼 수 있는 새로운 방법론적 전환을 꾀하는 것이었다. 주체를 언표들의 배치에 의해 형성되는 하나의 효과로 간주한다는 것은 달리 말해

18 가령 『말과 사물』의 말미에 등장하는 '인간과학'에 대한 논의 중 '언어'와 '인간'이라는 두 개념이 서양 역사상 한 번도 양립한 적이 없었다는 언급, 그리고 이에 이어지는 변화 가능성의 조건에 대한 긴 논의가 그러하다(*MC*, p.397). 책의 발간 이후 이루어진 여러 대담에서 푸코는 이러한 점을 재삼 확인한다. "나는 그(마르크스)의 경제학적 분석이 리카도(David Ricardo)가 설립한 에피스테메적 공간을 탈피했다고는 믿지 않습니다"〔Foucault, Michel(2001i), "Sur les façons d'écrire l'histoire"(1967), *DEQ I*, p.615〕. "나는, 정치경제학의 계보학 및 그 근본 개념의 측면에서, 마르크스는 어떤 본질적 단절도 도입하지 못했다고 믿습니다"〔Foucault, Michel(2001e), "Michel Foucault. Les réponses du philosophe"(1975), *DEQ I*, p.1676〕.

19 더욱이 푸코가 『말과 사물』에서 마르크스주의를 리카도가 설립한 근대 정치경제학, 곧 19세기의 에피스테메라는 '물속에서만 생존할 수 있는 물고기(poisson dans l'eau)'에 비유하는 등(*MC*, p.274), 당시 프랑스 마르크스주의자들의 '심기'를 건드린 부분도 분명 존재하는 것으로 보인다. 일례로 당시 공산주의에 경도되어 있던 사르트르는 푸코를 '부르주아 계급 최후의 이데올로기적 보루(le dernier rempart idéologique de la bourgeoisie)'라 불렀다(*DEQ II*, p.881).

주체는 어떤 담론 효과들에 의해 하나의 정치적 주체로 구성되는가를 묻는 일에 다름 없다.

『지식의 고고학』(1969)
— 언표 혹은 담론 형성

푸코는 1967년 8월에 탈고했으나 1969년 3월에야 발표한 『지식의 고고학』을 통해[20] 이전의 에피스테메 개념을 사실상 포기하고 **언표**의 개념을 주요한 방법론적 분석의 대상으로 삼는다.[21]

우선 언표는 — 어떤 실체가 아니라 — 하나의 기능(機能 · fonction)이다. 언표란, 현실적으로 '언표 기능(fonction énonciative)'을 지칭하는 것이다.[22] "하나의 기호 계열은 그것이 '다른 존재'와 어떤 특수한 관계를 맺을 때 언표가 된다."[23] 언표는 구체적으로 현실화된, 곧 다른 어떤 방식도 아닌 바로 어떤 특정한 방식으로 현실화된 기호 혹은 기호들의 계열이다. 이제 『지식의 고고학』의 대상은 '명확하게 정의할 수 있는 하나의 영역', 곧 '사건들의 분산 속에서 그리고 각각의 고유한 순간 속에서 구성된 모든 (말해지

20 *DEQ I*, pp.39~47.

21 그러나 이 두 개념은 푸코가 "우리의 문화와 같은 한 문화 안에서 언어 존재가 갖는 형식들에 관련되는 하나의 방법론적 작업"이라 부른 **앎의 고고학**이라는 보다 커다란 지향 아래 종속된다.

22 한편 언표는 '기호의 집합을 흔적의 계열, 어떤 실체에 대한 표시의 연속, 어떤 인간에 의해 제조된 어떤 대상과는 다른 무엇인가로 만들어 주는 양식이자 기호의 집합을 대상 영역과 관련 지어 주며, 모든 가능한 주체들에 대하여 규정된 위치를 기술할 수 있게 해주고, 다른 구어적 수행들 가운데 위치 지어 주고, 마침내 반복 가능한 물질성을 가질 수 있도록 해주는 양식'으로 규정된다〔Foucault, Michel(1969), *L'archéologie du savoir*(이하 *AS*), Paris : Gallimard, pp.140~141〕.

23 *AS*, p.117.

고 쓰인) 실제적 언표들의 집합'[24]에 의해 구성된다. 이 실제적 언표들의 집합이란 '일반적 담론의 공간 안에 존재하는 사건들의 집합체'[25]이다. 이 언표들은 하나의 '계열(série)'을 구성한다. "이제 문제는 **계열**들을 구성하는 것이다."[26]

한편 **담론**(discours)은 '동일한 형성의 계열에 속하는 언표들의 집합'[27]으로 정의된다.[28] 고고학은 담론적 사건들에 대한 하나의 기술(記述)(une *description des événements discursifs*)이다.[29] 고고학은 '담론을 문서고(文書庫 · *archive*)의 요소에 속하는 특수한 실천으로서 기술하는 것'이다.[30] 푸코

24 "l'ensemble de tous les énoncés effectifs (qu'ils aient été parlés et écrits), dans leur dispersion d'événements et dans l'instance qui est propre à chacun"(*AS*, p.38).

25 "une population d'événements dans l'espace du discours en général"(*AS*, pp.38~39).

26 "Désormais le probléme est de constituer des séries"(*AS*, p.15). 한편 『지식의 고고학』은 아날학파 3세대의 '계열사'에 대한 선구적 저작으로 인정된다. "『지식의 고고학』의 서문은 계열사에 대한 첫 번째 정의라고 할 수 있다"〔르 루라 라뒤리의 말. 프랑수아 도스(1998), 『조각난 역사』, 김복래 옮김, 푸른역사, p.255에서 재인용〕.

27 "ensemble des énoncés qui relèvent d'un même systèvme de formation"(*AS*, p.141, p.153).

28 프랑스어의 discours는 현대 한국어의 담론(談論) 혹은 언설(言說)로 번역되나, 전공자들은 대부분 담론이라는 용어를 사용하는 추세이다. 명사형 discours는 동사 discourir(말하다 · 장광설을 늘어놓다)에서 온 것으로 '말하기', 더 나아가 보통 '연설' 혹은 '론(論)'의 의미를 갖는다. 가령 일본인들에 의해 『방법서설(方法敍說)』(1637)로 번역된 데카르트(René Descartes) 저작의 원제는 *Discours de la méthode pour : bien conduire sa raison, et chercher la vérité dans les sciences*이며, 『인간 불평등 기원론』(1754)으로 번역된 루소(Jean Jacques Rousseau) 저작의 원제 역시 *Discours sur l'origine et les fondements de l'inégalité parmi les hommes*이다. 한편 담론이라는 현대 한국어의 기원에 대한 탐구는 앞으로 수행되어야 할 과제이지만, 북한에서는 '담론하다'라는 용어가 프랑스어의 discourir와 거의 정확히 일치하는 '의견을 주고받으며 대화를 나누다'라는 의미로 사용되고 있는 것이 확인된다. 아마도 광복 이전 일제하의 조선에서 사용되었을 것으로 추정되는 이 용법은 사전에는 '이야기를 주고받으며 논의하다'라는 의미로 등장하지만, 현재 대한민국의 실제 어법에서는 일부 문학작품 · 논저 등과 같은 문어적 표현 이외에는 거의 사라진 것으로 보인다.

29 *AS*, pp.38~39.

30 *AS*, p.173.

는 이러한 기술의 가장 중요한 특성으로 다음을 든다.

"우리의 분석은 (과학사 혹은 철학사에서 종종 그렇게 하듯이) 추론의 연쇄를 복구하거나 (언어학자들이 그렇게 하듯이) 차이의 평면을 수립하는 대신 **분산의 체계**(systémes de dispersion)를 기술하는 것이다."[31]

한편 "우리가 일련의 언표 사이에서 분산의 체계를 기술할 수 있을 때 그리고 대상들, 언표 작용의 유형들, 개념들, 주제의 선택 사이에서 우리가 하나의 규칙성(질서 · 상관관계 · 위치 및 기능 · 변형)을 정의할 수 있을 때, 우리는 이를 **담론 형성**(*formation discursive*)이라 부를 것이다."[32] 그리고 "우리는 이러한 분배의 요소들이 따르는 조건을 **형성 규칙**(*régles de formation*)이라 부를 것이다. 형성 규칙은 주어진 담론 분배에 있어서의 실존의(공존의, 존속의, 수정의, 소멸의) 조건이다."[33] 요약하면 담론 분석이란, 담론의 형성 과정에 대한 분석이자 언제나 형성되고 있는 것으로서의 담론에 대한 분석이다. 결국 담론 (형성) 분석은 **담론적 사건들의 장**(champ des événements discursifs)[34] 및 그 상관물로서의 '하나의 문화에서 언표들의 나타남과 사라짐, 언표들의 잔류와 소멸 및 사건과 사물의 역설적 존재를 결정하는 규칙들의 놀이', 간단히 말해 '언표들의 형성과 변형의 일반적인 체계'[35]로 정의되는 **문서고**[36]에 대한 분석이다. 『지식의 고고학』은 문서고 곧 **담론 형성의**

31 *AS*, p.53. 푸코는 이러한 자신의 작업을 일반사(histoire générale)라 부른다. "일반사는 — 전반적 기술이 모든 현상을 원리, 의미작용, 정신, 세계관, 집합적 형식 등과 같은 하나의 유일한 중심의 주변에 묶어 두는 데 반해 — 분산의 공간을 전개시킨다"(*AS*, p.19).

32 *AS*, p.19.

33 *AS*, p.19.

34 *DEQ I*, p.729.

35 "le systéme général de la formation et de la transformation des énoncés"(*AS*, p.171).

36 "le jeu des règles qui déterminent dans une culture l'apparition et la disparition des énoncés, leur rémanence et leur effacement, leur existence paradoxale d'événements et de choses"(*DEQ I*, p.736).

분석이다.

고고학은 '탈중심화'를 행하는 것, '차이'를 만들어 내는 것이다. 고고학은 주체 없는 담론 형성의 역사를 기술하는 일이다. 이런 의미에서 고고학은 담론들에 대한 담론이다(Il est discours sur des discours). 결국 고고학은 하나의 '진단학(診斷學 · diagnostic)'이다.[37] 담론의 질서에 이르는 길은 이미 완성되었다.[38]

『담론의 질서』(1971) —담론

1970년 12월 푸코의 콜레주 드 프랑스 취임 강연인 『담론의 질서』는 이듬해인 1971년 저작의 형태로 발표되었다. 이 강연의 대전제는 다음이다.

> 모든 사회에서 담론은 담론의 힘과 위험을 추방하고, 우연적 사건을 통제하고, 그 무겁고 의심스러운 물질성을 제거하는 역할을 하는 일련의 절차에 의해 동시에 통제 · 선별 · 조직 · 재분배된다.[39]

'우리의 사회와 같은 사회'에서 '우리'는 **배제**의 절차들(procédures *d'exclusion*)을 잘 알고 있다. 이 절차들은 내부적인 것 및 외부적인 것으로 나뉜다.

배제의 세 가지 외부적 절차는 **금지**(interdit), **분할 및 거부**(partage et rejet),

37 *AS*, pp.267~268.

38 이상 1969년까지의 시기는 푸코 스스로 규정하는 '지식의 고고학' 혹은 '진리의 축'의 시기와 일치한다.

39 Foucault, Michel(1971), *L'ordre du discour*(이하 *OD*), Paris : Gallimard, pp.10~11.

그리고 **참과 거짓의 대립**(opposition du vrai et du faux)이다. 금지는 글자 그대로 우리로 하여금 아무 곳에서나, 아무나와, 아무 주제나, 아무렇게나 말할 수 없게 만드는 절차들이다. 분할과 대립의 예로서 푸코는 광기와 이성의 분할을 든다. 마지막 **진위의 대립**은 외부적 대립 중 가장 중요한 것으로 **플라톤주의적 분할**이라고도 부를 수 있는 대립이다. 곧 플라톤은 욕망 혹은 권력과 지식, 진리를 **정의상**(by definition) 서로에 대해 배타적인 것으로 설정함으로써, 이른바 진리가 담고 있을 수밖에 없는 니체적 '앎에의 의지', '진리에의 의지'를 은폐해 버렸다. 이는 푸코가 말하는 '정복당한 지식의 반란'이 필요한 이유가 된다.[40]

배제의 내부적 절차 세 가지는 주석(commentaire) · 저자(auteur) · 분과 학문들(disciplines)이다. 주석은 언어학적인 것으로서 말해진 담론의 배면에 존재하는 원저자의 의식적 혹은 무의식적 의도를 밝히려는 작업이다. 저자는 이러한 주석행위의 존재론적 근거로서의 저자에 대한 믿음이다. 그러나 푸코는 저자를 저자-기능(fonction-auteur), 곧 다양한 배치에 의해 발생하는 하나의 **효과**(effet)로서 이해한다.[41] 분과 학문들은 배제의 외부적 절차들 중 '참과 거짓의 대립'과도 연관되는 것으로, 푸코는 하나의 명제가 "참 혹은 거짓이라고 말해지기 위해서 그것은 이미 '옳은 것 안에' 들어 있어야 한다"라는 캉길렘(Georges Canguilhem, 1904~1995)의 말을 상기시킨다.[42] 마

40 *OD*, pp.11~23. 따라서 푸코는 플라톤적 함축(*theoria*)을 갖는 '이론(theory)'이라는 용어를 거의 사용하지 않는다. 담론의 경우에도 '담론 이론'(이는 하버마스의 용어이다)이라는 말은 전혀 사용하지 않으며, 담론 형성(formation discursive) · 담론 실천(pratique discursive) · 담론체계(système discursif) · 담론체제(régime discursif) 등의 용어만을 사용한다.

41 *OD*, pp.23~31.

42 "avant de pouvoir être dite vraie ou fausse, elle〔une proposition〕 doit être, comme dirait M. Canguilhem, 'dans le vrai'"(*OD*, p.36).

치 멘델(Gregor Johann Mendel, 1822~1884)의 관찰이 진리를 말했음에도 불구하고 19세기 식물학은 멘델 관찰의 의미를 파악할 수 없었던 것이다.[43] 이런 의미에서 하나의 분과 학문은 하나의 **규율**(discipline), 담론 **경찰**('police' discursive)로서 작용한다.[44]

담론 통제의 세 번째 절차들로서 푸코는 주체의 희박화, 초험적 주체의 철학들 및 네 가지 방법상의 원리를 든다. 주체의 희박화는 글자 그대로 지식을 소유하는 주체의 숫자를 제한하는 것이다. 초험적 주체의 철학들이란 주체의 초험성·선험성을 가정하는 철학을 의미하며, 푸코는 주체를 담론적 배치에 의해 파생되는 주체-효과(effet-sujet)로 이해함으로써 이러한 논의를 물리친다.[45] 네 가지 방법상의 원리는 전복(renversement)·불연속(discontinuité)·특수성(specificité)·외재성(extériorité)이다. 전복은 주어진 담론 안에서 부정적 분절의 놀이와 주체의 희박화를 식별해 내는 작업이다. 불연속의 원리는 연속적 대상, 연속적 주체, 연속적 인식을 가정하는 실체관을 부정하고 단절의 원리를 도입하는 작업이다. 특수성의 원리는 하나의 담론을—보편적·절대적·필연적인 것으로가 아니라—하나의 주어진 시대, 지역에서 특수하게 구체화된 담론으로 바라보는 태도이다. 외재성의 원리는 주어진 담론의 우연적이고 우발적인 계기들, 곧 외부적 계기들을 추적해야 한다는 원리이다. 푸코는 이 네 가지 원리를 각기 사건·계열·규칙성·가능성의 조건이라는 분석의 네 가지 규제 개념에 대응하는 것으로 보고, 이들 각각을 다시 창조·통일성·시원성·의미작용이라는 네 가지 부정적인 기존 개념에 대립시킨다.[46] 이를 도표로 그려 보면 〈표 1〉과 같다.

43 *OD*, pp.31~38.
44 *OD*, p.37.
45 *OD*, pp.38~53.
46 *OD*, pp.53~62.

〈표 1〉

방법상의 원리	**전복** renversement	**불연속** discontinuité	**특수성** specificité	**외재성** extériorité
긍정적 규제 원리	사건 événement	계열 série	규칙성 régularité	가능성의 조건 condition de possibilité
부정적 규제 원리	창조 création	통일성 unité	시원성 originalité	의미작용 signification
부정적 대상들	창조의 원점	한 작품, 한 시대, 하나의 주제 등의 통일적 단위	개별적 시원성의 표지	억압된 의미 작용들의 보고(寶庫)

푸코의 『담론의 질서』는 이러한 작업을 가능하게 하는 향후의 비판적 · 계보학적 기획들[47]을 소개하며 끝을 맺는다.[48] 결국 이미 살펴본 것처럼 푸코

47 *OD*, pp.62~72. 담론 분석에 대한 푸코의 기획이 만개하는 것은 『감시와 처벌 : 감옥의 탄생』(1975) 및 콜린 고든(Colin Gordon)이 편집한 대담집 『권력과 지식(*Power/Know ledge*)』(New York : Phatheon, 1981) 등으로 대표되는 '권력의 계보학'의 시기와 일치한다. 한편 이러한 '언어학적 시니피에의 분석'으로부터 '니체적 담론 형성 분석'에로의 전환은 앞에서 언급한 『임상의학의 탄생』 인용 부분에 대한 1972년 개정판의 '수정 부분'을 통해 분명히 드러난다. 자세한 것은 다음을 참조한다. 허경(2012), 「근대 임상의학 및 생명 담론의 변화 : 미셸 푸코의 『임상의학의 탄생』을 중심으로」, 서강대학교 생명문화연구소, 『생명연구』 제23집 봄호, 특히 pp.43~47 ; 허경(근간), 앞의 책.

48 여기에서 1963년 초판 『임상의학의 탄생』의 서문 중 이 논문의 앞부분에서 인용한 바 있는 부분이 1972년의 — 곧 방법론적 초점이 의미작용으로부터 담론으로 전환된 이후의 — 수정판에서는 어떻게 바뀌었는가를 확인하는 것은 흥미로운 일이 될 것이다. "전통적으로 다른 이들의 사유에 대해 말한다는 것, 그들이 말했던 것을 말하고자 한다는 것은 시니피에(所記 · signifié)에 대한 분석을 행하는 것이다. 그러나 다른 곳에서 다른 이들에 의하여 말해진 사물들을 반드시 배타적으로 시니피앙(能記 · signifiant)과 시니피에의 놀이에 따라서만 다루어야 할 필요가 있을까? 이미 말해진 것에 대해, 어떤 잔여물이나 과잉도 없이, 단지 그것의 역사적 출현이라는 사실만을 전제함으로써 — 주석의 운명을 탈피하는 — 담론 분석의 수행이 가능하지 않을까? 따라서 이제 담론의 사실은 — 다수 의미작용(significations)의 자율적 핵이 아니라 — 오히려 점차로 체계를 형성해 나아가는 기능적 분절체들 및 사건들(des événements et des segments fonctionnels)로서

가 이른바 '구조주의적' 함축을 갖는 에피스테메 개념에서 '언표들의 계열', 곧 '담론 형성'의 관념으로 옮겨 간 것은 스스로의 표현대로 진리 혹은 앎의 축으로부터 **권력의 축**으로 방법론적 중심을 이동한 것이다. 달리 말해 푸코는 담론의 형성 · 유통 · 작동 메커니즘 전반을 규제하는 '배제의 원칙들'이라는 분석의 틀을 사용하여, **권력-지식**(pouvoir-savoir)의 상호적 형성 · 상관관계를 드러내고자 했던 것이다. 결국 에피스테메는 물론 언표가 그 이름에서 드러나는 바와 같이 여전히 근본적으로는 '언어학적 · 기호학적' 곧 '구조주의적 사유에 기반한' 개념이었다면, 담론은 이러한 기존의 언어학적 함축을 포기하고 혹은 보다 정확히 말하자면, 더 넓은 권력-지식의 틀 안으로 포괄함으로써 주체의 **정치적 형성 메커니즘**을 드러내려는 '니체주의적' 기획이다.

『감시와 처벌 : 감옥의 탄생』(1975)
—'권력-지식'

이후 담론 이론은 『담론의 질서』에서 언급된 바 있는 플라톤주의적 분할, 곧 '참과 거짓의 대립'에 반하는, '권력-지식'에 대한 반(反)플라톤주의적 논의로 발전한다. 권력-지식론은 『감시와 처벌 : 감옥의 탄생』(1975)을 전후하여 발전된 것으로[49] 이미 『담론의 질서』에서도 드러난 것처럼 기본적으로 니체주의적인 힘 관계(relations de forces)의 이론을 발전시킨 것이다.

간주되어야 할 것이다"[Foucault, Michel(1972), *Naissance de la clinique*(2e éd. rév.), Paris : Presses universitaires de France, p.xiii].

49 이에 관한 좋은 입문으로는 특히 콜린 고든이 편집한 푸코의 논문 · 대담집 『권력과 지식 : 미셸 푸코와의 대담』(나남, 1991)을 보라.

담론 이론 및 권력-지식론의 기념비적인 저서 『감시와 처벌 : 감옥의 탄생』에서 푸코는 서양 지성사 2천여 년에 걸친 권력과 지식의 관계를 전복시키는 발언을 한다.

(권력은 단순히 지식이 자신에게 봉사하므로 지식을 선호하거나 지식이 유용하므로 적용하는 것에 그치지 않고) 권력이 지식을 생산한다는 것, 권력과 지식이 직접적으로 서로를 함축하고 있다는 것, 자신에게 상관적인 지식의 장을 구성하지 않는 권력은 없으며, 마찬가지로 권력관계를 동시에 가정하고 구성하지 않는 지식은 없다는 것을 받아들여야만 한다. 따라서 이 '권력-지식' 관계는 권력체계로부터 자유롭거나 혹은 자유롭지 못한 인식 주체로부터 분석을 수행하지 않으며, 반대로 인식하는 주체, 인식해야 할 대상 및 인식의 양태 모두가 권력-지식이 갖는 이 근본적 함축 및 그것의 역사적 변형의 효과임을 인정한다. 간단히 말해 권력에 유용하거나 저항하는 지식을 창출하는 것은 인식 주체의 행위가 아니라 그것을 가로질러 그것을 구성시키면서 인식의 가능 영역 및 형식을 결정하는 투쟁, 과정, 권력-지식이다.[50]

한마디로 "권력이 다르면 앎도 다르다(Autre pouvoir, autre savoir)."[51] 권력-지식론은 1960년대 이래 푸코의 광의의 언어학적 혹은 이른바 '구조주의적' 방법론에 대한 전면적인 포기이며, 니체주의적으로 해석된 전투와 전쟁이라는 새로운 모델을 전제한다.

"나는 우리가 다루어야 하는 것이 랑그(langue)와 기호(signes)가 아니라 전쟁(guerre)과 전투(bataille)라는 모델이라고 믿습니다. 우리를 실어 가고

50 Foucault, Michel(1975), *Surveiller et punir*(이하 *SP*), Paris : Gallimard, p.32.
51 *SP*, p.227.

우리를 결정하는 역사성은 호전적인(belliqueuse) 것입니다. 역사성은 언어적인 것이 아닙니다. 권력관계이며, 의미 관계가 아닙니다."[52]

이 권력관계의 새로운 모델에서 중요한 것은 권력관계 혹은 힘 관계와 무관하거나 초연한 이른바 '중립적 · 객관적 · 보편적 · 절대적' 의미란 존재하지 않으며, 오직 권력-지식의 복합체로 간주되는 하나의 담론 혹은 담론 행위가 발생시키는 정치적 **효과**가 중요하다는 관점이다.

진리 혹은 지식의 축에서 권력의 축으로의 이동에 있어 가장 중요한 점은 방법론의 측면에서—더 이상 구조주의적 혹은 광의의 언어학적 · 기호학적 함축을 갖는—**고고학**이 아니라 '니체주의적 함축'을 갖는 **계보학**으로의 이행이 이루어졌다는 점이다. 지식 혹은 진리의 고고학이 아니라 권력의 계보학이다. 고고학이 일견 주어진 한 시대의 인식 조건의 가능성에 대한 정태적인 공시적 관계의 분석에 주력했다면, 계보학은 **통시적** 관계 곧 이러한 조건들 혹은 **'역사적 아 프리오리'**가 형성 · 변형되는 과정의 분석에 집중한다. 그리고 이 부분에서 가장 중요한 점은 푸코가 받아들여 발전시키고자 하는 역사는 이른바 역사의 '보편적 상수'를 가정하는 헤겔주의적 혹은 마르크스주의적 '역사철학'이 아닌, 어떤 역사적 상수도 없이 모든 사물과 개념의 **역사적** 곧 **우연적** 발생과 유래 곧 형성 과정 및 조건을 추적하는 **니체주의적 역사학** 곧 계보학이라는 점이다. 그리고 이렇게 권력-지식(혹은 진리)의 상호적 형성을 다루는 권력의 계보학은 제3항 곧 주체의 문제와 어우러져 이른바 '주체화'라는 계보학적 문제틀을 구성하기에 이른다. 결국 푸코는—자신의 표현을 따르자면—'더 이상 마르크스주의가 아닌 좌파적 이론 · 실천의 가능성'을 1970년 콜레주 드 프랑스 취임 강연인 「담론의 질서」 이래 니체의 **힘 관계** 이론, 권력의 계보학에

52 Foucault, Michel(2001c), 앞의 논문, p.145.

서 찾았던 것이다.[53] 그리고 이러한 니체적 힘 관계의 이론은 '개인을 주체로 만드는 실천 혹은 장치'의 개념과 함께 **주체화의 메커니즘 분석**으로 푸코를 이끌어 간다. 그리고 푸코가 이러한 분석의 대상으로 택한 영역은 **섹슈얼리티 담론 · 실천**이다.

『성의 역사 1 : 앎의 의지』(1976) —장치의 공간

방금 언급한 것처럼 이후 푸코가 새로운 '방법론적' 개념을 도입하는 것은 『성의 역사 1 : 앎의 의지』(1976)에서이다. 푸코는 이 책에서 담론 및 '권력-지식'의 개념을 보완 · 확충하는 **장치**(dispositif)의 개념을 도입한다. 무엇보다도 장치는 다양한 **이질적**(hétérogène) 요소들을 포괄하는 개념으로 이해된다. 푸코 연구자 쥐디트 르벨(Judith Revel)의 지적처럼, '실천은 물론 담론도, 전술은 물론 제도도' 역시 장치에 속하는 요소들이다.[54] 한편 푸코는 장치의 개념을 도입하면서 기존의 에피스테메를 '**담론적** 장치(dispositif *discursif*)'로 새롭게 정의한다. 이에 더하여 푸코는 '**비담론적** 장치(dispositif *non-discursif*)'의 개념을 도입하는데, 이를 푸코는 때로 '제도(institution)'라 부르기도 한다.[55] 결국 장치는 이제 담론적 장치와 비담론적 장치로 구분되는데, 이는 이제까지 자신의 작업은 전자의 분석에 집중되어 왔으므로

53 *DEQ II*, pp.883~884.

54 Revel, Judith(2002), 앞의 책, pp.24~25.

55 물론 이는 푸코만의 고유한 용법이다. 가령 다른 학자들은 '제도'를 전혀 이러한 방식으로 규정하지 않는다.

향후로는 비담론적 장치 곧 제도의 분석에 집중하겠다는 선언이다.[56] 푸코는 1977년의 한 대담에서 **장치**를 '담론, 제도, 건축학적 구획, 규칙 결정, 법, 행정적 척도, 과학적 언표, 철학적 · 도덕적 · 박애적 명제 등, 간단히 말해 말해지지 않은 것 및 말해진 것을 포함하는 하나의 명백히 **이질적인** 집합'으로 정의하면서, '장치 자체는 이 요소들 사이에 우리가 설정할 수 있는 하나의 **그물망**'이라고 말한다.[57]

요약하면 장치의 개념은 그 초기에는 개인의 주체화 과정에 필연적으로 개입되어 있는 권력 메커니즘의 분석을 위한 목적으로 도입되었으며, 르벨의 지적대로 아마도 들뢰즈(Gilles Deleuze)와 가타리(Félix Guattari)의 저작 『안티오이디푸스(*L'Anti-Œdipe*)』(1972)의 용례로부터 영향받았을 것으로 추측된다.[58] 초기에는 '권력 장치(dispositif de pouvoir)'라는 용어의 형태로만 나타나던 푸코의 장치 개념은 이후 '섹슈얼리티 장치(dispositif de sexualité)' 등의 형태로 확장되면서 다양한 이질적 요소들을 아우르는 포괄적 개념이 된다. 결국 장치의 개념은 기존의 담론적 실천의 분석이 주체를 구성하는 메커니즘 전체를 포괄하기에는 부족했다는 자각에 뒤이어 고안된 것으로, 푸코는 이렇게 **담론적 · 비담론적 실천을 아우르는 장치**의 개념을 주체화

56 이러한 작업은 이미 판옵티콘(panopticon)의 기능을 면밀히 분석한 『감시와 처벌 : 감옥의 탄생』에서 사실상 이루어진 것이지만, 『감시와 처벌』에는 장치의 '개념'이 이렇게 주도적인 방식으로 드러나지 않는다. 푸코는 『성의 역사 1 : 지식의 의지』를 통해 '장치'의 개념을 확립한다.

57 "Ce que j'essaie de repérer sous ce nom, c'est premièrement, un ensemble résolument hétérogène, comportant des discours, des institutions, des aménagements architectyraux, des décisions réglementaires, des lois, des mesures administratives, des énoncés scientifiques, des propositions philosophiques, morales, philanthropiques, bref : du dit, aussi bien que du non-dit, voilà les éléments du dispositif. Le dispositif lui-même, c'est le réseau qu'on peut établir entre ces éléments"[Foucault, Michel(2001d), "Le jeu de Michel Foucault"(1977), *DEQ II*, p.299. 해당 본문의 강조는 인용자 강조].

58 Revel, Judith(2002), 앞의 책, p.24.

및 문제화 메커니즘 분석의 주된 도구로서 사용하게 된다.

주체화와 진리놀이

그러나 대략 1977~1978년을 기점으로 푸코는 이러한 전쟁과 전투에 입각한 권력의 모델을 넘어 '윤리의 계보학'의 시기, 곧 **통치성**(gouverne-mentalité) 및 **주체화**(subjectivation) 모델의 시기에 이른다. 이는 1977~1978년 이후 푸코가 사망한 1984년까지의 콜레주 드 프랑스 강의들, 미국 버몬트 대학의 세미나 「자기의 테크놀로지」(1982) 및 논문 「계몽이란 무엇인가?」(1984) 등에서 구체화되는데, 이 시기의 특징은 이전 시기의 지식 혹은 진리 및 권력을 모두 포괄하는 개념으로서의 **윤리**(éthique)에 대한 탐구로 특징지어진다. 이는 실체로 전제되는 주체는 없으며, 오직 스스로를 만들어 가는 과정 곧 주체화만이 존재한다는 입론이다. 이 주체화 과정에서 한 개인은 진리·권력 및 윤리와 상호 작용하면서 스스로를 만들어 가는 동시에 그에 대한 상관물로서의 대상을 만들어 가는데, 이를 푸코는 대상화(objectivation)라고 부른다. 이러한 입론에서 이른바 '고전철학'의 시기에 각기 실체로 전제되었던 주체·대상·인식은 모두 '과정적' 개념으로 이해되어 주체화·대상화·인식론화(épistémologisation)라 지칭된다.[59]

푸코는 이 세 과정을 모두 묶어 **문제화**(problématisation)라 칭하는데, 문제화는 진리놀이(jeux de vérité)와 밀접한 연관을 맺는다. **진리놀이**는 이른바 '진리'라는 이름으로 스스로 혹은 타인들에 의해 칭해지는 것이 '시간과

59 과정적 개념으로서의 주체화, 대상화는 권력 및 윤리의 측면에서 타인에 대한 지배와 자기에 대한 지배에 공통적으로 사용되는 통치성의 개념에 의해 연결된다.

공간을 초월하는 진리 자체'가 아니라 실상은 '이른바 진리라는 명칭으로 칭해지는 무엇인가에 대해 특정 시기의 특정 지역에서 역사적 · 문화적으로 설정된 특정한 규칙들에 의해 구성된 하나의 형식'임을 밝히는 것이다. 푸코에 있어 **놀이**(jeu)의 개념은 — 프랑스어에서 그것이 비단 학문적 용어에 그치는 것이 아니라 평범한 대화에서도 자주 사용되는 하나의 일상적 개념임을 감안할 때 — 저작의 초기 시기부터 자주 등장하나, 푸코 사유 내에서의 고유한 의미를 부여받는 주된 개념으로 격상되는 것은 1970년대 말, 특히 주체화 및 문제화 개념의 확립 이후로 볼 수 있다. 비트겐슈타인(Ludwig Wittgenstein)의 '언어놀이(language game)'라는 개념에서 잘 드러나듯이 하나의 놀이란 일정한 규칙(règles)을 갖는 것이다. 하나의 놀이란, 일정한 규칙의 계열들 안에서 그 규칙을 따라 전개되는 일련의 사태를 묶어주는 개념이다.

그런데 푸코에 따르면, 이 세계의 모든 담론 및 제도 곧 실천 및 장치는 전혀 예외 없이 구체적인 사회적 · 역사적 · 문화적 · 정치적 규칙에 따라 형성된 것으로, 이른바 자연 · 당연 · 보편 · 정상이란 모두 일정한 역사적 · 정치적 과정을 거쳐 그러한 자리에 '오르는 데 성공한' 것들이다. 따라서 모든 것은 구체적이고도 역사적 · 정치적으로 구성된 일련의 규칙 · 메커니즘 · 실천 · 장치 들을 지칭하는 다양한 놀이의 결과 혹은 효과이다. 그리고 바로 진리의 개념 자체가 그러한 놀이들이 낳은 일련의 효과에 불과하다는 점에서, 푸코의 주요 분석 대상은 주어진 일정 사회의 특정한 진리놀이들이 갖는 규칙들, 곧 **진리의 역사적 아 프리오리를 구성하는 조건들**이다.

단적으로 푸코에 따르면, 이제까지의 이른바 '진리'는 진리에 대한 하나의 담론 혹은 놀이 곧 **진리 담론**이었다. 진리가 '참인 것을 발견하는 일'에 관계된다면, 진리놀이는 '그것에 따라 하나의 주체가 어떤 하나의 대상에 대하여 말한 것이 참과 거짓의 질문에 속할 수 있게 되는 규칙'에 관계된다.[60] 이는 철학의 문제가 니체 이후 질적으로 변형되었음을 뜻한다.

> 니체 이후 문제가 변형되었습니다. 문제는 더 이상 무엇이 (플라톤적인 영원불변의 절대적) '진리(la Vérité)'에 이르는 가장 확실한 길이었는가가 아니라, 무엇이 진리에 이르는 위험한 길인가가 되었습니다.[61]

니체의 중요성은 바로 이 점에 있다. 니체는 합리성이 '가장 합리적인 방식' 곧 **우연**에 의해 구성되었다고 보는데, 앞에서 지적한 것처럼 니체의 우연은 푸코에게 '**역사적** 아 프리오리'라는 용어로 나타난다. 따라서 '우리 문화와 같은 문화' 곧 '서양문화의 진리놀이'를 추적하는 푸코의 작업은 '서양의 합리성과 그 한계'에 대한 비판적·계보학적 작업이 된다. 역사적 아 프리오리란 다름 아니라 '담론의 공간' 혹은 **장치의 공간**을 구성하는 것이며,[62] 따라서 푸코의 작업은 서양 역사에 등장한 담론적 및 비담론적 장치의 공간에 대한 탐구가 된다. 결국 푸코가 일생 동안 행한 모든 작업은 이러한 관점에서 '존재가 역사적으로 자신을 경험으로 구성하는 관계들—곧 인간으로 하여금 자신을 광인, 환자, 탈선자, 노동자, 생명을 가

60 Revel, Judith(2002), 앞의 책, p.65.

61 "Depuis Nietzsche, la question s'est transformée. Non plus : quel est le chemin le plus sûr de la Vérité?, mais quel a été le chemin hasardeux de la vérité?"[Foucault, Michel(2001g), "Question à Michel Foucault sur la géographie"(1976), *DEQ II*, p.31].

62 따라서 이러한 역사적 아 프리오리, 담론의 공간 혹은 장치의 공간이 갖는—푸코에 의해 '시공을 초월하는 것으로 간주되는' 보편성(universalité)이 아닌—(주어진 담론·장치의 시공간 내에서의) **일반성**(généralité)을 인정하는 푸코의 논의는 무제한적 상대주의에 빠지지 않는다. 푸코의 입론은 절대주의가 아닌 것처럼 상대주의도 아니다. 마찬가지로 방법론의 측면에서 주체·대상·인식의 상호적인 생성 과정만을 인정하는 푸코의 입론은 방법론적 전체주의가 아닌 것처럼, 방법론적 개체주의도 아니다.

지거나 말하는 존재 혹은 욕망인과 동일시하여 스스로를 그러한 존재로서 생각하게끔 만들어 주는—, 진리놀이들에 대한 탐구' 작업으로 이해될 수 있다.[63]

나가는 말
— 진리놀이 · 문제화 · 철학행위

진리놀이와 사실상 동일시되는 **문제화**는 방법론적 측면에서 푸코 사유의 결정판이라 말할 수 있다. 문제화는 '사유의 사유 자체에 대한 비판적 작업(travail critique de la pensée sur elle-même)'으로 정의되는 **철학행위**(activité philosophique)이다. 문제화 혹은 철학행위의 목적은 '우리가 생각하는 것과 달리 생각할 수 있는가, 우리가 보는 것과 달리 지각할 수 있는가를 아는 것(si on peut penser autrement qu'on ne pense et percevoir autrement qu'on ne voit)', 곧 '자기 자신과 타인들의 사유로부터의 일탈(égarement)', '자기 자신으로부터 벗어나는 것(se déprendre de soi-même)'이다.[64]

결국 1960년대 및 1970년대 초 사용되던 푸코의 에피스테메 및 담론 개념은 1970년대 후반 이래 '담론적' 장치의 개념 아래 포괄되고, 이는 다시 제도라 지칭되는 '비담론적' 장치의 개념과 함께 보다 광범위한 **장치**의 개념을 구성한다. 한편 이 장치의 개념은 다시 주체화 · 대상화 · 인식론화를 통칭하는 문제화 곧 **진리놀이**라는 보다 광범위한 개념 아래 다시금 포괄된

63 Revel, Judith(2002), 앞의 책, pp.64~65.

64 Foucault, Michel(1984), *Histoire de la Sexualité 2 : L'Usage des Plaisirs*, Paris : Gallimard, p.14.

다. 푸코의 진리놀이 혹은 문제화는 그가 말년에 자신의 작업을 지칭하기 위해 선택한 용어인 **우리 자신의 역사적 · 비판적 존재론**(ontologie historique et critique de nous-mêmes)을 수행하기 위한 구체적 방법론에 다름 없다.

참고문헌

허경(근간), 『미셸 푸코 : 개념의 고고학』, 그린비.

콜린 고든(1991), 『권력과 지식 : 미셸 푸코와의 대담』, 홍성민 옮김, 나남.

프랑수아 도스(1998), 『조각난 역사』, 김복래 옮김, 푸른역사.

허경(2007), 「푸코의 에피스테메 개념」, 『에피스테메』 창간호, 고려대학교 응용문화연구소.

허경(2012), 「근대 임상의학 및 생명 담론의 변화 : 미셸 푸코의 『임상의학의 탄생』을 중심으로」, 서강대학교 생명문화연구소, 『생명연구』 제23집 봄호.

Foucault, Michel(1963), *Naissance de la clinique*, Paris : Presses universitaires de France.

Foucault, Michel(1966), *Les mots et les choses : Une archéologie des sciences humaines*, Paris : Gallimard.

Foucault, Michel(1969), *L'archéologie du savoir*, Paris : Gallimard.

Foucault, Michel(1971), *L'ordre du discour*, Paris : Gallimard.

Foucault, Michel(1972), *Naissance de la clinique*(2e éd. rév.), Paris : Presses universitaires de France.

Foucault, Michel(1975), *Surveiller et punir*, Paris : Gallimard.

Foucault, Michel(1984), *Histoire de la Sexualité 2 : L'Usage des Plaisirs*, Paris : Gallimard.

Foucault, Michel(2001a), *Dits et écrits I 1954-1975*(Collection 'Quarto'), Paris : Gallimard.

Foucault, Michel(2001b), *Dits et écrits II 1976-1988*(Collection 'Quarto'), Paris : Gallimard.

Huh, Kyoung(2007), *Michel Foucault et la Modernité*, Thèse de doctorat, Université de Marc Bloch.

Revel, Judith(2002), *Le vocabulaire de Foucault*, Paris : Ellipses.

Foucault, Michel(2001c), "Entretien avec Michel Foucault"(1976/1977), in Michel Foucault, *Dits et écrits II 1976-1988*(Collection 'Quarto'), Paris : Gallimard.

Foucault, Michel(2001d), "Le jeu de Michel Foncault"(1977), in Michel Foucault,

Dits et écrits II 1976-1988(Collection 'Quarto'), Paris : Gallimard.

Foucault, Michel(2001e), "Michel Foucault. Les réponses du philosophe"(1975), in Michel Foucault, *Dits et écrits I 1954-1975*(Collection 'Quarto'), Paris : Gallimard.

Foucault, Michel(2001f), "Pourquoi rédite-on l'oeuvre de Raymond Roussel? Un précurseur de notre littérature moderne"(1964), in Michel Foucault, *Dits et écrits I 1954-1975*(Collection 'Quarto'), Paris : Gallimard.

Foucault, Michel(2001g), "Question à Michel Foucault sur la géographie"(1976), *Dits et écrits II 1976-1988*(Collection 'Quarto'), Paris : Gallimard.

Foucault, Michel(2001h), "Qu'est-ce que les Lumières?"(1984), in Michel Foucault, *Dits et écrits II 1976-1988*(Collection 'Quarto'), Paris : Gallimard.

Foucault, Michel(2001i), "Sur les façons d'écrire l'histoire"(1967), in Michel Foucault, *Dits et écrits I 1954-1975*(Collection 'Quarto'), Paris : Gallimard.

Guilhaumou, Jacques(2004), "Où va l'analyse de discours? Autour de la notion de formation discursive," *Texto*!(Juin).

개념사인가 또는 담론사인가*

—역사의미론적 인식론의 이론적 토대와 방법론적 쟁점

디트리히 부세(Dietrich Busse)

쾰른대학 역사학과 명예교수. 독일의 본, 빌레펠트·하이델베르크 등 여러 대학에서 언어학·사회학·정치학을 수학하고 언어학 박사학위를 취득했으며, 언어사와 의미론의 석학으로 언어학과 역사학을 융합한 개념사 분야의 업적이 많다. 저서로는 *Frame-Semantik*(프레임의미론·2012), *Juristische Semantik*(법률의미론·제2판 2010), *Textinterpretation*(텍스트 해석·1991), *Historische Semantik*(역사의미론·1987) 등이 있다.

옮긴이 **박여성**

제주대학교 인문대학 독일학과 교수, 뮌스터대학교 커뮤니케이션학부 초빙교수, 한국기호학회 회장. 고려대학교 독문과 및 대학원 졸업 후 독일 뮌스터대학교에서 언어학·철학·독문학을 수학하고 박사학위를 취득했다. 저서로는 *Sign Culture-Zeichen Kultur*, 『한국 텍스트과학의 제 과제』, 『기능주의 번역의 이론과 실제』, 『응용문화기호학』 등이 있으며 역서로는 『사회체계이론』, 『예술체계이론』, 『사회의 교육체계』 등이 있다. 또한 개념사, 기호학, 매체학, 번역학, 텍스트과학, 스토리텔링에 관한 여러 논고를 썼다.

* 이 글의 원문은 다음과 같으며 신원에이전시를 통한 저작권자와의 계약에 의해 이 책에 수록한다.
Busse, Dietrich 2003 : Begriffsgeschichte oder Diskursgeschichte? Zu theoretischen Grundlagen und Methodenfragen einer historischsemantischen Epistemologie. In Carsten Dutt (Hrsg.) : Herausforderungen der Begriffsgeschichte. Heidelberg : Winter Verlag, S. 17–38.

들어가기

'개념사인가 또는 담론사인가'라는 주제 설정은 즐겨 연구되어 오기는 했지만, 사안 자체의 시각에서 보면 완전히 정당화될 수는 없으며 결국 있지도 않은 반목을 나타낼 뿐이다. 담론사 연구의 필요성과 토대 및 방법론적 쟁점이 논의된 지 20여 년이 지난 시점에서도 명백한 입장 정리가 필요하다면, 그것은 이 논문의 부제를 명확히 설명하여 인식시키고자 하는 의도에서 비롯할 것이다. 이 논문에서는 오늘날 (이전보다 한층 분명하게) 역사의미론적 인식론(historisch-semantische Epistemologie)으로 지칭하려는 연구(분야)의 이론적 토대와 몇 가지 방법론적 쟁점을 다루고자 한다. 이때 본 논문의 표제에 붙은 '또는'이라는 표현을 '개념사(Begriffsgeschichte)'와 '담론사(Diskursgeschichte)' 양자를 '분리시키는' 용법으로 이해한다면, 그것은 내가 표방해 온 역사의미론(Historische Semantik)[1]의 구상을 오인하는 것이다. 알고 보면 여기에서는 양자 사이의 대립이 아니라, (과거에도 — 늘 고려되지는 않았지만 — 누차 강조했듯이) 역사의미론의 — 목표 설정보다는 오히려 — 방법론적 스펙트럼을 보완하고 확충하는 것이 관건이다.

1 Busse, Dietrich(1987), *Historische Semantik*, Stuttgart : Klett-Cotta ; Busse, Dietrich and Wolfgang Teubert(1994), "Ist Diskurs ein pseudowissenschaftliches Objekt? Zur Methodenfrage der historischen Semantik(담론은 사이비과학적인 대상인가? 역사의미론의 방법론적 쟁점에 대하여)," in Dietrich Busse, Fritz Hermanns and Wolfgang Teubert eds., *Begriffsgeschichte und Diskursgeschichte : Methodenfragen und Forschungsergebnisse der historischen Semantik*(개념사와 담론사 : 역사의미론의 방법론적 쟁점과 연구 성과), Opladen : Westdeutscher, pp.10~28.

이 논문에서는 역사의미론적 인식론의 토대와 방법론적 쟁점을 숙고하면서 나의 논지를 네 단계로 전개하고자 한다. 우선 역사의미론과 연계시키고자 하는 동기와 목표를 잠시 설명한 다음, 두 번째 단계에서는 역사의미론을 위한 모든 새로운 단서의 출발점으로서 개념사의 가능성과 한계를 다루고, 세 번째 단계에서는 인식론적인 관심에 비추어 담론 분석(Diskursanalyse)의 목표와 방법론을 더 자세히 다룰 것이다. 마지막 단계에서는 '자아와 타자'라는 보기를 들어 담론의미론적 기저 주체의 작동 방식에 대한 몇 가지 숙고를 제시하려고 한다.

역사의미론의 동기와 목표 설정

역사의미론의 기본 쟁점에 매진하면서 얻은 (물론 푸코의 시각에 의한) 고고학(Archäologie)은 그것을 발견한 시점에서 필자 자신에게도 놀라운 사실, 즉 내가 나중에 『역사의미론(*Historische Semantik*)』이라는 제목으로 출간한 책을 위한 최초의 구상에 '의미체계들(Bedeutungssysteme)'이라는 제목을 달았던 이유를 설명해 주었다. 말할 것도 없이 그 표제어는 1970년대 언어학의 주류에서 지배적이었던 협소하게 구상된 어휘의미론의 한계를 극복하려는 (새로운) 의미론을 겨냥한 것이었다. 당시 나는 개별적인 어휘 의미들을 고립적으로 고찰하는 환원주의적인 성분분석의미론(Komponentensemantik)을 극복하려는 '풍부한' 의미론을 염두에 두었으며, 따라서 이론의 설계에 있어서 당대의 언어학적 의미론적 주류에 **반발하여** 그 시각을 극복하려고 했다(이전에 집필했던 역사의미론에 관한 논고들에 개진된 (종종 혼동을 야기했을 수도 있겠지만) 개념사에 비해서 어느 정도 논증적인 명확성을 부여한 것은(연구의 인식론적 관심에도 불구하고) 특히 그러한 우려에서 출발한다고 볼 수 있다. 말하자면 당시의 연구는 고립된 어휘 의미 개념이라는 제약에 부딪혀서 중요한 인식론적 인식 가능성을 호도하게 되었다].[2] 이런 양극성은 언어학적인 의미 연구 대부분의 영역에서 여전히 존속하는데, 오늘날의 의미 이론의 논의 상황을 보건대, 내가 20여 년 전 시도했던 '의미체계들'의 분석이라는 목표와 오늘날의 전위적인 언어학 사이에 놀라울 정도의 연계점이 드러난다. 이를테면 (그 출발의 동기는 좀 다르지만) 전통언어학에서 발전한 성분분석의미론과 어휘의미론의 한계를 넘어 '풍부한' 의미론을 지향했던 필자의 구상은 현대 인지의미론(kognitive Semantik)에서 발전한 '의미망(semantisches Netz)'이나 '지식틀(Frames)' 개념으로 직결될 듯하다.[3]

현대 인지의미론에서 발전한 '의미망'이나 '지식틀'에 대한 분석이 언어처리 과정을 컴퓨터에 증식하고 복제하기 위해 개체나 언어공동체의 **공시적인**(synchron) 인지지도를 재구성하려고 했던 반면, 나는 처음부터 **통시적인**(diachron) 변천을 지향하면서 역사의미론의 쟁점에 몰두하는 '의미체계들'의 분석, 말하자면 사회사와 문화사에서 연구의 동기를 찾고자 했다. 요컨대 나의 구상은 **역사적인** 인식론, 지식과 의식의 역사, 개념의 발생과 구성 조건, 문화사적인 전승의 경로 및 인식론적인 심층 조류가 형성된 시대의 사회적 지식을 표상하여 규명하는 것이었고 지금도 그 목표에는 변함이 없다.

이 목표를 실현하려면 사회의미론을 언어를 통한 현실 구성으로 간주하

2 『역사적 기본 개념』〔Brunner, Otto, Werner Conze and Reinhart Koselleck eds.(1972), *Geschichtliche Grundbegriffe*, Stuttgart : Klett-Cotta〕을 다룬 여러 논고에서 개진된 방법론적 분석에 따르면 그것은 근거가 전혀 없지는 않았던, 이를테면 일종의 우려였다.

3 그런 '풍부한' 의미론은 예컨대 뷜러의 『언어 이론』〔Bühler, Karl(1934), *Sprachtheorie*, Jena : Fischer(1982년 재판은 Stuttgart ; New York : Fischer)〕에서 표방되었으며, 게르만어 학자인 폴렌츠의 『독일어 문장의미론』〔von Polenz, Peter(1985), *Deutsche Satzsemantik*, Berlin ; New York : De Gruyter〕에서 모범적으로 연구된 바 있다.

여 우발적인 사회적 현실의식의 토대를 인식론적인 전제와 그물 관계 속에서 관찰할 수 있게 해주는 이론적인 연계가 유용한 것 같다. 이론적인 성찰의 네 영역에서는 역사인식론을 이론적으로 정립하기 위한 (언어학적) 의미론적 토대를 구획해야 할 것이다. 첫 번째 쟁점의 다발은 훔볼트(Wilhelm von Humboldt)에서 비트겐슈타인(Ludwig Wittgenstein)을 거쳐 푸코(Michel Foucault)에 이르기까지 마의 삼각지대에서 시도된 방향 잡기의 틀 안에서 (역사)인식론의 일반적인 이론적 토대를 정립하려는 것이었다. 내가 보기에 훔볼트의 언어 이론은 언어학적 의제 설정과 철학적 (특히 인식론적) 의제 설정, 다시 말해 언어와 현실 구성 사이의 밀접한 관계에 주목한 그를 의미론적 인식론의 비조로 만들었다는 점에서 매우 유익한 것 같았다〔"개념을 비로소 사고세계의 개체로 만드는 낱말은 그 개념을 자신의 존재에 부과하면서 의미를 부여한다. 그래서 관념이 동일한 제한을 통해 그 낱말을 받아들이는 것과 동시에 (관념은) 일정한 우리 속에 갇히게 된다"〕.[4] 제2기(후기)의 비트겐슈타인은 자신의 의미 개념, 언어놀이 및 언어규칙 모형과 생활 형식의 구상을 통하여 의미 구성, 의미 전승 및 의미 변화의 공동 작용을 설명할 수 있는 철학적 · 이론적 도구를 제공했다. 끝으로 푸코의 담론 분석은 이론적 · 철학적 근본 쟁점으로부터 역사인식론이라는 한층 구체적인 역사적 · 경험적 문제 설정으로 넘어가는 교량 역할을 통하여, 인식론적 · 의미론적 성향들을 권력 분석적인 시각에서(물론 다른 학자들과 비슷하게 매우 은폐된 표현으로) 조명하는 시야를 열어 주었다.

4 여기에서는 훔볼트의 『언어 발달의 상이한 시대들에 관련한 비교언어 연구에 대하여』〔von Humboldt, Wilhelm(1820), *Über das vergleichende Sprachstudium in Beziehung auf die verschiedenen Epochen der Sprachentwicklung*, Leipzig : F. Meiner〕에서 인용했으며, 원전이 들어 있는 훔볼트의 『언어철학논고』(전 6권 중 제3권)〔von Polenz, Peter(1963), *Schriften zur Sprachphilosophie*, Darmstadt : Wissenschaftliche Buchgesellschaft〕, p.17 참조.

당시 내가 관심을 기울였던 두 번째 쟁점 다발은 역사인식론, 사회의미론의 발전에 대한 공론장(公論場 · 여론 · Öffentlichkeit)의 영향력, 의미와 사회적 지식이 출현하고 전개되는 공간으로서의 공론장에 대한 사회학적 설명의 토대를 겨냥했다.[5] 세 번째 이론적 쟁점 다발은 좁은 의미에서의 역사의미론을 언어 이론적으로 정립하는 것에 관련한다(이때 '역사의미론'이라는 용어는 의미 변천을 경험적으로 기술하는 동시에 그것을 설명하는 이론적 토대를 의도한 것이었는데, 그 입장은 지금도 변함이 없다). 이처럼 역사의미론을 언어학적으로 정립하는 것은 행위 이론적인 언어 개념에 기초하고 있으며,[6] 특히 다음과 같은 핵심적인 언어 이론의 문제 설정을 규명하는 데 기여하고자 했다.

① 의미의 조건 그리고 의미(언어적으로 매개된 의도)의 **구성**(Konstitution)을

5 물론 이 쟁점들에 대한 개별적인 숙고들은 Busse, Dietrich(1987), 앞의 책에서 발견되지만, 필자 생각에는 처음에 구상했던 생각들의 실현이 — 언어학자에 의해서는 (더구나 그것을 대변할 만한 시간대 내에) 제대로 발휘될 수 없었던 — 오늘날 지식사회학의 완성에 필요한 요구에 상응한다는 사실이 분명해졌다.

6 이처럼 행위 이론적인 개념들을 푸코의 담론 분석의 개념들과 결합하려는 나의 시도는 권력 비판적인 담론 분석을 열렬하게 옹호하는 학자들의 비난을 받은 바 있다. 그들의 비판은 푸코의 의도를 권력 비판이나 권력 해체로 환원시켜서 그의 담론 분석이 가지게 될 (또한 권력 비판적인 의도들에도 정당화될 수 있는) 기술적인 토대 이론으로서의 지대한 잠재력을 간과했다〔LeBon, Sylvie(1967), "Un positiviste désespéré : Michel Foucault(낙담한 실증주의자 : 미셸 푸코)," *Les temps modernes numéro* 248, pp.1299~1319. 이에 대한 푸코의 답변은 Foucault, Michel(1969b), "eh bien je suis un positiviste heureux(나는 행복한 실증주의자이다)," in Michel Foucault, *L'archéologie du savoir*, Paris : Gallimard, p.164, p.182 참조〕. 그뿐 아니라 그들의 비판은 결코 표층적인 언어학적 의지주의(Intentionalismus)로 환원될 수 없으며, 더욱이 최근의 후기 구조주의적 단서들을 선호하는 인식론적 성향의 도입을 결코 원천적으로 배제할 수 없는 화용론적 언어 이론의 토대 이론적인 특성을 제대로 인식하지 못하고 있다. 어휘적 의미의 탄생과 의미론에서의 전통(규약)의 개념에 대해서는 Busse, Dietrich ed.(1991), *Diachrone Semantik und Pragmatik : Untersuchungen zur Erklärung und Beschreibung des Sprachwandels*(통시의미론과 화용론 : 언어 변천의 규명과 기술을 위한 연구), Reihe Germanistische Linguistik 113, Tübingen : M. Niemeyer, pp.37~65.

작동시키는 데 대한 규명

② 의미의 조건 그리고 의미(언어적으로 매개된 의도)의 **전승**(Tradierung)을 작동시키는 데 대한 규명

③ 의미의 조건 그리고 의미(언어적으로 매개된 의도)의 **변천**(Veränderung · Wandel), 즉 **의미체계들의 변천**으로 이해하도록 작동시키는 데 대한 규명

어쨌든 〔이를테면 코젤렉(Reinhart Koselleck)이 구상했던〕 개념사의 목표 설정, 프로그램 및 방법론에 대한 관련성은 앞서 언급한 의미체계들의 분석을 위한 초창기의 프로그램 설계에는 아직 포함되지 않았다. 그러나 그 관련성은 (일단 고무적이며)[7] 매우 결실 있는 것으로 드러났으며, 그래서 코젤렉이 구상한 **역사적 기본 개념**(Geschichtliche Grundbegriffe)이라는 프로그램에서 필자의 구상과 흡사하게 의미론에 기초한 역사인식론의 목표 설정을 발견할 수 있었다. 물론 내가 보기에 코젤렉은 '개념'을 의미론적 분석의 이론적 · 방법론적 관련 개념으로 설정함으로써 몇 가지 문제점을 노출했다. 여기에서 그 문제점에 관해 조금 다루어 보자.[8]

역사의미론적 인식론의 출발점으로서의 개념사
— 가능성과 한계

역사적 기본 개념의 연구를 위해 구상된 개념사 연구는 야심찬 프로그램을 표방하기는 했지만, 역사의미론의 영역에서 추진될 수 있고 추진되어

7 이에 대해서는 필자의 학문적 스승인 라이너 위머(Rainer Wimmer)에게 감사드리는 바이다.
8 그것들은 Busse, Dietrich(1987), 앞의 책에서 상세히 논의되었다.

온 여러 가능성 중 하나에 불과하다. 이와 경합하는 다른 가능성들을 예시하자면 아래와 같다.

① (어원론에 토대를 두는) 전통적인 방식의 **어휘사**(Wortgeschichte)

② 역사적인 어휘론의 맥락에서 추진되어 온 일상적인 **역사어휘의미론**(historische lexikalische Semantik)

③ 전통적인 **인식론**의 일부로 간주될 수 있는 철학 및 학지사(學知史)에서 개진된 **관념사**(Ideengeschichte. 이에 대해 푸코는 자신의 담론 분석에서 신랄하게 반박한 바 있다). 관념사는 표방된 의도에서 보면 역사의미론으로 간주될 수 없지만, 목표와 방법론에 비추어 보면 문자 그대로 **역사의미론**으로 해석될 수 있다.

④ 의미론적 함의는 결국 이를테면 일상의식과 **멘털리티**(Mentalität · 심성)의 역사 또는 **문화적 기억의 역사**(Geschichte des kulturellen Gedächtnisses)로서 개개의 모든 역사적 **의식사**(Bewußtseinsgeschichte)를 포함한다. 이런 연구 단서들에서는 종종 사회적 현실과 실재의식을 구성하는 각별한 역사적 조건에 주목했다.

⑤ 공론장(여론)의 언어 사용에 함축된 이데올로기적 속성을 규명해 온 **정치언어의 분석**과 언어비평도 역사의미론에 속할 것이다.

⑥ 끝으로 통합적인 시도로서 **담론사**(Diskursgeschichte)가 있는데, 이것은 특히 담론적 메커니즘과 그것의 주제적 · 내용적 · 의미론적 흔적에 대한 분석을 지향하며, 푸코 이후의 관점에서 볼 때 의미론적으로 기초된 역사인식론에 대한 기여로 평가된다.

위에 나열한 연구 방향마다 그때그때 해당하는 고유한 인식 목표, 그것으로부터 귀결되는 역사의미론적 경험성의 이론적 토대와 방법론 및 실천

방안이 충분히 숙고되지 않았던 경우가 종종 있다. 관건은 하나의 공통적인 언어 이론은 공유했지만 통일적인 방법론이나 경험적인 실천은 **결코 가질 수 없는** 그 자체로서만 정당화된 인식 목표들에 좌우된다. 그렇다면 (**하나의 대표적인**) 역사의미론은 존재하지도 않고 존재할 수도 없으며, 기껏해야 서로 부분적으로 중첩되거나 배제하는 단면과 원근법 들로 이루어진 하나의 스펙트럼만 있다는 결론이 도출된다.

개별 기호나 낱말의 고립 추출을 염두에 두는 어휘의미론이 가능하다고 보는 모든 의미론적 분석은—인식론이나 심층의미론적 관점에서 보면—한 낱말의 의미를 맥락에서 완전하게 활성화하는 데 필요한 지식의 80~90퍼센트 정도는 어물쩍 넘어가거나 묵살하고 기껏해야 자명하게 주어진 일상 지식으로서 전제하여 (여타의 학문적 고찰이나 의미론적 연구에) 중요하지 않다고 무시하기 때문에, 일종의 '빙산의 일각' 의미론으로 평가된다. **개념사**로서의 역사의미론을 방법론적으로 정초할 때, 언어학적 동기에서 추진된 심층의미론의 구상은 일단 문제점을 드러내는데 그것은 언어학의 이론적 전통의 맥락에 비추어 보면 '개념(Begriff)'이라는 용어가 고립적이고 환원주의적으로 운영되는 어휘의미론과 밀접하게 연관되었기 때문이다. 그런 문제점은 개념사적인 지향성을 부인할 수 없는 고틀로프 프레게(Gottlob Frege)나 루돌프 카르납(Rudolf Carnap)이 추구했던 (여전히 큰 영향력을 가지는) 논리의미론(Logische Semantik)뿐 아니라[9] 그것과 공유점을 가지는 원소주의적 변별자질 개념에서 (논란이 분분한 존재론적 함의를 수반하는) 개념

9 이에 대한 비판으로는 특히 Wolski, Werner(1980), *Schlechtbestimmtheit und Vagheit : Tendenzen und Perspektiven : Methodologische Untersuchungen zur Semantik*(오류 규정과 모호성 : 경향과 시각들 : 의미론을 위한 방법론적 연구들), Tübingen : Niemeyer, pp.44 ff, pp.95 ff 참조 ; Busse, Dietrich(1993), *Juristische Semantik*(법률의미론), Berlin : Duncker & Humbolt, pp.104 ff 참조.

이론적인 연원으로 소급되어 오늘날까지 언어학 자체로부터 발전한 구조주의적 동기에서 추진된 **변별자질의미론**(Merkmalsemantik · 성분분석의미론)의 분석 구상에도 마찬가지로 적용된다. 오늘날 의미 이론을 논의할 때 종종 '필요충분 조건 구상'으로서 집약되는 개념 이론적 의미론은, 인식론적 동기를 가지는 '풍부한' 의미론의 관점에서 보면, 학문사적 시각에서 (기본적인 것이든 복합적인 것이든) 언어적 표현들의 의미론에서 가장 흥미로운 사안을 묘사하는 바로 그것을 해체시키는 대규모의 환원주의로 간주된다.

물론 코젤렉이나 개념사 분야의 다른 학자들이 표방한 연구의 구상과 방금 언급한 언어학적 의미론적 주류의 개념 이론적 환원주의 사이에는 당연히 어떤 공유점도 없다. 하지만 이미 그 사실 자체가 학문사적인 단서를 인식론적 원근법에서 관찰하는 것을 가로막는다. 이로부터 **개념**이라는 개념을 긍정적으로 수용하고 그것을 필자가 표방한 '의미체계들'에 대한 역사적 · 의미론적 분석의 틀에 사용하는 데 (다른 학자들이) 다소 소극적인 태도를 보였던 이유가 밝혀진다. 다만 완벽을 기하기 위하여 사족을 붙여 보자. 그 사이에 개념을 다루는, 영어 투로 하면, '개념(concept)'의미론의 구상은 인지의미론의 틀 안에서 새롭게 발전하고 있으며, 의미망과 지식틀의 체계를 분석하는 분파에서는 1960~1980년대의 언어학적 · 의미론적 중간 단계로서 표방된 환원주의적 의미 모델보다는 인식론적인 동기에서 추진되는 '풍부한' 의미론의 목표 설정에 훨씬 잘 부합할 것이다.[10]

10 나는 예전의 전통적인 언어학적 의미론이 구조주의라는 개선문 앞에서도 향후에 전개될 의미론적 환원주의에 결코 동의하지 않았기 때문에, 그런 맥락에서 그것을 '중간 단계'라고 부르는 것이다. 바로 소쉬르(Ferdinand de Saussure)의 『일반언어학 강의(*Cours de linguistique générale*)』(1920)가 수용되기 전에 나온 연구들에서 우리는 의미론에 대하여 문화과학의 시각으로 각인된 관심에 대한 많은 증거를 발견한다. 그것들은 전적으로 의미론적 인식론 또는 '심층의미론'의 전 단계로서 해석될 수 있다. 그런 점에서 문화과학적 시각으로 각인된 새로운 의미론의 단서들(개념사든 담론분석이든 심성사든)에서는 (어쨌든 언어학에 대하여) 연구사의 관점에서 보면 이른바 '현대'언어학의 기술적인

나는 코젤렉이 자신의 개념사의 구상을 완성할 때 도출한 동기들을 이제는 (20년 전에 비해) 훨씬 더 잘 이해할 것 같다. 그 동기들은 『**역사적 기본 개념 : 독일 정치 · 사회 언어 역사사전**(*Geschichtliche Grundbegriff : Historisches Lexikon der politisch-sozialen Sprache in Deutschland*)』에 실린 대부분의 논문에서, 현실에 대한 나의 인상에 비추어 볼 때 제한적으로만 실현되었다. 코젤렉은 더도 덜도 아닌 바로 역사적 과정의 행위자(movens)로서의 개념들에 대한 유형학이라는 일종의 진열관을 건축했으며 현재도 그러한 것으로 보인다. 따라서 그가 정립한 개념사는 개념들을 거의 역사적 과정의 체계이자 추진력으로서 분석하려 하기 때문에 그야말로 최선의 의미에서 역사적인 연구인 동시에 역사 기술론적인 연구이다. 이런 관점에서 보면 코젤렉이 언급한 개념이란, 그것이 주도어휘로써 명명되고 확인될 수 있으며 종종 이런 선언적이고 선동적인 확인 가능성을 통해 역사적인 추진력을 얻는다고 해도 결국에는 인식론적인 개념이다.

그러한 (이런 표현을 써도 된다면) 생명력을 가진 동적 개념세계의 역사보다는, 언어학적 · 분석적 고찰 방식이라는 객체적 시각이 역사적 · 인식론적 성립 조건의 순수한 묘사로서 제시된다. 이 시각에는 페터 폰 폴렌츠(Peter von Polenz)가 자신의 문장의미론적 분석의 구상에서 인식론적 개념 또는 언어학적 개념 아니면 주도어휘 또는 담론이 되었건[11] 여하한 모든 종류의 '행동주체화(Agentivierungen)'를 언급했던 회의적인 입장이 담겨 있다.

동기를 통한 형식주의적 개념들에 의해 절단된 하나의 끈만 붙잡고 있다. 전통적인 역사의미론에 대한 개괄로는 Busse, Dietrich(2000), "Semantischer Wandel in traditioneller Sicht : Etymologie und Wortgeschichte III"(전통적인 관점에서 본 의미론적 변천 : 어원학과 어휘사 III), in D. A. Cruse, Franz Hundsnurscher, Michael Job and Peter Rolf Lutzeier et al. eds., *Lexikologie : Ein internationales Handbuch zur Natur und Struktur von Wörtern und Wortschätzen*(어휘론 : 낱말과 어휘의 본성과 구조에 대한 세계백과사전), Berlin ; New York : de Gruyter 참조.

11 von Polenz, Peter(1985), 앞의 책, pp.186 ff 참조.

개념사와 언어학적 담론 분석은 의심할 바 없이 역사적 · 인식론적 목표 설정을 공유한다. 양자는 공히 역사의미론의 **체계적인** 연관 관계의 분석을 지향하지만, 코젤렉이 의도한 개념사가 없었다면 어떠한 역사적인 담론 분석도 제대로 이해될 수 없다고 생각한다. 더욱이 담론 분석은 장기적으로 심층적인 영향을 끼친 담론 메커니즘의 관계망 또는 전제 조건의 속성을 강화하여 해당하는 역사적인 완성 과정에서 인식소(episteme)의 역사적 선험성이라는 성립 조건을 다룬 푸코의 핵심 개념을 통해, 예전과는 다른 중점들을 때로는 한층 강력하게 요구할 것이다. 따라서 이론적으로나 방법론적으로나 개념사와 담론 분석은 서로 날카롭게 대립하는 게 아니라, 오히려 경합하는 목표 설정에 비추어 동일한 대상 영역을 조명하는 상이한 원근법들로 간주될 수 있다.

개념사 연구가 여타의 전통적인 방법론들, 이를테면 〔큰 결실이 있었지만 지금까지 너무 미미하게 활용된 구조의미론의 동위소(同位素 · Isotopie) 개념처럼〕 어휘의미론이나 텍스트의미론의 방법론에 도움을 주었듯이, 역사의미론적 담론 분석은 개념사 연구의 단서와 동기 설정에 기여할 수 있다. 물론 그것은 언어행위 이론(Sprachhandlungstheorie)에 기초한 문장의미론의 방법론일 수도 있고 지식틀과 의미망의 분석에 몰두하는 인지의미론의 방법론일 수도 있다. 끝으로 (영국의 논리철학자) 스티븐 툴민(Stephen Toulmin)의 논증 분석, 위상학, 논리적 전제의 분석 또는 정치적 상징의 분석에 효과적으로 적용된 담론 분석의 방법론에서도 유용한 단서들을 발견할 수 있다.

인식론적 관점에서 본 담론의미론의 목표와 방법론

아래에서는 역사인식론에 대한 기여로서 평가될 수 있는 역사의미론적 담론 분석의 몇 가지 목표와 작업 방식을 개괄하고자 한다. 내가 표명했던 역사적 담론의미론[12]의 프로그램은 어느 정도 푸코의 담론 이론에 기대고 있다. 그러나 독일에서 담론 분석을 연구하는 다른 대변자들처럼 오로지 이데올로기 비판에만 매진하기보다는, 예컨대 미셸 페쇠(Michel Pêcheux) 등이 담론 분석을 언어학적 분석 절차의 방법론으로 전환시켰듯이[13] 나는 오히려 기술적(記述的)인 프로젝트를 지향한다.[14] 이때 우리의 연구 맥락에서는 푸코가 자신의 담론 분석을 **계보학**(系譜學 · Geneaologie), 즉 담론 형태로 조직된 사회적인 지식의 발생과 발생 조건에 대한 분석으로서 이해했다는 점이 매우 중요하다.

푸코의 담론 개념들 중에서[15] 역사의미론적 인식론의 목적에 유용한

12 일단 Busse, Dietrich(1987), 앞의 책 참조.

13 Pêcheux, Michel(1975), *Les vérités de La Palice*(팔리스의 진리에 대하여), Paris : F. Maspero ; Pêcheux, Michel(1983), "Über die Rolle des Gedächtnisses als interdiskursives Material : Ein Forschungsobjekt im Rahmen der Diskursanalyse und Archivlektüre(담론상호적 질료로서의 기억의 역할에 대하여 : 담론 분석과 자료 강독의 연구 프로젝트)," in Manfred Geier and Harold Woetzel eds., *Das Subjekt des Diskurses : Beiträge zur sprachlichen Bildung von Subjektivität und Intersubjektivität*(담론의 주체 : 주관성과 간주관성의 언어적 형성에 관한 논고)(Argument-Sonderband 98), Berlin : Argument-Verlag, pp.50~58 참조.

14 보충 설명을 하자면 다음과 같다. 내가 주목하는 역사의미론의 이론적 정초를 위한 많은 진술은 오직 비트겐슈타인(Ludwig Wittgenstein)에만 관련하여 공식화될 수 있었던 것 같다(이처럼 푸코의 담론 이론을 비트겐슈타인의 언어철학 및 여타 언어분석철학의 다른 단서들과 결합시키려는 나의 시도는 분석적 사고를 경시하는 철저하게 이념 비판적인 담론 연구의 추종자들에게 격렬하게 비난받은 바 있다. 그런데 그것은 잠재적으로 영국이나 프랑스 철학을 엄격하게 대립시키려는 편견구조를 선호한 독일 학자들의 학문적 입장이었다). 그러나 푸코의 담론 개념은 일단 단편적이고 오히려 근본철학적인 비트겐슈타인의 단서에 근거하여 구축될 수밖에 없었던 분석적 가능성과 시각을 제공했으며 오늘날에도 여전히 그러하다. 푸코의 단서는 역사적 인식론의 현상, 질료, 사회적 · 역사적 분석에 매우 근접해 있으므로, 따라서 그것에 더욱 직접적으로 연계하려는 목적을 허용하고 있다.

15 이때 대체로 다음의 책들을 참조했다. Foucault, Michel(1973), *Archäologie des Wissens*(지식의 고고학), Frankfurt am Main : Suhrkamp〔Foucault, Michel(1969a), *L'archéologie*

요소들은 다음과 같은 것이다

알다시피 푸코의 담론 모델은 '에농세(enoncé)' 개념에 근거한다. 푸코는 담론을 **공통적인 하나의 형성체계에 속하는 진술들**(Aussagen)**의 집합**으로 정의하는데, 이때 그가 지칭하는 진술들이 **발화**(Äußerungen)와 동일시되어서는 안 된다는 점이 중요하다. (에농세로서의) 진술이 반드시 특정한 언어적 표현 형식에 결부될 필요는 없으며, 따라서 에농세란 다양한 언어적 형태로 표현될 수 있는 추상적 개념이다〔그래서 푸코는 '에농세' 개념을 현대 인지언어학에서 사용하는 논리적 문장의미론의 **명제**(Proposition)에 비교한 적이 있다〕. 그러나 그가 의도한 진술의 차원이 플라톤이 언급했던 '관념의 천국(Ideenhimmel)'이나 프레게가 말한 '사고의 제3제국(Drittes Reich der Gedanken)'에 너무 가깝다는 논란을 방지하려면, '진술'이라는 용어보다는 차라리 다양한 언어적 형태로 표현될 수 있는 '지식 절편들(Wissenssegmente)'로 부르는 게 나을 것 같다.

이에 따르면 담론이란, 푸코가 줄곧 강조하듯이 특정한 발화의 산출 가능성의 조건을 제어하는 지식 절편들의 조직체계로서 설명된다. 이로써 담론은 푸코에게는 진술의 산출, 출현, 연쇄체 형성, 조직 및 영향력을 제어하면서 인식론적으로 작용하는 '역사적 선험태'로서 묘사된다. 푸코가 『담론의 질서(*L'ordre de discours*)』에서 강조했듯이 담론은 이제 사고와 말하기 사이의 중간 층위로서 정의된다. 이 **중간 층위**에서는 무엇보다도 배제 메커니즘, 담론적 사건들의 산출 강요, 인식소의 구조화 및 지식의 조직체계 같은 담론 메커니즘이 활성화된다.

du savoir, Paris : Gallimard의 독일어판〕; Foucault, Michel(1971), *L'ordre du discours*(담론의 질서), Paris : Gallimard(독일어판은 1974, *Die Ordnung des Diskurses*, München : Hanser). 이에 대한 상세한 해설에 대해서는 Busse, Dietrich(1987), 앞의 책, pp.222 ff 참조.

푸코는 담론 분석의 기본 개념으로서 **사건**, **연쇄체**, **규칙성** 및 **성립 조건**이라는 네 가지 개념을 제시한다. 사건(Ereignis)이라는 개념은 하나의 발화나 텍스트 속에서 인식론적 요소가 자발적으로 종종 예측될 수 없는 방식으로 출현하는 것을 말한다. 이 인식론적 요소(푸코의 용어로 에농세)가 반드시 완전히 새로운 것일 필요는 없다(사실 그런 경우는 도리어 드물다). 그 요소는 사건적 속성에 관하여 새로운 담론적 환경에서는 예견되지 않던 출현만 충족시키면 된다. 그런 사건들이 자주 출현하게 되면 연쇄체를 형성하고 따라서 담론 조직의 배아세포가 된다. 새로운 담론구조들이 확립되는 단계는 담론적 사건들의 사슬이 하나의 규칙성으로 응축될 때 달성된다. 일단 수립된 담론 조직 또는 구조 들은 규칙성의 체계로서 주제상으로 인접한 미래의 담론적 사건들의 산출을 성립시키는 조건으로서 작용한다. 그런 것들은 특별한 맥락에서 개별적인 인식론적 요소들이 지금 눈앞에 나타날 뿐 아니라 미래에도 출현하게 될 가능성을 조절한다. 따라서 담론은 푸코에 따르면 '명제들의 분산체계'로도 간주된다. 요컨대 담론 분석은 지식의 한 영역에서 일어나는 담론적 사건들을 연구하고, 특히 주어진 인식론적 · 담론적 맥락들에서 개별적인 인식론적 요소들의 출현 조건에 주목한다. 결국 담론이란 담론적 사건들이 정돈되어 갈무리된 일련의 사슬인데, 그것을 분석할 때는 특히 규칙성의 확인이 중요하다. 즉 담론 분석에서는, 푸코의 표현을 빌리자면 '어떤 특정한 하나의 진술이 (어떤 하나의 주어진 시점에) 나타나며 오직 그 자리에서만 나타나는' 바로 그 이유를 밝혀내야 한다.

푸코의 뒤를 이어 미셸 페쇠(그는 세상을 일찍 떠났다)와 그의 동료들에 의해 담론 분석의 방법론적 도구가 완성되었다(이것은 독일에서 오늘날까지도 거의 수용되지 않았지만, 매우 유용한 언어 중심적인 담론 분석의 목표 설정이다). 페쇠의 표현을 빌리자면, 담론이란 '사회사적인(인식론적인 것도 포함하여) 흔적의 자료를 형성하는 일련의 읽힐 수 있는 지표들(indices)'이 된다.[16] 집단기억, 사회적 인식소는 담론 분석에서 발굴되어야 할 사회적인 흔적체로서 간주된다.

담론은 '기호, 흔적 그리고 발자취들의 관계망'으로서 분석될 수 있다. 페쇠가 각별히 강조하는 담론 분석의 핵심 속성은 '담론적 관계들을 모든 가능한 차이를 경유하여 그 자체로서 반복되는 동일성'으로 파악할 수 있게 해준다는 점이다. 따라서 우리는 역사인식론이라는 목적을 위해 주제적인 층위 그리고 의미론적인 표면 층위에서 출발하면 안 된다는 결론에 필연적으로 도달하게 된다. 다시 말해서 한편으로는 얼핏 동일해 보이는 것들의 차이를 식별하고 다른 한편으로는 얼핏 달라 보이는 모든 것의 차이를 관통하는 동일성을 식별하려면, 그 기저에 놓인 텍스트 자료의 명명백백한 내용적 구조에서 눈길을 떼면 안 된다. 그런 점에서 페쇠의 연구 집단이 실천했듯이 (예컨대 특정한 정치적 주제를 두고 논박하는 '좌파'와 '우파' 사이의 담론처럼) 대립항으로 간주되는 것들에 대한 분석이야말로, 표층적이며 이데올로기적인 고찰 방식으로는 전혀 추정할 수 없었던 담론적인 기저 주체와 여러 공통점을 다루는 기회를 마련해 줄 것이다.

필자가 지지했듯이 역사의미론적 인식론을 추구할 목적으로 담론 분석을 활용하자는 입장은, 추측하건대 성배를 지키려는 수구적 입장을 가진, 그래서 (이데올로기 비판적이기 때문에) 아마도 진정한 담론 분석과 극렬하게 대립했던 사람들의 비판을 받은 바 있고 현재도 그러하다. 그러나 명백하게 그리고 특히 푸코의 모델에 준하여 담론 분석을 기술적으로 사용하면서도[17] '숭고한' 후기 구조주의적 단서를 '세속적인' 언어 분석적 단서로

16 Pêcheux, Michel(1983), 앞의 논문, p.54 참조.

17 미셸 페쇠 및 푸코의 이론 자체에서 드러나는 기술적 단서나 내용에 대한 무지는 명백하다. 그러나 그들에게 비법의 지침을 하달한 대가들과 달리, 페쇠와 푸코는 분석에서의

교란시키는 그런 비판자들은, 담론 분석이란 전통적인 의미에서 어떤 어휘사 · 개념사 · 의미론 · 관념사 · 심성사 · 인식론도 추구하지 않는다고 시사하며, 일련의 장황한 구별 목록을 넘겨준 푸코가 자신들을 정당화해 주었다고 착각할지도 모른다. 하지만 그 모든 것은 담론 분석이 **아니어야** 하며, (진정한) 담론 분석은 역사적 선험 조건, 가능성의 성립 조건 그리고 어휘 의미, 개념, 관념, 심성 및 인식소들의 계보학을 해독하는 가운데 **그것들 사이**와 **그것들 앞**을 유동하는 것이어야 한다. 필자가 담론 분석에서 인식론을 지향하는 역사의미론을 표방했다면, 그것은 어느 인터뷰에서 자신의 연구를 누구에게나 활용될 수 있는 일종의 도구상자로서 제안한 푸코 자신을 모범으로 삼았기 때문이다.

요컨대 담론 분석적인 단서는 인식론을 지향하는 역사의미론에 다음과 같은 장점을 제공하는 것으로 보인다. 앞에서 언급했듯이 역사의미론을 언어이론적으로 정립하는 가운데 의미 구성, 의미 영속성 및 의미 전승 그리고 의미 변천의 과정을 설명할 수 있어야 하며, 어휘 의미와 텍스트 의미의 구성과 변천에 사회적 지식이 어떤 방식으로 개입하는지 규명해 낼 수 있어야 한다.

이때 의미에 관여하는 지식의 스펙트럼이 훨씬 넓게 펼쳐져야 하는데, 전통적인 언어학적 의미론에서 협소하게 파악된 의미 개념보다 더욱 광범위한 텍스트상의 의미 구성에 대한 풍부한 인식론적 전제 조건과 더욱 넓은 파급 범위를 분석에 고려하자는 역사의미론 연구 목표의 의제는 논란의 여지가 없는 것 같다. 이런 맥락에서 필자는 보다 완성된 의미론적 분석에서 구체화되어야 할 **의미에 관여하는** 지식과 **이해에 관여하는** 지식의 영

기술과 비판을 잘 결합하는 방법을 알고 있었다(양자는 목전의 상황들에 대한 날카롭고 명확한 분석과 기술이 자신에 대한 모든 적절한 비판과 그것의 개혁에 필수적인 전제 조건이라는 점을 진작 깨달았던 그들의 은밀한 모범상인 마르크스와도 상통한다).

역에 대해서도 언급하고자 한다. 이때 '풍부한' 의미론 또는 '심층의미론'은 이른바 어휘 의미와 텍스트 의미의 '명명백백한' 인식론적 요소들에 대한 설명으로만 국한될 수는 없으며, 바로 그 기저에 숨은 그래서 자명하다는 이유로 대개 간과되었던 지식을 규명해야 한다. 이런 분석은 텍스트의 발화자와 수용자가 그것(지식)의 존재에 대해 성찰된 의식을 전혀 가지지 못할 그런 언어적 발화에 이식된 또는 넌지시 암시된 인식론적 요소들에 대한 설명도 포함해야 한다. 그것이 어휘의미론, 개념사, 문장의미론, 텍스트 의미론 또는 담론 분석을 표방하건 모든 심층의미론은 의미를 구성하는 지식을 구체화해야 한다. 이제 그런 심층의미론이 — 역사의미론의 모든 접근 방식들에서도 마찬가지이겠지만 — 의미에 관여하는 지식의 인식론적 전제 조건과 그 흐름 및 조직체계의 분석에 기여해야 한다면, 심층의미론의 과제는 그러한 전제된 지식이 언어적인 의미 구성에 미치는 영향을 명시적으로 기술해 내는 것이다.

이제 담론 개념은 전통적인 단면을 의미론적으로 분석할 경우에는 거의 주목받지 못하던 그런 인식론적 요소들에 주의를 집중시키는 데 적절한 **하나의** 가능한 도구이다. 이로써 담론 개념은 일단 역사의미론의 관심과 시야를 새로운 독특한 방식으로 조명하는 기능을 가진다는 점이 분명해진다. 내가 보기에 그 개념은 부분적으로는 역사의미론의 여타의 단서들과는 다른(그것이 개념사이든 심성사이든) 무엇에 관심을 기울인다. 역사적 · 의미론적 시야를 이러한 다른 경향에 주목하게 한다면 여타의 시각들에서는 간과되었을 수 있는 인식론적 전제들을 규명하는 데 도움이 될 것이다. 따라서 개념어휘들(또는 주도 어휘들이 인식론적 복합체의 표제어로만 간주되더라도)에 너무 집착할 경우, (예컨대 내가 '국가' 개념에 관한 사례들에서 보여 주려 했던)[18] 관련

18 Busse, Dietrich and Wolfgang Teubert(1994), 앞의 논문, pp.19 ff 참조.

어휘가 전혀 나타나지 않는 텍스트에 들어 있는 의미 구성적 요소의 존재를 식별하지 못하게 할 수도 있다.

나아가 담론 분석적인 시각은 우리로 하여금 의미에 관여하는 지식의 조직체계와 형성 조건에 주목하게 하는 데 더욱 적합한 것 같다. 이런 맥락에서 나는 '하상(河床) 위로 흐르는 사고의 강(江)'이라는 비트겐슈타인의 은유를 즐겨 인용하곤 한다. 근시안적이고 반역사적인 고찰 방식에 비추어 보면, 하상은 원래 그 자체가 늘 바뀔 수 있고 역사적으로 구성된 것이며 따라서 우발적인 것임에도 불구하고 곧잘 불변체 · 고정체 또는 주어진 무엇[소여(所與)]이라는 오해를 받을 수 있다(이때 비트겐슈타인은 서구 논리학을 상기시킨 바 있다).[19] 이 맥락에서 푸코는 담론에 종속된 개인들에게 종종 소여 또는 수용될(감내될) 무엇으로 간주되는 하나의 계보학을 제시하는 역사적 선험태를 언급한다. 그러나 나의 확고한 신념에 따르면, 성찰되거나 분절되지 않은 채 자명하다는 이유로 전제되어 주제화되지는 않았지만 담론을 구조화하는 지식에 대한 분석은 이제 모든 역사의미론에서 역사인식론을 위한 기여로서 진지하게 수용되어야 할 핵심적인 지위를 가져야 한다.

궁극적으로 담론 분석적 시각은—푸코는 특히 그 점을 강조한 바 있는데—전통적인 개념사 연구에서 주목했던 것과는 다른 원천 자료에 시야를 돌린다. 롤프 라이하르트(Rolf Reichardt)는 역사의미론을 위한 방법론적인 제안에서 이 점을 매우 견실하게 준비했다. 여기에서는 담론 분석적 시각에서 원천 자료의 방향을 일상텍스트로 확장시킨 입장과 배치되는[20] 여러

19 Wittgenstein, Ludwig(1970), *Über Gewißheit*(확실성에 대하여), Frankfurt am Main : Suhrkamp, §95 ff.

20 Reichardt, Rolf(1982), "Zur Geschichte politisch-sozialer Begriffe in Frankreich zwischen Absolutismus und Restauration : Vorstellung eine Forschungsvorhabens(절대주의와

개념사 분석의 원천 토대로서의 '귀족(고급)문학(Höhenkammerliteratur)'에 관한 그의 (비판적인) 지침만이 기억날 따름이다.

담론 분석은 역사의미론적으로 추진되는 인식론의 틀 안에서 보면, 자료 분석이라는 미시의미론적 층위보다는 오히려 거시의미론적 시각 전환, 자료 선별 및 인식의미론적 분석을 위한 완전히 새로운 방향 설정을 의미할 수밖에 없다. 그것의 방법론적 가치와 고유성은 거시의미론과 심층의미론을 동시에 추구하는 연구 전략의 완성에 전적으로 좌우될 것이다. 이때 그 전략은 곧바로 의식된 것 또는 자명하다는 이유로 무의식적으로 배제된 것을 통상 의미 분석에 대한 잉여성으로 간주하여 무시하는 게 아니라, 바로 그 분석을 통해 얻은 언어적인 의미 구성의 인식론적 틀 조건에서 시작하여 주어진 시점에서 말할 수 있는 것과 생각할 수 있는 것을 비로소 성립시키는 전제 조건들에 더욱 관심을 집중하는 지점에서 전개된다.

필자는 다른 논문에서 역사의미론을 '타자를 위한 의미로부터 우리를 위한 의미를 향해서 조절된 변형'이라고 지칭한 바 있다.[21] 물론 하나의 담론사는, 우리 자신의 인식소를 배경으로 생각하고 사고할 수 있는 지나간 시대들의 지식과 담론조직체에서만 규명될 수 있다고 전제하는 해석학적 딜레마로부터 자유롭지 않다. 따라서 모든 역사의미론(나아가 의미론과 텍스트 분석)에 유용한 방법론적 · 학문 이론적 회의는 담론사의 단서에도 당연히 적용된다. 이에 따르면 담론 개념을 통해 첨예화된 관점도 질료, 교차

왕정복고시대 사이의 프랑스의 정치적 · 사회적 개념들의 역사에 관하여)," in Brigitte Schlieben-Lange and Joachim Gessinger eds., *Sprachgeschichte und Sozialgeschichte* (언어사와 사회사)(Zeitschrift für Literaturwissenschaft und Linguistik 12, Nr.47), Gröttingen : Vandenhoeck & Ruprecht, pp.49～74 ; Reichardt, Rolf(1985), "Einleitung (서문)," in Rolf Reichardt and Eberhard Schmitt eds., *Handbuch politisch-sozialer Grundbegriffe in Frankreich 1680-1820*(프랑스 정치 · 사회 기본 개념 편람 1680～1820), München : Oldenbourg, pp.39～148 참조.

21 Busse, Dietrich(1987), 앞의 책, p.302 참조.

관계, 관련 어휘 및 주제, 담론 및 그것의 담론형성체와 시각들에 관한 모든 선별이 다른 것들을 어쩔 수 없이 배제할 수밖에 없다는 사실을 막지 못한다. 따라서 우리는 담론 분석적인 역사의미론과 인식론이 하나의 텍스트, 개념, **발화**가 들어 있는 인식론적 관계들의 **총체적인** 그물 관계를 (모조리) 규명하리라고 기대할 수는 없다. 담론 분석은 이제 상이한 텍스트, 텍스트 종류, 분절 영역과 담론 영역에 나타나는 특정한 지식의 사슬들을 연구하는 작업, 즉 개별적인 **발화** 및 인식론적 주도 요소들의 사슬에 주제를 집중시키는 작업을 지칭하게 될 것이다. 또한 그런 점에서 담론 분석은 주제상의 주도 경로에 의해 제어되면서 '연구 과정에서 스스로 확장되는 개방된 언어 자료'[22]라는 방법론적 토대로부터 출발하여 (연구 대상을) 선별해야 한다. 담론 분석의 가치는 다음과 같은 푸코의 인용문에서 매우 적절하게 규정될 것이다. '정의된 담론적인 실천이 결여된 지식이란 존재하지 않는다. 모든 담론적인 실천은 그것을 형성하는 지식에 의해 규정될 것이다.'[23]

자아와 타자
— 담론의미론적 기저 주체의 양상

이제 담론의미론적 기저 주체(diskurssemantische Grundfiguren)의 보기를 통해서 '자아와 타자(das Eigene und das Fremde)'를 규명하고자 하는데, 이때 담론사적 분석을 어디로 겨냥할지가 중요하다.[24] 이를 위해 담론의미론적

22 Pêcheux, Michel(1983), 앞의 논문, p.54 참조.

23 Foucault, Michel(1969a), 앞의 책, p.238 ; Foucault, Michel(1973), 앞의 책, p.260 참조.

24 자세한 설명으로 Busse, Dietrich(1997), "Das Eigene und das Fremde : Zu Funktion

분석의 대상으로서 핵심적 지위를 가지는 **담론의미론적 기저 주체**가 무엇을 의미하는지 잠시 설명하고자 한다. 담론이란 한편으로는 그것에 할당된 텍스트들이 특정한 내용상의 요소들의 출현에 대한 규칙성을 제시하면서 드러난다. 다른 한편으로 담론은 규칙성을 위하여 확고해진 내용적인 요소들이 개별 담론들의 자료를 형성하는 (또는 그것에 기여하는) 텍스트에 침전된 결과이기도 하다. 오래된 언어 이론의 (아마도 일상적인) 편견에서 주장하듯이 이때 텍스트들 (및 그것의 성분들)이 대략 처음부터 산출자의 의도성에 의해 형성된 독창적 산출물인 것은 아니라고 전제된다. 오히려 산출자들은 텍스트 산출자의 인지적인 기본 요건에 속하는 것 또는 그들이 이전에 수용했던 텍스트들 여기저기에서 제멋대로 잘라 낸 문장 조각들을 사용한다. 이런 현상의 일부에 대하여 전통 수사학에서는 '수사학적 무늬(Figurae)'나 '말터〔Topoi(위상)〕' 같은 전승된 개념을 사용해 왔다. 나는 그런 의미로 전승되어 온 말터(Topik)라는 개념 대신, 이제 (최근에 법률적 논증의 영역에서 요구되었던) 발견술적 조치로서 **담론의미론적 기저 주체**라는 개념을 선호한다. 대체로 어휘목록집으로 파악되어 '표층의미론'의 층위에 자리 잡은 말터라는 정태적 개념과 달리, 담론의미론적 기저 주체는 오히려 (종종 은폐되고 단지 추가적 분석을 통해서만 접근할 수 있는) 텍스트의미론에서 말하는 '심층'에 해당한다. 경우에 따라 그 기저 주체는 텍스트들 개개의 산출자와 수용자가 그것의 존재를 (노련한 관찰자의 눈과 귀로도) 전혀 예측하지 못하는 곳에서도 드러난다. 기저 주체들은 발화자의 의지를 완전히 벗어나지는 않지만, (이를 통해

und Wirkung einer diskurssemantischen Grundfigur(자아와 타자 : 담론의미론적 기저 주체의 기능과 작용에 대하여)," in Matthias Jung, Martin Wengeler and Karin Böeke eds., *Die Sprache des Migrationsdiskurses : Das Reden über Ausländer in Medien, Politik und Alltag*(이동 담론의 언어 : 언론, 정치 및 일상에서의 외국인에 관한 언술들), Opladen : Westdeutscher Verlag, pp.17~35 참조.

텍스트 산출자 및 그의 독특한 생각의 특징이) 종종 예기치 못하게 구현된다. 물론 담론의미론적 기저 주체는 담론의 표층에도 늘 나타나서, 텍스트의 구체적인 대상이나 주제가 되기도 한다. 그래서 우리는 이러한 잠정적인 명확성이 바로 기저 주체의 (첫 번째) 출현과 구조적 효과의 필요 조건이라는 명제를 내걸 수도 있다. 물론 기저 주체의 정상적인 효과는 오히려 그것의 존재가 특정한 담론의미론적 요소들의 출현을 설명하는 방식으로 표출된다. 그런데 이 요소들에서는 담론의미론적 기저 주체가 표면 층위에서 보이는 명확한 텍스트 의미로서 간주될 것 같지는 않다.

담론의미론적 기저 주체는 텍스트 내용의 요소들을 정렬하고 필요에 따라 그 요소들이 담론의 특정한 위치에 나타나도록 제어하며, 그 주체가 출현하는 텍스트의 주제적 구조와 똑같을 필요는 없는 담론의 내적 구조를 규정한다. 담론의미론적 기저 주체 자신은 다시 담론을 포괄하는 인식론적 연관 관계들의 토대구조로 작용할 수 있는 격자를 형성한다. 그런 점에서 담론의미론적 기저 주체가 굳이 특정한 담론이나 어떤 유일한 담론에 국한될 필요는 없으며, 오히려 그 자체는 다시 다양한 담론들에 동시에 나타날 수도 있다. 이를 통하여 담론의미론적 기저 주체는 담론 층위, 텍스트 층위와 관련해 볼 때 텍스트언어학에서 '상호텍스트적인(intertextuell) 관계'로 다루어지는 사항에 상응하는, 이를테면 상호담론적 관계에 개입한다. 그렇다면 담론의미론적 기저 주체는 굳이 (그 분석에) 관련된 담론이 현재 눈앞에 출현하는 시간대에 국한될 필요가 없는 하나의 역사를 가진다. 이와 반대로 대부분의 담론의미론적인 조류와 기저 주체들이 얼핏 보기에 (표층 의미론적 시각에서는) 전혀 예측할 수 없는 역사적 · 인식론적 심층 차원을 가진다는 점이야말로 바로 담론 분석적 원근법이 선사하는 매력이다.

담론의미론적 기저 주체에 있어서, 그것이 담론에서 어떤 구체적인 형태로 나타나는지는 일단 부차적인 사항이다.

① 담론의미론적 기저 주체는 의미 변별 특징으로서 출현할 수 있으며 그 자체로서 역사적인 동위소(Isotopie)－사슬(Ketten)을 형성할 수 있다.[25]

② 담론의미론적 기저 주체는 논증 분석의 시각에서 보면 텍스트를 지탱하는 추론 규칙의 논증 요소들에 속할 수 있다.[26]

③ 담론의미론적 기저 주체는 언어학적 화용론의 의미에서 전제(Präsupposiotionen)일 수 있으며 또는 추론(Inferenz)을 통해 규명되어야 할 함축된/연상된 무엇의 일부가 될 수도 있다.[27]

④ 담론의미론적 기저 주체는 명칭, 대화 상대자, 사물, 사태 및 사고의 복합체 뒤에 은폐될 수도 있다.

⑤ 끝으로 담론의미론적 기저 주체는 그것이 부지불식간에 작용하는 낱말, 개념 및 텍스트의 (어휘적) 표층 의미에도 속할 수 있다.

담론의미론적 기저 주체를 확인하려면 어휘의미론, 개념 분석 또는 텍스트 분석이라는 통상적인 수단으로는 충분치 않은 경우가 많다. 그렇다고 그 기저 주체를 이를테면 '개념어휘'〔고전적인 의미 이론에서 말하는 Autosemantika(실체어휘)와 Synsemantik(기능어휘)의 구분〕로 표현할 필요는 없으며, 오히려 이른바 기능어휘(Synsemantik)에 관한 텍스트의미론적 기능에 포함될 수 있다. 이 점은 담론의미론적 기저 주체에서 '자아와 타자' 사이의 관계,

25 Isotopie(동위성 · 同位性) 개념에 대해서는 Greimas, Algirdas Julien(1971), *Strukturale Semantik*(구조의미론), Braunschweig : Vieweg 참고. 변별자질의미론(Merkmalsemantik)에 대해서는 Busse, Dietrich(1991), *Textinterpretation : Sprachtheoretische Grundlagen einer explikativen Semantik*(텍스트 해석 : 해석의미론의 언어 이론적 정초), Opladen : Westdeutscher, pp.29ff 참조.

26 논증 분석에 대한 개괄로는 Kopperschmidt, Josef(1980), *Argumentatio*(논증법), Stuttgart : W. Kohlhammer 참조.

27 함축적 의미 성분들의 시차적(示差的) 분석에 대해서는 von Polenz, Peter(1985), 앞의 책, pp.198 ff 참조.

특히 wir(우리)와 sie(그들) 같은 인칭대명사에서 명확하게 드러난다. 이 인칭대명사들은 여기에서 기초적인 담론적 문채(무늬)에 대한 암호로 간주될 수 있으며, 많은 텍스트에서 명백히 그런 기능으로 사용된다.

이하의 텍스트 보기에서 주목하는 것은 어휘의미론이나 개념 분석의 수단 또는 문장의미론이나 텍스트의미론이라는 전통적인 수단으로도 연구될 수 없다. 이 경우에는 최근의 인지의미론에서 제안된 지식틀(Frame) 분석 방법이나 역사인식론적 담론 분석의 시각을 통해 가장 확실하게 규명될 수 있는, 자기 스스로를 확립하는 담론의 인식론적 요소들이 중요하다. 이와 관련하여 텍스트 보기의 기능에 관한 상황 설정이 가장 표본적이다. **집단적 자아**라는 개념이 정치적 기능으로서 작동한 것은 19세기와 20세기 초반에 정점에 도달했는데, 그것은 근대 대중사회의 탈개인주의적 경향과 맞물려 성장한 하나의 역학(Dynamik)이었다. 사회사적 연관 관계에 대해서는 많은 사항이 언급되었기 때문에 여기에서 다시 다룰 필요는 없다. 우리의 담론 분석적 연구 맥락에서는 **자아**와 **타자**라는 등장인물이 그 연관 관계에 개입하고 〔국가사회주의(나치 · Nationalsozialismus) 및 그와 연관된 모든 사태의 이후〕 오늘날의 역사적 입장에서는 거의 상상할 수 없겠지만 이미 19세기에 위와 같은 방식으로 명확하게 정의되어 본보기로서 자리 잡았던 방식이 중요하다.

예시한 보기에서는 하나의 **집단 일인칭**(das kollektive Ich) 개념을 담론적으로 확립하는 것이 중요한데, 이때 정서적이고 문화적인 가치에 연관된 타자 구별에 근거하는 **집단적 자아**(das kollektive Ego)라는 담론구성체를 토대로 **집단 일인칭** 개념을 구축하는 방식을 취했다. 특히 **집단 일인칭**으로서의 정체성을 형성하는 데 필요한 타자 구별은 **개인적 일인칭** 및 그 자체에 의해 지각된 나아가 그 자체에 할당된 고유성이라는 정신사회학적 개념에 크게 빚지고 있다는 점이 중요하다. 이 기저 주체의 담론상 정신사회학적 운동 방향을 다음과 같이 묘사할 수 있다. **개인적 자아**에서 출발하여 **집단적 자아**를 거쳐 **집단적 일인칭** 그리고 궁극적으로 **개인적 일인칭**이 되는 과정(이때 **개인적 일인칭**은 당연히 **집단적 · 개인적 일인칭**이다. 즉 그 일인칭은 전적으로 **집단적 일인칭**의 속성과 태도를 경유해서만 정의되는 그런 일인칭이다).

19세기 독일인의 집단적 정체성의 형성을 암시하는 텍스트 표본을 통해 그 점을 명확히 설명하고자 한다. 문제의 작품은 1855년에 출간되어 20세기 중반까지도 중판을 거듭한 바로 구스타프 프라이타크(Gustav Freytag)의 소설 「당위와 소유(*Soll und Haben*)」[28]이다. 이 소설은 독일 특유의 민족성 담론의 모든 측면을 기발한 방식으로 집약했기에, 곧바로 독일성의 소설로 불려도 될 듯하다. 그 소설은 (어쨌든 민주주의를 향한 모든 야심과 무관했던) 시민 계층의 사회적 · 경제적 해방이라는 핵심 동기 외에, 특히 정교하게 은폐된 근동에 대한 반유대주의와 문화국수주의를 함축한다. 그렇다면 이 소설은 경계 상황에서 유래하는 전형적인 텍스트이다. 다시 말해 그 소설의 텍스트 행위는 저자에 의해서 자아와 타자의 구별이라는 원형적이고 표본적인 상황 속에 처하게 된다. 여기에서 집단적 자아는 집단적 타자와 더욱 구별되는 정도에 준하여 그만큼 정교한 윤곽을 얻는다. 자아(집단적 정체성 형성)와 타자(여기에서는 이웃 나라 폴란드 민족의 행태로 비유된)는 양자가 각자가 해당하는 (저자가 '원형적'이라고 표현한) 속성 사이의 엄격한 구별을 통해 서로를

28 Freytag, Gustav(1855), *Soll und Haben*(당위와 소유), Leipzig : Rothbarth. 그의 텍스트에 들어 있는 위대한 담론사적 그리고 심성사적 성과를 (상당히 오래전에) 알려 준 프리츠 헤르만(Fritz Hermanns)에게 각별히 감사의 말을 전하고 싶다. 이에 대해서는 Hermanns, Fritz(1994), "Sprachgeschichte als Mentalitätsgeschichte : Überlegungen zu Sinn und Form und Gegenstand historischer Semantik(심성사로서의 언어사 : 역사 의미론의 가치와 형식 및 대상에 관하여)," in Andreas Gardt, Klaus J. Mattheier and Oskar Reichmann eds., *Sprachgeschichte des Neuhochdeutschen : Gegenstände, Methoden, Theorien*(신고지 독일어의 언어사 : 대상, 방법론, 이론), Tübingen : Niemeyer 참조.

구성하는 가운데 상대방을 규정한다.

소설의 주인공인 영웅 안톤 볼파르트는, 세계시민적 입장을 가진 친구 핑크와 달리, 프로이센이 점령한 폴란드 국토에서 벌어지는 폴란드 해방전사들의 공격으로부터 프로이센 귀족의 재산을 지키려는 자신의 의지를 (장사꾼의 입장에서) 정당화한다. 이때 안톤을 그런 정당화로 인도한 것이 바로 독일적 존재와 독일문화의 우월성에 대한 자부심이었다.

> 우리의 입장에서는 교양, 노동 의욕, 신뢰성, 다시 말해 독일인의 영민함은 — 이 모든 것이 그의 입장을 정당화하는데 — 자유로운 노동과 인간의 문화를 위하여…… 연약한 인종에게서 영토권을 탈환한 정복자들의 지배이다. 이때 폴란드적인 것은 모조리 부정적으로 묘사되었다. 경작지는 황폐화되고 축사는 보잘것없으며 여인네들은 지저분하고 남자들은 신뢰성이 없고 가축은 열등한 품종이며 건물은 황량하고 주택은 초라하다. 이와 정반대로 독일적인 것은 모조리 긍정적으로 묘사되어 전형적인 독일성은 다음과 같이 표현되었다. 지붕은 보수되었고 작은 정원이 딸려 있는 집에서 뛰노는 아이들은 용맹하며 금발인 데다, 여인들은 정결하고 절도 있으며 남자들은 젊고 위엄을 갖추었고, 방은 안락하며 커피 물이 화덕 위에 끓고 있으며 독일의 훈육과 풍속의 상징인 회초리와 노래책도 당연히 있다. 이 텍스트는 다음의 호소로 맺어진다. "카를은 '이 농가야말로 하나님의 은총이다', '여기 퇴비창고에서는 독일적인 자취가 느껴진다', '그리고 창가에는 은매화(銀梅花) 지팡이가 놓여 있다. 만세! 바로 여기에 바로 우리의 **아낙네**와 **조국**, **독일인**이 있도다'라고 외쳤다."

앞에서 인용한 부분은 우리의 맥락에서 주목해야 할 (허구적인) 선지자의 호소에서 정점을 이룬다. "……**우리는**(wir) 이제 삶을 얻었다. 그래서 독일민족이 탄생했다." 여기에서 인칭대명사 wir 대신 다음과 같이 표현할 수도 있다. "(집단적) **우리는 이제 삶을 얻었다!**" 말하자면 이 소설에서 집단적 자아는 저자 때문에 구체적인 특성을 놓친다. 추상적인 수사학적 인물로부터 피와 살을 가진 표상이 탄생한다. 이제 그 표상을 통해 역추론하는 가운데 강조 부호가 붙은 '(집단적) 우리'로 할당되는 모든 사람을 식별해 낼 수 있다. 이 소설에서 수행된 담론적 운동의 각별한 효과는, 한편으로 여기에서 집단적 자아를 집단적 타자로부터 구별해 내는 구체적인 내용이 구체적으로 존재하는 타자들(허구적)에 대한 구별로서 (다시) 확인된다는 점에 있다. 그 효과는 다른 한편으로 텍스트와 그 안에 포함된 (작가가 제공한) 집단적인 정체성 도식을 수용하는 사람들에게 집단적 정체성을 입증해 주는 인식론적 · 이념적 소품들을 제공하고 그것이 여타의 담론적 사용에도 동원될 수 있다는 점에 있다. 물론 그런 사용은 (허구적으로) 언급된 구체적인 '타자들'과 그들의 (아마도) 집단적 · 타자적인 속성에 관하여 어떤 진정한 개인적 체험도 소유하지 않는다.

19세기에서 유래하는 이 텍스트의 독특한 점은 오늘날의 텍스트들에서라면 오히려 암시적으로만 전달되었을 (또는 함축되었을) 내용을 노골적으로 언급했다는 사실이다. 이를테면 자아와 타자라는 인물이 정의에 준하는 담론행위 속에서 이야기의 우주 속에 도입된다.

> 삶의 어떤 경로에 들어서는지, 어떤 법률과 규율, 풍속과 형식에 의해 규정되는지, 자신의 **고향**에서 세대를 거쳐 수천 년이 넘는 습관이 어떻게 전승되는지, 누가 갑자기 **타자들** 중에 **개별적인 인간**으로서 출현하는지, 법률이 자신의 권리를 불완전하게 보호할 수밖에 없는 곳에서, 자신의 힘으로 온종일 그 권리의 획득을 위해 언제 어디에서 투쟁해야 하는지, **개별적인 인간들이 수천 명의 이웃과 함께** 형성하는 성스러운 영역의 축복을 깨우치게 하는 것, 그것은 바로 그의 **가족**, **직장 동료**, **종족** 그리고 **국가**이다. 그가 **타자** 속에서 무엇을

잃거나 얻건 그는 이제부터 다른 존재가 된다. 그가 겁쟁이라면, 자신이 진입한 영역 속 **타자들의 폭력**에 자신의 고유성을 희생시킬 것이다. 그가 남자가 될 자격을 갖춘다면, 이제 그런 남자가 되어 갈 것이다. 그의 영혼에서는 자신이 차지할 수 있는 물건들의 값이 곱절로 오를 텐데, 그것이 혹시 그의 삶과 결부되었던 장점일지도 모른다. 그래서 여태껏 공기나 햇빛처럼 무관심하게 지나쳐 버린 대부분의 것이 바로 가장 값진 재산이 된다. **외국**에 나가야 우리는 비로소 **고향 사투리**(Heimatdialekt)의 **매력**을 만끽하며, **타자** 속에서 비로소 **조국**이 무엇인지 절감한다.

위의 인용문에는 자아와 타자의 대립이 체계적으로 구축되어 개인적 자아에서 출발하여 집단적 자아로 외삽(外揷)되었다. **고향, 성스러운 영역, 이웃** 등의 개념은 개인적 일인칭과 집단적 일인칭 사이에서 윤활유의 기능을 한다. 이러한 전이 과정은 **개인**–**가족**–**직장 동료**–**종족**–**국가**라는 전형적인 순서를 따라 조직적으로 전개된다. 개인적인 자기 지각을 집단에 비추어 에둘러 정의하는 것은 '**고유한 방식**(eigene Art)' 같은 표현에서 이루어진다. 끝으로 마지막 문장에는 모든 연상을 수반하여 개인적으로 인식된 자아가 〔여기에는 **조국**으로 표현되었지만 원래는 독일어 특유의 **국가**(Staat) 개념을 의도했던〕 집단적 일인칭이라는 개체의 추상적 정체성을 확인하는 방식이 근사하게 표현되었다. 예컨대 자아는 친숙한 **고향 사투리**와 등치된다. 고향 사투리란 일상생활 속의 개체를 자아와 더불어 변화된 삶과 자신의 정신사회학적 상황이라는 누에고치로 에워싸고, 그 결과 그러한 명명은 일종의 암호로 작용하여 개체가 자신의 **가족**이라는 품속에서 일상생활의 직접적인 경험들과 마찬가지로 발견되거나 배제될 수 있다고 느끼는 비교적 크고 포괄적인 자아, 즉 집단적 자아를 위해 구현될 수 있도록 만든다.

앞에 언급한 소설의 인용에서 드러난 19세기에 전형적인 기능 방식은 그런 인물의 작용 방식의 근본 특징까지 명확하게 보여 주는 듯하다. 이때 담론적으로 입증된 집단적 정체성(및 집단적 일인칭상의 구체적인 내용적 노출로서의 집단적 자아)은 담론적으로 확인된 집단적 타자의 속성에 대한 부정적인 복제상이라는 점이 중요하다. 따라서 집단적 자아는 집단적 타자를 전복시켜 얻은 (부정적) 정체성일 것이다. 그렇게 보면 집단적 자아란 담론에서 확인된 집단적 타자가 아닌 다른 무엇일 것이다. 달리 말해 집단적 자아는 집단적 타자가 각별하게 지칭하는 그 무엇은 아닐 것이다. 따라서 자아는 오직 타자의 도움을 통해서만 윤곽을 얻는다. 타자가 없다면 자아는 그런 상태가 될 수 없을 뿐 아니라 존재할 수 없게 될지도 모른다.

담론의미론적 연구의 기회와 가능성 및 한계

내가 제안한 역사적 담론의미론은 (개념사적 역사의미론처럼) 역사적 인식론의 스펙트럼 속에 위치한다. 담론의미론은 기술과 동시에 분석을 염두에 두지만, 그렇다고 담론적 구조에 대한 모든 비판적 고찰을 원천적으로 배제하려는 것은 아니다. 물론 기술과 분석은 (상당수의 학자가 흔히 생각했던 것처럼) 단순히 실증주의적인 사실 복제라는 이유로 차별받지는 않으며, 의미론적인 담론 분석에서는 기술과 분석이 인식론적인 연관 관계에 비추어 보면 오히려 서로 불가분하다는 입장에 근거한다. 그래서 담론적 구조와 담론의 운동을 확실히 기술해야 비로소 인식소들과 그것들의 연결 및 연산 작동의 관계망 속에서, 오직 그것을 통해서만 권력과 결부되고 권력을 유입하는 패턴들을 해독할 수 있는 기저 표본을 추출할 수 있을 것이다. 담론의미론적 인식론을 기술 및 분석의 관점에서 조망해 보면, 우리 자신의 생각과 지식 자체에 근거하는 비판이라는 불안정한 발판에 관한 담론적 관계를 성급하게 비판하는 일은 철회된다. 그런 식으로 비판하려면 근원적인 무엇을 전제해야 하기 때문에 (그런 것이 있더라도) 정치적 동기보다는 일단 철학적 동기만을 가질 것이다. 푸코 이후의 모범을 따르는 담론 분석이 이데올로기 비판에서 출발했다는 점을 부인할 수는 없겠지만,[29] 언어적 텍스트로 질료화된 지식과 사고 및 시대 조류에 대한 분석적 기술을 인식소를 규명하는 최종 심판자로 삼을 수는 없다. 설령 그런 심판자가 되려면 담론 분석은 인식소의 외부에서, 확고한 철학적 성찰이 오래전부터 금지시킨 무엇을 믿게 만들어 줄 아르키메데스의 지렛대에 연결되어야 할 것이다.[30] 일단 심층의미론적이며 인식론적인 조건의 설정에 대한 적절한 기술은 한 시대의 담론과 인식소의 내부로부터는 전혀 만족스럽게 달성될 수 없으며,[31] 게다가 해당하는 당대의 발화와 사고의 가능성의 한계를 고려하지 않는 모든 성급한 (권력) 비판은 담론 분석의 본질 요소, 즉 역사적 선험의 명료화를 간과할 것이기 때문에 우리는 인식론적 맥락에서 세심한 기술과 분석에 대한 우선권을 엄격히 준수해야 한다. 그 밖의 사항은 모두 인식론적 · 담론적 관계들에 관한 관찰을 분석하려는 형식일 것이므로, 그 분석은 순서를 뒤집어 자신이 비판하려 한 그것을 추진한다는 혐의에 즉시 노출될 것이다. 그것은 이미 특히 자신의 고찰 대상에서 곧바로 '현혹 연관 관계(vulgo : Ideologie)'로서 확인하게 될 인식론적 관계들에 대해, 관심에 따라 도출된 (따라서 더 이상 기술적이지 않은) 해석을 보완할 것이다.

29 Guilhaumou, Jacques and Denise Maldidier(1979), "Courte critique pour une longue histoire : L'analyse du discours ou les (mal) leurres de l'analogie(장구한 역사에 대한 짧은 비평 : 담론 분석 또는 유추의 올가미)," *Dialectiques* 26, pp.7~23 참조.

30 Foucault, Michel(1966), "La pensée du dehors(외부자의 사고)," *Critique* 229["Das Denken des Außen," in *Von der Subversion des Wissens*(지식의 전복)(독일어판 1974), München : Hanser, p.54, p.82 참조].

31 연구자와 대상 사이의 최소한의 거리로서 1백 년 정도를 상정한 푸코의 제안은 어쨌든 길이를 재는 줄자의 역할 정도로만 간주해야 한다.

역사인식론적 담론의미론은 엄격하게 기술적이고 분석적인 기본 입장을 가짐에도 불구하고, 모든 문화학적 연구에서 기본적인 관심과 입장의 의존성이라는 원칙을 결코 무시해서는 안 될 것이다. 담론의미론이 푸코에 의해 실천되던 '쾌활한 실증주의'를 인정한다면, 그것은 예컨대 슐라이어마허(Friedrich D. E. Schleiermacher)의 해석학과 같은 인식비판적 입장으로 후퇴해서는 안 될 고유한 인식 가능성에 대한 자기평가를 근거로 이루어진다. 모든 역사기술론 그리고 특히 역사의미론은 무엇보다도 텍스트에 관련하기 때문에, 자신이 방법론적으로나 인식론적으로 해석학에 가깝다는 사실을 (진전된 철학적 이해에서처럼) 부정한다면 경건한 자기기만이 될 것이다. 역사적 담론의미론이 해석학과 등치되어서는 결코 안 되겠지만(푸코는 해석학적 탐구의 쟁점이 '진정한' · '은폐된' · '숨은' 의미의 발견에 있다고 분명히 언급한 바 있다), 담론의미론의 방법론적 쟁점들은 '자기 성찰'이라는 과정을 해석학과 공유하고 있다. 물론 자신 고유의 가능성을 성찰하는 과정에는 자기 한정의 싹도 동시에 포함된다. 담론의미론의 목표를 무엇보다도 밖으로 드러난 텍스트의 '배후에 은폐된' '진정한' 담론을 (재)구성하는 데 둔다면, 그것은 자신의 담론 비판적인 연원을 오인하게 될 것이다. 오히려 담론의미론은 그림을 그리고 시나리오를 묘사하며 담론 그물의 인식론적 지형도를 설계한다. 이때 담론의미론은 역동적인 측면에 주목하는 동시에 구조들의 기술에도 매진하는데, 과정 지향성에 비추어 볼 때 이 점에서 이전 시대의 해석학과 현격한 차이가 드러난다. 그러나 담론의미론은 기술과 분석 그리고 경우에 따라 비판을 통해서 과학이라는 도구를 사용하여 자신의 담론적 구조와 궤도 속에 들어 있는 인식소를 제거하려는 주제넘은 일은 하지 않는다. 오히려 담론의미론은 한 시대 또는 한 사회의 인식론적 지형(및 역사의미론)을 자기 고유의 활동에도 근원과 존재의 이유를 제공하는 사회 속의 인간적 조건(Conditio humana)이자 역사적 선험태로서 간주한다. 조심스럽게 말하자면, 담론의미론은 푸코가 『담론의 질서』에서 조심스럽게 기술했던 바로 그것을 실천하려는 것이다〔이때 '주석(commentaire)'이라는 낱말을 '담론 분석'으로 치환해 보라〕.

Mais, d'autre part, le commentaire n'a pour rôle, quelles que soient les techniques mises en oeuvre, que de dire *enfin* ce qui était articulé silencieusement làbas. Il doit, selon un paradoxe qu'il déplace toujours mais auquel il n'échappe jamais, dire pour la première fois ce qui cependent avait été déjà répéter inlassablement ce qui pourtant n'avait jamais été dit. Le moutonnement indéfini des commentaires est travaillé de l'intérieur par le rêve d'une répétition masquée : à son horizon, il n'ya peutêtre rien d'autre que ce était à son point de départ, la simple récitation.

그러나 다른 한편으로 어떤 방법론을 적용하든 주석이란 결국 **그곳에서** 이미 암암리에 발화되었던 것을 말해 주는 과제를 가질 뿐이다. 주석은 (자신이 늘 뒤로 미루었지만 그것으로부터 결코 벗어날 수 없는 이율배반에 순응하여) 이미 말해진 것을 처음으로 (다시) 말해 주어야 하며, 원래 전혀 말해지지 않았던 것은 부단히 반복해 주어야 한다. 주석들의 무한한 군집은 가면을 쓴 반복이라는 꿈에 의해 잠입되었다. 이제 그 군집의 지평선 위에는 출발점에 서 있었던 것, 즉 단순한 재인용만이 있을 뿐이다.[32]

32 Foucault, Michel(1969c), "Les Mots les choses : Une Archeologie des sciences humaines(사물의 질서)," in *L'archéologie du savoir*, Paris : Gallimard, p.27 ; Foucault, Michel(1973), 앞의 책, p.18 참조.

참고문헌

Brunner, Otto, Werner Conze and Reinhart Koselleck eds.(1972), *Geschichtliche Grundbegriffe*, Stuttgart : Klett-Cotta.

Bühler, Karl(1934), Sprachtheorie, Jena : Fischer(1982년 재판은 Stuttgart ; New York : Fischer).

Busse, Dietrich(1987), *Historische Semantik*, Stuttgart : Klett-Cotta.

Busse, Dietrich(1991), *Textinterpretation : Sprachtheoretische Grundlagen einer explikativen Semantik*, Opladen : Westdeutscher.

Busse, Dietrich ed.(1991), *Diachrone Semantik und Pragmatik : Untersuchungen zur Erklärung und Beschreibung des Sprachwandels*, Reihe Germanistische Linguistik 113, Tübingen : M. Niemeyer.

Busse, Dietrich(1993), *Juristische Semantik*, Berlin : Duncker & Humbolt.

Foucault, Michel(1969a), *L'archéologie du savoir*, Paris : Gallimard.

Foucault, Michel(1971), *L'ordre du discours*, Paris : Gallimard(독일어판은 1974, *Die Ordnung des Diskurses*, München : Hanser).

Foucault, Michel(1973), *Archäologie des Wissens*, Frankfurt am Main : Suhrkamp 〔위 Foulcault, Michel(1969)의 독일어판〕.

Freytag, Gustav(1855), *Soll und Haben*, Leipzig : Rothbarth.

Greimas, Algirdas Julien(1971), *Strukturale Semantik*, Braunschweig : Vieweg.

Kopperschmidt, Josef(1980), *Argumentatio*, Stuttgart : W. Kohlhammer.

Pêcheux, Michel(1975), *Les vérités de La Palice*, Paris : F. Maspero.

von Humboldt, Wilhelm(1820), *Über das vergleichende Sprachstudium in Beziehung auf die verschiedenen Epochen der Sprachentwicklung*, Leipzig : F. Meine.

von Polenz, Peter(1963), *Schriften zur Sprachphilosophie*, Darmstadt : Wissenschaftliche Buchgesellschaft.

von Polenz, Peter(1985), *Deutsche Satzsemantik*, Berlin ; New York : De Gruyter.

Wittgenstein, Ludwig(1970), *Über Gewißheit*, Frankfurt am Main : Suhrkamp.

Wolski, Werner(1980), *Schlechtbestimmtheit und Vagheit : Tendenzen und Perspektiven : Methodologische Untersuchungen zur Semantik*, Tübingen :

Niemeyer.

Busse, Dietrich(1997), "Das Eigene und das Fremde : Zu Funktion und Wirkung einer diskurssemantischen Grundfigur," in Matthias Jung, Martin Wengeler and Karin Böeke eds., *Die Sprache des Migrationsdiskurses : Das Reden über Ausländer in Medien, Politik und Alltag*, Opladen : Westdeutscher Verlag.

Busse, Dietrich(2000), "Semantischer Wandel in traditioneller Sicht : Etymologie und Wortgeschichte III," in D. A. Cruse, Franz Hundsnurscher, Michael Job and Peter Rolf Lutzeier et al. eds., *Lexikologie : Ein internationales Handbuch zur Natur und Struktur von Wörtern und Wortschätzen*, Berlin ; New York : de Gruyter.

Busse, Dietrich and Wolfgang Teubert(1994), "Ist Diskurs ein pseudowissenschaftliches Objekt? Zur Methodenfrage der historischen Semantik," in Dietrich Busse, Fritz Hermanns and Wolfgang Teubert eds., *Begriffsgeschichte und Diskursgeschichte : Methodenfragen und Forschungsergebnisse der historischen Semantik*, Opladen : Westdeutscher.

Foucault, Michel(1966), "La pensée du dehors," *Critique* 229["Das Denken des Außen," in *Von der Subversion des Wissens*, München : Hanser].

Foucault, Michel(1969b), "eh bien je suis un positiviste heureux," in Michel Foucault, *L'archéologie du savoir*, Paris : Gallimard.

Foucault, Michel(1969c), "Les Mots les choses : Une Archeologie des sciences humaines," in Michel Foucault, *L'archéologie du savoir*, Paris : Gallimard.

Guilhaumou, Jacques and Denise Maldidier(1979), "Courte critique pour une longue histoire : L'analyse du discours ou les (mal) leurres de l'analogie," *Dialectiques* 26.

Hermanns, Fritz(1994), "Sprachgeschichte als Mentalitätsgeschichte : Überlegungen zu Sinn und Form und Gegenstand historischer Semantik," in Andreas Gardt, Klaus J. Mattheier and Oskar Reichmann eds., *Sprachgeschichte des Neuhochdeutschen : Gegenstände, Methoden, Theorien*, Tübingen : Niemeyer.

LeBon, Sylvie(1967), "Un positiviste désespéré : Michel Foucault," *Les temps modernes numéro* 248.

Pêcheux, Michel(1983), "Über die Rolle des Gedächtnisses als interdiskursives Material : Ein Forschungsprobjekt im Rahmen der Diskursanalyse und Archivlektüre," in Manfred Geier and Harold Woetzel eds., *Das Subjekt des Diskurses : Beiträge zur sprachlichen Bildung von Subjektivität und Intersubjektivität*(Argument-Sonderband 98), Berlin : Argument-Verlag.

Reichardt, Rolf(1982), "Zur Geschichte politisch-sozialer Begriffe in Frankreich zwischen Absolutismus und Restauration : Vorstellung eine Forschungsvorhabens," in Brigitte Schlieben-Lange and Joachim Gessinger eds., *Sprachgeschichte und Sozialgeschichte*(Zeitschrift für Literaturwissenschaft und Linguistik 12, Nr.47), Gröttingen : Vandenhoeck & Ruprecht.

Reichardt, Rolf(1985), "Einleitung," in Rolf Reichardt and Eberhard Schmitt eds., *Handbuch politisch-sozialer Grundbegriffe in Frankreich 1680-1820*, München : Oldenbourg,.

담론 분석은 어디로 가는가*

—담론 형성의 관념을 중심으로

자크 기요무(Jacques Guilhaumou)

리옹고등사범학교(ENS de Lyon)의 프랑스 국립과학연구원(CNRS) 언어과학연구소장. 주된 연구 주제는 담론 분석·개념사·여성사 및 프랑스혁명사 등이다. 주요 저서 및 공저로는 『*Matériaux philosophiques pour l'analyse de discours*(담론 분석을 위한 철학적 자료)』(2011), 『*La puissance maternelle en Méditerranée : Mythes et représentations*(지중해의 모성적 힘 : 신화와 표상)』(2008) 등이 있다.

옮긴이 **허경**

한국근현대문화사상연구소 공동대표. 고려대학교 불어불문과를 졸업하고, 프랑스 마르크 블로흐대학교에서 「미셸 푸코와 근대성」을 제출, 철학 박사학위를 받았다. 귀국 후 고려대학교 응용문화연구소·철학연구소 연구교수를 역임했으며, 현재 대안연구공동체 파이데이아 대학원 교수로 있다. 질 들뢰즈의 『푸코』, 미셸 푸코의 『문학의 고고학』 등을 번역했으며, 『푸코의 '지식의 고고학' 읽기』 등의 저서가 있다.

* 이 글의 원문은 다음과 같으며 신원에이전시를 통한 저작권자와의 계약에 의해 이 책에 수록한다.
GUILHAUMOU, Jacques, Où va l'analyse de discours? Autour de la notion de formation discursive, dans *Texto!*, juin 2004.
원서출처 : 〈http://www.revuetexto.net/Inedits/Guilhaumou_AD.html〉

1990년대 이래 담론 분석은 제반 분과의 주변부에 자신의 기초를 확립하고 스스로를 구성하면서 대학 환경 내에서 시민권을 획득했다. 이러한 전환을 예견하면서 미셸 페쇠(Michel Pêcheux)는 1980년대 초반 주변에 각자 다양한 지평에서 왔지만 담론적 물질성에 대한 시원적 질문을 중심에 유지하고자 하는 일군의 학자를 모아 '담론 분석과 문서고(文書庫 · *archive*) 독해(Analyse de discours et lecture archive)'라는 그룹을 구성했다.[1] 그것은 또한 우리가 속한 언어역사학자들 및 사회학자 베르나르 코넹(Bernard Conein)이 '사회적 · 역사적 문서고(L'archive socio-historique)'에 관한 하위 그룹의 기획을 수행한 시기이기도 하다. 우리는 이렇게 담론적 기술(description discursive)을 무엇보다도 분석 텍스트의 경험적 특성들로부터 출발하는 언표 가능한 범주들의 재발견으로 간주한다. 이러한 해석학적 선택은 외재성에 지나치게 의존하고 있는 담론 형성의 관념을 사라지게 만드는 경향이 있다. 따라서 페쇠는 확증된 언표들의 그러한 배치 및 고유한 반성성(反省性 · réflexivité)을 모두 고려하여 사실의 담론 분석에 고유한 개념적 공간을 어떻게 위치지을 것인가를 묻는다. 페쇠는 이러한 영역에 관해 시도된 미셸 푸코(Michel Foucault)의 선구적 고찰을 잇는 노선을 따르면서 담론 분석의 중심 범주들, 특히 담론 형성의 관념에 대하여 다시 작업하기에 이른다.

우리의 현재 목표는 담론의 역사에 관련된 이러한 '해석학적 전환(tournant

1 Conein, Bernard and Michel Pêcheux et al. eds.(1981), *Matérialité discursives*, Lille : Presses Universitaires de Lille ; Pêcheux, Michel(1990), *L'inquiétude du discours : Textes de Michel Pêcheux choisis et présentés par Denise Maldidier*, Paris : Editions des Cendres.

herméneutique)'에 대한 어떤 결산을 수행하고자 하는 것이 아니다. 이미 그러한 작업은 다른 곳[2]에서 수행되었을 뿐 아니라, 그러한 작업이 이후 전체적으로 개념사 및 언어적 역사 사이의 연관이라는 복잡한 문제를 제기한다는 점에서도 그러하다.[3] 우리는 단지 담론 역사 학자들의 도정(道程)을 다시금 이어 가고자 할 뿐이며, 이때도 물론 그러한 도정을 다시 밟는 데 있어 — 연구 대상 자체의 측면에서[4] — 전체적으로 접근하기보다는 담론 형성이라는 관념의 관점에서 이어 가고자 한다.

그럼에도 불구하고 우선 최근 있었던 담론 분석의 제반 개념 및 용어에 관련된 두 사전의[5] 출간이라는 기회를 맞아 담론 분석이라는 장 안에서 우리가 택하고 있는 입장을 분명히 하는 것이 적절하리라 생각한다.

비판적 결산

이러한 결산 작업은 — 독일의 경우에만 한정하더라도[6] — 매우 많지만,

2 Guilhaumou, Jacques(1993), "A propos de l'analyse de discours : Les historiens et le in Reiner Keller, 'tournant linguistique'," *Langage et société* 65, pp.5~38.

3 Guilhaumou, Jacques(2000a), "De l'histoire des concepts à l'histoire linguistique des usages conceptuels," *Genèses* 38, pp.105~118 ; Keller, Reiner(2004), *Diskursforschung : Eine Einführung für SozialwissenschaftlerInnen*, Opladen : Leske+Budrich.

4 Guilhaumou, Jacques(2003), "Geschichte und Sprachwissenschaft : Wege und Stationen (in) der 'analyse du discours'," in Reine Keller, Andreas Hirseland, Werner Schneider and Willy Viehöver eds., *Handbuch Sozialwissenschaftliche Diskursanalyse* 2, Opladen : Leske+Budrich, pp.19~65.

5 여기에서 말하는 '두 사전'은 뒤에 나오는 파트리크 샤로도와 도미니크 맹그로의 『담론 분석 사전』〔Charaudeau, Patrick and Dominique Maingueneau(2002), *Dictionnaire d'analyse du discours*, Paris : Éditions du Seuil〕과 데트리, 시블로 그리고 베린의 『담론 분석을 위한 개념과 용어』〔Détrie, Catherine, Paul Siblot and Bertrand Verine(2001), *Termes et concepts pour l'analyse du discours*, Paris : Champion〕를 이른다 — 옮긴이.

6 Keller, Reiner, Andreas Hirseland, Werner Schneider and Willy Viehöver eds.(2001~

담론 분석 및 용어 · 개념에 관한 프랑스어로 된 두 사전, 곧 파트리크 샤로도(Patrick Charaudeau)와 도미니크 맹그노(Dominique Maingueneau)의 『담론 분석 사전(*Dictionnaire d'analyse du discours*)』(2002) 및 데트리(Catherine Détrie) · 시블로(Paul Siblot) · 베린(Bertrand Verine)의 『담론 분석을 위한 개념과 용어(*Termes et concepts pour l'analyse du discours*)』(2001)의 출간은 여러 분과 학문의 경계에 위치한 이 연구 영역에 관한 매우 충실한 파노라마를 보여 주는데, 특히 언어학에 확고하게 닻을 내린 점에 의해 뚜렷이 특징지어진다. 물론 이를 위해 모여든 저자들은 통합된 어떤 운동의 중심이라기보다는 오히려 복잡하게 연결되어 있는 하나의 그물망 안에 위치하는 인물들이다. 그러나 저자들이 또 다른 수많은 저자의 도움을 받아 엄청난 양의 작업을 수행했고 이러한 작업이 연구자 공동체 전체에 커다란 유용성을 가질 것인 만큼, 편집자들이 소개하는 '단일한' 목표는 진지하게 고려될 가치가 있음은 더 말할 나위도 없을 것이다. 우리는 바로 『담론 분석 사전』의 중심에 있는 '담론-역사 관계(relation histoire-discours)'의 이름 아래 모인 저자[7] 중 하나이며, 따라서 이 기획의 통합적 일부이다. 그럼에도 불구하고 우리는 이 기획의 일반적 정신과는 거리를 두고자 하며, 이를 통해 담론 분석의 특수성이라는 문제로 되돌아갈 위험을 무릅쓰고, 오히려 이 기획에 대한 비판적 결산을 추출해 내고자 한다.

따라서 무엇보다 먼저 이 두 사전에 의해 제안된 담론 분석의 현재 상황을 검토해 보고자 한다. 이러한 작업은 특히 두 사전 사이의 상호보완성, 곧 한계라는 이름 아래 두 사전의 비교 · 검토에 초점을 둔다.

2003), *Handbuch Sozialwissenschaftliche Diskursanalyse* 1-2, Opladen : Leske+Budrich.

7 Guilhaumou, Jacques(2002a), "Histoire / discours, archive/configuration, trajet thématique, événement discursif / linguistique," in Patrick Charaudeau and Dominique Maingueneau eds., *Dictionnaire d'analyse de discours*, Paris : Seuil.

샤로도와 특히 맹그노에게 『담론 분석 사전』의 발간은 '구어적 생산물 전체로(à l'ensemble des productions verbales)' 그 영역을 확장함으로써 최초의 비판적 차원을 조금은 곁으로 내어 버릴 수도 있는, 하나의 새로운 분과 학문이 탄생했음을 강하게 의미한다. 그러므로 이 새로운 분과 학문은 '**하나의 특수한 개념 장치**를 발전시키고, 그것의 다양한 흐름들이 점차 서로 대화하도록 만들며, 구별되는 제반 방법론을 정의할'(표제어 담론 분석) 수 있는 학문이다. 따라서 이 출판물의 장점인 담론 분석의 다양한 흐름 사이에서 시작되는 이러한 대화에 더하여, 이 기획에는 각 저자의 글에 나타난 언어학적 · 언어철학적 · 텍스트 분석적 · 관점 등에 연관된 담론 분석적 시각의 촉진이 두드러진다.

이 풍부한 대화를 넘어 사전의 발간 책임자들은 구성된 분과 학문들의 중심에 위치하는 담론 분석의 안정화가 질문과 실험의 장소로 간주되던 초기의 비판적 가치에 대한 주변화를 요청한다는 이념을 부과하고자 한다. **이와는 반대로** 우리는 담론 분석 장(場)의 영속화는 역사적 · 인식론적 질문을 영구적으로 거치는 것이라고 생각한다. 이것이 바로 우리가 끊임없이 **담론 분석의 최초 태도**(*le geste inaugural de l'analyse de discours*), 언어의 물질성 내에서 이루어지는 그것의 기입에로 되돌아가는 이유이며, 이는 담론 분석의 역사를 따라—불확실한 형식을 포함한—이 물질성의 다양한 모습을 명시적으로 드러내기 위한 것이다.

담론 분석이 적어도 프랑스에서는 어떤 하나의 정초행위(un acte fondateur)에 기초해 생겨난 것이 아니라는 점을 분명히 하면서, 사전의 편집자들은 기꺼이 이 최초의 현실성(réalité inaugurale)을 우회하고, 다양한 각 저자의 감수성에 따라 이 문제를 다루거나 혹은 다루지 않을 자유를 주었다. 프락세마티크(praxématique)를 지향하는, 곧 의미 생산의 관점에 입각한 사전 『담론 분석을 위한 개념과 용어』의 편집자들의 인식론적 선택은 이 영역에 대한 보다 분명한 선택을 보여 준다. 그들의 선택은 우리의 인식론적 기대에 보다 잘 부합한다. 첫 번째 사전에는 부재했던 표제어 '인식론(*Épistémologie*)'은 이 부분에서 실제적 실험과 철학적 질 사이의 상호작용을 활성화할 필요성, 현재의 경우에는 **담론적 대상의 에피스테메**(*l'épistémé*)를 탐구해야 할 필요성에 강조를 둔다.

따라서 저자들은 의미심장하게도 '언어학에 있어서의 관념주의와 유물론(Idéalisme et matérialisme en linguistique)'이라는 명백한 철학적 울림을 보여주는 표제의 글을 통해 우리의 관심을 언어의 유물론적 기초로, 그리고 — 이러한 최초의 '실재론적(réaliste)' 태도에 대한 은폐가 담론 분석의 이론적 선택에 있어 중요한 결과들을 불러일으킴을 강조하면서 — 무엇보다도 언어의 유물론적 지위로 돌리는 것에 망설임이 없다. 두 사전 모두에 등장하는 표제어 '변증법(Dialectique)'은 이러한 대조를 더욱더 강조한다. 변증법은 『담론 분석 사전』의 저자에게는 단순한 하나의 논증적 · 논리적 관념이지만, 『담론 분석을 위한 개념과 용어』의 저자에게는 실재에 대한 언어의 분절을 이해할 수 있게 해주는 하나의 근본 관념을 구성한다.

실제 담론에서 나타나는 다양한 표지에 대한 언어학적 측정에 기초한 의미 생산의 연구는 이곳에서 특히 유물론적 관점의 우위에 대한 인정 여부에 관련된 것으로 드러난다. 만약 **누군가**(*quelqu'un*)가 말한다면, 이는 **무엇인가**(*quelque chose*)가 실존한다는 것이다. 따라서 언어는 존재론적으로 현실적인 것(le réel)에, 분명 능동적이고 역동적인 방식으로 관계된 것이다. 이러한 중심적 고찰은 개념 사용의 언어사라는 입장을 따라, 실재와 담론 사이에 경험적 연관이 존재한다는 우리의 주장을 뒷받침한다.[8] 인식

8 Guilhaumou, Jacques(2001), "La connexion empirique entre la réalité et le discours : Sieyès et l'ordre de la langue," *Marges-linguistiques.com* 1.

론적으로 언어의 물질적 지위에 기초해 있는 담론 분석은 — 저작이 주장하는 보다 제한적인 간섭 장(場)의 개념에도 불구하고 『담론 분석을 위한 개념과 용어』의 저자들과 마찬가지로 — 우리에게, 규율적 공간의 한가운데 위치하는 것으로 규정되는 일반화의 담론 범주들을 사용하는 담론 분석의 흐름 사이의 충돌보다, 담론 기능에 관한 현대의 물음에 대답하기에 더 나은 것으로 보인다. 여전히 철학에서 차용했지만 언어학적 틀 안에서 새롭게 재구성된 언어와 실천 사이의 관계로부터 출발하는 폴 시블로는 세계의 이해 및 변형에 관련된 실천적 경험이라는 언어적 차원을 그 물질성 안에서 고려하기를 거부함으로써, 의미 분석의 장을 제한하고자 하는 '관념적 추상화 과정에 의해 지배되는 이론화'를 정당하게 공격한다. 바로 이러한 이유로, 설령 우리가 조르주엘리아스 사르파티(Georges-Elias Sarfati)의 "도미니크 맹그노는 푸코의 독해에서 출발하여 담론 분석의 영역 안으로 수많은 개념들을 **파생시키고** 또 도입했다"는 주장을 공유한다 해도, 그 주장의 이어지는 다음 부분 곧 "개념 장치의 영향력은 이 학문 분과에 견고한 토대를 확고히 부여하면서 발전적인 중요한 관점들을 열어젖힌다"[9]는 주장에 동의할 수 없다.

사실 우리는 담론 분석을 하나의 학문 분과로 성립시키고자 하는 의지가 — 언어학의 관념들을 약화시키는 동시에 텍스트의 역사성에 대한 이해를 제한하는 **부가적인** 메타범주화(métacatégorisation *ad hoc*)의 사실을 통해 수행되는 — 경험 자료 및 그 고유한 원전들에 대한 일반화 경향의 거리 두기에서 기인하는 것은 아닌지 자문해 볼 수 있다. 더욱이 코르퓌스(corpus · 資料群) 안에 수집되어 있는 경험적 언표의 외부에, 곧 코르퓌스의 언어학[10]과

9 Sarfati, Georges-Elias(1997), *Eléments d'analyse du discours*, Paris : Nathan Université, p.106.

10 Habert, Benoît, Adeline Nazarenko and André Salem(1997), *Les linguistiques de*

는 크게 동떨어진 채 범주들을 설정한다는 것은 담론 분석의 개념적 공간을 제한하는 경향을 갖는다. 이렇게 해서 실재와 담론 사이의 연관, 곧 인식과 관심 사이의 사회적 연결에서 출발해 담론 분석의 인식론적 프로그램의 도입을 교묘히 피하는 방식으로 개념에 대한 비판적 차원의 축소가 수행된다. 하버마스(Jürgen Habermas)[11]는 인문과학적 인식의 근본적인 해석학적 특성이 우리에게 인지적인 동시에 역사적인 어떤 콘텍스트에 관한 지식의 요소에 대한 추상화를 금지한다는 것, 그리고 이런 의미에서 지식의 각 영역은 특수한 관심에 대응한다는 것을 환기시키지 않는가? 이런 관점에서 보면 담론 분석은 사회적·역사적 사실의 출현 가능성이라는 언어적 조건들을 간과해 버리는 위험을 감수하지 않고서는, 확언된 언표에 나타난 역사적 행위자들의 반성적 잠재성에 기초한 사회에 대한 비판적 접근을 피할 수 없다.

이에 대한 설득력 있는 사례는 두 사전 모두에 보이는 표제어 '현동화(現動化·Actualisation)'의 경우이다. 맹그노에 있어 이 개념은 '말을 할 때마다, 각각의 특이한 언표에 나타나는 언어학적 체계의 전환'을 지시하기 위한 것이다. 그리고 맹그노는 의미심장하게 다음과 같이 덧붙인다. "그러나 그 가치는 불안정한 것으로 남는다." 그리고 사실 맹그노에게 있어 담론 분석가가 안정적 범주들의 집합을 구성하려는 자신의 노력 안에서 제한된 관심이라는 관념을 창출할 수 있는 것은 바로 이 현동화 범주의 불안정성으로부터이다. 이 관념을 프락세마티크의 곁에 위치시키면서, 맹그노는 다음과 같은 점을 분명히 한다. 그것은 "언어에 관한 현대의 고찰이 보여 주는 논쟁적인 주제의 중심에 위치하기에는 부적합하다!" **이와는 반대로** 『담론

corpus, Paris : A. Colin.

11 Habermas, Jürgen(1976), *Connaissance et intérêt*, Paris : coll. 'Tel', Gallimard.

분석을 위한 개념과 용어』의 저자들은 '언어적 잠재성의 담론적 실재로의 변형'을 가능하게 하는 것으로 정의된 현동화 관념에 전적인 관심을 보낸다. 그들은 이렇게 담론 분석을 끊임없이 언어와 담론 사이의 연속성 / 불연속성(continuite / discontinuité)이라는 문제를 제기하는 역동적 관점 안에 기입한다.

그럼에도 불구하고 담론 분석의 범주들이 갖는 역동적 접근 및 정태적 전망 사이의 분열이 이 두 사전 모두를 관통하고 있음을 인식해야만 한다. (『담론 분석을 위한 개념과 용어』의 저자에 있어) 프락세마티크의 측면에서 정보를 상호 교환하는 현상의 두 질서 사이에 존재하는 관계'라는 간명한 사실로 정의되는 표제어 '맥락(Contexte)'은 『담론 분석 사전』의 저자들에 의해 맥락의 과정적 역할을 중시하는 경향을 갖는 자료(matière)에 대한 최근의 고찰을 강조한다. 심지어 이런 점은 텍스트의 광대한 표면에 대한 담론적 현상을 이해하는 데 매우 중요한 것으로 간주되는 '코르퓌스'의 관념에서도 마찬가지이다.

한편으로 확언된 언표들의 수집 과정에서 담론 분석가의 단순한 기술적 태도로서 이해되는 코르퓌스는, 또 다른 한편에서 『담론 분석 사전』의 저자들에게는 담론성(discursivité) 개념 자체를 의문시하는 방식으로 문제화 작업을 가능하게 하는 것으로서 이해된다. 이는 특히 제반 장르의 역동성 및 강력히 정당화된 담론에 대한 초기의 강조를 넘어 일상적 행위자들이 행하는 파롤(parole)의 파악에 대한 새로운 관점을 열어젖히는 독해 태도에 속하는 문서고 코르퓌스의 경우에 그러하다.

또한 이 사전에서 담론 분석의 축으로 선언된 범주들이 대개는 언어학자들의 논쟁 지점으로부터 가장 먼 것들, 곧 가장 안정적인 범주라는 점도 잊지 말아야 한다. 우리는 이렇게 해서 하나의 **평정된 분과 학문**(une *discipline pacifiée*)을 마주하게 될 것이다. 이러한 선택은 때로 언어학 전통과 관련된

만큼이나 현재의 논쟁과 연관해서도 매우 문제적인 것으로 드러날 수 있다. 그렇다면 한편으로 담론 분석가가 텍스트의 기술에 통상적으로 사용하는 **개념의 장**(*Champ notionnel*), **의미론적 장**(*Champ sémantique*), **어휘적 장**(*Champ lexical*)이 분명 보다 고전적인 방식으로 문제가 되고 있는 것이라면, 또 다른 한편으로 왜 담론 분석가는 **부가적**(*ad hoc*) 범주인 **담론적 장**(*Champ discursif*)이라는 유일한 관념에 만족해야 한단 말인가? 마찬가지로 우리는 『담론 분석 사전』에 등장하는 표제어 '정의(Définition)'가 언어학적 관점에 속하는 1988년의 콜로키엄[12]을 언급하지 않고 있다는 사실을 지적할 수 있다.

그러나 이 부분에서도 역시 저작에 참여한 저자들의 다양한 층위를 고려할 때 우리의 비판을 일반화하지 않는다. 예컨대 표제어 '지시 관계(Référence)'는 곧바로 이 개념이 철학적 · 의미론적 논쟁에서 차지하는 위치에 대하여 질문하는데, 이는 따라서 실재의 지시 대상(référent)과 언어학적 기호(signe)의 속성을 묘사하는 방식에 대하여 문제를 제기하는 것이다. 전체적으로 보아 현재 언어학의 중심에서 벌어지고 있는 어휘론적 · 의미론적 논쟁 사이의 연관은 상대적으로 잘 다루어지고 있지만, 이런 점은 언어과학의 다른 영역들, 특히 담론 분석의 초기 작업들에서 매우 광범위하게 나타나는 통사론에 대해서는 그다지 사실이 아닌 것으로 드러난다.

미셸 페쇠의 표현을 다시금 빌리면, 도미니크 맹그노의 입장이 '의미 효과들이 실현되는 혹은 유물론적 장소'로서의 언어의 물질성과 담론성 사이의 연관을 유지하는 데 관심을 갖는 사전의 다른 저자들 혹은 적어도 그들 중 일부의 관점과는 다르다는 것은 사실이다. 따라서 『담론 분석 사전』

12 Chaurand, Jacques and Francine Mazière ed.(1990), *La définition : Actes du colloque la définition*, Paris : Larousse.

의 풍부함은 담론 분석에 있어서의 안정적 가치를 추구하는 범주화를 넘어 그것이 논의하는 장들이 갖는 다양성으로부터 유래한다. 샤로도에 의해 정의된 언어적 커뮤니케이션의 장에 관한 특별한 언급이 있다. 담론 분석의 연구 장에 관한 진보, 곧 단초는—정치인들의 커뮤니케이션에서 보이는 조언(conseil)에 보다 기울어져 있던 1970년대 커뮤니케이션 학자들의 그것에 비해 훨씬 풍부하고 다양한 관점의 집합을 우리에게 제공해 주는—화용론, 커뮤니케이션 민속지학(ethnographie de la communication), 민속방법론(ethnométhodologie), 사회언어학 및 언어의 사회심리학의 만남에 입각한 점증적 풍부함이라는 기초 위에서 이루어졌다. 그 귀착점, 곧 모든 언어행위에서 나타나는 의미의 공동 구성(co-construction)은 확언된 언표들 및 그것의 언어 외적인 분절에 근접하여 커뮤니케이션의 계약에 관한 현대의 다양한 양식을 이해할 수 있게 해준다.

그럼에도 불구하고 우리의 고찰은 실뱅 오루(Sylvain Auroux)의 충격적인 공식을 다시 차용한다면 '개념 영역이 곧 의미 영역(la sphère du concept c'est la sphère du sens)'[13]이라는 언명에 대한 적극적인 고려를 통해 더 나아가야 하지 않을까? 따라서 담론 분석의 모든 대상이 필연적으로 맹그노가 담론적 공간, 우주, 장이라는 범주들을—안정적인 방식으로 그 안에서 스스로를 구성하는—하나의 언표적 동일성으로 귀속시킨 의미에 대한 위치 지음(positionnement)에 속하는 것은 아니다. 담론 분석에 대한 역동적이라고는 말할 수 없는 (비역사적이라고까지 말하지는 않더라도) 이러한 접근은 언표와 그 대상, 주체, 개념 사이의 관계를 회피하는 위험을 감수하는 것이다. 이 상관적(corrélatif) 공간은 푸코에 따르면[14] 언표의 중심 자체에 존재하는 매

13 Auroux, Sylvain(1998), *La raison, le langage et les normes*, Paris : Presses Universitaires de France.

14 표제어 '고고학적 분석(Analyse archéologique)'을 참조.

우 다양한 내재적 위치들을 명백히 드러내 주고, 페쇠가 콜로키엄 자료집 『담론적 물질성』의 '서문'[15]에서 사용한 표현을 따온다면, '언표 주체에 고유한 탈위치화(délocalisation tendantielle du sujet énonciateur)'를 이해할 수 있게 해주는 것이다. 이제 모든 것은 마치 『담론 분석 사전』의 일반화 담론이 담론 실천의 기술 작업에 요청되는 이러저러한 용어의 필요라는 목적을 위한 일정 수의 담론적 범주들을 담론 분석가에게 제공해야만 한다는 식으로 진행된다. 하지만 오히려 담론 분석을 위해서는 물질적 사실, 콘텍스트 및 원천으로서의 언어라는 매개에 의거한 일정한 사회적 실재의 집합을 이해하게 해주는 개념 생산의 언어적 조건들에 관심을 갖는 것이 보다 적절하지 않을까?

비록 보다 제한적으로 보이기는 하지만, 『담론 분석을 위한 개념과 용어』는 — 프락세마티크의 관점을 명백히 하면서 — 경험적 주체 및 대상에 물론 가까이 남아 있으면서 담론 분석의 중심에 존재하는 개념 사이에 존재하는 다양한 관계에 대한 이해를 보다 용이하게 해준다. 이 책은 역시 이 부분에서도 담론 분석의 비판적 차원을 강조하면서, 담론에 대한 그러한 비판적 분석이 영어권[16] 및 독일어권[17]에서 중요한 발전을 겪은 순간에 대해서조차 사회적이고 이데올로기적인 질문들에 호소한다. 비록 여전히 이 책의 저자 자신들의 발언에 있어 담론의 사회적 역사에 충실하기는 하지만, 엄격히 규율적인 하나의 이데올로기를 제안한다는 점에서 발언자들(intervenants)의 메타담론(métadiscours)을 도구화하려는 경향을 보이는 『담론 분석 사전』의 편집자들이 지향하는 기획과는 대조를 보인다.

15 Conein, Bernard and Michel Pêcheux et al. eds.(1981), 앞의 책, p.17.

16 Fairclough, Norman(2003), *Analysing Discourse : Textual Analysis for Social Research*, London : Routledge.

17 Jäger, Siegfried(1999), *Kritische Diskursanalyse : Eine Einführung*, Duisburg : DISS.

사전 형식을 통해 총체적으로 전개되는 이러한 비판적 접근으로부터 이제 주요한 논쟁점, 곧 담론 분석에 관한 우리의 기획 중 담론의 기술(記述 · description)과 관련된 언어와 물질성 사이의 필연적 관계를 재검토하고자 한다. 그러나 우리는 담론 분석의 한 관념, 곧 시블로가 그의 사전에서 하나의 '이론적으로 확립된 관념'보다는 오히려 연구 및 질문의 장으로 남아 있는 어떤 것이라고 적절히 지칭한, 담론 형성(formation discursive)의 관념으로부터 이러한 작업을 수행하고자 한다. 이는 또한 시블로가 최근 담론 분석의 관념을 담론 분석가 사이에서 논쟁에 붙이기를 제안한 이유이기도 한데, 우리의 검토 작업 역시 다름 아닌 2002년 4월 26~27일 프랑스 몽펠리에대학교에서 '담론 분석에서 이데올로기 분석으로 : 담론 형성(De l'analyse du discours à celle d'idéologie : les formations discursives)'이라는 주제 아래 열린 논쟁에 우리가 참여했었기 때문이다.

담론의 역사가와 담론 형성이라는 개념 · 관념
— 내재적 가치 전환 이야기

드니즈 말디디에(Denise Maldidier)와 함께한 첫 작업 이래 우리는 1970년대의 초기 시도에서 출발하는 담론 분석의 역사적 궤적에 대한 회귀 작업으로 이루어지는 지적 수련을 실천해 왔다. 이러한 반성적 회귀는 최근 본질적으로 — 명백히 우리의 작업에 가장 큰 관심을 보여 온 — 외국인 동료들에 관계된 것이었는데, 이는 개념언어사의 다른 경향들에 대한 비교의 관점에 한정된 것이었다.[18]

18 Guilhaumou, Jacques(2000a), 앞의 논문.

우리는 이 논문을 통해 담론 역사가들의 도정 중심에서 **담론 형성**의 개념 · 관념(notion-concept)이 겪은 두드러진 변화에 대한 다양한 반성적 검토에 만족하고자 한다. 담론 분석의 초기 연구에서 자주 보이는 이 관념은 1980년대 초에 매우 급속히 사라졌는데, 우리의 경우에는 1983년 콜로키엄 '역사와 언어학(Histoire et linguistique)'에서 행해진 초기 작업에 대한 반성적 회고 이후 결정적인 방식으로 사라졌다.[19] 그러나 앞에서 언급한 2002년 4월 몽펠리에대학교에서 열린 콜로키엄의 주요한 쟁점은 담론 형성 관념의 역동적 사용법에 대한 적절성 유무였다. 이 논문의 마지막 부분에서 — 현대 사회에서 배제되는 말들의 생명에 관한 이야기들의 코르퓌스(un corpus de récits de vie de dits) 분석에 기반을 둔 — 담론의 공동 구성(co-construction du discours) 문제에 관한 최근의 진전에 관심을 집중함으로써 이 쟁점으로 돌아갈 것이다.

우리의 현재 목표는 우선 담론 분석 자체의 문서고 원전들에 기초한 담론 분석의 첫걸음에 관한 이 주요한 관념의 '퇴각'을 검토하는 것이다. 실제로 우리는 문서고 원전들의 두 유형을 구분한다.

한편 주로 레진 로뱅(Régine Robin)과 우리가 발간한 역사적 대상으로서의 담론에 관한 역사가들의 초기 텍스트들이 있는데, 이는 1970년대 초 마르크스주의와의 접합을 통해 담론 형성에 관한 표준적 정의에 관한 우리의 첫 번째 구체적 연구[20]의 기본적 입장을 형성한 텍스트들이다. 여기에 우리가 1977년 멕시코의 콜로키엄에서 돌아와 작성했으며, 미셸 페쇠에 관한 포르투갈어 공동 저작 안에 포함되어 곧 발표될 예정인 미발표 원고들

19 Guilhaumou, Jacques(1984a), "Itinéraire d'un historien du discours," Actes du colloque *Histoire et linguistique*, Paris : Editions de la MSH, pp.33~42.

20 Haroche, Claudine, Paul Henry and Michel Pêcheux(1971), "La sémantique et la coupure sau- surienne : Langue, langage, discours," *Langages* 24, pp.93~106.

을 추가한다.[21] 다른 한편 1970년대 말 담론 분석사의 입장에서 말디디에와 함께 수행한 비판적 회고 관련 텍스트들이 있다.

여기에서 최초의 텍스트 및 비판적 원전을 아우르며 초기 마르크스주의적 진리들을 포스트모더니즘으로부터 전적으로 빌려 온 보다 능동적인 진리들로 진전하게 만들어 줄 **어떤 전환에 관련된 이야기**, 담론 역사가의 텍스트들에 보이는 1980년대 초의 담론 형성의 개념 · 관념에 관한 비조작성(非操作性 · non-opérativité)을 정당화해 줄 어떤 도정을 제안하려는 것이 아니다. 또한 이 연구는 담론 형성의 관념이 담론 분석과 공존 가능한(consusbstantielle) 것인가, 다시 말해 담론 형성의 관념이 이 새로운 분과 학문이 갖는 근본적 범주화 작용의 일부를 이루는가를 알고자 하는 것이 아니다. 이 연구는 오히려 비판적 관점에서 어떤 것들이 이 관념에 의해 처음 추동되었던 해석적(interprétatives) 원전들인가를 자문하는 것, 따라서 이 관념의 명시적 용례를 넘어 그것의 전개를 검토하고자 하는 것이다.

우리는 쥘리앙 부르그(Julian Bourg)가 프랑스 1968년 5월의 정신을 특징지으며 지칭했던 대로 **내재적 가치 전환**(transvaluation immanente)[22]이라 불리는 어떤 것에 관심을 갖는다. 이는 담론 형성 관념의 전위(轉位 · déplacement) 내부 자체에서 해방적 관심에 관련된 가치들이 그것의 개념적 추출을 향해 전달된다는 의미에서의 '가치 전환'이며, 담론 분석의 정초적 태도 및 그것의 언어적 물질성 내로의 기입은, 우리의 주장에 의하면 오늘날까지도 여전

21 이 논문은 다음과 같이 발표되었다. Guilhaumou, Jacques(2008), "Consideraçoes sobre a análise do discurso : Um trajeto crítico em torno de Michel Pêcheux ao final dos anos 1970," in Roberto Leiser Baronas and Fabiana Komesu, *Homenagem a Michel Pêcheux : 25 anos de presença na análise do discurso*, Mercado de Letras, pp.55~78. 한편 자크 기요무의 논문 일람은 다음에서 볼 수 있다. https://cv.archives-ouvertes.fr/jacques-guilhaumou — 옮긴이

22 Bourg, Julian(2002), "Les contributions accidentelles du marxisme au renouveau des droits de l'homme en France dans l'après-68," *Actuel Marx* 32, pp.125~138.

히 편재해 있다는 한에서의 '내재성'이다. 담론 형성의 개념 · 관념을 둘러싼 마르크스주의의 원전들이 보여 주었던 초기의 결집은, 어떤 특별히 매개적인 대상의 해방적 잠재성 및 물질성을 보존하고 있다는 사실 자체에 의해, 그것의 부정이 아닌 **무엇**(*quelque chose*), 담론의 내부에서 다양한 변형을 겪고 있다.

그럼에도 불구하고 가치의 변환(transmutation)을 기술하는 것은 말하는 주체(sujet parlant)의 지평선 위에 존재하는 개념에 대한 서술(narration)의 도정을 항구적으로 유지하는 것을 목적으로 삼는 어떤 이야기의 실행을 동시에 가정한다. 따라서 우리에게—**담론 형성**이라는 요소가 한정적 방식으로 곧 쉽게 지각 가능한 방식으로 그것에로 이동하는 한—담론 역사가들의 제한된 동아리의 중심에 하나의 이야기를 구성하는 것은 가능한 작업으로 보인다. 더욱이 이러한 도정은 담론 형성 관념의 추출을 통해 담론 분석에 있어서의 말하는 주체의 지평에 대한 최초의 공식, 페쇠에 의해 표명된 '언표 주체에 고유한 탈위치화'이라는 표현에 도달하게 된다.[23]

담론 배열의 복잡성에 마주한 담론 형성(1970년대)

튀니지의 튀니스대학교에서 교편을 잡았던 1967~1968년 동안 미셸 푸코는 파리의 번잡한 요청들로부터 해방되어 '우리의 문화와 같은 한 문화 안에서 언어 존재가 갖는 형식들에 관련되는 하나의 방법론적 작업'에 착수하기 위한 자유로운 시간을 가질 수 있었다.[24] 푸코는 비록 그것이 한 권이지만 책이 되리라는 확신을 가졌고 1969년에 와서야 『지식의 고고학(*L'archéologie du savoir*)』이라는 제명하에 발간되었다. 1968년 5월 이전까지는

23 Conein, Bernard and Michel Pêcheux et al. eds.(1981), 앞의 책, p.17.

24 Foucault, Michel(1994), *Dits et écrits I 1954~1975*, Paris : Gallimard.

신중히 자신만의 것으로 간직했던 담론에 관한 하나의 개념적 집합을 확립한 것이다. 이러한 개념적 배치의 중심에는 담론 형성의 관념, 혹은 그 최초의 형식을 따르자면 '개별화된 담론 형성(formation discursive individualisée)'[25]이 존재한다. 따라서 문제는 '담론적 사건들의 장(champ des événements discursifs)'[26] 및 그 상관물로서 '하나의 문화에서 언표들의 나타남과 사라짐, 언표들의 잔류와 소멸 및 사건과 사물의 역설적 존재를 결정하는 규칙들의 놀이(le jeu des règles qui déterminent dans une culture l'apparition et la disparition des énoncés, leur rémanence et leur effacement, leur existence paradoxale d'événements et de choses)'[27]로 정의되는 문서고에 연결되는 담론 형성의 개별화 작용(individuation)의 중요성에 강조를 두는 것이다. 이렇게 해서 담론 형성의 기준은 문턱(seuil) 및 상관관계(corrélation)와 함께 '우리의 담론적 우주'를 설명하기 위해 푸코가 채택한 세 기준 중 하나가 된다. 의심의 여지없이 가장 '통일적인(unitaire)'인 담론 형성의 기준은 대상 및 개념에 연관된 규칙만큼이나 사건에 연관된 규칙 아래 '하나의 담론이 개별화될(individualiser) 수 있게 해주는 것'이다. 따라서 그것은 문서고 작업의 기초 위에서 — 푸코는 파리에서만큼이나 튀니스에서도 국립도서관의 부지런한 독자였다 — '결정된 담론 형성의 내부에서 대상, 조작, 개념, 이론적 선택에 영향을 미치는 변화들을 발견하기'[28]에 적합한 것이다. 이렇게 하여 담론 분석에는 '언표들의 사건적 분산 내부에 그리고 각각에 고유한 심급들 내부에, 모든 실제적 언표들의 집합으로 구성되는…… 광대한 영역'[29]이 열리게 된다.

25 Foucault, Michel(1994), 앞의 책, p.675.
26 Foucault, Michel(1994), 앞의 책, p.701.
27 Foucault, Michel(1994), 앞의 책, p.708.
28 Foucault, Michel(1994), 앞의 책, p.678.
29 Foucault, Michel(1994), 앞의 책, p.705.

'담론적 사실들의 순수한 기술이라는 기획'은 이러한 방식으로 구체화된다.

동시에 푸코는 마르크스주의에 대한 비방 및 속류화에 반하여 마르크스주의의 방법론적 풍부성을 옹호한다. 푸코는 마르크스주의에서 '우리의 역사를 구성한 관계들의 집합을 그것의 복잡성과 함께 이해하고자 하는'[30] 가장 성공적인 시도를 본다. 마르크스 곧 알튀세르(Louis Althusser)[31]에 대한 가까우면서도 비판적인 시선 내에 존재하는 이러한 특별한 친연성은 — 그것의 마르크스주의에 대한 지속적인 언급, 그리고 무엇보다도 담론에 있어서의 간격 · 틈 · 거리의 놀이(un jeu d'écarts, d'interstices et de distances)라는 역사적 형성에 대한 관심으로 말미암아 — 일정한 연구자 집단, 잡지 『사유(*La Pensée*)』 및 『신비평(*La Nouvelle critique*)』에 가까운 일군의 집단으로부터 관심을 받아 마땅했다. 페쇠가 그들 중 가장 적극적인데, 이제 그는 다음과 같은 최초의 인용을 주재한다. "이데올로기적 형성은 그것의 구성 요소들 중 하나로서 무엇이 말해질 수 있고 또 말해져야만 하는가를 결정짓는, 상호적으로 연결되어 있는 하나 혹은 여러 개의 담론 형성을 필연적으로 내포한다."[32] 실로 이는 담론 분석의 장 내에 위치하는 담론 형성의 관념에 대한 최초의 인용 원칙에 다름 없다.

따라서 역사가들의 입장에서 본다면, 모든 것은 1973년에 출간된 로뱅의 『역사와 언어학(*Histoire et linguistique*)』[33]과 함께 시작된다. 담론사라는 개념적 차원은 '사회적 형성, 담론적 실천 그리고 이데올로기(Formation sociale, pratique discursive et idéologie)'라는 제명 아래 제4장에서 다루어지고

30 Foucault, Michel(1994), 앞의 책, p.583.

31 Foucault, Michel(1994), 앞의 책, p.587.

32 Haroche, Claudine, Paul Henry and Michel Pêcheux(1971), 앞의 논문, p.102.

33 젊은 연구자로서 필자는 이 저작의 준비 작업에 참여했었다. 아르망 콜랭(Armand Colin)과 맺은 출판 계약에는 원래 레진 로뱅과 함께 참여했으나, 나는 교수 자격 시험에 전념하기 위해 이 공동 작업을 그만둘 수밖에 없었다.

있다. 물론 담론 형성이라는 개념·관념은 이 제명에 등장하지 않는다. 그러나 이는 푸코의 중심적 역할에 대한 환기 아래, 긴 주석이 달린 담론 분석 관념[34]에 관한 페쇠의 정의 및 그것이 알튀세르에 의해 검토되고 다시금 현실화된 '이데올로기 이론'[35]과 맺는 공존적 연결로부터의 직접적인 차용을 보다 잘 드러내기 위한 것이다.

그것은 레진 로뱅과 내가 — 분명 양자의 고유한 자율성을 인정하면서도, 다시 말해 담론 형성과 표상체계 사이의 관계 안에서, 혹은 보다 정확히 말하자면 담론 형성과 지배 이데올로기에 의해 특징지어지는 사회적 실재의 중심에 존재하는 생산 조건 사이의 관계 안에서 — 담론 형성을 이데올로기 형성의 결에 위치시킨 최초의 순간이었다. 이러한 시원적인 이론적 행보에 대한 최초의 비판적 접근[36]은 담론 공간이 '이데올로기'라는 유형 아래 구분되고 있으며, 의미의 문제가 오직 이데올로기적 외부로 되돌려지고 있었음을 보여 준다.

이러한 접근이 '담론의 이론'이라는 하나의 환상을 야기했다는 지적이 수차례 있어 왔다. 그러나 실제로 이 환상은 극히 짧은 동안에만 존속했는데, 이는 『라 팔리스의 진리(*Les Vérités de la Palice*)』(1975) 이후 페쇠 자신에

34 Robin, Régine(1973), *Histoire et linguistique*, Paris : Armand Colin.

35 에티엔 발리바르(Etienne Balibar)는 알튀세르의 저작 『마르크스를 위하여(Pour Marx)』의 1996년 재판에 붙이는 '서문(préface)'에서 이데올로기에 관한 알튀세르적 정의는 근본적으로 결코 변화한 적이 없다는 사실을 강조한 바 있다. 알튀세르의 이데올로기는 항상 '개인이 자신들의 실존적 조건들과 상상적으로 관계 맺으며 그 안에서 살고 있는 인식과 오인, 의식과 무의식의 형식(la forme de conscience et d'inconscience, de reconnaissance et de méconnaissance, dans laquelle les individus vivent imaginairement leur rapport à leurs conditions d'existence)'을 지칭해 왔다〔Balibar, Etienne (1965/1996), "Préface," in Louis Althusser, *Pour Marx*, Paris : La Découverte, p.X.〕.
우리 번역서 『맑스를 위하여』(1997, 이종영 옮김, 백의)에는 이 서문이 실려 있지 않다. — 옮긴이

36 Guilhaumou, Jacques and Denise Maldidier(1979), "Courte critique pour une longue histoire," *Dialectiques* 26, pp.7~23.

의해, 부록을 통해, 무엇보다 먼저 그 공식이 우리의 관심을 끄는 한 상관항의 도움을 받아 의미심장하게도 철폐되었기 때문이다.

> '담론에 관한 유물론적 이론'이 될, 하나의 '새로운 분과 학문' 혹은 하나의 새로운 '이론'을 설립할 수 있다고 주장하는 것은 불합리한 일일 것이다. 분명 우리는 여러 번 이러한 공식을 말한 적이 있지만, 그러나 그렇게 말했다면, 그것은 새로운 과학적 '영역' 경계를 한정하기 위한 것이라기보다는 오히려 (무엇보다 먼저 담론 형성과 같은) 몇몇 개념적 요소를 묘사하기 위한 것이었다.[37]

여기에서 내재적 소여의 지평 위에서 일시적으로 안정적인 것으로 판정되는 개념적 요소로서의 담론 형성의 개념·관념의 전환적 성격이 갖는 명시적 지시 작용, 곧 기표적 물질성(matérialité signifiante)을 적어 두기로 하자.

로뱅과 나는 처음부터 정세(conjoncture)에 대한 관계, 곧 명백히 마르크스주의적인 방식으로 이해되어 사회적·이데올로기적 투쟁의 장 안에서 행위자들의 위치에 연관되는 담론적 위치들의 대면(confrontation)에 강조점을 둔다. 이렇게 로뱅은 1974년에 작성되고 1976년 출간된 텍스트 「정치적 담론과 정세(Discours politique et conjoncture)」에서 자신의 입장을 분명히 하는데, 우리는 그것의 프로그램적 형식화를 미셸 그르농(Michel Grenon)과 함께 쓰고 잡지 『변증법(*Dialectiques*)』에 실린 그의 논문 안에서 다음과 같은 형식으로 발견한다.

> 주어진 사회적 형성 안에서의 담론 분석 연구, 그리고 어떤 주어진 정세 안에서, 그것의 헤게모니, 연합, 알력과의 관계 및 그것의 전략적 전개에 대한

37 Pêcheux, Michel(1975), *Les vérités de la Palice*, Paris : Maspero, p.266.

담론 분석 연구는 구상 중이다.[38]

이렇게 해서 담론 전략이라는 문제틀을 향한 역사의 대상으로서의 담론의 한가운데에서 담론 분석의 정의에 관한 주요한 전위가 수행된다.[39] 더구나 담론 분석의 개념·관념은 담론 역사가들의 구체적 작업 안에서 **정세 효과**(effet de conjoncture) 및 **담론 전략**(stratégies discursives) 관념의 도입에 의해 복잡화된다. 이러한 방식으로 말디디에와 로뱅 그리고 나는 현 상황의 표명 곧 정세 효과라고 기술되는 담론 전략을 지칭하기 위해, 담론 형성의 관념을 특수화하는 경향을 갖는, **수사학적 형성**(formation rhétorique)의 관념을 즉각적으로 도입하게 된다. 나는 보다 포괄적인 방식으로 사건 및 정세 계기 효과(effets du moment de la conjoncture et de l'événement)에 대해 말하기도 한다.

이러한 전위가 1968년 5월 샤를레티(Charlety) 사건에 대한 말디디에와 로뱅의 1976년 공동 연구에서 가장 명료하게 형식화된 것은 우연이 아니다.

이렇게 해서 우리를 엄격하게 형식적인 수준에 위치시키고 이데올로기 및 상호 담론(interdiscours)에 관련되는 의미론적 과정에 대한 어떤 판단도 미리

38 Grenon, Michel and Régine Robin(1975), "Pour la déconstruction d'une pratique historique," *Dialectiques* 10-11, p.29.

39 또한 잡지 『변증법』의 같은 호에 실린 필자의 첫 논문 「종합(Synthétique)」에서 이 전위에 대해 언급한 바 있는데[Guilhaumou, Jacques(1975a), "Idéologie, discours et conjoncture en 1793," *Dialectiques* 10-11, pp.33~58], 논문의 제목은 당시 진행 중이던 박사논문 과정 제명인 "1793년의 이데올로기, 담론 그리고 정세(Idéologies, discours et conjoncture en 1793)"(1978)이다. 한편 논문의 부제인 "자코뱅주의에 대한 몇몇 고찰(Quelques réflexions sur le jacobinisme)"을 통해 나는 이후 결코 포기하지 않았던 자코뱅주의 — 마르크스주의와의 관계를 포함하여 — 라는 하나의 주제를 지칭하고자 했다. 이러한 점은 최근 필자의 논문 제명 "자코뱅주의와 마르크스주의 : 정치적 자유주의 논쟁(Jacobinisme et marxisme : Le libéralisme politique en débat)"(2002b)에서도 잘 나타난다.

내리지 않음으로써, 언론기관(appareil presse) 안에 존재하는, 사실이라는 수사학적 형성이 담론 전략으로 환원되는 정세 효과를 문제시한다는 점을 알 수 있었다.[40]

언론기관에 대해서 동시에 1793년의 (프랑스대혁명 직후의) 정세에 대해 연구하던 나는 자코뱅주의의 상호 담론이라는 지평을 유지하면서 담론 전략을 기술할 수밖에 없었다. 가장 두드러진 예는 에베르(Jacques René Hébert, 1757~1794)의 잡지 『페르 뒤셴(*Père Duchesne*)』에 보이는 자코뱅 담론의 대중 효과에 의한 은폐 전략(stratégie de masquage)의 사례인데,[41] 이는 프랑스대혁명 시기의 '분노한' 기자들(journalistes 'enragés'), 특히 자크 루(Jacques Roux, 1752~1794)의 '직접 민주주의' 이데올로기와 대조를 이루는 것이다.[42]

한편 한 비판적 회고를 통해 드니즈 말디디에, 레진 로뱅 그리고 나는 이렇게 적었다.

상호 담론이라는 이러한 개념화는 그 안에서 지배 · 복종 · 모순 관계와 연

40 Maldidier, Denise and Régine Robin(1976), "Du spectacle au meurtre de l'événement : Reportages, commentaires et éditoriaux à propos de Charléty(mai, 1968)," *Annales : Économies, Sociétés, Civilisations* 31(3), pp.552~588. Guilhaumou, Jacques, Denise Maldidier and Régine Robin(1994), *Discours et archive*, Liège : Mardaga, pp.19~74에서 재인용.

41 에베르는 페르 뒤셴이라는 필명을 사용한 동명의 잡지를 1790년 이래 발간하였다. 그는 자신의 신분을 숨긴 채 자코뱅주의의 입장에서 비어 등을 사용하여 우파를 비판하고 공화정을 옹호하였으나 같은 자코뱅주의의 로베스피에르파에 대한 반역을 꾀하여 단두대의 이슬로 사라졌다. 한편 에베르의 페르 뒤셴은 이후 '자신이 속한 원래의 정치적 · 사회적 입장 혹은 신분을 숨기기 위해 다른 계층의 언어를 사용하는 것'의 행위를 지칭하는 말이 되었다. — 옮긴이

42 Guilhaumou, Jacques(1975b), "Moment actuel et processus discursif : Hébert et Roux," *Bulletin du centre d'analyse de discours* 2, Presses Universitaires de Lille, pp.147~173.

관되어 담론 형성이 전개되는 담론적 · 이데올로기적 공간을 지칭한다. 이 개념화는 우리가 참여했던 구체적 연구들에서 도출된 우리의 고유한 질문들과 조우했다. 이로부터 모순적 상황이 생겨났다. 우리는 담론 이론의 모든 개념적 장치를 사용하고자 시도했다. 그러나 모든 분류(taxinomie)가 담론 배열의 복잡성에 부딪히고 말았다.[43]

이렇게 해서 우리는 (현재 출판 준비 중인) '언어학과 담론 분석 : 하나의 위기에 대한 독해(Linguistique et analyse de discours : Lecture d'une crise)'에 관한 미발표 텍스트의 발췌문을 인용하게 되었는데, 이 글에서 나는 '담론의 복합적인 전체로부터 부르주아 담론/봉건 담론, 자코뱅 담론/상퀼로트 담론과 같은 단순 요소들을 분리해 내고자 하는' 사실을 문제 삼고 있다. 이 텍스트는 앞으로 우리가 보게 될 두 번째 전위를 도입한 1977년 11월의 멕시코 콜로키엄 이후인 1978년 1월에 작성된 것이었다.

그러나 우선은 말디디에의 펜 끝 아래 완성된 첫 번째 전위의 요약으로 이 장을 마치기로 하자.

역사를 전공한 로뱅과 기요무는 이데올로기와 담론의 관계에 대하여 고찰했지만, 역사가로서의 실천 과정에서 텍스트의 복합적인 물질성에 부딪혔으며, 이후 담론 형성의 복잡한 뒤얽힘에 강조점을 두었다. 그들은 담론 전략, 대립, 연합에 대해 말했다.[44]

43 Guilhaumou, Jacques, Denise Maldidier and Régine Robin(1989), "Jalons dans l'histoire de l'analyse de discours en France : Un trajet des historiens du discours," *Discours Social/Social Discourse* 2(3), pp.3~16.

44 Pêcheux, Michel(1990), 앞의 책, p.55.

텍스트의 물질성 지평에 대한 가치 전환(1980년대)

우리 이야기의 다음 부분은 어떻게 해서 1980년대 초에 가치 전환의 관념이 종말에 이르게 되었는가, 그리고 담론사를 수행하는 새로운 방식에 자리를 내주며 담론 형성 개념 · 관념이 상대적으로 급격히 소멸하게 되었는가를 보여 준다.

미셸 페쇠는 1977년 멕시코에서 푸코로 회귀했다(「푸코로부터 스피노자로 거슬러 올라가자(Remontons de Foucault à Spinoza」)). 페쇠는 이로부터 이제 오직 분리의 양식(la modalité de la division)으로만 존재하는 이데올로기에 관한 비동일적 관점(vision non-identitaire)을 추출한다. 그리고 페쇠는 다음을 분명히 한다. "이데올로기는 자신 안에 대립되는 것들의 투쟁과 통일성을 조직하는 모순 내에서만 존재한다."[45] 우리가 제시하는 현대 정치 담론에 대한 작업의 종합적 분석[46]의 중심에는 장피에르 파이(Jean-Pierre Faye)의 작업, 그의 이야기 효과(effet de récit) 및 담론 수용 가능성(acceptabilité) 관념 및 같은 의미로 이해된 작품(œuvre) 등이 자리하고 있다.

파이는 이로부터 담론 형성 개념 · 관념의 통합적(unifiant) '사용'에 대한 비판을 이끌어 낸다. 사실 이 관념은 분류 및 위상학적(taxinomique, typologique) 시도에 지나치게 많은 자리를 내어 준다. 이 관념은 지배 담론 형성의 외적이고 전체주의적인 접근을 재생산하는데, 이는 파이가 나치 이데올로기의 수용 가능성 메커니즘을 기술한 방식[47]과는 전적으로 대조되는 것이다. 그러므로 담론 형성을 오직 지배 담론 안에서만 의미를 생산해 내는

45 Pêcheux, Michel(1990), 앞의 책, p.25.

46 Guilhaumou, Jacques(1980), "Orientaciones actuales sobre el analisis del discurso politico contemporáneo," in D. Richet, G. Chaussinand Nogaret, F. Gauthier, R. Robin and A. Soboul et al., *Estudios sobre la revolución francesa y el final del antiguo régimen*, Madrid : Akal.

47 Faye, Jean-Pierre(1972), *Langages totalitaires*, Paris : Hermann.

일련의 표상체계로 특성화하는 것은 이제 불가능하다.

강조점은 이제 담론 형성이 자신의 특정한 외부와 얽히는 국지적 · 내적 관계, 담론 형성의 모순적 놀이 위에 놓이는데, 이러한 강조는 담론 형성을 계급투쟁에 관한 마르크스주의적 관점만큼이나 그것의 고유한 이익이라는 지역적 관점에서 고려하는 결과를 낳는다. 이는 또한 담론 역사가가 자신의 관심을 비동질적인 방법으로 비담론적 실천 및 담론적 사실의 연결에 재집중하기에 적절하다. 한편 이는 역사가 라인하르트 코젤렉(Reinhart Koselleck)이 실재를 그 형성의 언어적 조건들로부터 출발하여 이해하는 방식[48]에 대응되지만, 양자가 혼동되어서는 안 된다.

우리는 마찬가지로 페쇠를 따라 마치 지배 이데올로기에 부가된 동질적 블록과도 같은 담론 형성의 개념을 해결해야만 했다. 이 개념은 이제 모순에 관한 스피노자적 범주와 관련되면서 자기 스스로에 대해 비동일적인(non-identique) 것으로서 이해된다. 따라서 지배 이데올로기의 핵심적 존재에 관한 질문을 제기하는 것이 관건이었는데, 이는 배제의 연구라는 범위 내에서 담론 형성에 관해 재사유하고자 하는 우리의 현재 방식과 무관하지 않다.[49] 한편 이러한 새로운 상황 아래에서 마르크스주의 전통을 향한 언급의 경향 또한 분명해진다. 강조점은 오히려 하위 사회집단의 역사에 놓이는데, 그람시(Antonio Gramsci, 1891~1937)가 쓴 『옥중 수고』의 마지막 수고가 그 예이다.[50]

48 Koselleck, Reinhart(1979/1990), *Le futur passé : Contribution à la sémantique des temps historiques*, Paris : Editions de l'Ecole des Hautes Etudes en Sciences Sociales.

49 이 글의 "담론 분석의 공동 구성 공간"을 참조.

50 Guilhaumou, Jacques(1979), "Hégémonie et jacobinisme dans les cahiers de Prison : Gramsci et l'histoire de la France contemporaine," *Cahiers d'histoire de l'Institut Maurice Thorez* 32-33, pp.159~187.

명백히 역설적으로, 그것은 모든 요소가 결합되어 장자크 쿠르틴(Jean-Jacques Courtine)[51]과 장마리 마랑댕(Jean-Marie Marandin)[52]의 저술들에서 자주 발견되는 담론 형성 개념·관념이 갖는 초기의 조작성(opérativité initiale)이 소진되는 순간으로, 당시 쿠르틴과 마랑댕은 각기 자신의 작업을 통해 공산주의적 담론에 속하는 기술 작업을 막 마친 상태였는데, 이는 마치 이 담론이 스스로 소진되기 전에 마지막으로 이 개념을 둘러싸고 수행되었던 이론적 작업이란 무엇인가를 정확히 규정하기 위한 최후의 노력을 행한 것처럼 보인다. 그들은 **담론적 물질성**(*Matérialité discursive*)에 관한 콜로키엄의 발표문에서 다음과 같이 결론짓는다. "우리는 하나의 담론 형성을 스스로에 대해 이질적인 것으로 간주한다."[53]

이렇게 해서 담론 형성의 개념·관념은 **결국** 이질적인 것으로 이해되고, 더 이상 어떤 이데올로기적 외부를 지칭하는 언표적 장소들로 귀속되지 않는다. 담론 내부(intradiscours) 및 간(間)담론(interdiscours) 사이, 곧 주체들이 어떤 하나의 언표적 장소에서 다른 장소로 이행하는 전위(轉位 · déplacement)라는 핵심적 관계에 대한 기술이 가장 중요한 것이 된다. 언표적 위치에 관한 메타담론들은 페쇠가 콜로키엄 **담론적 물질성**의 서문에서 텍스트 물질성의 핵심 자체에 존재하는 '언표 주체의 탈국지화 경향(la délocalisation tendentielle du sujet énonciateur)'[54]이라 부른 것에 자리를 넘겨주고 사라진다.

51 Courtine, Jean-Jacques(1981), "Analyse du discours politique : Le discours communiste adressé aux chrétiens," *Langages* 62, pp.9~128.

52 Marandin, Jean-Marie(1979), "Problèmes d'analyse de discours : Essai de description du discours français sur la Chine," *Langages* 55, pp.17~88.

53 Conein, Bernard and Michel Pêcheux et al. eds.(1981), 앞의 책.

54 이러한 이론적 형식화는 지배적 말(parole)과 대조되는 자코뱅 대변인(porte-parole)에 대한 우리의 첫 번째 경험적 연구 안에서 **아 프리오리한** 것으로 정당화된 행위자들로 번역되어, 이후 우리를 **없는 자들의 말**(*la parole des sans*)에 관한 특별한 관심으로 이끌었다[Guilhaumou, Jacques(1991), "Décrire la Révolution française : Les porte-parole et

사실 담론 역사가의 비판은 본질적으로 분석된 담론을 어떤 이데올로기적 외부에 접합시키고자 하는 부담스러운 메타담론에 집중된다. 이 메타담론을 은밀히 작동시키고자 한다는, 곧 텍스트에 고유한 물질성을 접근 불가능한 것으로 만들고자 한다는 의심을 받던 담론 형성의 관념은 현재의 질의에 이르기까지 담론 역사가들에 의해 더 이상 사용되지 않게 될 것이다.[55]

담론 역사가들의 경우 이외에도 프랑스 국립과학연구센터(CNRS)의 집단연구프로그램(RCP) '담론 분석과 문서고 독해(ADELA, Analyse de discours et lecture archive, 1982~1983)'는 담론적 물질성에 여전히 관심을 갖고 있는 담론 분석가들이 행하는 고찰의 장으로부터 이 관념을 어휘적으로 사라지게 만든 계기를 마련한다. 푸코의 문서고 개념을 경유한 독해의 새로운 조작 방식 곧 **문서고 독해**(*la lecture d'archive*)는 문서고의 개념을 문제 삼음으

le moment républicain (1791-1793)," *Annales E.S.C.* 46(4), pp.4~91 ; Guilhaumou, Jacques(1992), *Marseille républicaine (1791-1793)*, Paris : Presses de la Fondation Nationale des Sciences Politiques ; Guilhaumou, Jacques(1998b), *L'avènement des porte-paroles de la République (1789-1792)*, Lille : Presses du Septentrion ; Guilhaumou, Jacques(1998a), *La parole des sans : Les mouvements actuels à l'épreuve de la Révolution française*, Lyon : ENS Editions. 이는 대혁명 시기 노동자를 의미하는 상퀼로트 곧 '귀족 혹은 부유한 부르주아들이 착용하는 퀼로트(프랑스 반바지의 일종)를 입지 않은 사람들'이라는 관념을 현대에 차용하여 '(가진 것이) 없는 자들'이라는 의미로 사용한 것이다.— 옮긴이]. 우리가 자코뱅주의적 명사들의 탁월한 인물들에 대한 해석적 자료들을 복원하고자 하는 목표 아래 문서고들 내의 프랑스대혁명 시기 'J.-E. 이조아르(Isoard)' 등을 중심으로 하는 이른바 '애국적 전도사들(missionaires patriotes)'에 대한 광대한 탐구에 이르게 된 것은 사실 1980년대의 일이며, 이후 1995년의 사건들을 거치면서(1995년 가을 프랑스에서는 의료보험 등 사회보장제도의 후퇴로 요약될 수 있는 '쥐페 플랜'이 발표되면서 공공서비스 분야를 비롯해 민간기업 등 전 분야에서 이를 반대하는 시위가 벌어져 1968년 이래 최대의 시위가 일어났다 — 옮긴이) 사회운동의 대변인에도 자연히 관심을 갖게 되었다.

55 그럼에도 불구하고 마르크 델플라스의 1996년 논문 및 무정부주의 관념에 대한 담론 역사적 저작[Deleplace, Marc(2000), *L'anarchie de Mably à Proudhon (1750-1850) : Histoire d'une appropriation polémique*, Lyon : ENS Éditions] 등의 주요한 예외가 존재한다.

로써 담론 역사가들의 문서고 관련 작업을 평가한다.[56] 그렇다면 문제는 마르크스주의적 관심을 제쳐 두고 푸코의 예를 따르는 것일까? 그렇지 않다. 사회적 형성에 관한 마르크스주의적 개념에 대한 관심은 담론 역사가의 지평에서 사라지지 않았다. '담론 형성'이라는 표현에 관한 마르크스주의적 반향이 담론적 메커니즘에 대한 절차적 접근에 자리를 내주며 사라졌다 해도, 담론 형성 및 담론적 · 사회적 분절의 관점에서 본 정체성의 가치에 대한 연구라는 결과적 차원은 남아 있으며 마찬가지로 형성이라는 용어가 더 이상 사용되지 않게 된 것도 아니다.

따라서 우리는 그것의 외적 강제 및 문서고에 내재하는 해석적 자료의 이름으로 이루어지는 담론 형성 개념의 '전략적' 후퇴를 목격하고 있다. 기술적 범주들의 모든 계열은 역사 기술(historiographie)에 관련된 앎에 관한 판단에 귀속되는 메타담론이라는 장소를 차지한다. 따라서 — 한편으로는 푸코의 '새로운 문서학자(nouvel archiviste)' 개념에 기초해서,[57] 다른 한편으로는 그람시의 문화와 언어의 번역 가능성에 대한 주요한 언급에 기초해서,[58] 그리고 마지막으로 상당 기간을 프랑스대혁명에 대해 작업한 사회학

56 이 시기는 우리가 동시에 가령 (대혁명 시기 급진적 언론인 · 정치가) 마라(Jean-Paul Marat, 1743～1793)의 죽음과 같은 주요한 사건들을 중심으로 1793년 담론 기술에 있어서의 슬로건(mots d'ordre)의 전파 및 18세기 생필품에 관한 연구 등을 마치며 오랜 기간에 걸쳐 이를 출판했던 시기이다[Guilhaumou, Jacques(1984b), "Subsistances et discours publics dans la France d'ancien régime (1709-1785)," *Mots* 9, pp.57～87 ; Guilhaumou, Jacques(1986), "La mort de Marat à Paris," in Jacques Guilhaumou, *La mort de Marat*, Paris : Flammarion, pp.39～81 ; Guilhaumou, Jacques (1989), *1793, La mort de Marat* (La mémoire des siècles), Bruxelles : Complexe ; Guilhaumou, Jacques(2000b), "Subsistances (pain, bled, grains)," in Rolf Reichardt, Eberhard Schmitt and Hans-Jürgen Lüsebrink eds., *Handbuch politischsozialer Grundbegriffe in Frankreich 1680-1820*, Heft 19, München : Oldenbourg, pp.141～202].

57 Deleuze, Gilles(1986), *Foucault*, Paris : Editions de Minuit.

58 따라서 마르크스주의적 준거를 철폐한다는 생각은 우리와 거리가 멀다. 반대로 우리가 의미심장하게도 "프랑스혁명과 마르크스주의 전통 : 재기초화에의 의지(Révolution française

자 베르나르 코넹에 의해 가능하게 된 민속방법론 및 사회적 기술에 대한 반성성이라는 개념에 대한 인식에 기초해서,[59] — 담론 역사가의 작업을 해석적·해석학적 전환(un tournant interprétatif et herméneutique)의 내부에 기입할 수 있게 된다.[60] 담론 형성으로부터 문서고의 언표로 향하게 되면서, 이제 문제는 언표 자체의 내재적 관계에 있어서의 개념·관념, 담론적 대상 그리고 언표 주체이다. 모든 담론은 언표의 일부가 되고, 텍스트와 맥락의 구분은 자신의 적절성을 상실한다.

1983년의 콜로키엄 **역사와 언어학**에서 발표된 우리의 견해가 지금 기술하고 있는 가치 전환의 메커니즘과 그 결과 그리고 담론 형성 관념의 퇴조 모두에 대하여 의미를 갖는 것은 바로 이 지점에서이다. 우리는 이를 통해 텍스트의 재발견이 본질적으로 문제가 되는 한에서, 문서고 담론성(discursivité)의 한가운데에서 언어의 물질성에 대한 경험적 기술을 지렛대로 삼아 담론 형성의 관념을 전혀 사용하지 않은 채 한 담론 역사가의 10년에 걸친 여정을 다시금 추적한다.

우리는 이렇게 해서 이 시대의 텍스트에 대한 독해를 통해 다음과 같은 변화를 주장할 수 있게 되었다.

— 담론적 수준에서 이미 정연히 기입된 정세 효과들을 이데올로기의 역사

et tradition marxiste : Une volonté de refondation)"라 명명한 1996년의 논문에서 밝힌 것처럼 마르크스주의적 전통 자체는 — 청년 마르크스가 바라본 프랑스대혁명의 도정 안에서 — 독일 실천철학 및 프랑스 정치 언어 사이의 번역 가능성이라는 잘 알려진 사실에 의해 그 초기적 형식화에 앞서는 해석적 차원의 가치를 갖는다.

59 Conein, Bernard(1981), "La position de porte-parole dans la Révolution française," in Jean-Pierre Beaujot, Michel Glatigny and Jacques Guilhaumou, *Peuple et pouvoir : Études de lexicologie politique*, Lille : Presses Universitaires de Lille, pp.153~164.

60 Dosse, François(1995), *L'empire du sens : L'humanisation des sciences humaines*, Paris : La Découverte ; Guilhaumou, Jacques(1993), 앞의 논문.

안에 위치시키고자 하는 유일한 목표를 가지면서, 지시적 목적하에 이미 존재하는 역사적 가설들의 검증 절차로부터

— 언표에 고유한 물질성으로부터 기인하는 자료들의 배치에 대해 해석적 항렬을 제공하는 **주제적 도정**(*trajet thématique*)의 관념에 기초한 문서고 언표의 역사성 자체에 대한 재발견 절차로의 변화

이러한 변화에 대한 최소한의 범주적 대차대조표 및 그에 따르는 새로운 위치 설정〔우리는 이를 『담론 분석 사전』의 항목 '역사/담론', '배치(configuration)/문서고', '주제적 도정'에서 다루었다〕을 넘어, 담론의 역사가는 이제 자신의 담론 연구를 주제적 도정을 배치하는 문서고 언표의 기술 및 코르퓌스적 계기 분석 내에서의 측정 가능한 의미 효과에 대한 강조 사이의 결합에 위치시킨다. 이렇게 해서 프랑스대혁명 시기의 무정부주의 개념 · 관념을 연구한 마르크 델플라스(Marc Deleplace),[61] 나폴레옹 시기의 자유주의 담론의 주요한 개념 · 관념들을 다룬 디디에 르 갈(Didier Le Gall)[62] 등과 같은 젊은 담론 역사가들의 가장 최근 작업이 수행되었다. 한편 델플라스와 르 갈은 이제 이데올로기적 외부와의 관계보다는, 고유한 담론적 동학(動學)에서 출발하는 관념의 개념적 세련화에 강조점을 두게 된다. 마찬가지로 다몽 마야프르(Damon Mayaffre)[63]는 1930년대 프랑스의 공산주의 담론과 관련하여 이러한 비전형적 담론이 보여 주는 특이한 양가감정은 공화주의적

61 Deleplace, Marc(2000), 앞의 책.

62 Le Gall, Didier(2003), *Napoléon et "Le mémorial de Saint-Hélène" : Analyse d'un discours*, Paris : Kimé.

63 Mayaffre, Damon(2000), *Le poids des mots : Le discours de gauche et de droite dans l'entre-deux-guerres*, Paris : Honoré Champion ; Mayaffre, Damon(2002), "1789 / 1917 : L'ambivalence du discours révolutionnaire des communistes français des années 1930," *Mots* 69, pp.65~80.

논쟁이라는 외부의 영향보다는 그 어휘가 갖는 내적 변화에 속하는 것임을 보여 주었다.

보다 엄격하지만 여전히 동일한 흐름 안에서, 엄밀한 언어학적 기능에 대한 주요한 관심이 보다 활기찬 형태로 언어학자 사이에서 형성되었는데, 이는 언어의 물질성 내에서 담론에 닻을 내리는 행위였다. 우리의 경우 우선 말디디에, 이후의 소니아 브랑카로조프(Sonia Branca-Rosoft) 및 프랑신 마지에르(Francine Mazière)와의 공동 작업으로 표현되었다.[64] 이러한 분명한 관심은 말디디에의 갑작스러운 죽음 이후 1994년 출판한 저작의 공동 작업에서 로뱅과 필자가 중심에 위치한다. 우리는 이러한 관심을 10년 후에 발표된 공동 저작 『배제에 대한 저항』[65]에서도 역시 발견할 수 있는데, 이는 물론 새로운 관점 곧 담론의 공동 구성(co-construction du discours)을 따르고 있다.

이 모든 것에 대해 담론 형성의 개념 · 관념이라는 '예전의' 용법으로 돌아가는 것은 언어학자 · 역사가가 취하고 있는 현재의 관점에서 볼 때 거의 의미가 없다는 결론을 내려야만 하는 것일까? 우리가 현재 실재와 담론 사이의 경험적 연결 곧 실재적 사실과 담론적 사실 사이의 구분에 속하는 연결의 지평에서 이해하고 있으며 한때는 본질적 역할을 수행하던 이 관념이, 물론 역사적 실재에 대한 인식은 그러한 인식의 존재에 관련되는 언어적 조건들에 대한 기술을 경유한다는 것을 분명히 하면서 『개념적 용법의 언어학사(*L'histoire linguistique des usages conceptuels*)』(2001)에는 부적

64 이 점에 대해서는 소니아 브랑카로조프, 앙드레 코이뇨(André Collinot), 프랑신 마지에르 및 우리가 공동으로 발표한 "역사와 의미에 대한 질문들(Questions d'histoire et de sens)"(1995)에 대한 고찰을 보라.

65 Mésini, Béatrice, Jean-Noël Pelen and Jacques Guilhaumou(2004), *Résistances à l'exclusion : Récits de soi et du Monde,* Aix-en-Provenc : Publications de l'Université de Provence.

합하다는 추론을 해야만 하는 것일까? 이 문제를 본 논문의 결론 부분에서 다시 다룰 것이다. 페쇠의 펜 끝에서는 늘 '언표 주체의 탈국지화 경향'이라는 중심적 형식으로 되돌아가는 담론 형성이라는 '구조적' 관념은 개념의 언어사에서는 **경험적 주체**, 곧 실재의 블록에 닻을 내리고 있는 동시에 횡단적 담론 효과에 포착되는 주체라는 보다 역동적인 관념에 자리를 남겨두고자 하는 항구적 경향을 보인다.

담론 분석의 개념적 차원은 이제 과거 및 현대의 행위자들을 추적하는 **탐구 정신**(esprit d'enquête)이라는 바탕 위에서 수집된 경험적 자료들에서 도출된 추상적 구성으로 — 현재의 경우에는 경험적 언어의 요소들로 — 집중된다. 따라서 담론 분석의 개념적 차원은 이렇게 해서 역시 담론 형성이 되고 말 X, Y, Z의 담론에 대한 **아 프리오리한** 분류학(taxinomie)에 빠지지 않으면서도 **언어 실천의 역사**와 보다 쉽게 접합된다.

지금 어떤 '전환'에 관한 이야기를 하고자 하는 것이 아님을 다시 한 번 상기하도록 하자. 관건은 처음에는 푸코와 마르크스주의 사이의 복합적 관계에 연결되어 있던 하나의 개념에 대한 포기를 정당화하고자 하는 것이 아니며, 이 최초의 진리가 처음에는 텍스트에 대하여 외부에 존재하는 메타담론 안에 포획되어 있었다는 확증된 사실을 고려하여 해석학적 관점에서 텍스트 자료에 대한 기술을 가능하게 하고자 하는 것도 아니다. **그와는 반대로** 내재적 가치 전환에 관한 우리의 이야기는 — **아 프리오리하게** 정당화되는, 곧 최초의 위치 설정에 대하여 항구적으로 탈국지화되는 행위자들의 명백한 대변자들이 스스로를 정당화하는 해방적 사건들의 텍스트적 배치를 충분히 평가하면서 — 담론의 역사적 분석이 갖는 내재적 부분 및 그것이 언어의 물질성과 맺는 관계를 지향한다. 다만 담론 형성의 관념을 통한 푸코와 마르크스주의의, **사실상은 우연한** 만남은(이런 의미에서 푸코는 당시 지배적이었던 알튀세르적 마르크스주의의 틀에서 벗어난 자신만의 고유한 개념화 작업을 통해 마르크스주의를 옹호한다) 이러한 연구 경향의 처음부터 보다 발견적인(heuristique) 다른 관념들보다 담론 분석의 진행에 더 큰 효과를 발휘했다는 점을 강조하고자 할 뿐이다. 가치의 전위 과정을 연동시킨 **우연성**(*accidentalité*)이라는 사실 자체에 대한 이러한 강조는 필수 범주들에 기반한 새로운 분과 학문의 과학적 구성이라는 일반적 개념과의 절연을 의미한다.

이렇게 해서 시초 개념 중 어떤 것, 즉 이 경우에는 담론 형성의 개념을 보존할 필요성을 자문하는 구축된 분과 학문으로서의 담론 분석에 반대하여, 담론 역사가는 오히려 마르크스주의를 중심으로 구성된 하나의 해석적 전통에, 보다 광범위하게는 자신의 도정에서 하나의 계기로부터 또 다른 계기로 이행하는 가치 전환의 형식과 관련하여 담론 분석의 해방적 영향을 유지하고 있는 1968년 5월의 정신에 속하게 된다.

따라서 우리는 환멸이 아니라 여전히 이론과 실천 사이의 번역 핵심에 위치하는 형태 변환(métamorphoses)·변이(transmutations)의 이야기 안에, 간단히 말해 최초의 마르크스주의적 입장을 포기하지 않은 채 역사적 측면에 속하는 담론 분석의 상대적으로 안정적인 장치의 안착을 가능하게 해주던 **내재적 가치 전환**(*transvaluation immanente*)의 내부에 머무르고 있다. 텍스트의 물질성에 대한 기술은 사물의 모든 현존 상태에 반하여, 관심의 초점을 자유로운 곧 해방적 행위의 지평에 존재하는 상호성(réciprocité)의 관계 안에 포착된 언표 주체의 담론 실천에 맞춘다. 강조점은 언표의 창조적인, 따라서 해석적인 차원에 놓인다.

이는 개념 사용의 주변에, 곧 이 경우에는 마르크스주의의 지평에 존재하는 담론 형성의 개념 사용의 주변에, 새로운 담론적 실험을 허용하고 가능한 것들을 열어젖힌 일련의 해석적 자료들에 대한 실천에 있어서의 개념적인 것의 번역행위가 존재했음을 의미한다. 피지배자들의 해방된 말은 이러한 과정의 맨 마지막에야 도래하는 것이다. 나는 이를 『없는 자들의 말(*La parole des Sans*)』에서 보여 주고자 노력하였다. 그러나 이제는 담론 분석의 윤리적 가치들을 그대로 유지하면서도 이 복합적 여정을 완성해야만 했다. 나는 행위자, 대상, 개념·관념에 고유한 자료들 및 해방적 문제틀의 공동 구성에 이르는 담론 분석가의 분명한 의도를 강조하기 위해, 사물의 상태를 재생산해야 한다는 명백한 필요와는 늘 거리를 두어 왔다. 이러한 점은 최근 현대사회의 이른바 배제된 자들 그리고 그들이 프랑스대혁명에서 유래하는 시민적 전통의 해방적 행위와 맺는 관계[66]에 관한 '삶의 이야기들(récits de vie)'에 대하여 베아트리스 메시니(Béatrice Mésini), 장노엘 펠렝(Jean-Noël Pelen)과 공동으로 수행한 작업[67]에서도 마찬가지로 드러난다.

담론 분석의 공동 구성 공간

우리는 방금 담론 형성의 관념에 의해 제공되며 강력한 윤리적 함축을 갖는 해방적 가치의 동학이, 1970년대 및 1980년대에 있었던 담론 분석에 고유한 말하는 주체(sujet parlant)의 지평으로부터 페쇠가 '언표 주체의 탈국지화 경향'이라 불렀던 것으로의 전위 과정 전반에 걸쳐 유지된다는 것을 살펴보았다. 이렇게 담론 분석의 최초 행위는 해방적 주체의 지평에 존재하는 구성된 경험적 자료들에 대한 담론적 접근 내에서의 문서고의 담론성

66 Donzel, André and Jacques Guilhaumou(2001), "Les acteurs du champ de l'exclusion à la lumière de la tradition civique marseillaise," in D. Schnapper ed., *Exclusions au cœur de la Cité*, Paris : Anthropos, pp.69~100.

67 Mésini, Béatrice, Jean-Noël Pelen and Jacques Guilhaumou(2004), 앞의 책.

및 언어의 물질성 사이의 일정한 공존적(consubstentiel) 연계를 처음부터 부과하고 이를 줄곧 유지한다는 의미에서 **가치의 전환**을 작동시킨다.

담론 분석에 대한 우리의 경험적 작업을 이러한 관점 안에 위치시킴으로써 무당파(無黨派 · des sans-part)가 행하는 말의 공간 내에서,[68] 이른바 '배제된' 행위자들에 고유한 자료에 가장 근접하는 해방적 관점이 — 사회 구성원과 연구자 사이의 담론적 교환의 한가운데에서 — 함께 구성되는 방식에 관심을 갖기에 이르렀다. 이로부터 담론 형성의 어떤 새로운 양식이 도출될 수 있을까?

윤리적 행보

진실을 말하자면, 나는 연구 대상 범주화 과정에서 행위자의 논증에 공감하는 — 동료들의 말에 따르면 '잘못된' — 방식으로 담론을 기술함으로써 동료들로부터 종종 비난을 받는다. 내가 작업의 경험적 자료들인 동시에 해석적 자료들을 구성하는 사회학적 탐사와 고고학적 원천 가운데 모든 선도적인 담론을 가능한 한 피하는 것은 사실이다. 다른 이들에 의해 과학적 탐구에 의미 있는 것으로 인정되는 메타담론과의 이러한 거리 두기는 소위 배제된 사람들의 '삶의 이야기'라는 코르퓌스에 대해 메시니, 펠렝과 함께 작업했던 연구만큼 정확성을 가지고 수행된 적이 없었다.[69] 이 두 연구자는 마르세유 지역 및 타른 계곡에서 오늘날 배제에 관한 연구를 수행하면서 이러한 이야기들을 수집했다.[70] 이렇게 해서 하나의 이야기에

68 Rancière, Jacques(1995), *La Mésentente : Politique et philosophie*, Paris : Galilée.

69 이 연구를 1인칭으로 작성하기로 선택했는데, 그 목적은 탐구 영역을 보다 직접적으로 파악하는 여타 연구들로 특징지어지는 연구의 장 한가운데에서 나의 방식을 개인화하여 탐구 자료에 가능한 한 최대한 근접하도록 만들기 위해서이다.

70 Mésini, Béatrice, Jean-Noël Pelen and Jacques Guilhaumou(2004), 앞의 책.

서 다른 이야기로 넘어가면서 증언자와 연구자 사이의 상대적 위치 설정의 질이 영구히 스스로 정당화되는 하나의 대화 작품이 구축되었다. 이는 다시 말해 "그 이전에는 주어지지 않거나 혹은 주어지지 않았던 진실의 환원 불가능한 성격에 대한 **동의**가 이루어졌다"[71]는 의미에서 증언자와 연구자 사이의 연결고리라는 가치를 갖는 하나의 작품인데, 이는 진실로 연구자의 일반적인 선도적 지위에 대한 전위를 주장하는 것이다. 이러한 과정을 거쳐 펠렝은 다음과 같이 결론짓는다. "만약 '연구자'와 '증언자'라는 초기의 위치 설정이 존재하고 전자가 정보를 얻기 위해 후자의 증언을 부탁한다면, 증언에 대한 후자의 동의는 **교환의 복잡화**(*complexification de l'échange*)에 속하게 되는데, 이는 연구자가—말하는 이에게는 결정적인 방식으로—그의 언표행위에 대한 증인이 되기 때문이다."[72]

그리 특별할 것 없는 이 담론 작업의 과정에서 우리가 곧 보게 될 것처럼 나는 우리가 '함께 구성한 이야기'라 부를 만한 것, 다시 말해 각자의 윤리적 관점에서 연구자와 증언자에 의해 공동으로 구성된 담론적 공간을 묘사하는 즐거움을 가졌다. 이 작업은 또한 연구자의 책임 및 이른바 '배제된' 사회 구성원의 해방적 탐사가 동일한 담론운동 내에서 표명되는 윤리적 공간에 대한 펠렝과의 공동 연구를 가능하게 해주었다.[73]

따라서 나는 새롭게 나타난 주체들에 정당한 평가를 제공하기 위해 이전에는 알려지지 않았던 의미의 배치를 기술하고자 했던 것이다. 이는 분명 연구자가 자신의 고유한 책임을 의식하는 바로 그 순간에 있어서의

71 Mésini, Béatrice, Jean-Noël Pelen and Jacques Guilhaumou(2004), 앞의 책, p.226.

72 Mésini, Béatrice, Jean-Noël Pelen and Jacques Guilhaumou(2004), 앞의 책, p.227.

73 Guilhaumou, Jacques and Jean-Noël Pelen(2001), "De la raison ethnographique à la raison discursive : Les *récits de vie* dans le champ de l'exclusion," in Jean-Paul Terrenoire ed., *La responsabilité des scientifiques*, Paris : L'Harmattan, pp.277~292.

알려지지 않은 관념적 대상 및 새로운 주체화 형식을 묘사하는 것이다. "나는 태어났다"라는 언표로 시작되는 한 이야기의 분석에서 다른 이야기의 분석으로 넘어가면서, 나는 정확한 **언어학적 기능 작용**(*fonctionnements lingusitiques*)의 도움을 받아 담론적 자율성을 정복하려는 전체적 운동을 증명하고자 시도했다. 연구자, 증언자 관계의 중심에서 논증의 공동 분배(co-partage) 내에 존재하는 하나의 주체화 공간을 드러내 보이고자 노력했던 것이다.

이렇게 이른바 '배제된 이들'의 '삶의 이야기'에 관한 담론 분석은 **서술적 도정**을—특히 타인의 말을 사용하고 그 의미를 변화시키며 때로는 변형시키며, 또 물론 새로운 '사물의 질서'를 따라 다시 정의하는 등의 방식으로—특이화해 준다. 보다 일반적으로, 담론 분석은 강력한 윤리적 반향을 갖는 자율적 탐사 과정에서 현대의 '배제'에 관한 특화된 증언자의 표현 공간 및 능력을 규정한다.

담론 분석에 있어 언어학적 역사가가 갖는 함축은 여기에서 이 특정한 담론적 공간의 자료들이 갖는 **해석적 자율성**(*autonomie interprétative*)에 가치를 부여하는 경향, 곧 그 서술적 · 논증적 특수성에 관련된 병행적 기술을 통한 실재적 선회를 부여하려는 경향을 갖는다. 이러한 서술적 · 논증적 정체성의 형성을 통해 해방적 행위에 특징적인 실존의 논리가 형성된다. 따라서 이러한 '삶의 이야기' 한가운데에 존재하는 나에 대한 반성적 긍정 안에는 일정한 **해방적 관심**(*intérêt émancipatoire*)이 분명 존재하는 것이다. 이러한 관심은 연구자와 증언자 모두에게 판단의 기초를 제공하면서, 담론 이성(raison discursive)의 관념이라 부를 수 있을 정신의 독특한 작업 및 도덕적 세계 사이의 밀접한 연관을 성립시킨다.

내게 연구에 있어서의 담론 이성이라는 부분은 담론 분석가의 작업이 이른바 '배제된' 주체의 도정으로부터 도출되는 유일한 서술적 재구성 혹은 그들 사이의 비교 연구에 그치지 않는다는 사실에 속하는 것으로 보인다. 담론 이성은 특히 — 이야기의 첫 번째 언표 "나는 태어났다"에 의해 결합되는 화용론적 동학의 한가운데 존재하는 — 연구 공동 저자(coauteurs)의 자료들에 대한 진지한 고려에 의해 재구성되는 분석가 **논증**(*arguments de l'analyste*)으로 되돌아가게 한다. 담론 이성은 각기 상대를 동등한 대상으로 정당화하는, 보다 정확히 말해 일정한 담론적 화해의 형식 안에서 이른바 '배제된 사람들'에 대한 사회의 폭력을 이러한 방식으로 번역하면서 타인의 직관에 대해 논증하는 일정한 **상호 승인**(*reconnaissance réciproque*)의 절차를 밟는다. 장마르크 페리(Jean-Marc Ferry)[74]의 자극적인 고찰 노선을 따라, 우리는 '삶의 이야기' 분석에 의해 수행되는 **담론적 재구성**(*reconstruction discursive*)이 이야기의 서술을 **영역 내 교환의 주역들에 의해 공동 분배되는 시간 논증에 의해 구조화되는 상호 이해의 공간**(*espace d'intercompréhension structuré par des arguments un temps copartagés par les protagonistes de l'échange sur le terrain*) 안에 위치시키기 위해 있는 그대로 탈중심화한다고 생각한다.

사실 이야기의 중재를 통해 이른바 '배제된 자들'이 행하게 되는 말의 분출은 너무나 강력해서 연구자를 사회적으로 의존적인 주체에 관한 어떤 비전으로도 환원 불가능한 하나의 주체성(subjectivité)에 항구적으로 직면하게 만든다. 따라서 자율적 연구에 입각한 연구자는 그저 증언자의 확신을 표현하도록 내버려 두는 행위에 만족할 수 없다. 연구자는 결국 이야기 흐름이라는 과정 안에서 논증의 생산적 계기에 능동적으로 참여하게 된다.

74 Ferry, Jean-Marc(1996), *L'éthique reconstructive*, Paris : Editions du Cerf.

담론적 재기술

'부정의 작업' : 언어 분석

올해 32세로 마르세유 실업자(Rmistes) 보호 단체의 설립자이자 마리오네티스트[75] 야닉(Yannick)의 삶의 이야기를 예로 들어 보자. 야닉의 이야기는 이 글의 말미에 부록으로 첨부되어 있다. 우리는 처음부터 야닉의 이야기 안에서 — 연구자 자신(이 경우에는 펠렝)이 서술 과정의 핵심적 논증을 형식화할 때까지 — 해방적 함축을 갖는 긍정적 명제들의 계열, 그리고 삶의 불행한 부분에 대한 일련의 부정적 명제들의 계열을 발견하게 된다. 펠렝은 대화의 마지막 부분에서 야닉에게 이 모든 명제의 이분화된 계열 사이에 존재하는 연관을 요약하는 다음과 같은 질문을 던진다. "**부정적인 것과 긍정적인 것**이란 뭔가요?" 그리고 펠렝은 야닉의 답에 이어 다음과 같은 정의상의 해방적 주장을 제시한다. "근본적으로 당신에게 배제된다는(exclu) 것은 포함되는(inclu) 것이군요." 다음에서는 언어학적 분석을 좀 더 자세히 살펴보자.

야닉의 '삶의 이야기'가 보여 주는 담론운동은 다양한 형식을 가지면서 처음부터 긍정되지만, 연구자에 의해 '부정적인 것과 긍정적인 것'이라는 표현 아래 추후에 개념화되기도 하는 일정한 연관("난 내 얘기하는 걸 좋아하지 **않아요. 하지만 또** 뭐 얘기하는 게 좋기도 해요")을 중심으로 구성된다. 이처럼 극단적으로 다양화된 연관은 따라서 주체성을 강력히 표명하는 상이한 명제들, 심지어는 의미론적으로 상반되는 명제들 사이의 반복적인 접속사 사용을 통한 항구적 전개를 가능하게 하는데, 이는 배제에 의한 정체성을 구축하기 위한 '긍정적인 것'의 암묵적 확립을 위해("난 이 배제 안에서 내 정체성을 발견했

75 인형을 줄로 매달아 조종해 극을 연출하는 인형극 아티스트 — 옮긴이.

어요") 삶의 '부정적인 것'으로부터 출발하게 된다("난 우선 부정적인 걸 말하고 **그리고 그다음에** 긍정적인 걸 말하는 걸 선호해요").

방금 언급한 이야기의 초입에서 '부정적인 부분'을 먼저 말하기로 하는 선택은 부정적인 것의 긍정적인 것으로의 급격한 전환에 기반한 지시적 우주의 점진적 확립을 도와주는, 특히 **그리고** · **하지만**과 같은 접속사의 잦은 사용에 기반을 두는 것이다.

무엇보다도 접속사의 전략에서 중심적 위치를 차지하는 것은 **하지만**의 사용이라는 것을 확인해 두도록 하자.[76] 접속사 '하지만'의 사용은 삶의 한 요소에 대한 이야기에서 다른 요소에 대한 이야기로 옮겨 가며 등위절(等位節)의 두 번째 부분을 점차로 평가할 수 있게 해주는데, 이런 점진적 등장 단계는 결국 긍정적인 것으로 돌아간다. 관건은 접속사의 반복적 사용이 그 자체로 중요하다는 것을 긍정하는 데 그치지 않고, 또한 입말 자체가 접속사의 급속한 증대를 스스로 예비한다는 점에 놓여 있다. 접속사의 발견적 가치가 규정되는 것은 부정적인 것 안에서 긍정적인 것을 제거함으로 수행되는, 담론적 자율화의 맥락 안에서 긍정된 접속사의 존재이다.

포함(l'inclu)을 배제(l'exclu) 안에 놓는 위치 설정의 수행에 의해 이제 '배제/포함'의 대립을 중심으로 구성되는 삶의 비전에 속하게 되면서, 매우 '감성적인' 동시에 매우 '사실적인' 삶의 이야기는 서술의 과정을 통해 특별히 충만된 하나의 존재를 이해하게 된다. 물론 연구는 — 종포(Zonpo)[77]의 이야기와 같은 다른 '삶의 이야기'와 차이를 보이는 — 급격한 전환의 명시적 파악에까지 이르지는 못할 것인데, 그 이유는 연구가 이야기의 마지막에

76 Ducrot, Oswald et al.(1980), *Les mots du discours*, Paris : Editions de Minuit.

77 베아트리스 메시니의 연구에 등장하는 마르세유 지역의 또 다른 증언자 — 옮긴이.
Mésini, Béatrice(2004), "Résistances et alternatives rurales à la mondialisation," *Études rurales* 169-170, pp.43~59.

서 이러한 급격한 전환을 주체화하기 위해 연구자에게로 되돌아올 것이기 때문이다. 그러나 연구는 이러한 급격한 전환의 최종적 표현을 가능하게 하기 위해 그럴 가능성이 있는 일련의 요소를 제공할 것이다.

따라서 야닉의 논증적 흐름은 간략히 말해 다음처럼 주체화 가능한 언표들의 이중적 연속(辭列)으로서 요약된다. "~의 아들이라는 것…… 프랑스 중산층이라는 것, 그건 지겨운 일이다" 대 "배제된다는 것은 스스로의 힘으로 배제 안에서 자신의 정체성을 발견하는 것이다."

결국 이미 말한 것처럼 이러한 과정의 마지막에서 접속사들의 사용을 일반화하는 표현에서 출발하는 급격한 전환을 형식화하고 주체화하는 것은 연구자이다.

> 부정적인 것과 긍정적인 것이란 무엇인가요? 당신이 자신의 긍정적 정체성을 찾은 것은 주변에서네요. 결국 당신에게는 배제되는 것이 포함되는 것이군요.

그것은(*c'est*)이라는 계사(繫辭 · copule)의 반복은 여기에서 — 의문문의 형식〔X는 무엇인가요?(*C'est quoi X?*)〕을 갖는 단순한 제시어로부터 정의에 관련되며〔X는 Y네요(*X c'est Y*)〕 대조적인〔~는 X네요(*C'est dans X que*)〕 주체화에 이르는 점차적인 상승에 따르면 — 배제 안에서 정체성에 대한 다양한 형식의 '긍정적' 진술로 향하는 최종적 이행을 나타낸다. 이렇게 해서 연구자는 추출(extraction)[78]과 정의(définition)[79]라는 이중적 조작을 통한 '주변부(la

78 Berthoud, Anne-Claude(1992), "Deixis, thématisation et détermination," in M. -A. Morel and L. Danon-Boileau eds., *La deixis*, Paris : Presses Universitaires de France, pp.527~542.

79 Riegel, M.(1990), "La définition, in Acte de Langage Ordinaire : De la forme aux interprétations," in Jacques Chaurand and Francine Mazière eds., *La définition : Actes du colloque la définition*, Paris : Larousse, pp.97~110.

marge)'의 주체화에 이른다. 연구자는 이렇게 해서 최초의 부정적인 것으로부터의 급격한 전환에서 도출되는 야닉의 '긍정적 정체성'에 대한 일반화를 수행하게 된다.

최종적으로 이 '삶의 이야기'는 자신의 주체성 자체 안에서 삶의 이야기가 나타나도록 해주는 최초의 서술적 표명(부정적인 것)의 선택에 기반한 하나의 담론운동을 구축한다. 여기에서 문제가 되는 참으로 수사학적인 형태로서의 '부정적인 것'은 문학가들이 부정적인 것의 작업(le travail du négatif), 달리 말해 '운동의 주체적 양상(la modalité subjective du mouvement)'이라 부르는 것이 아닐까?[80] 야닉의 '삶의 이야기'는 보다 세련된 문학적 이야기를 준비하는 일종의 원(原)자료가 될 것이다. 사실 나는 이 분석이 종료된 이후에 야닉이 실제로 글쓰기를 자발적으로 실천하고 있었다는 것을 알게 되었다.

이렇게 해서 이른바 '배제된 자'를 위한 해방적인 말을 제도화시키는 동시에 소통적이며 상호 주관적인 공간 안에서 연구자와 함께 분배되는 **담론 이성**에 대해 일반적인 방식으로 말할 수 있게 되었다.

담론적 공동 구성

한편 우리는 또한 이 연구에서 배제에 대항하는 투쟁의 장에서 떠오르고 있는 인물들, 곧 '없는 자들'의 운동에 참여하고 있는 활동가들을 만나게 되었다. 나는 이 연구를 통해 내가 수행했던 과거 및 현대에 대한 탐구[81]의 핵심에 위치하는 인물, 즉 대변자의 공간을 여러 차례 재확인했다.

삶의 이야기로 구성된 코르퓌스들 중 가장 탁월한 예는 마르세유의 **반**

80 Bergounioux, Pierre(1980), "Le tremblement authentique," *Quai Voltaire* 3.

81 Guilhaumou, Jacques(1998b), 앞의 책 ; Guilhaumou, Jacques(1998a), 앞의 책.

(反)**실업행동운동**(*Mouvement Action anti-Chômage*)의 창설자 중 하나이며 '곰인형(Nounour)'이라는 애칭으로 불리는 파트리크(patrick)의 경우이다. 파트리크는 1994년 실업과 배제에 반대하는 '행진'에서 글자 그대로 '건달들의 메가폰(le porte-voix des zonards)' 역할을 자임한 인물이다. 물론 파트리크는 이른바 **리더**라는 단어의 사용을 자제했는데, 이는 그가 일반적으로 정치적 계급에 부여되는 권력에 대한 자신의 지분을 전복하고 싶어 했기 때문이다. "내가 리더라고 말한다는 건 짜증나는 일이에요. 난 리더가 아니거든요. …… **리더**라는 건 아나키스트, 그러니까 자기가 권력을 갖지 않으면서 일이 굴러가게 만드는 사람이에요." 파트리크는 일종의 분산된 리더의 개념을 옹호한다. "작은 권력을 갖는 수많은 사람, 조금씩 리더인 수많은 사람이 필요해요." 리더는 여기에서 역경에 의해 처음에는 수동적이 되어버린 시민들을 선동해 운동으로 이끄는 행동하는 인간으로 간주된다. 이 경우 스스로를 대변인이라 생각하는 인물에 해당된다. 앞에서 언급한 야닉의 경우와 마찬가지로 이는 대변인이라는 지위에 관련되는 것이지만, 파트리크의 경우에는 연구자와 증언자가 함께 점진적으로 논증을 구성해 나간다는 점이 보다 분명히 드러난다.

마지막으로 우리가 생각하는 담론 분석가의 윤리적 태도의 고유성을 다시 한 번 강조해 보자. 자율적으로 결정을 내리는 자유로운 존재, 곧 해방적 관심의 담지자로서의 개인에 부여된 공간, **'나'의 행위**(*l'activité du moi*)에 가치를 부여해야 한다.

자율성을 향한 주체의 운동에 능동적으로 투신하면서 이른바 '배제된 자'는 '사람들과 사는 것'을 긍정하게 된다. 즉 파트리크의 말을 빌리자면 '사람들이 스스로를 책임질 수 있도록' 하고자 하는 목표 안에서 그들과 함께 행동하게 된다. 공동 분배는 이렇게 해서 운동의 행동에 있어 필요불가결한 것이 된다. 그리고 우리에게 이러한 점은 '삶의 이야기'라는 실천적 차원에 대해서도 마찬가지인 것으로 보인다. 연구자는 앞으로 정의되어야 할 일정 부분에서 본다면, 자신이 기록하는 서술 논증의 **공동 저자이자 공동 출연자**이다. **민족지학적 이성**(*raison ethnographique*)은 연구자 자신을 관찰되는 이야기의 생산물, '타자(他者 · l'Autre)'와의 만남에 의해 포착된 공동 저자의 위치 안에 속하는 존재로서 규정한다. **담론 이성**은 우리에게 연구자 · 관찰자가 공동 저작의 역할을 하는 곧 삶의 이야기의 한가운데에서 의미를 생산하는 것에 대한 책임을 직접적으로 수행하는 한 삶의 이야기를 완전한 방식으로 제시한다.[82]

이제 — 보편주의적 관심을 잃지 않는 고유한 사건들에 뒤이은 — 이른바 '배제된 이들' 자신의 '삶의 이야기'에 기반한 영역의 연구에 대한 연구자의 관련 양식은 각자가 스스로와 타인들로부터 제공하는 표상(담론적 자율성을 추구하는 배제 주체의 표상들만큼이나, 어느 순간이든 삶의 이야기를 다시 시작하면서 그것을 따르는 방식 내에서의 연구자의 표상들 또한 포함하는) 공간에 대한 객관화를 불가능하게 만든다는 점을 분명히 하도록 하자.

이는 또한 배제의 장에 속하는 행위자에 대한 담론적 연구가 그 대변인들을 포함한 이른바 '배제된' 개인들 및 그들의 해방적 행위에 대한 윤리적 책임을 공유하지만, 그들의 대변인은 아닌 연구자 사이의 **상호적 공간**이 갖는 가시성으로 향하게 되는가에 대한 이유가 된다. 이 상호성의 공간은 우리를 민주주의적 행위의 시민 전통, 그리고 시민 주체-되기(devenir-sujet)로 이끈다. 그러나 이는 마르세유에서 사회학자 앙드레 동젤(André Donzel)과 함께 수행했던 연구와는 또 다른 방향의 연구이다.[83]

연구자는 단순히 담론 분석의 경험적 실험이라는 토양 위에 존재하는

82 Guilhaumou, Jacques and Jean-Noël Pelen(2001), 앞의 논문.

83 Donzel, André and J. Guilhaumou(2001), 앞의 논문.

객관적이고 과학적인 증인의 역할 혹은 참여하는 투사의 역할을 수행하는 것이 아니다. 연구자는, 또한 그리고 특히 관찰자 자신이 관찰되는 공동 경험의 중심에 위치하는 무수한 사람 중 단 하나의 주체에 불과하다. 물론 연구자는 정당한 과학적 지위를 갖는 사회의 한 구성원이다. 그러나 그럼에도 불구하고 이른바 '배제된 사람'과의 사회적 거리를 줄여야 하는 책임은—연구자가 담론의 공동 구성이라는 사실 자체 안에서 해방운동의 핵심을 실험한다는 사실에 의해—연구자의 소관이 된다.

결론을 대신하여

이러한 공동 구성 공간의 중심에서 담론 형성의 관념은 여전히 자신의 자리를 지킬 수 있을까? 일견 우리는—주어진 사회적 상황의 지평 위에 존재하는 **무엇인가** 그리고 말하는 **누군가**(이 경우에는 경험적 주체의 존재)에 의해 끊임없이 채워지는 빈자리를 남겨 놓으며—담론 형성의 관념이 담론 무대의 전면에서 사라졌던 것을 결정적인 것으로 간주하는 경향을 보였다. 그러나 잘 생각해 보면 담론 형성은 가장 고양된 담론 유형으로서의 **무엇인가**를 지칭하는 것일 수 있는데, 이는 **무엇인가**가 사유와 담론, 실재와 언어를 위해 전유된 하나의 주체로 드러난다는 점, 따라서 주어진 지평(이 경우에는 인간 해방이라는 사회적 추구) 안에 기입된다는 의미에서 그러하다. 보다 간단히 말하자면, 담론 형성의 관념은 유명론적(nominaliste) 관점에서[84] 실재와 사유 사이의 담론적 질서라는 필연적 매개로 되돌아갈 것이다. 그리고

84 Kaufmann, Laurence and Jacques Guilhaumou eds.(2004), *L'invention de la société : Nominalisme politique et science sociale au XVIIIe siècle*, Paris : Editions de l'Ecole des Hautes Etudes en Sciences Sociales.

이 담론적 질서는 실재와 정신 사이에 존재하는 연결의 중심에서 자신의 존재를 강력히 드러낸다.

분산되어 있고 이질적인 언표들의 규칙성을 설명하기 위해 담론 형성에 대해 말한다는 것은 이제 — 푸코적 의미에서 — 사유 및 담론의 존재와 분리되지 않는 원초적인 양식에 강조를 두게 될 것이다. 담론 형성은 이제 언어 현상이라는 경험적 존재의 사실에 의해 담론 및 사유의 실재에 공통되는 존재에 적합한 모든 개념, 대상, 주체가 속하는 양식이 될 것이다. 우리는 말할 수 있는 것(le dicible)의 우주에, 즉 다시 말해 말의 사용이라는 합류점과 그 유용성에 그리고 말의 사유에 대한, 즉 진리에 대한 연결에 가장 근접해 있다. 특정한 개념 아래 어떤 고유한 주체에 의해 말해진 것은 주어진 경험적 상황 안에서 그것에 대해 말해질 수 있는 것과 분리 불가능하다. 그것은 분명 전적으로 언어의 실재 안에 닻을 내린 채 있으면서 존재론적인 방식 곧 두드러진 방식으로 하나의 인간적인 신체를 갖는 주체에 대해 말해질 수 있는 무엇인가이다.[85]

만약 담론의 말들이 갖는 본질에 대해, 다시 말해 그것의 존재론적 차원에 대해, 곧 경험적 개인의 유일한 실재 안에서 그것의 지시적 정착을 의미

85 이런 명목으로, 프랑수아 라스티에[Rastier, François (1991), *Sémantique et recherches cognitives*, Paris : Presses Universitaires de France]의 공식을 빌리자면, 언어과학의 의미작용(signification)이라는 문제틀을 통합하려는 시도 내에서의 담론 분석의 장소라는 문제가 제기된다. 만약 논리적 질문이 우리를 지시 관계, 추론(inférence)이라는 측면에서의 화용론(pragmatique), 차이(différence)라는 측면에서의 의미론(sémantique)으로 되돌린다면, 담론은 — 모든 추론적 질문에 반하여 — 담론적 사용에서 차이를 만드는 것과 실재 안에서 지시 관계를 만드는 것 사이의 일정한 연결을 확립한다는 사실에 의해 공동 지시 관계(co-référence)라는 문제를 제기하지 않는가? 이러한 틀에서는 핵심적인 해석학적 질문의 중요성을 감안한, 담론 분석의 기능적으로 해석적인 특성을 재형식화해야 한다는 문제가 여전히 남아 있다. 우리에게는 이 자리에서 지시적인 만큼이나 또한 차이를 주는 가치에 대한 담론 안에서 사용되는 관념의 해석적 도정에 강조를 두는 것, 즉 다시 말해 공동 구성 현상으로 되돌아가는 것으로도 충분해 보인다.

하는 행위에 대해 스스로 질문을 제기하는 것이 중요하다면, 담론과 실재 사이의 그러한 경험적 연관 내에서 그러한 말들의 존재 자체를 표시하는 것만으로도 충분하다. 따라서 담론 형성의 개념은 하나의 담론이 갖는 일반성에 결합된 고유명사들의 규칙적인 집합을 지칭할 수 있을 것이다. 그것은 우리에게 담론이 공통적인 언어적 생산의 일반성으로부터 그리고 동시에 말하는 개인들의 특수성으로부터 유래한다는 것을 끊임없이 상기시킨다.

부록 야닉과 장노엘 펠렝의 인터뷰 발췌[86]

야닉 난 그리 어려운 사람이 아니에요. 이건 별로 내가 자주 하는 일은 아니지만, 난 내 얘길 하는 걸 좋아하지 않아요. 하지만 또 뭐 얘기하는 게 좋기도 해요. ……난 항상 뭐 다른 사람들한테 따돌림(exclu)을 당했어요. 따돌림을 당하기도 하고 또 그러면서 우리가 말하는 부랑자 취급을 받았어요. 난 사실 늘 그저 프랑스 중산층이었지만, 이 배제 안에서 내 정체성을 발견했어요. 날 배제시키는 건 사실 아무것도 없었지만, 난 늘 어딘가 다른 곳에 있었어요. …… 난 사람들이 날 늘 내 진정한 가치보다 낮게 평가하는 것 같은, 평가절하된 느낌이 들어요. …… 배제당한다는 건 이 배제 안에서 자기만의 힘으로 정체성을 발견하는 거예요. …… 긍정적인 측면 중에 또 다른 것은, 그러니까 내가 사랑을 많이 해봤다는 거예요. …… 난 내 삶에 대해 일단 부정적인 것부터 이야기해요. 난 부정적인 면을 먼저 말하고 그다음에 긍정적인 면을 꺼내는 걸 더 좋아해요. 그러니까 그건 사실 겸손, 사실은 내가 갖고 싶어 하는 가짜 겸손이에요. 하지만 난 먼저 또라이로 보이고 그다음에 나중에 가서야 보기보다는 지적이라는 걸 보여 주고 싶어요. 좋은 걸 보여 주고 상상하게 하는 거, 그건 보이는 문제가 아니라 그건…….

장노엘 난 이렇게도 저렇게도 판단 안 해요.

야닉 네. 난 당신이 판단 안 하는 걸 알아요. 하지만 그래도 난 먼저 부정적인 걸 말하고 그리고 그다음에 긍정적인 걸 말하는 게 좋아요. 하지만 성의 문제는, 그건 삶의 통제가 안 되는 부분이잖아요. 성은 내 삶의 척추를 이루는 거잖아요. ……난 내가 원하지 않아도 여하튼 요구를 하게 되는 거 같아요. 내가 학교 다닐 때, 그러니까 고등학교 때, 난 친구들이 뽑아 줘서 반장

86 Mésini, Béatrice, Jean-Noël Pelen and Jacques Guilhaumou(2004), 앞의 책, pp.121~139.

을 했거든요. 난 그때 선생님들을 싫어하는 역할 속으로 날 밀어 넣었어요. ······ 난 늘 관찰하고, 잘 안 되는 걸 지적하기를 좋아했고, 위선자가 되고 싶지 않아서 늘 분명하고 깔끔한 사람이 되는 게 좋았어요. 그리고 난 늘 그런 것 때문에 배제됐어요. 왜냐하면 난 늘 관찰을 하고 뭐가 잘못됐는지를 지적하곤 했으니까요. ······난 그래서 늘 배제됐어요. 난 늘 내가 배제되도록 만들었어요. 배제가 아니라 요구를 하고 고분고분 따르지 않으려고요 ······.

장노엘 그러니까 당신은 당신이 먼저 부정적인 것을 묘사하고 긍정적인 것은 그 다음에 했다는 거죠. 그런데 부정적인 것, 긍정적인 것은 뭐죠?

야닉 부정적인 것은 내 삶의 부정적인 기반이에요. 내가 잘못한 거, 내가 자랑스러워하지 않는 거, 날 근본적으로 약간은 의기소침하게 만들었던 모든 거, 내가 오래전부터 가지고 있던 거예요. 부정적인 건 이런 거예요. 그러니까 있었던 그대로 모든 사람한테 말할 수는 없는 일을 갖는 거예요. 남들한테 안 좋았던 거 그리고 나 자신에게도 안 좋았던 거죠. 그리고 긍정적인 거라는 건, 사회적 환경 안에서 자랑스럽게 만드는 거예요. 말할 수 있고, 의미를 갖는 그런 것들이요. ······ 게다가 배제된 사람들이 보면, 나는 부르주아예요, 왜냐하면 나한테 부르주아적 태도가 없는 건 아니거든요. 말하는 방식도 좀 부르주아적이고, 거기다 내가 배제된 사람들하고 같이 있을 때 난 좀 더 일관적이고 예의 바른 말을 쓰고, 내가 부르주아들이랑 있을 때 난 배제된 사람들 말투를 쓰거든요. 나는 이런 뒤집힌 역할극이라 그럴까 그런 걸 하거든요. 난 늘 이런 똑같은 게임을 해요.

장노엘 당신은 스스로 배제된 사람이라고 느끼나요?

야닉 아니오. 난 어렸을 때는 지금보다 훨씬 나 스스로가 배제됐었다고 느꼈는데, 사실 그때 난 전혀 배제되지가 않았었거든요. ······난 내가 실제로 조금은 주변적 위치에 있을 때 전혀 배제됐다고 느끼지 않았어요. 난 내가 사회 속에 완전히 속해 있을 때보다, 소위 사람들이 주변적이라고 부르는 상태에 있었을 때 훨씬 통합돼 있다고 느꼈어요.

장노엘 당신이 자기의 긍정적 정체성을 발견한 곳은 주변에서네요.

야닉 긍정적이라, 맞아요. …… 그게 역설적인데, 그런데 그 말이 맞아요. 그리고 난 이렇게 할 때, 그러니까 사회 안에 있을 때보다 배제되어 있을 때, 사회에 더 많이 영향을 미쳐요.

장노엘 결국 당신에게는 배제되어 있다는 건 포함되어 있다는 거네요.

야닉 맞아요. 바로 그거예요! 그게 대역(remplaçant)[87]의 힘이에요. 그게 대역의 긍정적 측면이에요…….

장노엘 당신에게 '배제된 사람들'이란 무얼 의미하나요? 당신은 배제에 대해서 말을 하는데, 배제된 사람들이란 무엇인가요? 그런 사람들은 실제로 존재하나요?

야닉 네. 실제로 존재해요. 배제된 사람들이란 스스로를 배제된 사람들로 간주하는 사람들, 스스로 "난 배제됐어"라고 말하는 사람들이에요. ……정신적인 거죠.

87 remplaçant은 '대리 · 대역 · 대체 가능한 것' 등의 뜻을 갖는데, 이곳에서는 문맥상 사회적 역할의 측면에서 대리 가능한 사람 혹은 사회적으로 고정된 역할에서 벗어나 행동하는 사람을 지칭하는 것으로 보아, '고정된 역할을 갖지 않는(못하는) 사람' 곧 '대역(代役)'으로 옮겼다.— 옮긴이

참고문헌

Auroux, Sylvain(1998), *La raison, le langage et les normes*, Paris : Presses Universitaires de France.

Charaudeau, Patrick and Dominique Maingueneau(2002), *Dictionnaire d'analyse du discours*, Paris : Seuil.

Chaurand, Jacques and Francine Mazière ed.(1990), *La définition : Actes du colloque la définition*, Paris : Larousse.

Conein, Bernard and Michel Pêcheux et al. eds.(1981), *Matérialité discursives*, Lille : Presses Universitaires de Lille.

Deleplace, Marc(2000), *L'anarchie de Mably à Proudhon (1750-1850) : Histoire d'une appropriation polémique*, Lyon : ENS Éditions.

Deleuze, Gilles(1986), *Foucault*, Paris : Editions de Minuit.

Détrie, Cathrine, Paul Siblot and Bertrand Verine eds.(2001), *Termes et concepts pour l'analyse du discours : Une approche praxématique*, Paris : Champion.

Donzel, André and Jacques Guilhaumou(2001), "Les acteurs du champ de l'exclusion à la lumière de la tradition civique marseillaise," in D. Schnapper ed., *Exclusions au cœur de la Cité*, Paris : Anthropos.

Dosse, François(1995), *L'empire du sens : L'humanisation des sciences humaines*, Paris : La Découverte.

Ducrot, Oswald et al.(1980), *Les mots du discours*, Paris : Editions de Minuit.

Fairclough, Norman(2003), *Analysing Discourse : Textual Analysis for Social Research*, London : Routledge.

Faye, Jean-Pierre(1972), *Langages totalitaires*, Paris : Hermann.

Faye, Jean-Pierre(1997), *Qu'est-ce que la philosophie?*, Paris : A. Colin.

Ferry, Jean-Marc(1996), *L'éthique reconstructive*, Paris : Editions du Cerf.

Foucault, Michel(1979), *L'archéologie du savoir*, Paris : Gallimard〔미셸 푸코(1992), 『지식의 고고학』, 이정우 옮김, 민음사〕.

Foucault, Michel(1994), *Dits et écrits I 1954-1975*, Paris : Gallimard.

Guilhaumou, Jacques(1978), *Discours, idéologies et conjoncture : L'exemple*

des discours révolutionnaires (1792-1794), Thèse de 3e cycle, M. Vovelle ed., Université de Provence.
Guilhaumou, Jacques(1989), *1793, La mort de Marat*(La mémoire des siècles), Bruxelles : Complexe.
Guilhaumou, Jacques(1992), *Marseille républicaine (1791-1793)*, Paris : Presses de la Fondation Nationale des Sciences Politiques.
Guilhaumou, Jacques(1998a), *La parole des sans : Les mouvements actuels à l'épreuve de la Révolution française*, Lyon : ENS Editions.
Guilhaumou, Jacques(1998b), *L'avènement des porte-paroles de la République (1789-1792)*, Lille : Presses du Septentrion.
Guilhaumou, Jacques, Didier Maldidier and Regine Robin(1994), *Discours et archive : Expérimentations en analyse de discours*, Liège : Mardaga.
Guilhaumou, Jacques and Régine Robin eds.(1975), *Sur la Révolution française*, Bulletin du Centre d'analyse de discours de Lille III 2, Villeneuve d'Ascq : Université de Lille.
Habermas, Jürgen(1976), *Connaissance et intérêt*, Paris : coll. 'Tel', Gallimard〔유르겐 하버마스(1983), 『인식과 관심』, 강영계 옮김, 고려원〕.
Habert, Benoît, Adeline Nazarenko and André Salem(1997), *Les linguistiques de corpus*, Paris : A. Colin.
Jäger, Siegfried(1999), *Kritische Diskursanalyse : Eine Einführung*, Duisburg : DISS.
Kaufmann, Laurence and Jacques Guilhaumou eds.(2004), *L'invention de la société : Nominalisme politique et science sociale au XVIIIe siècle*, Paris : Editions de l'Ecole des Hautes Etudes en Sciences Sociales.
Keller, Reiner(2004), *Diskursforschung : Eine Einführung für SozialwissenschaftlerInnen*, Opladen : Leske+Budrich.
Keller, Reiner, Andreas Hirseland, Werner Schneider and Willy Viehöver eds.(2001-2003), *Handbuch Sozialwissenschaftliche Diskursanalyse* 1-2, Opladen : Leske+Budrich.
Koselleck, Reinhart(1979 / 1990), *Le futur passé : Contribution à la sémantique des temps historiques*, Paris : Editions de l'Ecole des Hautes Etudes en Sciences Sociales〔라인하르트 코젤렉(1998), 『지나간 미래』, 한철 옮김, 문학동네〕.

Le Gall, Didier(2003), *Napoléon et "Le mémorial de Saint-Hélène" : Analyse d'un discours*, Paris : Kimé.

Mayaffre, Damon(2000), *Le poids des mots : Le discours de gauche et de droite dans l'entre-deux-guerres*, Paris : Honoré Champion.

Mésini, Béatrice, Jean-Noël Pelen and Jacques Guilhaumou(2004), *Résistances à l'exclusion : Récits de soi et du Monde*, Aix-en-Provence : Publications de l'Université de Provence.

Pêcheux, Michel(1975), *Les vérités de la Palice*, Paris : Maspero.

Pêcheux, Michel(1990), *L'inquiétude du discours : Textes de Michel Pêcheux présentés par Denise Maldidier*, Paris : Editions des Cendres.

Rancière, Jacques(1995), *La Mésentente : Politique et philosophie*, Paris : Galilée.

Rastier, François(1991), *Sémantique et recherches cognitives*, Paris : Presses Universitaires de France.

Robin, Régine(1973), *Histoire et linguistique*, Paris : Armand Colin.

Sarfati, Georges-Elias(1997), *Eléments d'analyse du discours*, Paris : Nathan Université.

Balibar, Etienne(1965/1996), "Préface," in Louis Althusser, *Pour Marx*, Paris : La Découverte.

Bergounioux, Pierre(1980), "Le tremblement authentique," *Quai Voltaire* 3.

Berthoud, Anne-Claude(1992), "Deixis, thématisation et détermination," in M.-A. Morel and L. Danon-Boileau eds., *La deixis*, Paris : Presses Universitaires de France.

Bourg, Julian(2002), "Les contributions accidentelles du marxisme au renouveau des droits de l'homme en France dans l'après-68," *Actuel Marx* 32.

Branca-Rosoff, Sonia et al.(1995), "Questions d'histoire et de sens," *Langages* 117.

Conein, Bernard(1981), "La position de porte-parole dans la Révolution française," in Jean-Pierre Beaujot, Michel Glatigny and Jacques Guilhaumou, *Peuple et pouvoir : Études de lexicologie polithique*, Lille : Presses Universitaires de Lille.

Courtine, Jean-Jacques(1981), "Analyse du discours politique : Le discours communiste adressé aux chrétiens," *Langages* 62.

Deleplace, Marc(1996), "La notion d'anarchie pendant la Révolution française : Un parcours méthodologique en analyse de discours," *Revue d'histoire moderne et contemporaine* 43(2), avril-juin.

Grenon, Michel and Régine Robin(1975), "Pour la déconstruction d'une pratique historique," *Dialectiques* 10-11.

Guilhaumou, Jacques(1975a), "Idéologie, discours et conjoncture en 1793," *Dialectiques* 10-11.

Guilhaumou, Jacques(1975b), "Moment actuel et processus discursif : Hébert et Roux," *Bulletin du centre d'analyse de discours* 2, Presses Universitaires de Lille.

Guilhaumou, Jacques(1979), "Hégémonie et jacobinisme dans les cahiers de Prison : Gramsci et l'histoire de la France contemporaine," *Cahiers d'histoire de l'Institut Maurice Thorez* 32-33.

Guilhaumou, Jacques(1980), "Orientaciones actuales sobre el analisis del discurso politico contemporáneo," in D. Richet, G. Chaussinand Nogaret, F. Gauthier, R. Robin and A. Soboul et al., *Estudios sobre la revolución francesa y el final del antiguo régimen*, Madrid : Akal.

Guilhaumou, Jacques(1984a), "Itinéraire d'un historien du discours," Actes du colloque *Histoire et linguistique*, Paris : Editions de la MSH.

Guilhaumou, Jacques(1984b), "Subsistances et discours publics dans la France d'ancien régime (1709-1785)," *Mots* 9.

Guilhaumou, Jacques(1986), "La mort de Marat à Paris," in Jacques Guilhaumou, *La mort de Marat*, Paris : Flammarion.

Guilhaumou, Jacques(1991), "Décrire la Révolution française : Les porte-parole et le moment républicain (1791-1793)," *Annales E.S.C.* 46(4).

Guilhaumou, Jacques(1993), "A propos de l'analyse de discours : Les historiens et le in Reiner Keller, 'tournant linguistique'," *Langage et société* 65.

Guilhaumou, Jacques(2000a), "De l'histoire des concepts à l'histoire linguistique des usages conceptuels," *Genèses* 38.

Guilhaumou, Jacques(2000b), "Subsistances (pain, bled, grains)," in Rolf Reichardt, Eberhard Schmitt and Hans-Jürgen Lüsebrink eds., *Handbuch politisch-sozialer Grundbegriffe in Frankreich 1680-1820*, Heft 19, München :

Oldenbourg.

Guilhaumou, Jacques(2001), "La connexion empirique entre la réalité et le discours : Sieyès et l'ordre de la langue," *Marges-linguistiques.com* 1.

Guilhaumou, Jacques(2002a), "Histoire/discours, archive/configuration, trajet thématique, événement discursif/linguistique," in Patrick Chareudeau and Dominique Maingueneau eds., *Dictionnaire d'analyse de discours*, Paris : Seuil.

Guilhaumou, Jacques(2002b), "Jacobinisme et marxisme : Le libéralisme politique en débat, *Les libéralismes au regard de l'histoire*," *Actuel Marx* 32.

Guilhaumou, Jacques(2003), "Geschichte und Sprachwissenschaft : Wege und Stationen (in) der 'analyse du discours'," in Reine Keller, Andreas Hirseland, Werner Schneider and Willy Viehöver eds., *Handbuch Sozialwissenschaftliche Diskursanalyse* 2, Opladen : Leske+Budrich.

Guilhaumou, Jacques(2008), "Consideraçoes sobre a análise do discurso : Um trajeto crítico em torno de Michel Pêcheux ao final dos anos 1970," in Roberto Leiser Baronas and Fabiana Komesu, *Homenagem a Michel Pêcheux : 25 anos de presença na análise do discurso*, Mercado de Letras.

Guilhaumou, Jacques and Didier Maldidier(1979), "Courte critique pour une longue histoire," *Dialectiques* 26.

Guilhaumou, Jacques, Denise Maldidier and Régine Robin(1989), "Jalons dans l'histoire de l'analyse de discours en France : Un trajet des historiens du discours," *Discours Social/Social Discourse* 2(3).

Guilhaumou, Jacques and Jean-Noël Pelen(2001), "De la raison ethnographique à la raison discursive : Les *récits de vie* dans le champ de l'exclusion," in Jean-Paul Terrenoire ed., *La responsabilité des scientifiques,* Paris : L'Harmattan.

Haroche, Claudine, Paul Henry and Michel Pêcheux(1971), "La sémantique et la coupure sausurienne : Langue, langage, discours," *Langages* 24.

Maldidier, Denise and Régine Robin(1976), "Du spectacle au meurtre de l'événement : Reportages, commentaires et éditoriaux à propos de Charléty (mai, 1968)," *Annales : Économies, Sociétés, Civilisations* 31(3).

Marandin, Jean-Marie(1979), "Problèmes d'analyse de discours : Essai de description du discours français sur la Chine," *Langages* 55.

Mayaffre, Damon(2002), "1789 / 1917 : L'ambivalence du discours révolutionnaire des communistes français des années 1930," *Mots* 69.

Mésini, Béatrice(2004), "Résistances et alternatives rurales à la mondialisation," *Études rurales* 169-170

Pêcheux, Michel(1981), "Ouverture," in Bernard Conein and Michel Pêcheux et al. eds., *Matérialités discursives*, Lille : Presses Universitaires de Lille.

Riegel, M.(1990), "La définition, in Acte de Langage Ordinaire : De la forme aux interprétations," in Jacques Chaurand and Francine Mazière eds., *La définition : Actes du colloque la définition*, Paris : Larousse.

Robin, Régine(1976), "Discours politique et conjoncture," *L'Analyse du discours / Discourse Analysis*, sous la dir. de P. R. Léon et H. Mitterand, Montreál, Centre éducatif et culturel.

개념사 연구 : 역사서술과 언어학의 상호작용*

—구조의미론, 원형의미론 및 텍스트언어학을 중심으로

박여성

제주대학교 인문대학 독일학과 교수, 뮌스터대학교 커뮤니케이션학부 초빙교수, 한국기호학회 회장. 고려대학교 독문과 및 대학원 졸업 후 독일 뮌스터대학교에서 언어학·철학·독문학을 수학하고 박사학위를 취득했다. 저서로는 *Sign Culture-Zeichen Kultur*, 『한국 텍스트과학의 제 과제』, 『기능주의 번역의 이론과 실제』, 『응용문화기호학』 등이 있으며 역서로는 『사회체계이론』, 『예술체계이론』, 『사회의 교육체계』 등이 있다. 또한 개념사, 기호학, 매체학, 번역학, 텍스트과학, 스토리텔링에 관한 여러 논고를 썼다.

* 이 논문은 2007년도 정부(교육과학기술부)의 재원으로 한국연구재단의 지원을 받아 연구되었고(NRF-2007-361-AM001), 『개념과 소통』 제9호(2012. 6)에 게재되었다.

개념사 연구

개념사의 시대적 요청

'사물들의 구체적 사실 내용(Simmel)', '관념을 야기할 수 있는 낱말 기능(Mauthner)', '낱말들의 의미 영역〔Bedeutungssphäre(Lipps)〕', '(개념이란) 사회적 집단을 통한 개념들의 사회적 파급력과 개념의 구속적인(강제적인)·형성적인 그리고 각인적인 힘을 구성하고 변경하는 과정이다. 이처럼 언어에 대한 이중적인 관점에서 개념은 결과(지표)이자 원인(요인)'〔코젤렉(Reinhart Koselleck)〕이라는 다양한 정의를 보면, "개념(Begriff)의 '개념'은 과연 무엇인가"라는 의문이 생긴다. 그런 정의들에 언어학적 의미(Bedeutung)는 물론이고 심성(Mentalität)이나 세상 지식(Weltwissen)까지 뒤섞여 있기 때문일 것이다. 이제 역사적 기본 개념을 사회적·정치적으로 관철된 상징권력[1]이나 지배 형식으로 간주한다면, 쟁점은 '외연이 한정된 변별 특징들의 다발'로부터 '역사적으로 정의된 발화행위의 기능 요소'로 확장될 것이다. 단적으로 역사적 개념은 사실과 언어의 긴장에서 발생하며, 따라서 언어학적 의미분석만으로는 온전히 규명될 수 없다는 결론에 도달한다.[2] 그 결과 개념

1 피에르 부르디외(1995), 『구별짓기 : 문화와 취향의 사회학 상』, 최종철 옮김, 새물결〔Bourdieu, Pierre(1979), *La distinction : Critique sociale du jugement*〕 참조.

2 Koselleck, Reinhart(1978), "Begriffsgeschichte und Sozialgeschichte," in Reinhart Koselleck ed., *Historische Semantik und Begriffsgeschichte*, Stuttgart : Klett-Cotta, p.5 ; Busse, Dietrich(1988), "Kommunikatives Handeln als Sprachtheoretisches Grundmodell der historischen Semantik," in Jäger Ludwig ed., *Zur historischen Semantik des deutschen Gefühlswortschatzes : Aspekte, Probleme und Beispiele seiner*, Aachen : Alano-Rader, p.250 참조.

사 연구는 언어학적 규정에 출발점을 두면서도, 기본 개념들(Grundbegriffe)이 역사 속에서 관철하(려)는 이행적 기능(performative Funktion)에 자연스럽게 주목하게 된다.[3]

> 개념들은 사회적 · 정치적 변천과 역사적인 심층을 위한 지표로 사용될 수 있다. ……따라서 개념사는 일단 사회적 · 정치적으로 유효한 전문용어들(Termini)의 사용에 주목하면서 사회적 · 정치적 내용을 가진, 특히 핵심적인 표현들을 분석하는 원전 비평(Quellenkritik)의 특수화된 방법론이다. 이때 해당하는 개념들의 역사적인 설명은 언어사뿐 아니라 사회사적인 데이터들로 소급되어야 하는 사실은 자명한데, 그 이유는 모든 의미론이란 그 자체로서 언어 외적인 내용들과 관련되기 때문이다.[4]

> 개념들은 언어 외적 사태나 사고(思考) 속 개념들에 대한 지표일 뿐 아니라, 이를 넘어 사회적 · 정치적 (언어)행위들의 요인이며 추진자(Promotoren)이다.[5]

과거의 개념들을 현재적 의미에서 확인하고 새롭게 정의하자는 '통시태의 방법론적 계율'[6]은 기본 개념을 역사적 운동의 주도 개념(Leitbegriffe)이자, 역사적 경험의 다양성 자체로 간주한다. 이때 해당하는 당대의 개념들

3 여기에서는 '낱말'과 '개념'보다는 기호의 '표현'과 '내용'에 초점을 맞추어 '기표(signifiant)'와 '기의(signifié)'라는 용어를 선호하고자 한다. 그런 관점에서 '개념사'는 '기표들과 기의들 사이의 관계사'로 해석될 수 있다.

4 Koselleck, Reinhart(1978), 앞의 논문, pp.23~25.

5 Schultz, Heiner(1978), "Begriffsgeschichte und Argumentationsgeschichte," in Reinhart Koselleck ed., *Historische Semantik und Begriffsgeschichte*, Stuttgart : Klett-Cotta, pp.45~46.

6 Koselleck, Reinhart(1978), 앞의 논문, p.25.

을 성찰할 때, 개념사는 공시태와 통시태 사이의 엄격한 구별을 넘어서 (역사의 전개 속에서 드러나는) '비동시성의 동시성'[7]〔루만(Niklas Luhmann)의 표현으로 '차이의 동일성'〕을 토대로 작동하면서 개념 전개의 '방향 자체에 대한 방향을 설정하는(Orientierung über Orientierung)'[8] 메타 심급으로서 작동한다.

그 심급은 바로 개념사 연구의 주도자들〔오토 브루너(Otto Brunner) · 라인하르트 코젤렉 · 브루너 콘체(Berner Conze) 등〕이 주목한 '말안장시대(Sattelzeit)', 즉 유럽의 근대화로 인해 의미 변화가 가속화되고 재편되는 격동기였다. 15~16세기에 확립된 표준 문어에 힘입어 1770년경부터 시작하는 이 시기에 신분사회가 해체되고 근대사회에 대한 새로운 사회적 · 정치적 여지가 열렸으며, 이를 정당화하기 위한 인식론적 작동(경계의 획정과 횡단)의 특수한 지평이 요청되었다. 이때 말안장시대의 가치는 무엇인가? 매체 이론가 기제케(Michael Giesecke)는 언어와 개념의 관계에 비추어 다음처럼 진단했다.[9] 첫째, 언어사와 개념사 및 정신사를 강화하는 발전의 속도마다 제각기 비동시성이 존재한다. 둘째, 1770년대 이전에는 언어적 관계와 코드화 수단은 근본적인 변화가 없는 추상적 개념체계의 표현이자 그것의 전달에만 집중되었다. 셋째, 반면에 말안장시대는 향후의 새로운 발전 단계에 대한 예상 경로를 암시한다.[10]

7 Koselleck, Reinhart(1978), 앞의 논문, p.33.

8 Orth, Ernst Wolfgang(1978), "Theoretische Bedingungen und methodische Reichweite der Begriffsgeschichte," in Reinhart Koselleck ed., *Historische Semantik und Begriffsgeschichte*, Stuttgart : Klett-Cotta, p.145.

9 Giesecke, Michael(1978), "Schriftsprache als Entwicklungsfaktor in Sprach- und Begriffsgeschichte : Zusammenhänge zwischen kommunikativen und kognitiven geschichtlichen Veränderungen," in Reinhart Koselleck ed., *Historische Semantik und Begriffsgeschichte*, Stuttgart : Klett-Cotta, pp.262~263 참조.

10 프로이센의 사회적 · 정치적 맥락에서 발현한 심층적 변화를 겨냥한 '말안장시대'의 설정은 임의적이며, 따라서 고대 · 중세 · 르네상스 · 종교개혁도 포괄해야 한다는 반론이 제

그 결과 계몽주의 · 산업혁명 · 프랑스혁명 · 프로이센의 부상과 근대국가의 출현을 통해 분출된 기대지평은 '원하는' 역사를 위한 투쟁에 반영되는데, 시대사적 격변을 추동한 원동력은 네 가지 가속화에 기대고 있다.[11]

- Verzeitlichung(시점화) : 개념들은 일정한 시기의 지평에 유효한 절차로서 시점화된다.
- Demokratisierung(민주화) : 이전 시대에는 엘리트들에게만 허용되던 사회적 · 정치적 어휘들(기본 개념)이 매체 및 독서 능력의 발전과 더불어 대중에게 폭넓게 확산된다.[12]
- Ideologisierung(이념화) : 개념들은 특정한 이익집단의 관심을 대변하면서 이데올로기라는 자기장으로 빨려 들어간다.
- Politisierung(정치화) : 계급, 계층, 신분에 따라 개념들의 후속 분화가 확산되면서 미래를 각인하는 성능이 한층 부각된다.

시된 바 있다〔Schulze, Hans Kurt(1978), "Mediävistik und Begriffsgeschichte," in Reinhart Koselleck ed., *Historische Semantik und Begriffsgeschichte*, Stuttgart : Klett-Cotta, p.242 ; 박근갑(2009), 「말안장시대의 운동 개념」, 박근갑 외, 『개념사의 지평과 전망』, 소화 참조〕.

11 Schultz, Heiner(1978), 앞의 논문, p.46 참조.

12 문어성은 언어체계를 분류하고 저장하는, 즉 통시태를 공시태 속에 저장하는 역량을 발휘한다. 슐리벤랑게(Brigitte Schlieben-Lange)는 저서 『말하기의 전통(*Traditionen des Sprechens*)』(1983)에서 문어의 정착에 힘입어 이야기하기(Erzählen) · 묘사하기(Beschreiben) · 논증하기(Argumentieren) 같은 담론 형식, 특히 논증 담론의 문서화를 통해 그때까지 없었던 새로운 유형의 텍스트 장르(실용 산문 · 궁정 산문 및 실용 텍스트)가 창발하는 과정을 추적했다. 구어성 / 문어성을 의미 · 언어 · 문화의 변천사에 비추어 조명한 Giesecke, Michael(1978), 앞의 논문 ; Giesecke, Michael(1992), *Sinnenwandel, Sprachwandel, Kulturwandel : Studien zur Vorgeschichte der Informationsgesellschaft*, Frankfurt am Main : Suhrkamp, stw 1303도 참조.

개념사 연구의 지침

우선 개념사 연구의 절차와 지침으로서 하와이대학과 스탠퍼드대학에서 추진된 '개념 및 전문용어 분석위원회(COCTA, Committee on Conceptual and Terminological Analysis)'의 기준을 살펴보자.[13]

- 규칙 1 : A) 개념을 사용할 때 다음을 질문하라. ① 개념의 의미는 무엇인가? ② 개념의 규모(외연)는 무엇이며, 개념의 지시 대상은 무엇인가? 이 두 질문은 서로 명확히 구별되어야 한다. B) 모든 경험적인 개념은 다음의 두 관점에서 규명되어야 한다. ① 의미와 낱말은 서로 어떤 관계인가? ② 개념 의미와 지시 대상은 서로 어떤 관계인가?
- 규칙 2 : 다음을 항상 검증하라. ① 주요(대표) 개념들(한 개념의 '명칭 부여자' 및 추가적인 개념들)이 정의되었는가? ② 정의에서 출발하는 의미가 명확한가? ③ 확정된 의미가 논증 과정에서 관찰되었는가? ④ 대표 개념들이 다의적인가 또는 확정된 의미와 명확하게 일치하여 사용되는가?
- 규칙 3 : 반대항이 검증되기 전에는 다음 조건이 적용된다. 어떤 낱말도 다른 낱말의 유의어(類義語)로서 사용되어서는 안 된다.
- 규칙 4 : 하나의 개념이 연구될(재구성될) 경우, 무엇보다도 정의들의 대표적인 선별이 이루어져야 한다. 두 번째 단계로는 그 정의들로부터

13 개념 및 전문용어 분석위원회(COCTA)에서는 Ideologie(이념) · Elite(엘리트) · Macht(권력) · Bürokratie(관료주의) · Consensus (합의) · Entfremdung(소격/소외) 등의 기본 개념을 분석했는데, 그 지침에서 사용하는 '의미(meaning)'는 본고에서는 '기의'에, '지시 대상(referent)'은 '사실/사건/사태/사물'에, '낱말(word)'은 '기호' 또는 '기표'에 해당한다〔Ludz, Peter Christian(1978), "Die sozialwissenschaftliche Konzept-Analyse : Bericht über einen pragmatischen Ansatz anhand eines Beispiels," in Reinhart Koselleck ed., *Historische Semantik und Begriffsgeschichte*, Stuttgart : Klett-Cotta, pp.362~364 참조〕.

변별 특징이 추출되고, 끝으로 변별 특징들로써 유의미한 조직을 성립시키는 절점(matrix)이 구성되어야 한다.

- 규칙 5 : 개념의 외연(규모)에 관해 다음을 검증하라. ① 개념의 경계를 규정하는 데 필수적인 변별 특징들이 결핍되어 있는가? ② 그 특징들에, 부수적 현상들의 포함/배제의 결정을 성립시키는 데 대한 특수성이 결여되어 있는가?
- 규칙 6 : 개념의 외연이 커질수록 개념의 특수성은 줄어든다. 따라서 보편 개념들은 그것의 불확정성(결핍된 경계 및 지시 대상의 불충분한 확인) 때문이 아니라 다의성 때문에 철회되어야 한다.
- 규칙 7 : 개념을 지칭하는 하나의 낱말이 선별되면 그 낱말은 자신과 근친 관계를 가지고 결속된 낱말들의 연쇄체에 속하며, 이로써 그런 방식으로 관계가 제어되는 의미밭에 귀속되어야 한다.
- 규칙 8 : 정의에 동원된 개념들은 어휘적 원형소(lexical primitives) 또는 전문용어(technical terms)이기 때문에 모호하지 않아야 한다.
- 규칙 9 : 한 개념을 정의하는 낱말은 충분하고 간략해야 한다. 그 낱말은 지시 대상을 확인하고 그 경계를 규정하는 데 필요한 특징을 포함해야 한다는 점에서 충분해야 하며, 자신이 수반하는 (그러나 반드시 필수적이지는 않은) 변별 특징들을 우발적 변수로 다루지 않아야 한다는 점에서 간략해야 한다.

위로부터 개념사 연구를 위한 어떤 단서를 도출할 것인가? 이론언어학자의 관점에서 보면, 일단 문장과 텍스트에서 기표와 기의의 관계를 포착해야 한다. 언어학과 역사학의 학제성의 초점은 결국 의미를 처리하는 방법론에 좌우되는데, 역사적 기본 개념을 구성하는 변별 특징이 순수한 언어적 성분인 의(미)소(意素 · Sem) 이상의 무엇이라는 점에 유의해야 한다. 이때 여타의 (인접하는, 상위의 또는 하위의) 낱말밭(Wortfeld)에 포섭되지 않는 배타적 경계 구획(Ausdifferenzierung) 내부의 개념들은 방금 결정한 바로 그 배타적 차이에 근거하는 외부의 환경과 (일단) 무관하게 작동한다. 이것이 바로 루만이 말한 '차이의 동일성(Einheit der Differenz)'과 재진입(re-entry)을 통한 체계의 작동적 폐쇄(operationale Geschlossenheit)의 핵심이다.[14] COCTA지침은 개념의 역사가 다양한 텍스트와 담론 속에 남긴 흔적을 기준으로, 이를테면 설(John Rogers Searle)이 발화행위의 조건으로 제시한 언어와 세계(사실/사건/사태) 사이의 조응 방향(direction of fit)과 사회적·정치적 이행성(Performativität)을 기준으로 평가되어야 한다.[15] 구체적인 발화행위는 결국 언어 표현과 세계, 즉 발화된 언표 내용과 세계의 관계에 따라 실효성/적실성(Relevanz)을 획득하기 때문이다(〔그림 1〕. 참조).

① 발화에서 세계로 : 화행의 명제 성분이 세계에 존재하는 사태의 상태에 좌우된다. 확언화행(Assertiva)의 경우이다.

② 세계에서 발화로 : 세계와의 일치를 위해 화행의 명제적 성분을 겨냥한다. 지령화행(Direktiva)이나 언약화행(Kommissiva)의 경우이다.

③ 발화와 세계가 일치되기 위해 서로 변경되어야 한다. 선포화행(Deklarativa)의 경우이다.

④ 양자의 합치 방향이 존재하지 않는다. 정표화행(Expressiva)의 경우이다.

14 체계 이론의 핵심에 대해서는『사회체계이론 상』〔니클라스 루만(2007), 박여성 옮김, 한길사〕,『예술체계이론 : 사회의 예술』〔니클라스 루만(2012), 박여성·이철 옮김, 한길사〕,『구성주의 문학체계이론』〔지그프리트 슈미트(2004), 박여성 옮김, 책세상〕,『사회의 교육체계』〔니클라스 루만(2015), 이철·박여성 옮김, 이론출판〕 참조.

15 Searle, John Rogers and Daniel Vanderweken(1985), *Foundations of Illocutionary Logic*, Cambridge ; N.Y. : Cambridge University Press, pp.13 ff.

Bühler (오르가논 모델)	Jakobson (기호 기능)	Searle (발화수반행위)	Brinker (텍스트 기능)
Darstellung 묘사	referentiell 지시적	Assertiva 확언(정언)	Information 정보
Ausdruck 표현	emotiv 감성적	Expressiva 정표(표현)	Kontakt 접촉
Appell 호소/영향	konativ 지령적	Direktiva 지령(명령)	Appell(poetisch, ästhetisch) 호소(문학, 미학)
	poetisch 시학적		
	phatisch 친교적		
	metasprachlich 메타언어적		
		Kommissiva 약속(언약)	Obligation 책무
		Deklaratica 선언(선포)	Deklaration 선포

〔그림 1〕 (언어)기호의 기능 모형들

기호학적 전체성

질료장과 자료장의 성층 모형

이제 개념사 연구의 거시적 윤곽 속에서 부분 영역들의 위치를 가늠해 보자. 우리는 그 기반을 모리스(Charles William Morris)의 기호학적 구상에서 볼 수 있다.[16]

> 좁은 의미의 개념사 연구는 주로 의미론(내포의미론 · intensional Semantik)의 영역에 국한되었지만, 넓은 의미의 역사의미론은 기호학 내부에서 의미론(외연의미론 · extensionale Semantik)의 위치와 통사론(Syntax) 및 화용론에도 주목해야 한다.[17]

16 Hilger, Dietrich(1978), "Begriffsgeschichte und Semiotik," in Reinhart Koselleck ed., *Historische Semantik und Begriffsgeschichte*, Stuttgart : Klett-Cotta, pp.125~126 참조.

17 Hilger, Dietrich(1978), 앞의 논문, p.126.

① 통사론적 관점 : 낱말들(표현, 전문용어, 언어기호) 상호 간의 관계 변화
② 의미론적 관점 : 낱말과 의미, 낱말과 지시 대상 사이의 관계 변화
③ 화용론적 관점 : 낱말과 그 사용자 사이의 관계 변화

역사적 담론의미론(Historische Diskurssemantik)을 추진하는 언어학자 부세(Dietrich Busse) 또한 기호학에 비추어 개념사 연구의 의제를 설정하여,[18] 개념사를 어휘들의 정태적 구조(낱말밭) 너머의 기호계(Semiosis)라는 한층 가변적이고 불확실한 중력장으로 진입시킨다. 기호계라는 복잡계를 '질료장(material field)'과 '자료장(data field)'의 변증 관계로 조명한 텍스트과학자 보그랑드(Robert-Alain de Beaugrande)의 구상에 따르면,[19] 그 성층(成層)질서의 기저에는 말하기와 듣기(조음과 청음)라는 생리적 작용이 위치한다. 신경과 근육이라는 질료장은 음소의 목표를 실행하는 자료장에 연동되며, 음운은 위치(구강 · 입술)와 동작(마찰 · 파열)을 위한 질료장을 의미 변별을 위한 자료장에 연동시킨다. 그 위에 음절과 기능어(전치사, 대명사)의 질료장과 의미의 문법화라는 자료장이 연동된 형태소가 배치된다. 어휘소는 실체어(동사, 명사, 형용사 등)의 질료장을 의미의 어휘화라는 자료장에 연동시킨다. 문법소는 구와 절이라는 질료장을 선형화된 연쇄체라는 자료장에 연동시키고, 마지막으로 텍스트는 상호텍스트(Intertext)와 텍스트 외연이라는 질료장을 의미의 통합이라는 자료장에 연동시킨다. 궁극적인 자료장은 (그림에 포함되지 않은) 푸코(Michel Foucault)가 역사인식론의 대상으로 삼았던 시공간적 맥락에 위치한 '담론(Diskurs)'일 것이다.[20]

18 Busse, Dietrich(1988), 앞의 논문, pp.264~265.

19 de Beaugrande, R. A.(1997), *New Foundations for a Science of Text and Discourse*, N.Y. : Ablex, p.113 ; 박여성(2011), 「기능주의 번역학의 토대를 위한 구상」, 『인문언어』 제13집 제1호 ; 박여성(2013), 『기능주의 번역의 이론과 실제』, 한국학술정보 참조.

20 Schmidt, Siegfried J.(2003), *Geschichten und Diskurse : Abschied vom Konstruktivismus*,

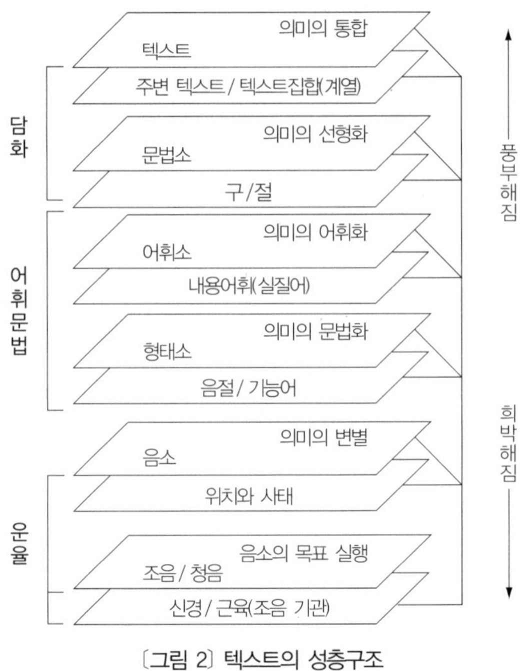

〔그림 2〕 텍스트의 성층구조

'언어학의 진정한 대상은 그 자체로 존재하는 자생적 언어체계'라고 선언하여 언어 사용(parole)보다는 언어체계(langue)에 우선권을 두었던 — 보그랑드가 고전언어학으로 부르는 — 소쉬르(Ferdinand de Saussure)[21]나 촘스

Reinbeck : Rowohlt 참조.

21 에우제니오 코세리우(Eugenio Coseriu, 1921~2002)는 랑그가 파롤에 우선한다는 기존의 입장을 역전시켜 텍스트언어학을 '말하기(parole)의 언어학'(푸코의 용어로 담론 분석)으로 정의했다〔Coseriu, Engenio(1994), *Textlinguistik : Eine Einführung*, Tübingen ; Basel : Francke〕. '발화'나 '담론'으로 번역되는 parole, énonce, Diskurs, discourse 들과 달리, 텍스트언어학의 관점에서 '담화'란 "매우 넓은 의미에서 내용적(의미론적) 기준을 통해 그것의 조합을 규정하는 가상적인 텍스트 자료"로서 다음의 사항들을 포섭한다〔Busse, Dietrich and Wolfgang Teubert(1994), "Ist Diskurs ein sprachwissenschaftliches Objekt? Zur Methodenfrage der historischen Semantik," in Dietrich Busse, Fritz Hermanns and wolfgang Teubert eds., *Begriffsgeschichte und Diskursgeschichte :*

키(Noam Chomsky)의 입장에서는 제약의 범위를 (어휘를 포함한) 문법 경계 내에서 형식적으로 한정된다고 보았다. 이와 달리 보그랑드는 고전언어학의 예시들이 대부분 형식주의적인 틀에 갇혀 있다는 이유로 고전언어학의 구상을 거부했다.

〈표 1〉 언어의 과학적 연구를 위한 요건

층위	기준	내용
자료	포괄성(coverage)	기술된 언어 자료의 풍부함
기술	수렴성(convergence)	다양한 기술이 특정한 결과로 집약되는 강도
평가	공감성(consensus)	학자들이 기술과 평가에 대해 취하는 일관성

오늘날 우리는 '포괄성, 수렴성, 공감성'이라는 세 기준과 명백하게 어긋나는 주류의 개념을 거부하고자 한다. ……우리가 만약 언어를 인지적 · 사회적 제약으로부터 분리한다면 언어를 통제할 수 없게 되며, 그것을 기술하려는 우리의 아주 확고한 시도에서도 벗어나게 된다. 요컨대…… 고전적인 주류 언어학의 프로그램은 이론적이든 실제적이든 성취될 수 없으며 정상 과학(normal science)의 건전한 기반도 제공할 수 없다.[22]

Methodenfragen und Forschungsergebhisse der historischen Semantik, Opladen : Westdeutscher Verlag, pp.14~15]. ① 연구 대상으로서 선별된 대상, 주제, 지식복합체 또는 개념을 다루는 것들 상호 간에 의미론적 관계를 입증하며 공통의 명제, 커뮤니케이션 기능 및 목적 관계, ② 시간대/시간의 단편에 비추어 연구 프로그램으로서 주어진 영역, 사회의 일부, 커뮤니케이션 영역, 텍스트 유형성 및 기타의 매개변수들을 충족하는 경계의 구획, ③ 명시적 · 함축적 (맥락 의미에 준하는) 상호지시구조(준거구조들) 및 상호텍스트적인 관련들. 굼브레히트(Hans-Ulrich Gumbrecht)에 따르면, 개념사 연구는 상호담론적/상호텍스트적 관계에 초점을 맞추는 일종의 역사적 텍스트화용론(Historische Textpragmatik)이라는 것이다[Gumbrecht, Hans-Ulrich(1978), "Für eine phänomenologische Fundierung der sozialhistorischen Begriffsgeschichte," in Reinhart Koselleck ed., *Historische Semantik und Begriffsgeschichte*, Stuttgart : Klett-Cotta 참조].

22 de Beaugrande, R. A.(1997), 앞의 책, p.40.

'포괄성, 수렴성, 공감성'의 기준을 충족하지 못한 고전언어학의 대안을 어디에서 모색할 것인가? 보그랑드는 다음의 요건을 충족하는 후기 고전적 텍스트과학을 구상했다.

> 언어는 사회와 세계에 대한 지식이 통합된 현상이다. 언어는 화자가 그것을 사용한 조건과 함께 기술되어야 한다. 언어는 언어적 · 인지적 · 사회적 제약 사이에서 상시적 제약과 일시적 제약을 오가는 상호작용의 관점에서 기술되어야 한다. 언어는 지속적인 진화를 겪는 역동적인 커뮤니케이션체계로 구성된다. 언어에 대한 기술은 유동적인 일반성에 준하여 언어 전체와 특정한 담화 문맥 사이에서 진술되어야 한다.[23]

보그랑드가 표방하는 후기 고전적 텍스트과학의 토대는 질료장과 자료장의 연속적 중개를 통해 체계 내적(emic) 관점과 체계 외적(etic) 관점을 아우르는데, 예컨대 음운론에서 구체적 가청음성(phon<u>*etic*</u>)과 추상적 · 음소적(phon<u>*emic*</u>) 단위가 구분되듯이, '에틱'은 외부자 관점(질료)에 연계되고 '에믹'은 내부자 관점(자료)과 연합된다. 에틱은 질료 기반적이라면 에믹은 자료 기반적이며, 에틱이 문화 보편적이라면 에믹은 문화 개별적이다. 이를 개념사 연구에서 고려하면, '기본 개념'은 양자를 중개하는 관찰 지점에서 응집된다.

〈표 2〉 에틱과 에믹의 차이

기준 / 차원	에틱		에믹
관점	외부자(exocentric)	매개제어체계 (텍스트 유형, 문체, 번역)	내부자(endocentric)
기반	질료(material)		자료(data)
문화	보편적(universal)		개별적(specific)

23 de Beaugrande, R. A.(1997), 앞의 책, p.40.

통사론 · 의미론 · 화용론

기호의 자료장을 관찰하는 방법론의 얼개를 〔찰스 샌더스 퍼스(Charles Sanders Peirce)의 사상을 통사론 · 의미론 · 화용론으로 구획하여〕 현대 기호학을 정립한 모리스의 구상에서 취하고자 한다.

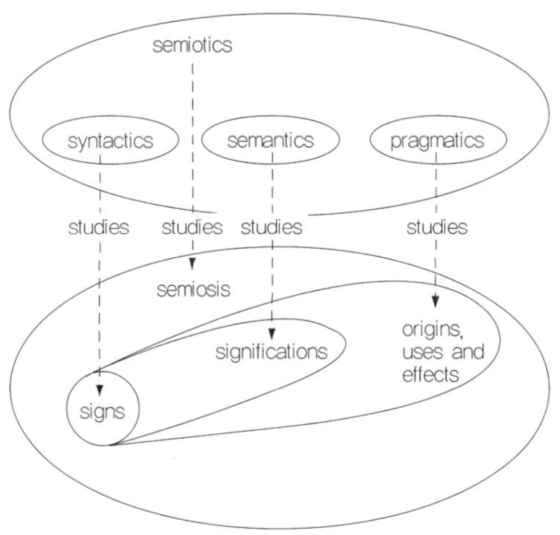

〔그림 3〕 기호학 연구 분야의 구상

① 기호학은 언어적 표현뿐 아니라 모든 종류의 기호를 다룬다.

② 화용론은 화자와 그들의 기호 사용뿐 아니라 모든 종류의 기호 사용자와 기호 사용을 다룬다.

③ 의미론은 의미 작용의 지시적 양상뿐 아니라 의미 표상의 모든 방식을 다룬다.

④ 통사론은 언어들의 음운론 · 형태론 및 통사론, 비언어적 기호체계의 형식적 측면에 대한 분석을 포함한다.[24]

24 Morris, Charles W.(1946), *Signs, Language, and Behaviour*, New York : Prentice-Hall ;

이를 일반화하면, '기호화용론은 기호의 유래와 용법 및 효과를 다루고, 기호의미론은 기호들의 의미 작용을 연구하며, 기호통사론은 다양한 부류의 기호가 복합기호를 형성하는 방식을 연구하는 기호학의 분과'[25]로서 아래의 세 가지 역량을 요구한다.

① 단원적 역량(Ars modularis : 텍스트 성분의 단위 및 가치의 판단)

· 기호형태론(Z-Morphologie) : 기호(Zeichen)의 토대를 이루는 요소, 텍스트의 개념적 단위를 구성하는 인물 · 시간 · 공간 · 배경 · 행위를 조직하는 단위(의미)들을 파악하여 변별성을 가지는 기층 단위와 요소들(Einheiten)을 추출한다.

$Z_{mor} = \{E_1, E_2, \cdots\cdots, E_n\}$.

· 기호의미론(Z-Semantik) : 추출된 단위들에는 해당하는 공동체의 일정한 평가와 가치관이 할당되는데, 이것은 서사구조를 조직하는 건축물의 벽돌에 준한다. 소통을 위한 보편적 심급인 동시에 장애 요인으로도 작용한다.

$Z_{sem} = \{E_1[\text{sem a}: +/-], E_2[\text{sem b}: +/-], \cdots\cdots, E_n[\text{sem n}: +/-]\}$
(sem = 의미 자질 / 변별 특징)

② 조합적 역량(Ars combinationis : 통사론 구성 단위들의 조합과 배열의 적절성)

· 기호통사론(Z-Syntaktik) : 단위들을 결합하여 서사구조로 구성하는 과정은, 밥과 반찬들의 계열체를 재료(구조)로 삼아 밥상이라는 통합체(텍

Braziller(2nd ed.) ; Morris, Charles W.(1971), *Writings on the General Theory of Signs*, The Hague ; Paris : Mouton ; Posner, Roland, Klaus Robering and Thomas A. Sebeok eds.(1997), *Semiotik : Ein Handbuch zu den zeichentheoretischen Grundlagan von Natur und Kultur* 1, Berlin ; New York : Walter de Gruyter, p.6에서 재인용.

25 Morris, Charles W.(1946), 앞의 책 ; Morris, Charles W.(1971), 앞의 책 ; Posners, Roland, Klaus Robering and Thomas A. Sebeok eds.(1997), 앞의 책, p.6.

스트)를 조직하는 과정과 흡사하다. 단위들의 조합에는 음양오행론이나 풍수지리, 골상학(관상학)이나 체질론, 원소론이나 우주론, 이데올로기나 시대의 세계관이 개입한다.

$Z_{syn} = \{E_1 \times \cdots\cdots\ E_2 \times \cdots\cdots E_n\}$(∈, ∋, ∪, ∩, ∧, ∨…… 등의 논리연산자)

③ 수사적 역량(Ars rhetorica : 텍스트의 화용론적 기능과 용도, 목적, 미학과 윤리 등)

· 기호화용론(Z-Pragmatik) : 마지막 층위에서는 만들어질 또는 만들어진 텍스트 전체의 목적, 기능과 용도 및 심미성과 윤리에 대한 판단이 필요하다. 그 역량은 기호체와 사용자 사이의 관계, 권력과 윤리, 논증과 서사 토대로서의 화용구조에 대한 함수관계(F)로서 누가 읽는지, 누구에게 필요한 것인지에 대한 목적 지향적 판단이다.

$K_{prag} = F\{[Z_{mor} \cap Z_{sem} \cap Z_{syn}] \leftrightarrow$ [사용자(목적, 권력, 윤리, 심미성……)]}

이로부터 개념사 연구를 위한 기호학적 의미론 · 통사론 · 화용론의 스펙트럼을 얻을 수 있다.

〈표 3〉 개념사 연구를 위한 기호학적 스펙트럼

상차림의 질서			수평적 통합체(시공간적 · 논리적 근접성) = 문장, 텍스트/담론				
			일상	생일	환갑	제례	접대
수직적 계열체 (등가성 낱말밭)	주식(밥, 빵, 감자 등)		Ⓐ	Ⓑ	Ⓒ	Ⓓ	Ⓔ
	반찬	국	a	b	c	d	e
		반찬 1	α	β	ɣ	δ	Ω
		반찬 2	p	q	r	s	t
		반찬 n	u	v	w	x	y
		음료/후식	(a)	(b)	(c)	(d)	(e)

기본구별	Dressler 1972	Brinker 1985/2001	Morris 1938/1971 (Posner 1997)		Heinemann 2000	Beaugrande/ Dressler 1981
텍스트 내적	Textgrammatik – semantik – thematik (텍스트문법, 텍스트의미론,	Textstruktur grammatisch (텍스트구조)	Syntax (Syntaktik)	조합	formal-grammatisch (형식적/문법적)	Kohäsion(표층결속성)
			Semantik	단위	inhaltlich-	Kohärenz(심층결속성)

	텍스트주제론)				thematisch (내용적/주제적)	Informativität(정보성)
텍스트 외적	Textpragmatik (텍스트문법)	Textfunktion (텍스트기능)	Pragmatik	목적	funktional (기능적)	Intentionalität(의도성)
						Akzeptabilität (수용성/용인성)
					situativ(상황적)	Situationalität(상황성)
						Intertextualität (상호텍스트성)

의미론과 개념사

구조의미론의 예비 구별

언어의 모든 현상이나 모든 텍스트를 연구 대상으로 취할 수는 없다는 취지에서 초창기(1970년대)의 구조의미론〔에우제니오 코세리우(Eugenio Coseriu), 베르나르 포티에(Bernard Pottier), 알지르다스 쥘리앙 그레마스(Algirdas Julien Greimas)〕에서는 어휘의 순수한 영역에 해당하지 않는 현상을 배제하여 연구 대상의 균질성을 확보하고자 했다. 이를 위해 코세리우는 8단계의 예비 구별을 제시했는데, 이것은 이를테면 언어의 우주에서 방향이라도 가늠하기 위한 최소한의 항법 장치인 셈이다.[26]

26 구조의미론에 대한 개괄은 코세리우의 핵심 논문들을 엮어 옮긴 『현대의미론의 이해』〔1997, 허발 옮김, 국학자료원〕; Geckeler, Horst(1971 / 1978), *Strukturelle Semantik und Wortfeldtheorie*, Müchen : W. Fink ; Coseriu, Eugenio(1988b), *Sprachkompetenz : Grundzüge der Theorie des Sprechens*, Tübingen ; Basel : Francke ; Coseriu, Eugenio (1988a), *Einführung in die Allgemeine Sprachwissenschaft*, Tübingen ; Basel : Francke ; Coseriu, Eugenio(1994), 앞의 책 ; www.coseriu.de를 참조했다. 역사와 담론〔Schmidt, Siegfried J.(2003), 앞의 책 참조〕의 맥락에서 형성되는 개념사에 비추어 볼 때, 초창기 구조의미론의 환원주의는 야생을 거세한 온실의미론이라는 비판을 받기도 한다. 우리는 예비 구별에서 배제된 기준들에 대한 상대적인 좌표 설정을 통해 특정한 시점에 배태된 기본 개념의 외연을 추정하고자 한다. 구조의미론에 대한 편람으로는 von Stechow, Arnim ed.(1991), *Semantik : Ein internationales Handbuch der zeitgenössischen Forschung*(Handbücher zur Sprach- und Kommunikationswissenschaft 6), Berlin :

① 사물(Sache)과 언어(Sprache)

대부분의 전문용어(도량형 단위, 법률과 행정의 특수어, 군대나 조직의 계급 · 직급명, 철학용어, 공예나 농업의 용어, 동식물의 분류명)는 일상언어와 다른 방식으로 현실을 조직하며, 대체로 대상 자체의 경계와 일치하는 명칭 목록이다. 양립 불가능성(Inkompatabilität)에 따라 각 항목을 배타적으로 구획하는 전문용어와 달리, 일상언어의 대립은 종종 내포적이며 경우에 따라 부정항(무표항)이 긍정항(유표항)을 함축하기도 한다. 예를 들어 Tag은 Nacht와 대립하지만, Tag+Nacht(낮+밤=하루)라는 대표항의 자격으로서는 Nacht의 개념을 내포한다.

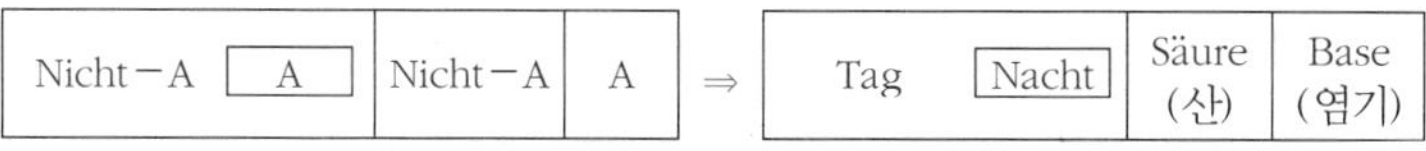

〔그림 4〕 사물과 언어 : 배타성과 내포성

언어 외적 현실에서는 Leiter(사다리)와 Treppe(계단)의 경계가 명확하지만 scala(이), escalera(스), escada(포)에서는 두 낱말이 하나로 통칭되기도 한다. 계통분류학(Kladistik)에서는 개를 사자나 호랑이와 함께 육식동물로 분류하지만,[27] 개별 언어는 오히려 유용/무익, 유쾌/불쾌, 위험/안전, 난폭/온순 등의 코드값, 즉 우리의 관심과 필요에 따라 현실을 분할한다. 코젤렉이 개념사 연구의 맥락에서 주장했듯이 그 주관성 자체가 개별 언어의 구성 요인(Faktor)이며 적어도 해당하는 언어와 역사에서는 객체

Walter de Gruyter 참조.

27 분류학적 절차에 대해서는 『계통분류학의 이해』〔우건석 · 조광선 · 박규택(1997), 서울대학교 출판부〕 참조. 언어학의 입장에서 말하면, 개념사는 언어적/언어 외적(사회적 · 정치적) 변별 특징(외래의소)들에 의해 인도된 어휘들의 통시적 변천사로 정의될 수 있다.

적인 지표(Indikator)가 된다.

② 대상언어(Objektsprache)와 메타언어(Metasprache)

논리학의 구별〔알프레드 타르스키(Alfred Tarski)〕에 따르면, 대상언어(1차 언어)란 언어 외적 현실을 지칭하는 언어인 반면, 메타언어(2차 언어)는 언어 자체를 지시 대상으로 삼는 언어이다. 문장 "Der Wolf hat das Lamm verschlungen" 전체는 대상언어지만, "'Wolf' wird '[vɔlf]' ausgesprochen"에서 Wolf 부분은 메타언어로 사용된 실체사이다. 코세리우는 연구에서 그러한 '말하기의 메타언어'는 제외한다. 그러나 mot(낱말) · parole(말하기) · discours(담론) 같은 개념들은 개별 언어에서 구조화되며, 개념사의 특정한 영역을 형성하기 때문에 연구 대상에 부합한다.

③ 공시태(Synchronie)와 통시태(Diachronie)

언어체계는 통째로 변하는 것이 아니며, 부분들의 소체계가 변화하는 가운데 점진적으로 변형된다. 그 소체계들이 '구조의 공시태'이며, 그것들이 같은 시점에서 기능하는 전체가 '언어의 공시태'이다. 코세리우는 "언어는 통시적으로 형성되면서 공시적으로 존재한다"라는 소쉬르의 정리에 준하여, 어떤 언어 상태라도 엄밀하게 공시적이지는 않으며 공시태에는 늘 통시적 요소가 침투해 있다고 지적한다. 예컨대 이탈리아 방언의 고풍스러운 말투에서는 sentire(느끼다)와 udire(듣다)를 구별하는 반면, 평범한 사람은 sentire(느끼다+듣다)만으로 표현한다. 그렇다면 개념사의 과제는 공시태 속에서 통시태의 흔적을 발견하는 것이 된다.

④ 말하기의 기량(Technik)과 반복된 말투(Rede)

'말하기의 기량'이란, 화자가 자유롭게 구사하는 어휘 및 문법적 단위(어휘소 · 범주소 · 형태소) 및 문장에서 그것들을 변형 · 생성 · 이동 · 삭제 · 결합하는 조작을 뜻한다. '반복된 말투'란, 전통적으로 표현 · 문구 · 성구로 굳어진 것으로서 공시태 속에 남아 있는 통시태의 잔해이다. 이때 반복된 표현 전체가 낱말과 등가 관계이며 역사의 일정한 시기에 출현하면서 '설명 · 논증 · 명령 · 계약 · 감사 · 비난 · 선언 · 포고 · 명령' 등의 책무를 이행(履行)하는 순간, 그것의 발화는 역사적 사건으로서 '성립한다(실효성을 획득한다)'. 개념사는 구조의미론에서 배제된 바로 그 영역을 포괄한다.

⑤ 언어의 구축(Architektur)과 구조(Struktur)

에우제니오 코세리우는 말하기의 기량을 다시 '역사적 언어(Historische Sprache)'와 '기능적 언어(Funktionelle Sprache)'로 구별한다. 역사적 언어란 독일어, 프랑스어처럼 개별 언어를 뜻한다. 역사적 언어는 결코 유일한 언어체계가 아니며 통체계(Diasysteme), 즉 서로 공존과 간섭을 주고받는 언어체계의 총체이다. 그 차이는 상이한 공간에서 생기는 통지역적(diatopisch) 차이, 사회적 · 문화적 계층 간 통계층적(diastratisch) 차이, 표현 양식의 유형에 따른 통양식적(diaphasisch) 차이이며, 이것들에 상응하여 전반적인 단일성을 유지하는 기술은 공지역적 기술로서의 지역어(사투리와 지방어), 공계층적 기술로서의 사회적 · 문화적 언어 수준(표준말과 중류층 또는 일반 대중의 언어 등), 표현 목적에 따른 공양식적 기술로서의 언어 문체(일상어 · 장중한 언어 · 친근한 말 · 시적 언어 · 산문 언어)이다. 세 관점에서 동질적인 말하기의 기량, 즉 한 언어 공간의 어느 하나의 지점 · 수준 · 양식에서만 관찰된 말하기 기량의 정수를 코세리우는 '기능적 언어'로 정의한다. 기능적 언어의 기량을 형성하는 요소가 '언어구조'라면, 역사적 언어 안에 공존하는 말하기의 기량에 침투한 관계들의 총체는 '언어 구축'이다.

⑥ 체계(System)와 관용(Norm · 규범)

기능적 언어는 한편으로 (i) 실현의 층위에서, 다른 한편으로 잠재적 기량의 세 면 즉 (ii) 관행(규범), (iii) 체계, (iv) 유형의 층위에서 작동한다. 말하기(Rede)는 소쉬르가 정의한 파롤에 해당하고, 관행(규범)과 체계는 랑

그(lange)에 상응한다. 코세리우는 추상도가 한 단계 낮은 관행(규범) / 층위를 설정함으로써 개별 언어에 체계와 관행을 한편으로 개체의 '말하기'에 대치시키고 있다. 체계와 관행이 넓은 뜻의 문법/통사론에 해당한다면, 말하기의 학문은 이른바 '담화/텍스트언어학(Diskurs- & Textlinguistik)'에 해당한다.

〈표 4〉 기능적 언어의 요건

기능적 언어	잠재적 기량	유형(Typus)	유형학
		체계(System)	어휘소론
	실천된 기량	관행(Norm · 규범)	문법(통사론)
		말하기(Rede)	텍스트언어학

⑦ 의미(Bedeutung), 지시(Bezeichnung) 및 의의/전의(全義 · Sinn)

의미와 지시 및 의의는 공히 관계 개념이다. 의미란 언어기호의 내용(기의)끼리의 관계(i)이며, 지시란 언어기호와 그 준거 토대인 서술된 현실(세계) 사이의 관계(ii)이다. 의의란 문맥(Kontext · 텍스트)과 맥락(Kotext · 상황) 속에서 궁극적으로 결정되는 사용값(iii)이다. 원칙적으로 의미 관계만 구조화할 수 있고 지시 관계는 구조화할 수 없다. 그렇다면 개념사의 과제는 (기표에 기의를 할당하는) 어의론(Semasiologie)과 (기의에 기표를 할당하는) 명칭론(Onomasiologie)을 번갈아 가면서 '사실사(Sachgeschichte)'를 분별하는 가

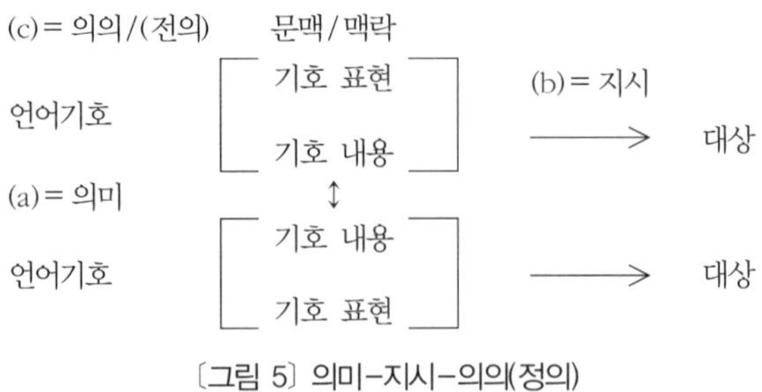

〔그림 5〕 의미-지시-의의(정의)

운데 진정한 의미 변화를 재구성하는 것이다.

⑧ 어휘적(lexikalische) · 범주적(kategoriale) · 수단적(instrumentale) · 구조적/통사적(grammatische) · 존재적(ontische) 의미

'어휘적 의미'는 세계를 언어적으로 파악한 실질(Substanz)에 상응한다. warm(따뜻한)－Wärme(온기)－erwärmen(데우다)의 계열에서 '따스함'의 동일성을 유지하며, 하나의 전체로서 kalt(찬)－Kälte(냉기)－erkälten(식히다)이라는 '차가움'의 계열과 구별된다. '범주적 의미'는 세계를 파악하는 (명사, 형용사, 동사 등) 범주에 상응한다. warm과 Wärme는 동일한 어휘적 의미를 갖지만 범주적 의미가 상이하며, warm과 kalt의 범주적 의미는 동일하지만 어휘적 의미는 상이하다. '수단적 의미'는 형태소의 의미로서, Tische(책상)의 -e는 복수화라는 의미를 가지며, der Mensch(사람)의 der는 지정이라는 의미를 가진다. '구조적(통사적) 의미'는 단수 · 복수 · 능동태 · 수동태 · 완료태 · 미완료태 같은 문장에서 드러나며, '존재적 의미'는 긍정 · 의문 · 명령처럼 문장으로써 지시된 사태의 존재적 가치이다.

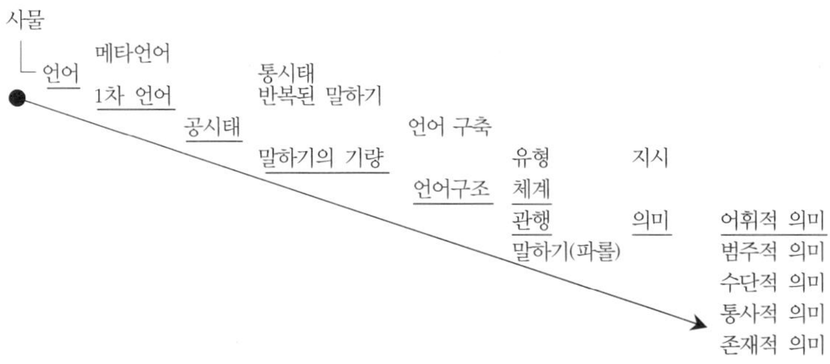

〔그림 6〕 의미 연구를 위한 예비 구별

8단계의 예비 구별을 순차적으로 도시하면 위와 같다. 밑줄 친 부분은 구조의미론에서 일차적인 연구 대상으로 삼았던 부분이다. 한편 개념사

연구는 정치적 · 사회적 역사성을 발휘하는 텍스트 발화와 그 적실성까지 포괄하는 한층 광범위한 과업을 가지는 셈이다.

낱말밭

어떤 어휘(개념)라도 독자적으로 성립하는 게 아니라 인접 단위들과의 관계망에서 그 값이 판명된다는 낱말밭 이론의 준칙에 따르면, '개념'의 일차적인 확인 장소는 어휘들의 계열체인 '낱말밭'이며, 연상 가치는 '문장'과 '텍스트' 그리고 궁극적으로 '담론과 역사'에서 판정되어야 한다.

> 유사 개념 및 반대 개념에 관련하지 않거나 보편 개념 및 특수 개념에 할당하지 않거나 두 표현 사이의 중첩을 기록하지 않고서는, 한 낱말의 위치 가치를 사회적 구조나 정치적인 전선의 위치에 대한 '개념'으로서 규명하는 것은 불가능하다.[28]

이를 위해 에우제니오 코세리우는 다음의 기본 원리를 출발점으로 낱말밭의 실존을 확인한다.[29]

① 기능성(Funktionalität) : 기능성의 원리는 언어 자체의 실질, 즉 언어

28 Koselleck, Reinhart(1978), 앞의 논문, p.32.

29 언어학자 라이언스[Lyons, John(1977), *Semantics* 1-2, Cambridge : Cambridge University Press]는 낱말밭을 판별하는 '배타율(排他律) 테스트'를 제안했다. "This rose is red and yellow"(×)라는 문장이 성립하지 않으면, red와 yellow는 동일한 낱말밭에 속한다. 반면에 "This rose is red and beautiful"(○)처럼 문장이 성립하면, red와 beautiful은 상이한 낱말밭에 속한다. 조어론적 규칙에 따라 생성된 이차적 구조(합성어, 파생어, 복합어 등)도 개념사 연구에서 중요하다. 이를테면 Bastille(바스티유 감옥)라는 어근에서 파생 · 합성된 bastillé(형용사), Bastillables(바스티유에 들어갈 후보자), Embastillement[수감(收監)], Basteur(간수), Bastillerie(감옥의 잔학상), Bastillage(교정 정책) 등을 참조.

단위의 실존에 관계하는데, 한 언어 자체에서 기의와 기표의 연동을 통해 성립하는 그것이 바로 기능 단위다.

② 대립(Opposition) : 어휘 단위들은 일차적으로 대립에 의해, 즉 서로를 배타적으로 구별하는 변별 특징에 의해 존재한다. 어느 한 단위가 단위로서 존재한다면, 동일한 언어 안에서 적어도 하나의 다른 단위가 존재하는데, 대립은 해당하는 단위가 공통점/차이점을 가지는가의 여부에 좌우된다.

③ 체계성(Systematizität) : 체계성의 원리란 동일한 차이가 한 언어체계 안에서 반복 출현함으로써 동일한 대립 관계들의 계열이 형성되는 예측에 관련한다.

④ 중화(Neutralisierung) : 한 언어에 존재하는 대립은 경우에 따라 중지될 수도 있다. 이때 해당하는 대립의 어느 한쪽이 대립 자체를 성립시키는 공통의 기저 가치를 떠맡을 때, 그것이 바로 '중화'이다.

네 가지 원리를 적용하여 하나의 의미 영역, 즉 낱말밭이 확보된다. 낱말밭이란, 하나의 공통된 의미 영역을 서로 나누며 그 결과 서로 대립하는 어휘적 단위들로 구성되는 계열적 구조로서, 예컨대 "J'ai été à Mayence pendant deux……〔나는 2(……) 동안 (독일) 마인츠에 있었다〕"라는 연쇄체의 일정한 위치에서 선택될 수 있는 낱말들의 계열은 '지속 시간'이라는 공통의 의미 영역을 분할하면서 대립하는 heure(시간), jour(일 · 하루), semaine(주), mois(달), an(해 · 년)일 것이다. 역사적 맥락에서는, 지리멸렬한 분열을 넘어 영방(領邦)국가(Territorialstaat)를 거쳐 '연방(聯邦)'으로 발전하는 독일 근현대사에서 Allianz, Bündnis, Bund, Einigung-Bund, Bund-Bündnis, Union-Liga, Föderalismus를 포함하는 '국체(國體)'의 낱말밭 그리고 이와 마주 보는 대립 개념들(정치적 전선, 종교적 · 사회적 집단)이 개념사 연구의 영역, 이른바 기본 개념들의 계열이 형성된다.

이때 그 계열, 즉 낱말밭에서 하나의 어휘로 표현된 단위가 어휘소(Lexem)이며, 특정한 어휘소를 구성하는 의미 변별 특징은 의(미)소(Seme)이다. 어떤 어휘소가 낱말밭 전체와 일치할 때 그것은 원어휘소(Archilexem = Hyperonym : 대표어휘소)이다. 원어휘소는 낱말 사이의 대립에 의거하여 '주일'이나 '지방'의 낱말밭을 대표하는데, 그것보다 더 상위의 대립 기준이 나타날 경우 기존의 낱말밭은 종결되고 상위의 '월/년'이나 '국가' 층위로 경계가 이동한다. 하위의 대립 기준이 나타날 경우, 기존의 낱말밭은 〔하위 어휘소들(Hyponyme)로 구성된〕 작은 밭들('초/분' 또는 '동네')로 분열한다. 이 과정은 단위로서 인식되지 못하던 잡다한 어휘들의 집합이 낱말밭의 상위 개념(원어휘소) 또는 집합단수(Kollektivesingular)의 지휘하에 일련의 구조로 응집되며, 이를 기반으로 분지와 재분지가 작동하는 기본 개념의 역사에서도 관찰된다.

낱말밭을 의미소(Sem)로 분석하는 미시적인 방법론은 코세리우가 로만 야콥슨(Roman Jakobson)에게 헌정한 논문 「구조적 의미론의 이전사(Zur Vorgeschichte der Strukturellen Semantik)」에서 준거로 삼은 19세기 언어학자 하이제(Karl Wilhelm Ludwig Heyse)가 분석한 '소리(Schall)'의 낱말밭과 그로부터 변별 특징을 추출하는 과정에서 유래한다. 낱말밭 Schall(소리)의 의미소들을 성분 분석하고 대립구조를 도시하면 다음과 같다.

〈표 6〉 의미 성분 분석의 개요

변별 특징 / 어휘소	(a) 들을 수 있는	(b) 자기 활동적으로 만들어지는	(c) 전파되는	(d) 반사되는	(e) 균질적인	(f) 조절된
Schall(소리)	+	○	○	○	○	○
Laut(음성)	+	+	○	○	○	○
Hall(공명)	+	−	+	○	○	○

Widerhall(메아리)	+	−	+	+	○	○
Klang(울림)	+	−	−	○	+	○
Geräusch(소음)	+	−	−	○	−	○
Ton(음조)	+	−	−	○	+	+

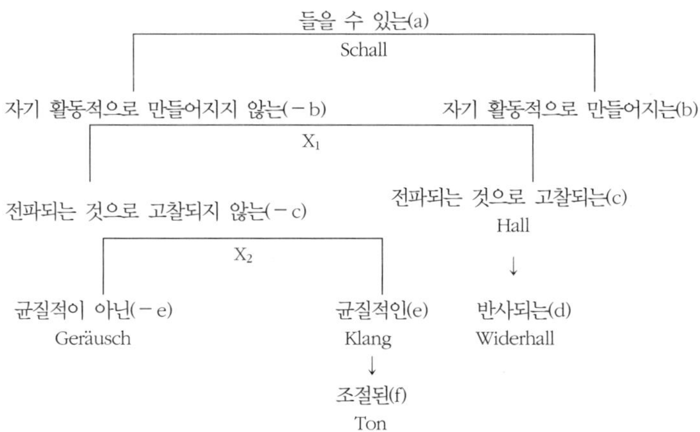

〔그림 7〕 수형도로 도시한 의미 성분

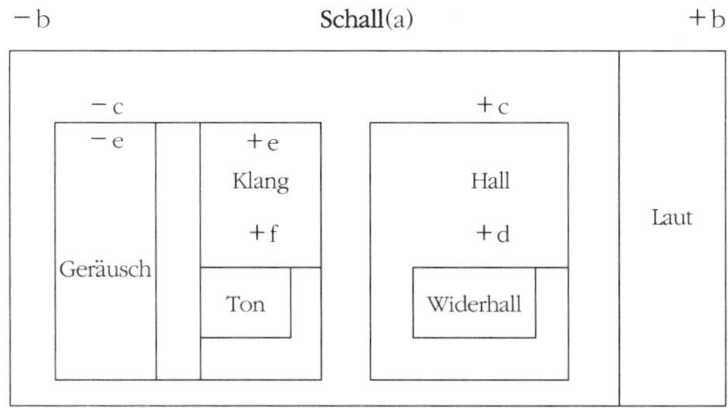

〔그림 8〕 개념 지도로 도시한 의미 성분

이때 Schall은 다른 모든 어휘소에 공통된 변별 특징(a)으로만 정의되기 때문에, 낱말밭 전체〔유(類)〕의 원어휘소이다. Hall은 다시 Widerhall에 대해,

Klang은 Ton에 대해 원어휘소가 된다. Widerhall은 Hall의 내용 전체(a−b+c)와, Ton과 Klang의 내용 전체(a−b−c+e)를 포함하기 때문이다. 한편 원어휘소(a−b)와 (a−b−c) (X1과 X2)의 절점은 독일어에서 어휘소(Lexem)로는 실현되지 않았는데, 말하자면 기의는 있지만 이에 대한 기표가 할당되지 않는 경우이다. 앞의 결과를 시각적으로 하나의 다이어그램으로 압축할 수 있다(그림 8).

내재의소와 외래의소

한편 코세리우의 초창기 구조의미론에서는 언어 내적 변별 특징에 국한함으로써, 역사 속에 실존하는 텍스트들에서 구사된 '개념'을 분석할 때 한계를 노출한다. 이를 보정하는 단서를 프랑스 언어학자 프랑수아 라스티에(François Rastier)에서 볼 수 있다. 그는 언어 자체에서 유래하지 않으면서도 텍스트의 해석에 개입하는 의소, 즉 외래의소를 텍스트의미론(Textsemantik)에 도입함으로써 개념사 연구에 의미심장한 진일보를 제시한다.[30]

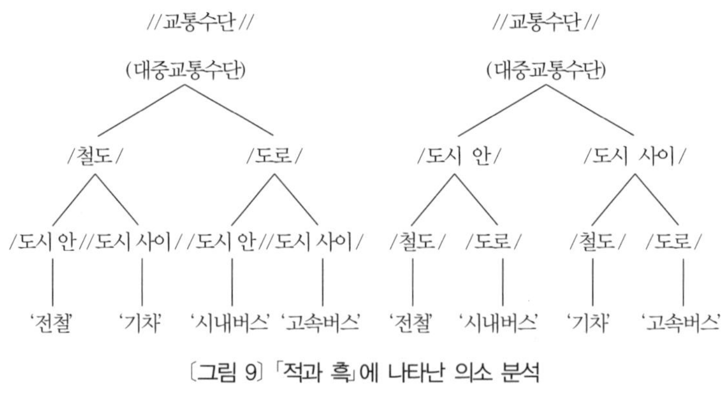

〔그림 9〕「적과 흑」에 나타난 의소 분석

30 최용호(2004), 『텍스트의미론 강의』, 인간사랑, pp.75~89 참조.

① 내재의소(inhärente Seme · Denotation)와 외래의소(affärente Seme · Konnotation) : 의소(Sem)는 언어에 내재하는 내재의소와 언어 외적 맥락으로부터 고의적이든 무의식적이든 유입되는 외래의소로 나뉜다.

〈표 7〉 의미 구성 요소와 표상 영역

층위	전형적인 구성 요소	체계성의 유형	표상 영역
I	내재의소	기능적 체계	협의의 (구조)언어학
II	사회적으로 규범화된 외래의소	사회어	역사어휘론
III	지엽적인 외래의소	개인어	텍스트(의미론) 분석

② 종속(種屬)의소(generisches Sem=Archisem)와 종차(種差)의소(spezifisches Sem=Sem) : 종속의소(//교통수단//)는 일정한 종(밭의 차원) 자체를 성립시키는 의소이며, 한 영역을 주도하는 어휘밭을 대표하는 원어휘소 또는 기본 개념과 유사하다. 종차의소(/도로/, /철도/ 등)는 하나의 종을 분화하여 하위 영역들로 가르는 의소이다. 거시 층위의 '영역(Domäne)'이나 '차원(Dimension)'은 '생활세계'나 '기능체계들(funktionale Systeme)'에 준한다.

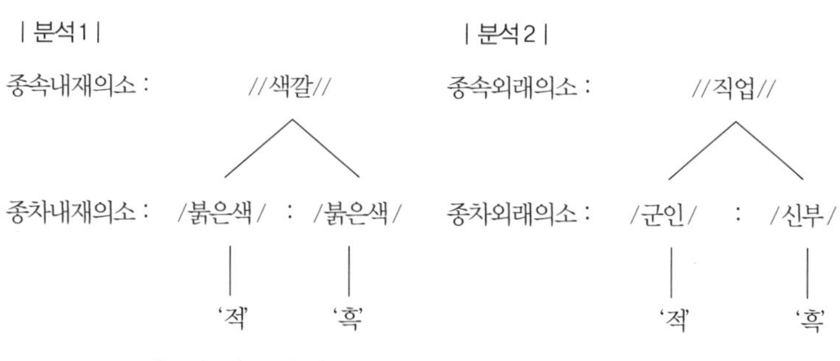

〔그림 10〕 종속의소와 종차의소, 내재의소와 외래의소

한편으로 어휘밭의 종 자체를 가르는 내재적 기준과 외래적 기준에 따라, 다른 한편으로 그렇게 분할된 종차 영역들 안에 다시 내재적 기준과

외래적 기준에 따라 교차 적용하면, 종속내재의소(generisch-inhärente S)/종속외래의소(generisch-affärente S)와 종차내재의소(spezifisch-inhärente S)/종차외래의소 (spezifisch-affärente S)로 세분된다. 코세리우의 구조의미론과 비교해 볼 때, 라스티에의 텍스트의미론은 의소를 종속/종차 및 내재/외래의 넷으로 나누어 텍스트 분석에 유연한 여지를 제공한다. 이러한 원근법에서는 동일한 왕이라도 König(왕), Kaiser(황제), Feldherr(군통수권자), Freiherr (선제후)를 가르는 '언어적 의미'와 '역사적 개념' 사이의 괴리를 감지한다. 다른 예로 그리스·로마의 국가제도를 이식한 중세의 국가 이론에서는 두 겹의 삼분법(doppelte Trichotomie)[31]을 볼 수 있다.

〈표 8〉 '왕'에 대한 두 겹의 삼분법

평가 / 변별 특징(의소)	긍정적인 왕정	부정적인 왕정
virtus(덕성)	regnum[rex iustus(정의로운 왕)/ vs. rex iniquus(불의한 왕)]	tyrannis[참주(僭主)]
fortuna(재력)	aristocratia(귀족제)	obligarchia[과두제(寡頭制)]
caritas(자비심)	democratia(민주제)	politia(군주제)

원형

한편 롤프 라이하르트(Rolf Reichardt)는 개념사 연구의 정밀성을 확보하는 방편으로서 낱말밭의 실존을 입증하기 위해 1770~1814년 사이의 프랑스어→독일어 번역서에서 Revolution 표제어의 통계적 추이를 확인하고, 1630~1819년 사이에 프랑스어의 honnête homme(정직한 인간)에 대한 어휘들을 29개의 문서에서 추출한 바 있다.[32] 이때 특정한 시기에 특정한 어휘가

31 Schulze, Hans K.(1978), 앞의 논문, p.254.

32 Reichardt, Rolf(2000), "Wortfelder Bilder-semantische Netze : Beispiele interdiszipli-

많이 출현할수록 주도 개념으로서 각인되는 원형성(das Prototypische)이 추정된다.[33]

코젤렉의 초기 이론에서 기반으로 삼았던 구조의미론보다 한층 유연한 탈위계적 원형의미론은 인지심리학자 엘리너 로시(Eleanor Rosch)의 '원형(Prorotype · 原型)' 개념에서 출발한다. 예컨대 '새'라는 개념 범주에서, 독일(유럽)의 경우에는 Rotkehlchen(작은부리울새)가 중심에 따라서 원형에 가장

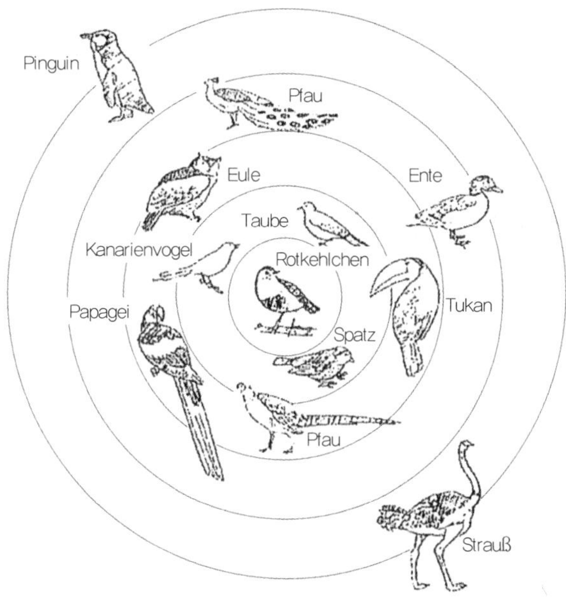

〔그림 11〕 원형의미론(새)

närer Quellen und Methoden in der Historischen Semantik," in Gunter Scholtz ed., *Die Interdisziplinarität der Begriffsgeschichte*, Hamburg : Felix Meiner, pp.113 ff 참조.

33 Bastille 개념밭을 설명한 사례는 익히 알려져 있다〔Reichardt, Rolf(2000), 앞의 논문, p.121 ; 김학이(2009), 「롤프 라이하르트의 개념사」, 박근갑 외, 『개념사의 지평과 전망』, 소화 ; 고지현(2010), 「일상개념연구 : 이론 및 일상방법론의 정립을 위한 소론」, 『개념과 소통』 제5호 참조〕.

근접하며, 그 바깥에 Taube(비둘기) · Spatz(참새) · Kanarienvogel(카나리아) · Papagei(앵무새) · Eule(부엉이) · Pfau(공작새)가 위치하며, 변두리로 갈수록 Tukan(코뿔새) · Pinguin(펭귄) · Strauß(타조)가 위치한다. 이때 원형성이 높을수록(즉 중심에 가까울수록) '새'의 변별 특징인 /부리/ · /다리/ · /깃털/ · /날개/ · /비행 능력/ · /부화/ 등이 전형적으로 각인되는 반면, 원형성이 낮을수록(즉 중심에서 멀어질수록) 그 자질들은 우선적으로 활성화되지 않는다. 원형성은 개별 언어나 문화권마다 심지어 개인마다 차이가 있으며, 변별 특징(Sem)의 위계적 · 논리적 조합을 기준으로 낱말밭을 분석하는 구조의미론과 달리, 의미를 인지(Kognition)의 작동이라는 관점에서 회상(recall)과 선호(preference)에 따라 활성화되는 심상적 원형(mental prototype)으로 간주한다. 의미의 인지는 구조적 질서에 앞서 파문(波紋)처럼 작동하면서 지식, 감정, 의지에 따라 변동하는 주름을 남긴다. 그러나 원형의미론은 구조의미론을 부정하지는 않으며, 의미를 인지 주체의 심상 과정(mental process)에서 조명하려는 것이다.[34] 구조의미론이 원어휘소를 정점으로 어휘소의 의미를 낱말밭의 위계구조와 대립 속에서 재구성하는 것이라면, 요컨대 원형의미론은 틀(frame=slot)을 채우는 데 인지적으로 선호되는 회상(recall)과 기술(filler)을 활성화시키는 심상 과정에 주목하자는 것이다. 예컨대 'Demokratie(민주주의)' 개념을 질문(slot=frage), 즉 틀[마빈 민스키(Marvin Lee Minsky) · 로저 섕크(Roger C. Schank) · 로버트 아벨슨(Robert P. Abelson)의 frame-theory, 찰스 필모어(Charles J. Fillmore)의 scenes & frame-semantics][35]과 그것을 채

34 Kilian, Jörg(2003), "'Demokratie' als Merkwort der Nachkriegszeit : Linguistische Bergriffsgeschichte im Zeichen der kognitiven Semantik," in Carsten Dutt ed.(2003), *Herausforderungen der Begriffsgeschichte*, Heidelberg : Unversitätsverlag Winter, pp.108~109 참조.

35 Kilian, Jörg(2003), 앞의 논문, p.110 참조.

우는 언어적 설명/묘사/기술(filler=description)의 관계로 조명하면, 원형의미론의 쟁점은 구조의미론의 문제 제기와 사뭇 달라진다.

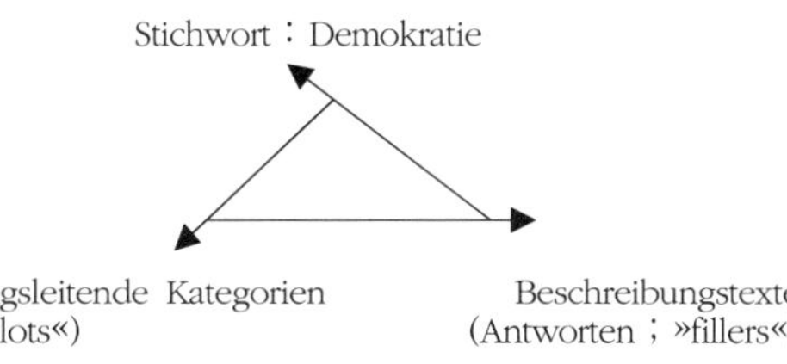

〔그림 12〕 프레임과 원형 의미

어휘의 의미 성분들은 개념적 위계질서에 앞서 주체의 인지구조에 연계되는데, 이때 어휘와 결부된 개별적 경험으로 설명이 충족되지 않는 한 인지틀을 채우려는 추론은 계속 작동한다. 이를테면 제2차 세계대전 후 Demokratie 개념은 Wahlen(선거), Koalitionsregierung(연립정부), Mehrheitsverhältnisse(다수결), Regierungskrisen(정권 위기), Formaldemokratie(형식적 민주주의)의 변인에 노출되면서 새로운 원형들로 충전된다.[36] 킬리안(Jörg Kilian)은 Demokratie를 중심으로 (낱말밭의 위계구조와 다른) 원형적 관계망으로 연결된 낱말가족/낱말밭의 6가지 원형 범주를 추출했다.[37]

① 현상 형식(Erscheinungsformen) : 새로운 민주주의로써 도달하려는 상
② 구획(Abgrenzung) : 정치적 이념적인 배타 대립
③ 가치질서(Werteordnung) : 이데올로기의 가치관
④ 전제 조건(Voraussetzungen) : 현상 형식을 실현하기 위한 인적 조건

36 Kilian, Jörg(2003), 앞의 논문, pp.110~111.
37 Kilian, Jörg(2003), 앞의 논문, pp.113~117 참조. 원형의미론에 입각한 분석의 상세한 내용은 Kilian, Jörg(2003), 앞의 논문, pp.110~117 참조.

⑤ 한계와 위험(Grenzen-Gefahren) : 금지되는 사항들

⑥ 보호(Sicherungen) : 민주주의가 지켜 주어야 할 대상

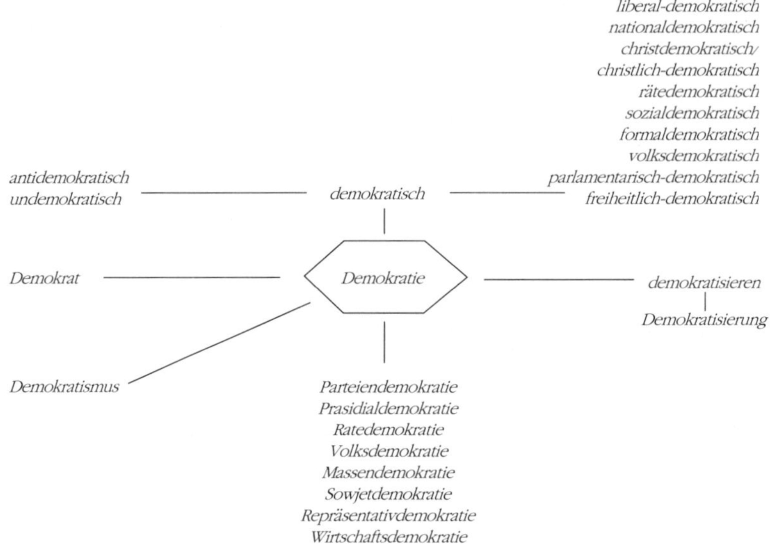

〔그림 13〕 Demokratie(민주주의)의 원형 범주

기본 개념 : 메타언어와 집합단수

개념밭을 좌우하는 원동력은 결국 현실 세계에서의 실천이다.[38] 일찍이 그 점을 강조했던 코젤렉의 고전적인 정의를 인용해 보자.

> 일반적인 개념들과 달리 기본 개념은 정치적 · 사회적 어휘의 벗어날 수 없는, 대체될 수 없는 부분이다. ……기본 개념은 주어진 시대에 가장 긴급한 의제

38 Stierle, Karlheinz(1978), "Historische Semantik und die Geschichtlichkeit der Bedeutung," in Reinhart Koselleck ed., *Historische Semantik und Begriffsgeschichte*, Stuttgart : Klett-Cotta, p.159 참조.

를 정식화하는 데 불가결해지는 방식으로 경험과 기대를 다층적으로 결합시킨다. 따라서 기본 개념은 고도로 복합적이다. 기본 개념은 늘 논란의 여지가 있으며 검증되어야 한다. 이를 통해서 기본 개념은 역사적으로 의미를 가지며, 자신을 순수한 기술적 전문용어들과 분리시킨다. (갑자기 출현했다가 사라지고 다시 출현했다가 변형되고 때로는 급속하게 때로는 완만하게) 상당히 긴 시간대에 걸쳐 지속해 온 최소한의 기본 개념이 없다면 그 어떤 정치적 활동, 사회적 행위도 불가능하다. 따라서 그런 개념들은 사회의 상이한 계층들에서 그들의 다층적 의미들, 내적 모순들 및 변화하는 응용 결과를 분류하기 위해서 해석되어야 한다.[39]

구조의미론의 시각에서, 기본 개념이란 개별 언어의 메타언어라는 속성을 바탕으로 하나의 개념밭을 대표하는 원어휘소 또는 어휘 영역의 대립 자체를 성립시키는 차원(Dimension)에 근접한다. 전형적인 사례가 이른바 말안장시대에 복수형으로 쓰이던 기존의 명칭들이 일반 개념으로 집합단수(Kollektivesingular)가 되며 또한 '-ismus' 계열의 복합어(메타언어)가 증가하는 현상이다. 예컨대 'Geschichte'는 당시 영주 · 국가 등 개별 주체의 이야기와 묘사 등 잡다한 사태의 나열로서만 존재했으며, 따라서 Geschichten(이야기들)이라는 복수로 표현되었다.[40] 즉 존재하는 것은 단위성(Einheit)을 획득하지 못한 천방지축의 'Geschichten'[41]뿐이다. 그런데 이 Geschichte가 정치

39 Koselleck, Reinhart(1996), "A Response to Comments on the *Geschichtliche Grundbegriff*," in Hartmut Lehmann and Melvin Richter eds., *The Meaning of Historical Terms and Concepts : New Studies on Begriffsgeschichte*, Washington, D.C. : Gernman Historical Institute, pp.64 ff.

40 Koselleck, Reinhart(2003), "Die Geschichte der Begriffe und Begriffe der Geschichte," in Carsten Dutt ed., *Herausforderungen der Begriffsgeschichte*, Heidelberg : Unversitätsverlag Winter, pp.14~15.

41 Orth, Ernst Wolfgang(1978), 앞의 논문, p.138.

화되고 시점화를 지향하면서 '객관적 소여(res gestae)'로서의 Historie와 '이야기된(서술된)/기술된 이야기'로서의 Geschichte가 분지된다.[42] 그 시점은 바로 루만이 말한 '사회적 체계들의 독립 분화', 즉 '기능적 분화(funktionelle Differenzierung)'가 이루어진 근대와 일치한다. 더욱이 이 새로운 역사(Geschichte) 개념은 자기를 기술하는 메타언어의 자격으로 Theorie der Geschichte(역사 이론), Philosophie der Geschichte(역사철학), Logik der Geschichte(역사 논리)의 계열을 확립시켰다. 예술(Kunst)에서도 흡사한 과정이 목격되었다.

> 18세기에는 예술체계의 단일성(Einheit)에 대한 성찰이 최초로 쟁점화된다. 그때까지는 주로 '예술들(Künste/artes)'이라는 복수형을 사용했으며, 개별적으로는 시문학 같은 특정한 예술 장르에 대한 성찰을 추구했다. ……독립 분화를 다룬 장에서 보았다시피, 내부 경계와 외부 경계 사이의 명확한 관계, 즉 단위로서 성찰될 수 있는 하나의 예술체계란 여전히 존재하지 않았다. 다른 한편으로 그 상이성 속에 동일성이 보존되어 있었는데, 그 이유는 이론을 명상하는 지식과 달리 예술가의 재능은 일종의 실용 지식에 불과했기 때문이다. 이런 입장은 18세기 후반에 와서야 바뀐다. 학문뿐 아니라 도덕에 대해서도 (예술의) 경계가 획정되며, 천부적인 예술적 상상력의 평가절상에 관여하는 영역이 바로 단위(Einheit)로서 쟁점화된다. 하지만 모방이라는 낡은 원리는 더 이상 유지될 수 없다. 또는 적어도 모방과는 다른 더 나은 원리가 있는지 자문하게 되었다. 그 원리는 바로 외부를 향한 하나의 차이일 것이며, 체계의 경계 횡단이 될 것이다. 그 원리는 이제 고유의 구별들로써 작업하며 그 구별들의 동일성(Einheit)을 따지기 시작한다. 따라서 예술(어쨌든 자연을 기준으로 예술을

42 Bödeker, Hans Erich(2002b), "Reflexionen über Begriffsgeschichte als Methode," in Hans Erich Bödeker ed., *Begriffsgeschichte, Diskursgeschichte, Metapherngeschichte*, Göttingen : Willstein Verlag, p.81 참조.

바라보는 관점)에 대해 전형적으로 성립하는 하나의 영역을 감당하는 것이 중요한데, 바움가르텐 이후로는 그런 방식으로 추진하는 노력을 '미학(Ästhetik)'이라고 명명한다.[43]

총체적으로 볼 때 개념들의 민주화 · 시점화 · 이념화 및 정치화가 진행되는 말안장시대, 계몽주의 그리고 18세기 이후 왕정을 극복하려는 시기에 기본 개념들은 여러 사회적 체계들(Soziale Systeme : 법 · 정치 · 경제 · 과학 · 예술 · 교육 등)로 파급되며[44] 그 과정에서 귀족은 엘리트에 의해, 농민은 경제학자에 의해, 공방 기술자는 예술가에 의해, 연금술사는 과학자에 의해, 노동자는 회사원에 의해, 왕정은 기능적 사회(의회 · 정당 등)에 의해 축출된다.

기본 개념의 (역사적) 책무

개념을 역사적 운동의 지표이자 요인으로 간주하는 코젤렉의 정언에는 '역사를 실체 속성(entity)으로 고착시키는 않을까'라는 우려가 있다. 물론 그는 개념과 세계 사이에서 '낱말과 사태가 서로를 지시한다', (양자는) '서로 조응한다', '서로 긴장 관계를 이루지만 서로의 내부로 잠입하지는 않는다'는 말로써 양자의 교차 준거를 지적한 바 있다. 언어는 역사적으로 규정되었고 동시에 모든 역사는 언어적으로 규정되었다는 것이다. 그런데 역사적 사실을 과연 일상생활의 사물처럼 해석할 수 있는가? Bürger, Adel, Freiheit 같은 대상/사태가 실존하는가? 개념은 오히려 행위적 현실로서 언어와

43 Luhmann, Niklas(2012), *Die Kunst der Gesellschaft*, Frankfurt : Surkamp, p.440.

44 Faschismus, Demokratismus, Kommunismus, Konservatismus, Liberalismus, Nationalismus, Nationalsozialismus, Patriotismus, Republikanismus, Sozialismus, Zionismus 등이 있는데 (공산당 선언에도 불구하고) Kommunismus처럼 보편적으로 이행되지는 못하고 기대 개념(Erwartungsbegriff)에 멈춘 사례도 있다.

외부세계를 연결하는 교량에 비유되어야 한다. 기본 개념은 '습관적으로 굳어진 사고의 암호 또는 약칭'[45]이자 담론의 결정핵(結晶核 · Kristallisationskerne)으로서, '역사의 텍스트성'과 '현실의 사회적 구성의 장소'[46]를 중개하는 가운데 수단과 대상을 합치시키기 때문이다.

> 하나의 개념은 하나의 동일한 사태를 지칭하는 개별 용어의 그런 의미들이 그것의 단순한 지시 기능을 넘어 그 관계 속에서 결속되고 성찰될 경우에 존재한다. ……낱말로부터 사태로의 그리고 거꾸로 사태로부터 낱말로의 진부한 순환 추론은 중단된다. 낱말과 사태 사이에는 긴장 관계가 있다. ……어휘 의미와 사태의 변화, 상황 변화 및 새로운 명명으로의 강요는 제각기 상이한 방식으로 서로 조응한다.[47]

기본 개념이 역사적 인식 자체를 구성하는 기능으로서 세계를 '정돈하는 상이한 잠재력(Ordnungspotential)'을 규명하려면, 관심이나 합목적성 · 단순성의 추구 같은 화용론적 기준 및 목적 지향성에 비추어 경험을 수록 · 확정 · 기대 · 보상하는 가운데 실효화하려는 기능에 주목해야 한다.[48]

① Erfahrungsregistraturbegriff(경험 기록 개념) : 예컨대 Staat 개념은 법, 혼인, 특권, 자유, 부채, 의무 등에서 신분적 다양성(이질성)을 수록하는

45 Linke, Angelika(2003), "Brgriffsgeschichte-Diskursgeschichte-Sprachgebrauchsgeschichte," in Carsten Dutt ed., *Herausforderungen der Begriffsgeschichte*, Heidelberg : Universitätsverlag Winter, p.40.

46 Linke, Angelika(2003), 앞의 논문, p.40.

47 Schultz, Heiner(1978), 앞의 논문, p.59.

48 Horstmann, Rolf P.(1978), "Kriterien für Grundbegriffe : Anmerkungen zu einer Diskussion," in Reinhart Koselleck ed., *Historische Semantik und Begriffsgeschichte*, Stuttgart : Klett-Cotta, p.40 ; Koselleck, Reinhart(2003), 앞의 논문, pp.9~10참조.

'경험 기록 개념'이 된다.

② Erfahrungsstiftungsbegriff(경험 확정 개념) : 18세기에는 낡은 개념들이 새로운 현실로 변형되면서 특히 집합단수가 두드러지게 눈에 띈다. 잡다한 Freiheiten은 동일성/단위성으로서 die Freiheit가 되고, 낡은 Kaiserreich(황제국)은 die Bundesrepublik(연방공화국)으로 진화한다. 이때 개념은 변혁을 실천하는 '경험 확정 기능'을 발휘한다.

③ Erwartungsbegriff(기대 개념) : 개념은 미래 지향적인 이행성의 여부를 저울질한다. 마르크스와 엥겔스에게 Staat의 목표는 Stand를, 결국 Staat를 해체하는 데 있었다.

기본 개념은 인지적 관점에서는 Verfassungsbegriffe(규약 개념) · Schlüsselbegriffe(열쇠 개념) · Selbstbenennungen(자기 명칭) · Leitbegriffe(주도 개념) · Kernbegriffe(핵 개념)으로서 구상되는 반면, 사회적 · 정치적인 목적을 성취하려는 이행성의 관점에서는 Kampfbegriffe(투쟁 개념) · Zielbegriffe(목표 개념) · Erwatungsbegriffe(기대 개념) · Kompensationsbegriffe(보상 개념) · Integrationsbegriffe(통합 개념)으로서 추진된다. 예컨대 Staatsbürger는 1800년경 프로이센의 개혁기에 낡은 신분사회와 불평등에 대항하는 '투쟁 개념'이 된다. 그 밖에 앞으로 실현될 현실을 앞질러 공식화하는 '미래 개념'(보기 : Postkarte, U-Boot), '기대 개념', 포함된 요구를 관철하려는 Perspektivenbegriffe(전망 개념), Bewegungsbegriffe(운동 개념)[49] 등이 있다. 이때 역사는 대체로 공론장을 주도하는 엘리트에 의해 인도되지만, 개인과 사회의 변증법적 집단 무의식[애덤 스미스가 언급한 '보이지 않는 손(the invisible hand)']이라는 제3의 동인이 개입할 수도 있다.

49 Bödeker, Hans Erich(2002b), 앞의 논문, pp.93~94.

개념사와 통시적 구조의미론

언어와 세계/개념과 사태

아날학파의 정리(定理)인 '장기 지속(longue durée)'이란 동일한 사건들을 선형적으로 배열한 순서가 아니며, 개개의 사건(파롤)은 늘 서로 상이함에도 그것들을 성립시키는 조건과 구조(랑그)가 동질적으로 반복 출현하는 역사법칙을 의미한다. 문제는 실제의 역사에서는 언어와 사태가 반복된다고 해도 오히려 의미의 차연(差延)과 파열이 빈번하다는 점이다.[50]

> 기표와 기의, 낱말기호와 의미연속체는 서로 변화가 수행되는 상이한 속도를 가진다. 기표의 상대적인 안정성은 기의의 역동성(불안정성)과 대립한다. 음성 형태는 비교적 확실하고 개괄될 수 있는 규칙에 따라 '장기 지속'의 역사 공간에서 움직이는 반면, 의미의 차원은 과거의 의미가 사라지지 않은 한도 내에서 장구한 지속의 역사적 공간에서 움직이며, 주어진 의미들로부터 지극히 다양하게 전환되는 가능성에 따라 새로운 의미들이 형성될 수 있다는 점에서는 역사적인 사건 공간에서 움직인다.[51]

그 결과 사회적·정치적 소여와 정신사적 소여의 비동시성[52]은 문장과

50 의미는 차연적 속성과 증식적(inkrementell) 속성을 가진다. Bödeker, Hans Erich(2002a), "Ausprägungen der historischen Semantik in den historischen Kulturwissenschaften," in Hans Erich Bödeker ed., *Begriffsgeschichte, Diskursgeschichte, Metapherngeschichte*, Göttingen : Willstein Verlag ; Rieger, Burghard B.(1989), *Unscharfe Semantik : Die empirische Analyse, quantitative Beschreibung, formale Repräsentation und prozedurale Modellierung vager Wortbedeutungen in Texten*, Bern ; Frankfurt ; New York ; Paris : P. Lang 참조.

51 Stierle, Karlheinz(1978), 앞의 논문, p.169.

52 Giesecke, Michael(1978), 앞의 논문, p.264 참조.

텍스트 · 담론에 흔적을 남기는데, 코젤렉은 시점적 차원에서 세 경우를 상정했다.[53]

- 전통적 개념들이라도 어휘 의미들이 전반적으로 유지되었기 때문에 현재적 관계에서 경험적으로 추정할 수 있는 경우
- 동일한 어휘외양(Wortkörper)에도 불구하고 비교될 수도 역사적으로 복구될 수도 없을 정도로 의미가 완전히 변한 경우 : Geschichten / Geschichte-Historie, classis / Klasse
- 특정한 사회적 · 정치적 반응을 경유하면서 표현과 내용상으로 새로운 개념이 등장한(의미와 표현이 모두 변한) 경우 : Kommunismus, Faschismus 등의 신조어

이를 기준으로 개념과 사태 사이에 네 가지 관계가 가능하다.[54]

① 낱말의 의미와 포착된 사태가 공시적으로 통시적으로 동일하게 유지된다. 일군의 어휘들과 그에 속하는 사태들이 몇 세기 동안 동일한 상태를 유지하는 경우도 있지만, 양자가 완전히 동질적으로 조응하는 경우는 극히 드물다. 이 경우 과거의 현실(공간 · 인물 · 구조 및 상황적 성분)이 오늘날에도 비교적 유사하게 검증될 수 있는데, 자연에 대한 이해나 농사 · 수공업적 생활의 개념들처럼 지속적으로 반복 실현되는 영역들이 그러하다. 이 경우에도 사회적 · 정치적 · 심상적(mental) 단절이 있는 경

53 Koselleck, Reinhart(1978), 앞의 논문, p.27 참조.

54 Schultz, Heiner(1978), 앞의 논문, pp.65~67 ; Koselleck, Reinhart(2003), 앞의 논문, pp.6~8 참조.

우에는 변화와 파열이 나타난다.

② 개념은 동일한 상태이지만, 사태가 변화하는 경우이다. 어휘의 의미 변천과 사태, 상황 변화와 새로운 명명에 대한 강요는 제각기 다른 방식으로 조응한다. 그러한 총체적인 역사적 과정들의 교차점에 해당하는 개념이 놓여 있다. 예컨대 레닌주의의 시각에서는 고도로 발전한 자본주의(Kapitalismus)를 — 인류를 해방시키고 자결권을 선사할 — 혁명의 전단계로 간주했고, 파시즘과 나치즘은 자본주의와 사회주의 사이에 위치했다. 1945년 이후 미국과 독일연방공화국은 — 공산주의자들의 시각에서 — 독점자본주의나 파시스트 국가로 정의되었다.

③ 낱말의 의미는 변화했지만, 기존에 파악된 현실은 동일한 상태인 경우이다. '혁명(Revolution)'의 경우는 ②와 정반대로 개념은 변화했지만, 연루된 사건들의 연쇄는 비슷하게 반복된다. 18세기에 이르기까지 혁명 개념은 Aufruhr(폭동), Empörung(항거 · 반란), Verrat(반역), Gewalt(폭력), Morden wieder Morden(끝없이 반복되는 살육) 같은 우여곡절을 겪으면서 이어져 온다. 그것은 민주주의, 귀족주의, 왕정 등 인간사의 모든 가능성을 거치면서도 붕괴되지 않는 '동일한 것의 장기적인 반복'에 불과하다.[55] 18세기 이후 계몽주의와 프랑스혁명을 거치면서 '진보(Progress)'로 해석된 혁명은 유혈내란으로 귀결되었고, 결국 다른 새로운 혁명(개념)에 의해 축출된다(프랑스혁명과 반혁명, 공포정치와 왕정복고, 나폴레옹과 공화정의 역사를 상기해 보라). 말하자면 예로부터 지속적으로 반복되어 온 야만적 유혈 사태의 수행 방식을 더욱 촉발하는, 유토피아적으로 재해석된 혁

55 대한민국의 정당사(정확히 말해 정당 명칭의 변천사)도 사실상 명칭(기표)을 달리하는 동질적인 기의들(사이비 보수 / 사이비 진보)의 반복적 '교체'에 불과하며, 해방 후 잠시 그리고 최근에 극우정당이나 극좌정당의 출현으로 분절구조가 '변용(變容)'할 가능성이 엿보이기도 한다.

명 개념이 등장했다. 18세기 이후 개념의 '기표'는 변화했지만, (온갖 유토피아적인 구호에도 불구하고) 이를 통해 의도된 '기의'는 사실상 살인과 폭력 · 전쟁의 무한 반복에 머물렀다.

④ 마지막 가능성은 개념의 변화와 사태의 변화가 상응하지도 않고 불연속적인 결과로 인해 서로 결별하는 경우이다. 이것은 한편으로 개념밭의 구조적 변화가 진행하고 다른 한편으로 그 변화와 조응하지 않는 현실 사태의 정치적 변화가 제각기 진행되는 경우로서, 예측하거나 재구성하기에도 매우 난감한 사례이다.

통시적 구조의미론

방금 보았듯이 통시적 구조 변화는 역사적 전개와 더불어 어휘밭의 분절구조가 변동하는 과정, 즉 한 언어의 어휘밭 내부에서 변별적 대립들이 보존 · 출현 · 소멸되는 과정을 규명하려는 개념사 연구와 맞닿아 있다. 그러나 통시적 변화의 핵심은 무엇인가? 그 점을 기표와 기의의 관계로부터 설명하고자 한다.

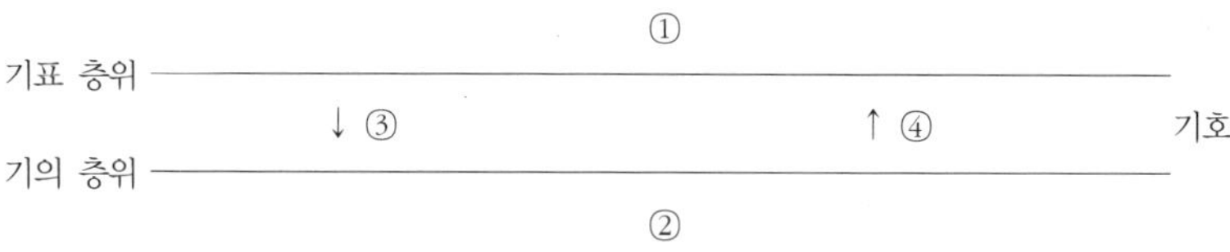

〔그림 14〕 통시적 구조의미론 : 기표와 기의 사이의 관계

① 어휘의 표현 층위 자체, 즉 기표 사이의 관계와 역사의 흐름에 따른 연속성이나 변화 및 (어휘 소재가 공통적인) 낱말가족의 변화를 연구할 수 있다. 이것은 공시적/통시적 어휘형태론(Morphologie)의 과제이다.

② 어휘의 내용 층위 자체, 즉 기의 사이의 관계를 연구하고 내용 관계의

계열적 변화 및 통합적 변화도 역사적으로 연구할 수 있다. 이것은 공시적/통시적 어휘의미론(Lexikalische Semantik)의 과제이다.

③ 기표로부터 두 층위 사이의 관계 및 관계 내에 변화를 고찰할 수 있다. 이것은 공시적/통시적 '어의론(Semasiologie)'의 과제이다.

④ 기의로부터 두 층위 사이의 관계 및 역사의 흐름에 따른 변화를 고찰할 수 있다. 이것은 공시적/통시적 '명칭론(Onomasiologie)'의 과제이다.

코세리우는, 스티븐 울만(Stephen Ullmann)을 인용하여 일단 "새로운 이름이 뜻에 결부되고 또(혹은) 새로운 뜻이 이름에 결부될 때에는 의미 변화가 생긴다"라고 정의했다. 정의의 앞부분에 따르면, 의미 변화는 라틴어 occire가 프랑스어 tuer로 되는 경우처럼 명칭론에 국한된다.

(라틴어)'occire' (프랑스어)'tuer'
occidere(죽이다) ——— *occidere*(죽이다)

정의의 뒷부분에 따르면 의미 변화는 위와 다르게 진행된다.

'tutare' ——— 'tuer' ——— 'tuer'
exstinguere(끄다) —— *exstinguere*(끄다) — II *occidere*(죽이다)

라틴어 tutare → 프랑스어 tuer의 변화에서는 기표가 연속적으로 유지되지만, 기의는 '끄다'에서 '죽이다'로 바뀌었다. 이러한 어의론적(semasiologisch) 변화는 여러 형태로 표현되기는 했어도 기의 사이의 관계, 즉 의미 관계 자체는 불변 상태이기 때문에 사실상 기표의 두 겹의 교체에 불과하다. 코세리우는 그러한 변화를 소재나 내용상의 '교체(Ersetzung)'라고 부르며, 진정한 내용 관계의 변화와 거리가 멀다고 본다. 어의론이나 명칭론적(onomasiologisch) 변화에서는 기표(또는 기표－기의의 결합)에만 관계하며, 어휘 내용 사이의 관계는 사실상 변하지 않는다. 이와 달리 내용상의 변화는 기의 사이의 관계에 관련한다. 라틴어 patruus/avunculus〔부계 쪽 아저씨(친삼촌)/모계 쪽 아저씨(외삼촌)〕→ 프랑스어 oncle, 이탈리아어 zio(아저씨)나, 라틴어 amita / matertera〔부계 쪽 아주머니(고모)/모계 쪽 아주머니(이모)〕→ 프랑스어 tante, 이탈리아어 zia(아주머니)의 변화에서는 변별 특징(부계/모계)이 소멸하고, 두 기능 단위가 하나의 단위로 환원된다. 비로소 이러한 변화가 기능적인 의미 변화, 즉 '변용(變容 · Modifikation)'이다.

〈표 9〉 여러 로망스어의 친족어

라틴어	프랑스어	이탈리아어	스페인어	포르투갈어	카탈로니아어	루마니아어
patruus (부계 쪽 아저씨) avunculus (모계 쪽 아저씨)	oncle	zio	tío	tio	oncle	unchiu
amita (부계 쪽 아주머니) matertera (모계 쪽 아주머니)	tante	zia	tía	tia	tia	mătusă

개념사 연구에서 주목해야 할 '진정한' 의미 변화는 변별 특징의 출현/소멸로 인한 '새로운 대립의 출현, 낡은 대립의 소멸' 및 '밭의 분절구조/명칭의 재편'이다.

① 대립의 출현 : 라틴어 avis(새) → 스페인어 ave/pájaro, 포르투갈어 ave/pássaro(작지 않은 새/작은 새)로 변하는 경우, 새로운 변별 특징('작은'이라는 의소)이 추가되며, 내용의 두 '변이체'는 제각기 두 개의 기능 단위로 분열되었다.

② 대립의 소멸 : 라틴어 ater/niger〔(윤이 나지 않는) 검은/(윤이 나는) 검은〕

→ 프랑스어 noir 및 이탈리아어 nero(검은)나 라틴어 albus /candidus〔(윤이 나지 않는) 흰 / (윤이 나는) 흰〕→ 루마니아어 alb, 프랑스어 blanc(흰) 등과 같은 의미 변화에서는 변별 특징('윤이 나는')의 소멸로 인해 두 개의 기능 단위가 하나로 통합되었다.

의미 변화의 사례

① Staat(국가)

Staat의 어원인 라틴어 status(지위)는, 일단 18세기까지 유럽의 공통적인 전통에서 영어 rank, honour, office, order나 프랑스어 état처럼 '신분(Stand)'을 의미했다. 독일어나 네덜란드어에서는 status가 곧바로 Staat로 불렸는데, 그것은 status가 법률적으로 이질적인 (또한 사회적 · 정치적으로 불평등한) 사회들을 지칭했기 때문이다. 신분사회에서는 영주들의 Stand 자체가 Staat였던 셈이다. 그러나 법 이론에서 대전환이 일어난 결과, Stand는 오히려 근대국가(moderner Staat)의 형성에 걸림돌이 되었다. 법치국가가 탄생하면서 기존의 '신분들의 차이'는 해체되고 '국가' 개념으로 전환된다. 그 결과 Staat와 Stand는 동일한 어원에서 출발함에도 대립 개념으로 분열되는데, 이 관계는 당시 Revolution(혁명)과 Bürgerkrieg(내란)의 관계와 유사하다.

종래의 status 개념은 '국가'라는 기본 개념으로 전환되며, 영주의 Stand 자리에 '국가의 독자성'이 들어선다. Staat는 자신 안에 입법 · 재정 · 조세 · 교육 · 교회 · 군사에 이르는 모든 왕권(Hoheitsrechte)을 결집시키고, 신분상의 모든 신하를 '국(가시)민(Staatsbürger)'으로 복속시킨다. 이 모든 요건을 외부에 대해 명확하게 구획할 수 있는 공간적 경계가 '국토/영토(Land)'이다. 그렇다면 Staat는 종래에는 단위로서 인식되지 못하던 잡다한 내용들을 집약시키는 근대의 집합단수 중 하나가 되는 가운데,

기존의 Staat가 가진 일상적 의미를 축출하게 된다. 그러나 Staat는 기본 개념으로 부상하자마자 1800년경부터 다시 재분화를 겪고 유사한 개념을 가진 수십 개의 어휘들과 경합한다. 저마다의 질서를 추구하려는 파당들은 고유의 프로그램을 수행할 monarchischer Staat(왕정국가), Sozialstaat(사회국가), Christlicher Staat(기독교국가), Rechtsstaat(법치국가), Nationalstaat(국민국가), Wohlfahrtsstaat(복지국가), Volksstaat(인민국가), Bundesstaat(연방국가) 등을 구상한다.[56]

② Bürger(국민)

비엔나강화회의(1814~1815)에서 능란한 외교술로 프로이센의 영토 확장에 성공한 하르덴베르크(Karl A. V. Hardenberg) 외무대신은 "(태생적) 신분질서에 따라 타자로부터 이득을 취하지 않는, 오히려 모든 신분의 '국(가시)민'이 일정한 계급에 따라 자신들의 지위를 얻는 이성적인 서열질서야말로 하나의 '(근대)국가'의 참된 요구이며 따라서 본질을 벗어나지 않는 요구에 속한다"[57]라고 선언했다. 수직적 신분 격차(Ständegefälle) 못지않게 수평적 계급 분절을 국가적 이성질서의 핵심으로 보았던 것이다. 그의 주장은 언어학적으로 보면 의미론적 양가성을 기준으로, "전통적 신분사회를 대신하여 하나의 (새로운) 사회가 (형식상의 평등권을 가진) 국가 시민을 대변해야 하며, (정치적 · 경제적으로 정의된) 계급들(Klassen)로의 귀속성이 하나의 새로운 국가질서를 성립시킨다"[58]는 것이다. 이때 Stand 〔및 Klasse(계급), Staatsbürger〕 등은 낡은 신분사회에 대한 '투쟁 개념

56 엄밀히 말하면 이 현상은 위계적 분화가 아니라 '독립 분화(Ausdifferenzierung)의 과정'〔Koselleck, Reinhart(2003), 앞의 논문, p.9〕이다.

57 Koselleck, Reinhart(1978), 앞의 논문, p.21.

58 Koselleck, Reinhart(1978), 앞의 논문, p.21.

(Kampfbegriff)'이자 규약 모델을 암시한다.[59] 코젤렉은 Bürger 개념의 변천사를 다음과 같이 요약한 바 있다.[60]

〈표 10〉 Bürger(시민) 개념의 변천사

시기	개념	설명
1700년대	Bürger als 'Stadtsbürger' 도시시민/도시인	법률적 · 정치적 · 경제적 · 사회적 규정들이 분별되지 않고 통합되었던 신분질서의 개념. 18세기 말에 이르면 긍정적 기준들이 아니라 농부나 귀족 신분에 해당하지 않는다는 부정적 기준들을 통하여 토지권을 가지는 도시 시민으로서 규정한다.
1800년대	Bürger als 'Staatsbürger' 국(가시)민	이를 통해 더 높은 사회적 지위를 도모하려는 국가시민은 이른바 부정(농부나 귀족에 속하지 않는다는)의 부정인 셈이다. 1848년경에는 일단 거주자 또는 자유로운 경제사회의 일부로서의 정치적 권리를 가진 존재로 정의된다.
1900년대	Bürger als (moderner) 'Bürger(근대적)' 시민 = 비(非)프롤레타리아	자유로운, 국가에 의해 충당되는 경제사회라는 형식상의 법적 평등을 배경으로, 전적으로 경제적 차원의 계급(Nichtproletariat)으로서의 시민이 등장한다.

③ Arbeiter(노동자)

기본적으로 수평적 차원인 직업 영역과 수직적 차원인 신분질서 사이의 섭동(攝動 · Interferenz)이라는 시각에서 조명할 수 있다(분석은 다른 과제로 미룬다).

59 Stand라는 어휘 자체로부터는 정치, 법, 경제, 사회의 다의성을 읽어 낼 수 없다. 프로이센의 사회적 · 정치적 상황을 고려해 보면, Klasse(계급)는 부분적으로 Stand와 중첩되지만, 관료주의 어법에서는 경제법이나 행정법 영역에 속한다. Nation과 Volk의 문제도 의미심장하다. Volk는 대개 인종적 집단화의 시각에서 사용되었다. 이전의 Nation은 여전히 인종적인 Volk(민족)를 의미했던 반면, 프로이센의 Volk는 Staatsvolk(프랑스어 nation이 가진 의미의 일부)를 포섭했다. 당시 분열 상태의 프로이센 지역에서 이 관계가 프랑스와 동일하지는 않았다[Busse, Dietrich and Wolfgang Teubert(1994), 앞의 논문, p.21 참조]. 제3제국의 Volk[히틀러의 주도하에 개발된 폴크스바겐(Volkswagen)은 당연하게 번역하듯이 '국민차'는 아닐 것이다]. 한국어의 백성, 인민, 국민, 시민, 주민, 민중, 중민(中民) 같은 다양한 개념도 진단해 보아야 할 것이다.

60 Koselleck, Reinhart(1978), 앞의 논문, p.26.

Arbeitsmann(일꾼), arbeitende Leute(근로자), Bauer(농부), gemeines Volk(하층 민중), (hand-)arbeitende Klasse(n)(수공인 계급), gefährliche / hilflose Klassen(위험한 / 희망 없는 계급), industrielles Arbeitsvolk(산업적 노동 민중), neuer Massenstand(새로운 대중 신분), Industrievolk(산업 민중), Arbeiterklasse(노동자계급), gemeiner Mann(저열한 남자), unbemittelte Klassen(무산계급), Handarbeiter(수공인), fromme Arbeiter(신성한 노동자), geringes Volk(보잘것없는 민중), Professionalist(전문가), Lohnarbeiter(임금노동자), commerzierende od. handelnde Arbeiter(영리 / 무역 노동자), Gehilfen(보조자), Arbeitsnehmer(노동자), Proletariat(프롤레타리아), Pöbel(천민 · 상놈), Fabrikarbeiter(공장노동자), Kopf-Geistesarbeiter(두뇌 · 정신노동자), vierter Stand(제4신분), Arbeiterstand(노동자 신분), Arbeiterbewegung(노동자운동) 등.[61]

④ 세대(Generation)

20세기 중반 이후 시대마다 새로운 연령층(세대)을 각인하는 신조어들이 등장했는데, 특히 세대 집단이 지정되는 사회적 · 문화적 적실성을 암시하는 Teenager(1950년대), Twens(1960년대), Senioren(1970년대), Kids(1980~1990년대) 등은 세계의 형성을 포착한 것이다. 이때 독일어 Kids(2~14세 정도)는 정관사+복수형(die Kids)으로만 사용되는 일종의 사회적인 '또래 집단(peer-group)'인데, 복수형의 초점은 기존의 계량적인 '다수'나 가족관계 및 출생을 통한 '아동(Kinder)'이 아니라 새로운 특성 집단, 즉 뉴미디어의 사용과 소비로 집약되는 새로운 사회집단으로의 공속성을 지칭한다.[62]

61 Schultz, Heiner(1978), 앞의 논문, p.68.

62 정체성을 상실한 한국의 '청년(靑年)'을 '후기청소년(Post-Adolescent-Generation)'으로 규정하는 오찬호(2010), 「후기청소년 세대들이 '민주주의 이슈'를 이해하는 방식에 대한 연구」, 『기억과 전망』 제22권 여름호 참조.

텍스트언어학

발화행위(Sprechakt · Speech-act)와 이행성

역사적 개념 변화의 궁극적인 장소는 '개념'을 구사한 말터, 즉 문장으로 구성된 텍스트이다. 초기의 개념사 연구가 낱말 단위(어휘소)에 집중했다면, 역사적 담론의미론은 어휘소가 출현하는 통합체(Syntagma)와 텍스트에서 의미를 파악하는 문장의미론(Satzsemantik), 나아가 텍스트의미론(Textsemantik)으로 확장된다. 또한 개념(어휘)들의 관계망인 낱말밭을 넘어, 발화들/명제들의 연결망으로서 상호텍스트적 · 상호담론적 관계망(intertextuelle bzw · interdiskursive Aussagennetze)에 주목하는데, 그것이 디트리히 부세와 볼프강 토이베르트(Wolfgang Teubert)가 강조하는 심층의미론의 과제이다.[63] 푸코의 영향을 받은 프랑스의 담론 연구와 달리, 독일의 담론 연구는 하버마스(Jürgen Habermas) 그리고 최근에는 명제 내용과 발화수반행위(Illokution)를 다루는 화용론과 텍스트언어학(Textlinguistik)의 영향을 받았다.[64]

개념사 연구를 계승한 라이하르트는 의미론적 대립 · 등가 · 상보 관계의 개념망과 낱말밭을 계열적 차원과 통합적 차원에서 교차시키면서 연구 방법론을 확립했다. 부세는 어휘통계학을 활용하여 개념사를 담론의미론으로 확장했고, 특히 영상(도판이나 삽화 · 그림)을 추가하여 집단 상징이나 의례행위를 연구에 포함시켜[65] 기호학적 원근법을 역사의미론에 도입했다. 물론 코젤렉도 언어를 역사적 · 사회적 과정의 지표인 동시에 요인으로 보면서 텍스트화용론에 주목할 것을 일찍이 천명한 바 있다. 그 핵심 과제가

63 Busse, Dietrich and Wolfgang Teubert(1994), 앞의 논문, p.22 참조.

64 Busse, Dietrich and Wolfgang Teubert(1994), 앞의 논문, pp.10~12 참조.

65 Bödeker, Hans Erich(2002a), 앞의 논문, pp.14~15 참조.

지시적(외시적) 언어 내용뿐만 '파롤/수행에서의 화용론적 사회적 성분의 개입을 통해서만 기술될 수 있는 것',[66] 즉 역사적 진술(명제 · 발화 · 담론)의 발화행위가 의도한 내용을 사회적 맥락에서 재구성하는 작업,[67] 즉 코젤렉이 요청한 기대 개념 또는 전망 개념과 상통한다.

> 표현 자체가 — 지향들의 기층으로서 — 일정한 안정성과 지향적 구속성을 얻는다. 개념을 지칭하기 위한 표현의 선택은 단순한 의미론적 행위일 뿐 아니라 언어화용론적인, 다시 말해 이행적인 행위이다.[68]

한편 개념이 역사 속의 실제 텍스트(authentische Texte)에서 수행하려는 발화행위는 텍스트의 생성에 필요한 지식체계들을 반영한다.[69]

① 언어적 지식 : 언어학의 핵심 영역인 음성적 · 통사적 · 의미적 핵심 구조에 대한 지식

② 백과사전적 지식/세상 지식 : 전문 지식과 의미론적 지식 사이의 구별은 어렵지만, 여기에서는 순수한 언어적 지식이 아닌 에피소드나 일상 지식을 통해 언어로 구축된 지식

③ 상호작용의 지식 : 커뮤니케이션이 목표 지향적 행위라면 발화행위를 효과적으로 수행하기 위한 지식이 필요하다.

④ **발화수반행위에 대한 지식** : IH = (ä, int, kond, kons) : Illokutive Handlung

66 Schultz, Heiner(1978), 앞의 논문, p.56.

67 Bödeker, Hans Erich(2002a), 앞의 논문, p.99.

68 Orth, Ernst Wolfgang(1978), 앞의 논문, p.149.

69 Heinemann, Wolfgang and Dieter Viehweger(1991), *Textlinguistik : Eine Einführung*, Tübingen : Niemeyer ; Dutt, Carsten ed.(2003), *Herausforderungen der Begriffsgeschichte*, Heidelberg : Unversitätsverlag Winter 참조.

[ä]=특정한 시점에서 음운론적 · 통사론적 및 의미론적 구조를 가지는 특정한 언어적 표현의 발화(Äußerung)

[int]=ä라는 발화를 통해 특정한 목표(Z)를 달성하려는 산출자의 커뮤니케이션 의도(Intention)

[kond]=발화수반행위가 성공적으로 수행될 수 있도록 ä가 산출되는 상황에서 충족되어야 하는 조건들의 유한한 집합(Konditionen)

[kons]=발화수반행위를 수행함으로써 발생할 수 있는 일련의 귀결(Konsequenzen)

⑤ 커뮤니케이션 규범(Norm)에 관한 지식 : 협동 격률(Grice), 공손 격률(Leech)

⑥ 메타커뮤니케이션적 지식 : 커뮤니케이션 자체의 원활한 흐름, 커뮤니케이션 자체를 성립시키는 지식을 말한다.

⑦ 텍스트의 전국적(全局的) 구조(globale Textstruktur)에 대한 지식 : (문학) 장르 및 텍스트 종류, 초시구조(Superstruktur)

⑧ 결과물에 문채(文彩 · Figurae)를 조탁(彫琢)하는 문체론적 지식

행위 맥락에서 발화행위를 다루는 화행론은 사회사, 심성사에 새로운 방법론적 기준을 제공한다. 개념사 연구에 오스틴(John Langshaw Austin)과 설의 화행론적 구상을 도입한 스키너(Quentin Skinner)와 포콕(John G. A. Pocock)은 정치 언어의 분석에서 정치 이론의 텍스트가 사회적 행위라는 점에 착안하여, 언어행위를 넘어서는 사회적 · 정치적 이행성을 조건으로 부과한다. 예컨대 프랑스혁명을 기준으로 낱말과 사태, 언어와 현실, 행위와 말하기 사이의 관계를 보면,[70]

70 Bödeker, Hans Erich(2002b), 앞의 논문, p.113 참조.

① 언어는 근본적으로 도구로 간주되며, 정치적 행위 집단에 대해 가지는 기능에 비추어 언어사회학적으로 연구된다. 그렇다면 언어는 이른바 실재 역사의 부수 현상에 머무른다.

② 언어와 실재는 차이 규정을 통해 상호적 관계로 설정될 수 있다. 이때 양자가 서로에게 총체적으로 환원될 수는 없다. 사회구성주의적 입장을 견지하는 토마스 루크만(Thomas Luckmann)에게는 현실세계에서 경험의 가능성이 방출되는 동시에 제약되는 언어적인 의미 확정 세계가 중요하다. 뵈데커(Hans Erich Bödeker)는 개념사에 대해, 개념 형성이라는 역사적 운동의 성분이자 동시에 운동의 지표라는 점을 말해 주는 이중적 측면을 사용한다.

③ 세 번째 가능성은 첫 번째 가능성과 정반대이다. 여기에서는 텍스트들이 이를테면 '선포(Deklaration)', '언약(Kommissiva)' 등의 화행에서처럼 현실 자체를 위해서 취해진다.

장르와 텍스트 종류

역사 텍스트라고 해서 아무것이나 발화행위를 수행하는 것은 아니며, 역사 속에서 행위하는 주체들의 자격에 좌우된다. 종래의 관념사(Ideengeschichte)는 저명인사들의 주장이 대개 이행적 역량을 발휘했다는 이유로 지식인 · 정치가 · 권력가의 정전(正典) 텍스트에 집중했는데, 몇 가지 장르를 보면 다음과 같다.[71]

① 정치적 · 역사적 기본 개념의 연구는 아리스토텔레스, 아우구스티누스, 토마스 아퀴나스, 홉스, 로크, 루소, 칸트, 헤겔, 마르크스, 베버처

71 Schultz, Heiner(1978), 앞의 논문, pp.49~50 참조.

럼 시대의 획을 그은 영향력 있는 인물들의 담론에 집중했다.
② 역사 형성의 견인차 역할을 한 텍스트들은 주로 철학 · 경제 · 정치 · 법이론(특히 국가법) · 신학 및 문학의 고전 텍스트들이며, 사전 · 백과사전 · 도감류처럼 이론적 어휘와 학술적 문학적 텍스트에 우선권을 두었다.
③ 라이하르트는 텍스트 선별에 대한 추가 요건으로서 집단적 특성 · 주제의 일관성 그리고 산출의 연속성을 제시했으며, 제3의 원전으로 1680~1820년 사이에 발행된 신문 · 잡지 · 팸플릿 · 증서(문서) · 서한 · 일기/일지 · 사전 · 잡지 · 신문 · 전단 · 교리문답서 등을 포함했다.

개념사 연구에서 원전의 선별 기준에 대해 엄격히 규정된 바는 없으나, 일단 역사적 변동에 개입한 대부분의 텍스트들이 중요하다. 여기에 텍스트언어학적 관점에서 사회적 · 정치적 이행성을 수행한 텍스트 (종류)가 필수적이다. 요컨대 원천 자료는 시간적 차원에서 '주도성(Initiative)'을, 정성적 차원에서 '차별성(Differenz)'을, 정량적 차원에서 '계량적 대표성'을, 끝으로 사회적 차원에서 역사적 성과가 풍부하게 입증될 수 있는 '효과성(Folgenreichtum)'을 가져야 한다.[72] 이 관점에서 몇 가지 텍스트 종류를 가늠해보자.

① 매체의 발전과 텍스트 장르
역사의미론의 원근법은 문학적 담론 형식을 거쳐 장르사로 확장된다.[73] 이때 알파벳을 통해 지식을 저장하고 인쇄술이 도입된 이후 문서는 임의적으로 복제 가능해지고 이동과 운반이 용이해졌다. 그 결과 카탈로

72 Schultz, Heiner(1978), 앞의 논문, p.51 참조.
73 Gumbrecht, Hans-Ulrich(1978), 앞의 논문, p.100 참조.

그 · 백과사전 · 참고서적 등이 출현하며, 문학의 생산→수용→분배→가공을 관장하는 사회적 체계로서의 문학(Literatur als ein soziales System : 도서관 · 출판사 · 서점 · 독서클럽 등)[74]이 분화된다. 새로운 매체적 · 기술적 역량의 발전에 힘입어 커뮤니케이션의 총체적 표준화가 이루어지는 가운데 나타난 변화의 추이는 〈표 11〉과 같다.[75]

〈표 11〉 매체와 장르의 진화

매체 / 하위 기준	구전성	문자성 / 문서성		뉴미디어
		수고 / 필사본	서적	
인간의 유형	logos semantikos / logos apophantikos	homo scribens / homo narrans		homo loquens / homo rudens homo significans / ars combinationis
현실 모델/인식론	세계와 기호의 일치 또는 반영	인문주의	합리주의 계몽주의 참/거짓 앎/무지 구조주의	공리주의 화용론 적절/부적절 포스트모더니즘 현실/가상
진화의 속도	보속	유속	풍속/음속	광속
대표적인 미디어 장르	운문/시	산문(실용 산문)의 정착	시, 소설, 희곡, 에세이, 논문(문학)	매체 장르의 폭증
시대정신	신탁	진실	진리/지식/이성	근대성/유용성/자본
기억의 유형	기능적 기억	저장 기억	저장 기억	저장+기능적 기억
예술의 가치관	ars antiqua	ars nova	ars poetica	ars combinatoria
현실성의 관계	reality	reality	half-reality romantic	virtual reality real virtuality
몸과 기호	몸의 독존	몸과 기호의 공존	기호로 균형이 옮겨짐	몸으로부터 이탈 / 몸과 기호의 공존

74 Schmidt, Siegfried J.(2003), 앞의 책 참조.

75 Giesecke, Michael(1978), 앞의 논문, p.282 ; 박여성(2001), 「미디어플러스 시대의 기호이론」, 『영상문화』 제1호 참조.

② 실용 산문(Fachprosa)

중세 대학에서는 보편적 지식(scientia)과 공방 지식(kunst)을 별개의 세상 지식으로 분리하였고, 지식의 분류와 저장 및 전승의 동인이 된 것은 바로 실용 산문이었다. 인쇄술의 발전 이후 구두 언어의 난맥상이 문서 언어로 표준화되는 과정에서 민중어 실용 산문(Volksprosa)과 전문 산문(Fachprosa)이 탄생하는데, 이것이 바로 근대 실용 텍스트 종류(Fachtextsorten)의 시초이다. 초보자와 전문가를 위해 수공업적인 경험을 전승하는 (15세기 초반의) 규정집(Rezept)으로 소급되는 이 장르들에는 언어적 묘사뿐 아니라 기술적인 스케치도 포함되었으며, 완성된 패턴에 따라 행위하는 역량을 매개하는 데 목적이 있었다. 공방에서 이루어지는 작업 진행을 체계적으로 기술하고 숙련된 솜씨(Fertigkeit)를 설명하기 위해 집필된 작업지침서가 공방의 행위 비법을 '문학적' 지식으로 확립한 것이다.[76]

> 인쇄술은 순전히 기술적인 작업지침서를 확산시키며, 이를 통해 구두로 제작 비법을 전수하던 공방식 수업 방식에서 벗어날 수 있게 해준다. ……중세 후기와 근대 초기의 예술행사 팸플릿(Kunstprogramme)이 지침서와 규정집의 형태로 등장하는 것은 놀라운 일이 아니다. 이 경우에는 일단 고대의 재발견, 즉 르네상스의 주제 유형들을 토대로 그리스 · 로마인의 재능을 다시 습득하는 것이 중요하다.[77]

이 장르는 다양한 형식의 이야기하기(종교적인 신화와 연설)가 문서화되는

76 Giesecke, Michael(1972), 앞의 논문, pp.292~299 참조.

77 Luhman, Niklas(1995), 앞의 책, p.323.

가운데 계율/계명(Gebote), 금지(Verbote), 법규(Gesetze), 경구(Sprüche) 등으로서 정착된다.

③ 서사 장르

"언어는 단순한 도구가 아니라 역사의 현실에 대해서만 존재하는 능동적인 성분"[78]으로서, 특히 서사 장르의 개입을 통해 문학체계를 확립시킨다. 예컨대 'romanz'라는 제목을 달고 출현한 궁정소설(höfischer Roman)은 '민중어로 쓰여서 읽기 쉽게 만들어진 텍스트'라는 일상적 의미뿐 아니라 곧 나타날 '허구적 서사'를 나타내는 장르의 명칭으로 전환된다. romantisch(낭만적인 · 로마적인)라는 '속성'에서 Roman(소설)이라는 허구세계에서 현실을 경험하는 '방식'이라는 의미로 진출한 것이다. 투키디데스의 역사서술(Historiographie)에서도 전쟁이나 내란 · 살인 · 살육 · 질병 · 노예 등의 항목은 '이야기를 서술하는 장'에 할애되었으며, 경험이나 기대는 '연설과 대화' 부분에 기술되었다. 말하자면 대상에 따라 기술(記述)의 방식이 달라지는 장르 차별성이 포착되었다.[79] 다른 한편 18세기까지는 객체적 역사로서의 historia에 근거한 Historie(histoire / history)와 시문학(poesia)에 기초한 Geschichte의 차이, 다시 말해 res gestae(행위 / 사건) / pragmata(역사서술)의 차이가 선명하지 않았다. '역사' 자체는 선형적인 형태로 조직되어 있지 않기 때문에 선형적인 또는 편년체의 기술은 역사적 경험의 공식으로 어울리지 않는다. 역사를 입증하는 진정한 서사구조는 오히려 비선형적인 '이야기들(서사)'이다.[80]

78 Koselleck, Reinhart(2003), 앞의 논문, p.12.
79 Koselleck, Reinhart(2003), 앞의 논문, pp.14~15.
80 Stierle, Karlheinz(1978), 앞의 논문, p.189 참조.

④ 텍스트 원형유형학(Text-Prototypology)

스넬혼비(Mary Snell-Hornby)는 로시의 원형의미론[81]에 기대어 다양한 종류의 텍스트들을 통합적으로 배치하는 텍스트 원형유형학[82]을 제안했

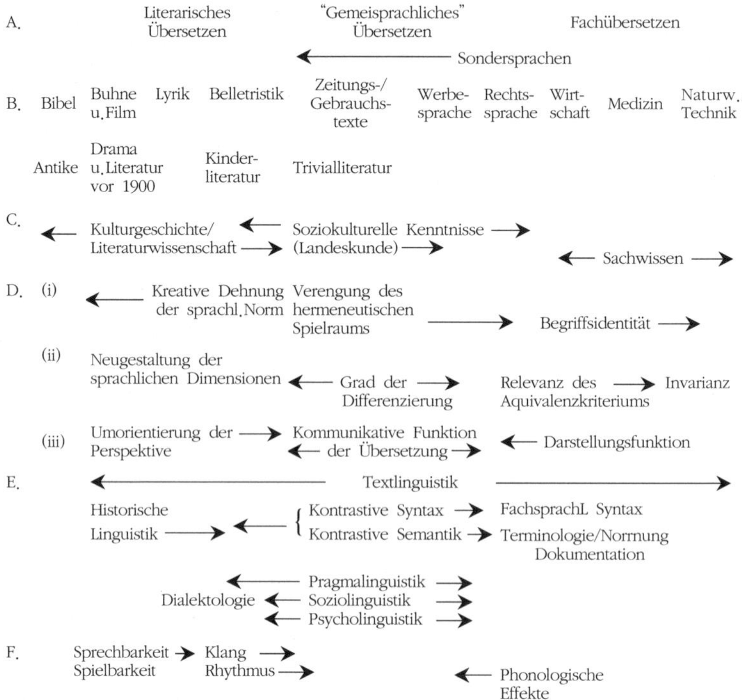

〔그림 15〕 텍스트 원형유형학

81 원형의미론(Prototypensemantik)을 텍스트유형학의 구축 원리로 삼은 Adamzik, Kirsten (2004), *Textlinguistik : Eine einführende Darstellung*, Tübingen ; Max Niemeyer 참조. 텍스트유형학에 대해서는 박여성(1999), 「한국어 텍스트유형의 결정변수와 분포에 관한 연구」, 『텍스트언어학』 제6호 ; Brinker, Klaus, Gerd Antos, Wolfgang Heinemann and Sven F. Sager eds.(2001), *Text- und Gesprächslinguistik* 2(Handbücher zur Sprach- und Kommunikationswissenschaft 16.2), Berlin ; New York : De Gruyter 참조.

82 Snell-Hornby, Mary ed.(1986), *Übersetzungswissenschaft : Eine Neuorientierung*, Tübingen : Francke ; Snell-Hornby, Mary(1988), *Traslation Studies : An Integrated*

는데, 이것은 지금까지 개괄했던 기호학과 텍스트언어학, 화행론의 시각에서 개념사 연구의 대상을 아우르는 유연한 장점을 제공한다.

(A) 층위 : 문학에서 전문 텍스트에 이르는 개별 분야의 영역이 배치된다.
(B) 층위 : 해당하는 기저 텍스트 장르 또는 텍스트 유형의 원형이 배치된다. 예를 들어 풍부한 예술성이나 종교성을 담은 성서와 고전문학 작품, 무대용 및 영화용 희곡과 서정시와 통속문학 작품, 19세기 이전의 희곡과 문학을 거쳐 아동문학과 통속문학, 신문과 실용 텍스트, 광고 및 법률 언어, 경제, 의학, 자연과학과 공학 등 제반 텍스트 유형(장르)의 대분류가 제시된다.
(C) 층위 : 텍스트를 외부에서 제어하는 인접체계 또는 문예학자 헤르만스(Theo Hermans)의 용어로 문화사, 문학사, 사회문화적 지식, 사물 지식을 포괄하는 다중체계(Polysystem)의 관계망이 배치된다.
(D) 층위 : 텍스트 산출행위의 핵심 전략과 절차들이 위계적으로 제시된다.
(E) 층위 : 역사언어학과 방언학 외 전문어 통사론과 전문용어 정비, 텍스트언어학과 화행론 및 사회언어학과 심리언어학에 걸쳐 제시된 이 층위는 개념사의 연구 스펙트럼에 시사하는 바가 크다.
(F) 층위 : 텍스트로 구체적으로 실현될 발화에 개입되는 매체적 실현이나 생물학적 · 물리적 속성, 발화 가능성, 언어적 유희, 운율과 음운론적 효과 등 음성적 특성이 배치된다.

텍스트 원형유형학의 핵심은 (A)～(F)에 이르는 각 성층의 좌표 사이에

Approach, Amsterdam : John Benjamins ; 심재기(1993), 「최근 문학번역이론의 흐름과 번역비평의 나아갈 길 : 언어학적 입장에서의 고찰」, 『번역연구』 제1호 그림 참조.

서 텍스트 산출에 개입하는 다양한 기능 변수를 고려하자는 것이다. 변수의 선택에 따라 텍스트마다 상이한 산출 전략을 허용하는 텍스트 원형유형학의 토대로서 (개념 범주의 중심과 주변이 유동적이고 탈위계적인) 원형의미론을 채택한 점에서, 텍스트유형학이 향후의 개념사 연구에 시사하는 바를 가늠할 수 있다.

전망과 과제

기호학자 롤란트 포스너(Roland Posner)는 "주어진 한 영역의 참여자들과 다른 연구 영역의 사람들 사이의 커뮤니케이션 방식에서 (쟁점을) 모색하고, 연구 대상과 방법론 및 소통 방식의 이질성의 간격을 줄여야만 진정한 학제적 연구가 가능하다. 단적으로 개념들의 혼종성을 극복해야 한다"[83]라고 촉구한 바 있는데, 본고에서는 그러한 취지에서 개념사 연구를 화용론과 기호학 및 텍스트언어학에 비추어 기본 개념과 낱말밭 및 원어휘소, 위계구조와 원형성, 내재의소와 외래의소를 검토했고 개념이 구사되는 장으로서의 텍스트와 장르의 유용성을 살펴보았다.

파편들로 산재해 있던 개념의 조각들이 계몽주의를 기점으로 집합단수로 결정화(結晶化)되는 가운데 서구 근대사의 핵심적 기본 개념들이 창출되었던 말안장시대에 대한 본고의 해석은 체계 이론의 원근법에 빚지고 있다. 핵심은 그 시대가 자신을 자기의 환경과 구별하면서 작동하는 기능적인

83 Posner, Roland(1988), "What Is an Academic Discipline?," in Regina Claussen and Roland Daube-Schackat, *Gedankenzeichen : Festschrift für Klaus Oehler zum 60. Geburtstag*, Tübingen : Stauffenburg, p.167.

사회적 체계들(법, 예술, 정치, 경제, 종교, 학문, 교육 등)로 독립 분화되는 과정과 공통 보조를 취했다는 점이다. 다양한 사회적 체계들로 분지하면서 해당 체계를 작동시키는 의미론이 세밀해지고, 이를 기반으로 하위 영역들의 기본 개념은 재차 분화된 사회의미론을 확립한다. 그러한 관점에서 루만의 대저 『사회구조와 의미론(*Gesellschaftsstruktur und Semantik*)』은 향후 연구에 지대한 시사점을 제시한다.

필자는 개념사 연구의 초창기에 문예학자 굼브레히트(Hans Ullrich Gumbrecht)가 제안한 연구 절차의 방안[84]이 오늘날에도 여전히 시의적절한 혜안이라는 것을 알게 되었다. 그의 메시지를 되짚어 보면서 본고를 맺고자 한다.

첫째, 개념사 연구의 거시 목표는 복합적인 역사적 생활세계의 재구성을 겨냥한다. 이를 위해 개념 자체를 지정하고 선택할 때 의미 발전의 전체 과정을 고려해야 한다. 이때 개념은 역사와 담론이라는 창고에 배치된 기본 요소들(성분)인 동시에 그 지식을 작동시키는 역학적 구조이기도 하다.

둘째, 원전들을 수집하고 선별할 때 특정한 주제를 중심으로 일정한 전환기, 즉 시대문턱(Epochenschwelle)과 시간대를 설정하고 그 안에서 사회적인 행위 맥락을 고려한다. 이 단계에서 특정한 개념 어휘가 이행적으로 실천되어 사회적 · 정치적으로 효력을 확보할 때, 바로 그런 텍스트들(장르들)에 주목해야 한다.

셋째, 수집된 원전 증거들을 '실천/실제 영역별(Praxisbereiche)'로 검증해야 하는데, 이때 기본 개념을 입체적으로 파악하려면 의미론과 화용론적 판단이 필요하다. 나아가 개념사 연구는 특정한 언어 범주(명사/대명사)에

84 Gumbrecht, Hans-Ulrich(1978), 앞의 논문, pp.87~96.

국한하지 말고 향후에는 형용사나 동사의 개념사로도 확대하여야 한다.

넷째, 수집되어 분류된 증거들의 역사적 의미를 해석하고 입증할 때, 기본 개념들의 맥락적 의미와 외래의소를 확인하고, 궁극적으로는 특정한 텍스트 종류(Textsorten)와 발화행위(Sprechakte)의 시대사적 맥락과 연상 가치를 확인한다.

필자가 언어학자로서 희망하는 개념사 연구의 목표는, 개념들이 배태된 역사적 전개 과정으로부터 어휘적 의미뿐 아니라 그러한 개념들 자체를 성립시킨 서사의 초시구조(Narrative Superstruktur)[85]를 추적하는 것이다. 이때 서사구조는 허구적 재현에 그쳐서는 안 되며, 역사의 전개가 남긴 흔적의 역학(Dynamik)을 담아내야 한다. 궁극적으로 개념사 연구는 사회나 정치뿐 아니라 예술·종교·법·경제·과학·문학 등 제반 영역으로 확대되어야 하며, 그 성과를 바탕으로 다양한 분야의 역사서술은 저마다 학술적 장르의 정립에 한 발 더 다가설 것이다.

85 van Dijk, Teun A.(1980), *Textwissenschaft : Eine interdisziplinäre Einführung*, München : Deutscher Taschenbuch Verlag ; Park, Yo-song(2012), "Bord-Kommunikation als ein interkulturelles Thema für Country-Branding : Eine textsemiotische Analyse am Beispiel vom Lufthansa-Flugmagazin(FM)," in Ernest W. B. Hess-Lüttich ed., *Sign Culture=Zeichen Kultur*, Würzburg : Königshausen & Neumann, pp.437~454.

참고문헌

박여성(2013), 『기능주의 번역의 이론과 실제』, 한국학술정보.

우건석 · 조광선 · 박규택(1997), 『계통분류학의 이해』, 서울대학교 출판부.

최용호(2004), 『텍스트의미론 강의』, 인간사랑.

니클라스 루만(2007), 『사회체계이론 상』, 박여성 옮김, 한길사.

니클라스 루만(2012), 『예술체계이론 : 사회의 예술』, 박여성 · 이철 옮김, 한길사.

니클라스 루만(2015), 『사회의 교육체계』, 이철 · 박여성 옮김, 이론출판.

에우제니오 코세리우(1997), 『현대의미론의 이해』, 허발 옮김, 국학자료원.

지그프리트 슈미트(2004), 『구성주의 문학체계이론』, 박여성 옮김, 책세상.

피에르 부르디외(1995), 『구별짓기 : 문화와 취향의 사회학 상』, 최종철 옮김, 새물결〔Bourdieu, Pierre(1979), *La distinction : Critique sociale du jugement*, Paris : Éditions de Minuit〕.

고지현(2010), 「일상개념연구 : 이론 및 일상방법론의 정립을 위한 소론」, 『개념과 소통』 제5호.

김학이(2009), 「롤프 라이하르트의 개념사」, 박근갑 외, 『개념사의 지평과 전망』, 소화.

박근갑(2009), 「말안장시대의 운동 개념」, 박근갑 외, 『개념사의 지평과 전망』, 소화.

박여성(1999), 「한국어 텍스트유형의 결정변수와 분포에 관한 연구」, 『텍스트언어학』 제6호.

박여성(2001), 「미디어플러스 시대의 기호이론」, 『영상문화』 제1호.

박여성(2011), 「기능주의 번역학의 토대를 위한 구상」, 『인문언어』 제13집 제1호.

심재기(1993), 「최근 문학번역이론의 흐름과 번역비평의 나아갈 길 : 언어학적 입장에서의 고찰」, 『번역연구』 제1호.

오찬호(2010), 「후기청소년 세대들이 '민주주의 이슈'를 이해하는 방식에 대한 연구」, 『기억과 전망』 제22권 여름호.

Adamzik, Kirsten(2004), *Textlinguistik : Eine einführende Darstellung*, Tübingen ; Max Niemeyer.

Brinker, Klaus, Gerd Antos, Wolfgang Heinemann and Sven F. Sager eds.

(2001), *Text- und Gesprächslinguistik* 2(Handbücher zur Sprach- und Kommunikationswissenschaft 16.2), Berlin ; New York : De Gruyter.

Coseriu, Eugenio(1988a), *Einführung in die Allgemeine Sprachwissenschaft*, Tübingen ; Basel : Francke.

Coseriu, Eugenio(1988b), *Sprachkompetenz : Grundzüge der Theorie des Sprechens*, Tübingen ; Basel : Francke.

Coseriu, Engenio(1994), *Textlinguistik : Eine Einführung*, Tübingen ; Basel : Francke.

de Beaugrande, R. A.(1997), *New Foundations for a Science of Text and Discourse*, N.Y. : Ablex.

Dutt, Carsten ed.(2003), *Herausforderungen der Begriffsgeschichte*, Heidelberg : Unversitätsverlag Winter.

Geckeler, Horst(1971/1978), *Strukturelle Semantik und Wortfeldtheorie*, Müchen : W. Fink.

Giesecke, Michael(1992), *Sinnenwandel, Sprachwandel, Kulturwandel : Studien zur Vorgeschichte der Informationsgesellschaft*, Frankfurt am Main : Suhrkamp.

Heinemann, Wolfgang and Dieter Viehweger(1991), *Textlinguistik : Eine Einführung*, Tübingen : Niemeyer.

Luhmann, Niklas(2012), *Die Kunst der Gesellschaft*, Frankfurt : Surkamp.

Lyons, John(1977), *Semantics* 1-2, Cambridge : Cambridge University Press.

Morris, Charles W.(1946), *Signs, Language, and Behaviour*, New York : Prentice-Hall ; Braziller(2nd ed.).

Morris, Charles W.(1971), *Writings on the General Theory of Signs*, The Hague ; Paris : Mouton.

Posner, Roland, Klaus Robering and Thomas A. Sebeok eds.(1997), *Semiotik : Ein Handbuch zu den zeichentheoretischen Grundlagan von Natur und Kultur* 1, Berlin ; New York : Walter de Gruyte.

Rieger, Burghard B.(1989), *Unscharfe Semantik : Die empirische Analyse, quantitative Beschreibung, formale Repräsentation und prozedurale Modellierung vager Wortbedeutungen in Texten*, Bern ; Frankfurt ; New York ; Paris : P. Lang.

Schmidt, Siegfried J.(2003), *Geschichten und Diskurse : Abschied vom Konstruktivismus*, Reinbeck : Rowohlt.

Searle, John Rogers and Daniel Vanderweken(1985), *Foundations of Illocutionary Logic*, Cambridge ; N.Y. : Cambridge University Press.

Snell-Hornby, Mary(1988), *Traslation Studies : An Integrated Approach*, Amsterdam : John Benjamins.

Snell-Hornby, Mary ed.(1986), *Übersetzungswissenschaft : Eine Neuorientierung*, Tübingen : Francke.

van Dijk, Teun A.(1980), *Textwissenschaft : Eine interdisziplinäre Einführung*, München : Deutscher Taschenbuch Verlag.

von Stechow, Arnim ed.(1991), *Semantik : Ein internationales Handbuch der zeitgenössischen Forschung*(Handbücher zur Sprach- und Kommunikationswissenschaft 6), Berlin : Walter de Gruyter.

Bödeker, Hans Erich(2002a), "Ausprägungen der historischen Semantik in den historischen Kulturwissenschaften," in Hans Erich Bödeker ed., *Begriffsgeschichte, Diskursgeschichte, Metapherngeschichte*, Göttingen : Willstein Verlag.

Bödeker, Hans Erich(2002b), "Reflexionen über Begriffsgeschichte als Methode," in Hans Erich Bödeker ed., *Begriffsgeschichte, Diskursgeschichte, Metapherngeschichte*, Göttingen : Willstein Verlag.

Busse, Dietrich(1988), "Kommunikatives Handeln als Sprachtheoretisches Grundmodell der historischen Semantik," in Jäger Ludwig ed., *Zur historischen Semantik des deutschen Gefühlswortschatzes : Aspekte, Probleme und Beispiele seiner*, Aachen : Alano-Rader.

Busse, Dietrich and Wolfgang Teubert(1994), "Ist Diskurs ein sprachwissenschaftliches Objekt? Zur Methodenfrage der historischen Semantik," in Dietrich Busse, Fritz Hermanns and wolfgang Teubert eds., *Begriffsgeschichte und Diskursgeschichte : Methodenfragen und Forschungsergebhisse der historischen Semantik*, Opladen : Westdeutscher Verlag.

Giesecke, Michael(1978), "Schriftsprache als Entwicklungsfaktor in Sprach- und Begriffsgeschichte : Zusammenhänge zwischen kommunikativen und kognitiven geschichtlichen Veränderungen," in Reinhart Koselleck ed.,

Historische Semantik und Begriffsgeschichte, Stuttgart : Klett-Cotta.

Gumbrecht, Hans-Ulrich(1978), "Für eine phänomenologische Fundierung der sozialhistorischen Begriffsgeschichte," in Reinhart Koselleck ed., *Historische Semantik und Begriffsgeschichte*, Stuttgart : Klett-Cotta.

Hilger, Dietrich(1978), "Begriffsgeschichte und Semiotik," in Reinhart Koselleck ed., *Historische Semantik und Begriffsgeschichte*, Stuttgart : Klett-Cotta.

Horstmann, Rolf P.(1978), "Kriterien für Grundbegriffe : Anmerkungen zu einer Diskussion," in Reinhart Koselleck ed., *Historische Semantik und Begriffsgeschichte*, Stuttgart : Klett-Cotta.

Kilian, Jörg(2003), " 'Demokratie' als Merkwort der Nachkriegszeit : Linguistische Bergriffsgeschichte im Zeichen der kognitiven Semantik," in Carsten Dutt ed.(2003), *Herausforderungen der Begriffsgeschichte*, Heidelberg : Unversitätsverlag Winter.

Koselleck, Reinhart(1978), "Begriffsgeschichte und Sozialgeschichte," in Reinhart Koselleck ed., *Historische Semantik und Begriffsgeschichte*, Stuttgart : Klett-Cotta.

Koselleck, Reinhart(1996), "A Response to Comments on the *Geschichtliche Grundbegriff*," in Hartmut Lehmann and Melvin Richter eds., *The Meaning of Historical Terms and Concepts : New Studies on Begriffsgeschichte*, Washington, D.C. : Gernman Historical Institute.

Koselleck, Reinhart(2003), "Die Geschichte der Begriffe und Begriffe der Geschichte," in Carsten Dutt ed., *Herausforderungen der Begriffsgeschichte*, Heidelberg : Unversitätsverlag Winter.

Linke, Angelika(2003), "Brgriffsgeschichte-Diskursgeschichte-Sprachgebrauchsgeschichte," in Carsten Dutt ed., *Herausforderungen der Begriffsgeschichte*, Heidelberg : Universitätsverlag Winter.

Ludz, Peter Christian(1978), "Die sozialwissenschaftliche Konzept-Analyse : Bericht über einen pragmatischen Ansatz anhand eines Beispiels," in Reinhart Koselleck ed., *Historische Semantik und Begriffsgeschichte*, Stuttgart : Klett-Cotta.

Orth, Ernst Wolfgang(1978), "Theoretische Bedingungen und methodische Reichweite der Begriffsgeschichte," in Reinhart Koselleck ed., *Historische*

Semantik und Begriffsgeschichte, Stuttgart : Klett-Cotta.

Park, Yo-song(2012), "Bord-Kommunikation als ein interkulturelles Thema für Country-Branding : Eine textsemiotische Analyse am Beispiel vom Lufthansa-Flugmagazin(FM)," in Ernest W. B. Hess-Lüttich ed., *Sign Culture=Zeichen Kultur*, Würzburg : Königshausen & Neumann.

Posner, Roland(1988), "What Is an Academic Discipline?," in Regina Claussen and Roland Daube-Schackat, *Gedankenzeichen : Festschrift für Klaus Oehler zum 60. Geburtstag*, Tübingen : Stauffenburg.

Reichardt, Rolf(2000), "Wortfelder Bilder-semantische Netze : Beispiele interdisziplinärer Quellen und Methoden in der Historischen Semantik," in Gunter Scholtz ed., *Die Interdisziplinarität der Begriffsgeschichte*, Hamburg : Felix Meiner.

Schulze, Hans Kurt(1978), "Mediävistik und Begriffsgeschichte," in Reinhart Koselleck ed., *Historische Semantik und Begriffsgeschichte*, Stuttgart : Klett-Cotta.

Schultz, Heiner(1978), "Begriffsgeschichte und Argumentationsgeschichte," in Reinhart Koselleck ed., *Historische Semantik und Begriffsgeschichte*, Stuttgart : Klett-Cotta.

Stierle, Karlheinz(1978), "Historische Semantik und die Geschichtlichkeit der Bedeutung," in Reinhart Koselleck ed., *Historische Semantik und Begriffsgeschichte*, Stuttgart : Klett-Cotta.

소통 사건과 의미론 형식으로서의 사회

—니클라스 루만의 체계 이론적 역사사회학

이철

동양대학교 교수. 독일 빌레펠트대학에서 사회학 박사학위를 받았다. 현재 니클라스 루만의 사회학적 체계 이론의 함의를 분석하고 국내에 소개하는 작업에 전념하고 있다. 루만의 『사회이론 입문』, 『예술체계 이론(사회의 예술)』, 『사회의 교육체계』와 입문서 『쉽게 읽는 루만』을 번역했으며, 논문으로는 「인식하는 체계에서 관찰하는 체계들로 : 인지관찰자와 소통관찰자의 등장」(2013), 「구조/행위 대립 극복으로서 루만의 커뮤니케이션체계」(2011) 등이 있다.

문제 제기
—'사회'란 무엇인가

근대사회를 이해하기 위해 출범한 근대 사회과학 일반은 "'사회'란 무엇인가"라는 질문에 답을 찾지 못한 것으로 보인다. 실재론도 관념론도 자신들의 전제와 반대 주장을 넘어서지 못하며, 사회의 창발성도 설명하지 못한다. 공동체적 커뮤니티와 결사체적 사회를 정의(定意)상 구별해야 할 것인가, 통합해야 할 것인가? 선(先)성찰적으로 전제된 지역주의적 · 민족국가적 사회 개념은 세계화의 흐름 앞에 실정성이 의문시되고 있다. 변화의 속도가 가속화되는 상황에서 사회를 보다 유연하게 파악할 가능성[1]이나 변화의 원천이 되는 사회의 본질적인 흐름을 분석할 필요성[2]은 이미 오래 전부터 제기되었다.

이러한 문제에 대해 니클라스 루만(Niklas Luhmann)은 이미 1960년대부터 하나의 체계적인 대답을 구축해 왔다. 루만은 파슨스(Talcott Parsons)의 종합 이론적 구상을 계승하여 (규범이나 가치들로 지탱되는 것이 아니라) 전(全)지구적 기능체계들이라는 성분으로 구축된, 그래서 파슨스가 구상한 '연역적 체계 이론'과는 판이한, 기능적으로 분화된 세계라는 사회상을 설계하였다.[3] 루만은 "사회란 무엇인가"라는 질문에서 시작하여 인류 역사 전체에

1 임운택(2012), 「유럽 통합과 사회이론의 과제」, 『사회와 이론』 제21집 제1호, p.1, p.31.

2 천선영(2001), 「세계화인가, 세계사회인가 : '사회'를 다시 묻는다」, 『한국사회학』 제35집 제3호, p.32.

3 루돌프 슈티히베(2014), 「니클라스 루만의 사회학 : 체계이론, 기능적 분화의 이론, 예술사

대한 역사사회학적 분석을 실행하고, 그 결과로서 비위계적인 세계사회가 이미 19세기 말에 실현되었음을 일찍이 공언했던 것이다. "'사회'란 무엇인가"라는 질문에 대한 루만의 대답은 간단하다. 사회는 소통이다. 루만에게 있어 사회는 소통이 발생한 순간 생성되었고, 소통을 통해 분화하며 존속한다. 국가도 영토도 인간도 사회의 전제 조건이기는 하지만, 사회의 구성 요소는 아니다. 사회는 오직 소통으로만 구성된다.

루만의 소통 개념은 소통의 사건적 측면을 개념화하여, 소통의 내용들로부터 추상화되어 모든 소통을 포괄할 수 있다. 소통'한다'는 사실은 모든 소통에서 보편적이며, 그래서 '소통/소통 아님'이 사회를 정의하는 명료한 구별 기준이 될 수 있다는 점에 착안한 것이다. '사건'은 또한 복수의 사건이 하나의 시점에 겹칠 수 있으며, 발생 이전과 이후를 바꾼다. 보편성, 중첩성, 발생을 통해 변화를 야기하는 것은 (공간에 묶인) 실체에서는 기대할 수 없는 특성들이다. 또한 소통 사건은 '통보된 것'을 남기는데, 이것은 루만의 용어학에서 '형식'이다. '사건-형식'은 다음의 소통 '사건-형식'으로 대체되어 나가며, 대체가 발생하는 한 사회는 존속된다.

루만은 바로 이러한 사건-형식 프레임을 갖고 사회의 생성·변천과 존속에 대한 하나의 통시적인 설명을 제출하는 외에도, 행위/구조의 대립과 행위사회학/지식사회학의 분리와 사회동학과 사회정학의 문제와 같은 사회과학의 근본적인 난제들을 해결한다. 사건-형식 프레임은 소통-의미론의 관계로 나타나는데, 여기에서 '의미론' 구상은 라인하르트 코젤렉(Reinhart Koselleck)의 '개념사' 연구의 전통을 발전적으로 계승하였다.

회학」, 니클라스 루만, 『예술체계이론』, 박여성·이철 옮김, 한길사, p.32.

소통 사건의 정의와 구조
— 세 차이와 형식 하나

루만의 사회학적 체계 이론을 사회과학 방법론적 계보에 굳이 분류한다면, 사회를 과정으로 파악하는 지멜(Georg Simmel)과 미드(George Herbert Mead) 전통의 방법론적 상호작용주의에 속한다. 그러나 루만은 인간이 행동하고 반응하는 상호작용에서 생각들을 배제함으로써, 이 관점을 급진적으로 사회학화한다. 생각들은 소통의 전제는 되지만, 소통 개념에 포함되지는 않는다.[4] 이 발상은 누군가가 생각해서 말하면 다른 누군가가 그것을 듣고 생각하는 흐름으로 이해하는 상식적인 소통 정의와는 판이하다. 루만의 소통은, 첫째 말함과 들음으로만 구성되며, 둘째 소통을 불연속 사건으로 다룬다. 여기에서 말함/들음은 기록/읽음과 비언어적 소통을 대표하는 표현이다.

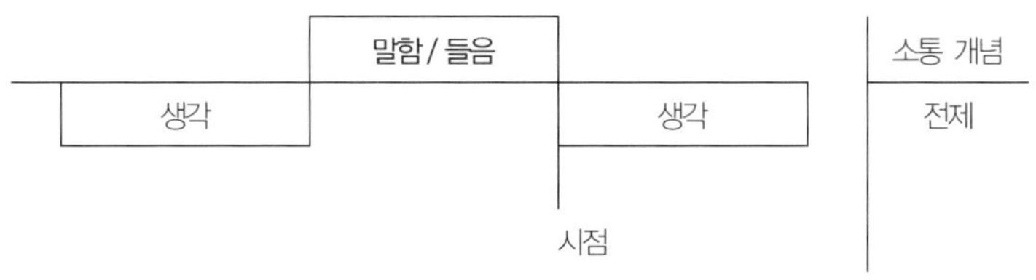

〔그림 1〕 소통 개념과 전제

〔그림 1〕에서처럼 루만의 '소통'은 (대표적인 표현으로서) '말함/들음'만을 포함한다. 단위 소통은 말함과 들음이 발생한 바로 그 순간, 즉 다음의 생각 단계로 미처 넘어가기 전에 완료된다. 이 순간 말한 사람은 들은 사람이 그것을 들었는지 아닌지를 알지 못한다. 들은 사람 역시 듣기는

4 마르고트 베르크하우스(2012), 『쉽게 읽는 루만』, 이철 옮김, 한울아카데미, pp.92 ff.

했지만 들은 것을 아직 생각하지 않았기에, 자신이 무엇을 들었는지 알지 못한다. 소통의 전제가 된 생각들은 이 순간에 접근하지 못한다. 바로 이 순간 단위 소통이 완료된다. 그리고 바로 이 순간 사회가 실행되었다. 그래서 인간은 사회를 이해하지 못하며, 사회(소통)도 인간을 이해하지 못한다. '들음'은 말함(통보)에만 접근할 수 있을 뿐, 생각(정보)에는 접근하지 못하기 때문이다.[5]

루만의 소통 개념이 순수하게 형식적인 개념 도구로서 그 대상으로부터 완전한 중립성을 누린다는 것은 중요하다. 베버의 이념형이나 뒤르켐(Émile Durkheim)의 사회적 사실도 결국에는 연구자의 구성물인 반면, 루만의 소통 사건은 연구자로부터 독립적이다. 루만의 소통 개념은 지멜의 형식사회학에서 요구된 내용과의 변증을 필요로 하지도 않는다. 그것은 내용에 영향을 받지 않으면서도 모든 내용을 포괄할 수 있는 순수하게 형식적인 도구이다. 소통 개념은 사건으로서 보편적 추상성을 누린다는 것이다.

소통은 사건으로서 공간에 묶인 실체와는 달리 중첩성과 '이전 / 발생 / 이후'의 세 시점 관련성을 가진다. 중첩성은 복수의 사건이 하나의 시점에

5 여기에서 단위 소통의 완결을 의미하는 '재진입'은 국내에서 확산된 이해와는 달리, 네 번째 단계에서 발생할 수 없다. 소통으로 작동하는 사회적 체계의 재진입이 어떻게 생각 단계에서 일어난다는 말인가? 또한 '소통'을 이렇게 심리적으로 이해하면, Kommunikation을 '소통'으로 번역하기를 꺼리게 된다. 그런데 이러한 입장은 체계들이 자신의 고유한 작동에 갇혀 있다는 명제를 엉뚱하게 Kommunikation 개념 이해에 적용하는 것이다. 필자 역시 과거에 비슷한 고민[이철(2010), 「루만의 자기생산체계 개념과 그 사회이론사적 의의」, 『담론201』 제13집 제3호, pp.81~106]과 비슷한 선택[마르고트 베르크하우스(2012), 『쉽게 읽는 루만』, 이철 옮김, 한울아카데미 ; 니클라스 루만(2014), 『예술체계이론』, 박여성 · 이철 옮김, 한길사]을 했었다. 하지만 루만의 Kommunikation은 심리적 체계들을 위한 것이 아니라 사회적 체계들을 위한 것이다. 그래서 심리적 체계 사이의 소통의 비개연성을 사회적 차원에서 뚫어서 '소통시킨' 것이 Kommunikation인 것이다. 이 개념을 심리적 체계 사이의 교환의 관점에서 '커뮤니케이션'으로 음차하는 것은 인식 이론적으로 불필요한 연상과 생각으로 이끌 뿐이다.

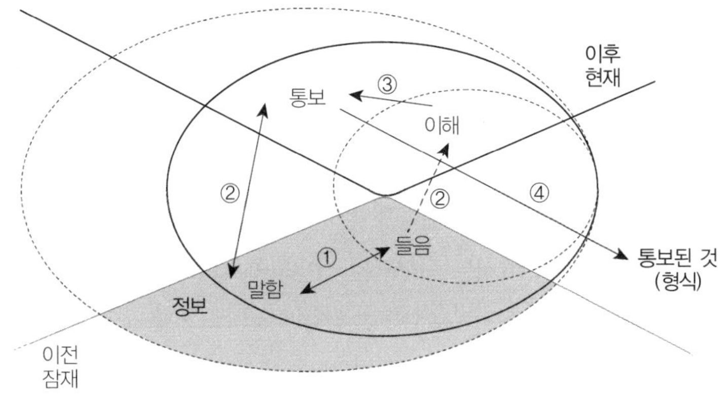

〔그림 2〕 통보 / 이해의 이전 / 이후

발생할 수 있는 것이다. 루만은 이 점을 활용하여, 통보[6] 행동(말함)과 이해(들음)가 한순간에 발생하는 것으로 개념화한다. 통보 행동과 이해는 인과적 관계에서 순차적으로 발생하는 것이 아니다. 이것은 체계 이론을 사건 이론으로 구상하는 기본 원리로서, 상당한 인식 이론적 고려가 포함된 사항이지만 여기에서는 자세히 다룰 수 없다.[7] 여기에서 중요한 것은, 말함/들음 내지는 통보/이해가 동시에 발생한다는 것이며, 이것이 루만의 체계 이론의 출발점이라는 것이다.[8] 그래서 말함/들음이 동시에 발생하여 '이전'의 잠재 상태에서 '이후'의 현재화 상태로 변화되는 과정을 분석

6 Mitteilung의 번역어다. 이 개념을 '통지'로 번역하는 것은 불참자들만을 대상으로 할 뿐만 아니라 알 '지(知)' 자를 통해 인식론적 기능을 포함한다는 문제가 있다.

7 이철(2014b), 「니클라스 루만의 자기준거적-자기생산적 체계에 대한 바른 이해 : 스펜서브라운의 형식형성 계산에 기초하여」, 『현상과 인식』 제38집 제4호.

8 루만의 체계는 동일한 유형의 사건들이 후속하여 발생하는 한 존재하는 체계이다. 그런데 국내에서는 사건들이 서로를 지시하며 체계를 구축한다는 해석이 확산되어 있다. 그러나 발생하자마자 사라지는 사건이 후속 사건을 어떻게 지시한다는 것인가? 또한 이러한 해석에서는 현행 사건의 현실성이 후속 사건의 발생에 의존할 수밖에 없기에, 자기생산체계는 영원히 불임의 체계로 남는다.

할 필요가 있다. 공간에 묶인 실체와는 달리 사건은 시간 축과 '이전/발생/이후'의 세 가지 관련성을 갖는다는 것이다(세 시점 관련성).

얼핏 복잡해 보이는 〔그림 2〕의 아래 4분면은 이전의 잠재 상태를, 위 4분면은 이후의 현재화 순간을 나타낸다. 이 그림에서는 모든 화살표가 '하나의' 시점에 발생하는 사태들을 가리킨다. 사건이 발생한 후에야 모든 것이 활성화되므로, 이것은 현실적인 개념화이기도 하다. 말함과 들음은 동시에 발생하는 순간 서로로부터 분리되면서(①), (그 둘이 잠재에서 현재화로 넘어오며) 각각 이전과 이후에 배치되고(②), 말했음(통보)가 들었음(이해)에 의해 인지되기에 이른다(③). 그리고 같은 순간 말해진 것(④)이 생산된다.[9]

이렇게 하나의 소통이 발생한 순간, 정보와 통보와 이해가 현재화된다. 정보와 통보와 이해는—이 셋이 실현된 관계에서—각각 요소와 사건과 소통이 된다.

이 소통 **개념**에서 자아는 발신자가 아니라 '들음(이해)'이다. 여기에서 루만이—주체나 실체가 아니라—이해(들음)라는 동작을 관찰자로 개념화한다는 사실이, 상식을 거스르는 역발상으로서 루만의 이론을 그토록 어렵게 만드는 주범이다. 하지만 루만이 사건 이론을 구사하고 있다는 것은 바로 이런 의미이다. 또한 이것은 사회적 세계에서 발생한 '들었음'이라는 사실을 이론 세계에서 (말함의) '관찰자' 개념으로 파악한다는 점에서

9 말함과 들음이 동시에 발생한다는 것은, 구별과 지시가 동시에 발생한다는〔니클라스 루만(2014), 앞의 책, p.139〕 일반체계 이론의 원칙에 부합한다. 그리고 말함과 들음의 동시 발생에서 실현되는 사태들은 일반체계 이론의 차원에서 구별함과 지시함의 동시 발생에서도 그대로 실현된다〔이철(2014a), 「니클라스 루만의 사상과 예술사회학 : 차이의 철학, 관찰자 이론, 예술의 진화 이론」, 니클라스 루만, 『예술체계이론』, 박여성 · 이철 옮김, 한길사 ; 이철(2015b), 「스펜서브라운의 '재진입' 개념과 그 과학철학적 함의들 : $x^2+1=0$에 숨겨진 시간과 상상의 세계」, 『사회사상과 문화』 제18권 제2호, pp.75~96 ; 이철(2015a), 「루만의 '재진입' 개념과 그 인식이론적 의의들 : 스펜서브라운의 재진입 개념에 기초하여」, 『사회사상과 문화』 제18권 제3호, pp.1~28〕.

현실적합적인 개념이기도 하다.

루만의 소통 개념에서는 '이해'의 발생이 중요하다. 송신자가 어떤 것을 말했더라도 수신자가 그것을 듣지 못했으면 소통이 실행된 것이 아니다. 실제로 통보가 이루어지지 않았는데도 수신자가 어떤 것을 이해한 반대의 경우에는 소통이 실현된 것이다.[10] 이 개념 도구의 의의는 모든 현실적인 소통 사건들을 판별하고 분석할 수 있는 데에 있다. 그러면 단위 소통이 완료된 이 시점에 어떤 변화들이 실현되었는가?

소통의 발생은 말함과 들음, 통보 행동과 이해의 사회적 차이를 만들어 낸다(〔그림 2〕, 〔그림 3〕의 화살표 ①). 생각의 말함이 '이전'에서, 실행된 '이후'로 옮겨짐으로써 시간적 차이가 만들어졌다(화살표 ②). 이 실행에 의해 들음의 영역으로 그 내용이 옮겨짐으로써, 어떤 것이 통보 행동으로 선택되었다는 사실적 차이가 생성되었다(화살표 ③). 이 세 가지 사태들은 공동으로 '말해진

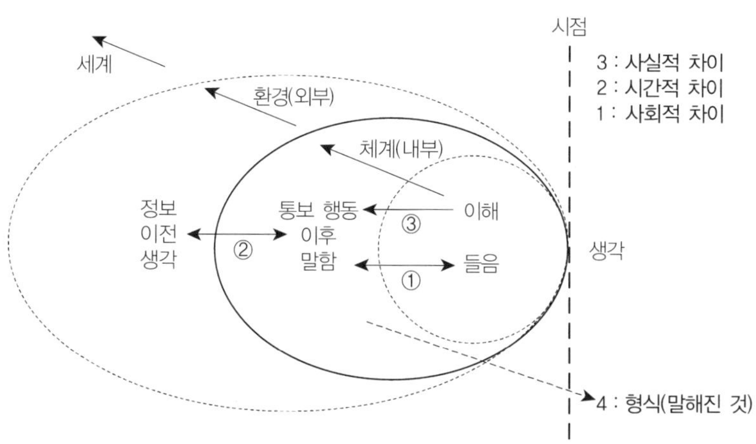

〔그림 3〕 소통 관련 사태들의 해부도

10 이철(2014b), 앞의 논문.

것'을 형식으로서 생산한다.[11] 이 사태들의 공동 결과물은 '4 : 형식(말해진 것)'이다.

〔그림 3〕에서는 실선을 경계로 하여 소통의 내부와 외부가 구별된다. 체계 이론적으로는 체계와 환경이 구별되는 것이다. 그 바깥이 세계이다. 이것은 체계가 세계로부터 구별된 조건에서 비로소 인지할 수 있으며, 체계가 구별의 순간 구별의 맹점을 대가로 관찰할 수 있다는 것을 함의한다. 이때 체계는 통보 행동만을 관찰할 수 있으며, 통보 행동이 정보라는 환경에서 요소들을 끌어온다는 점에서 환경을 간접적으로 관찰할 수 있다. 이렇게 획정된 체계 내부가 사회가 사건으로서 창출하는 의미공간이다. 이 의미공간은 단위 소통이 발생할 때마다 발생하는 소통의 내용으로 채워진다.

체계는 체계(내부)와 환경(외부)의 차이가 발생할 때에만 존재한다. 이것은 동어반복처럼 들리지만, 시간의 경계를 넘어 '비대칭적이며 순환적으로' 구조화된 모델을 거쳐 나온 것이기에 동어반복이 아니다. 이 체계 내지는 관찰자의 약점이라고 할 수 있는 것은, 그가 어떤 것을 보기만 했지 자신이 무엇을 보았는지는 모른다는 점이다. 이 관찰자가 무엇을 보았는지는 다음 순간에 발생할 관찰자가 본 것을 갖고 추론할 수 있다. 이것은 루만이 자신의 개념 도구에 중립성을 부여하는 과정에서 불가피하게 감수하는 작은 약점이라고 할 수 있겠다.

루만은 소통 내부가 언젠가 창발함으로써 사회가 태동했다고 보고, 이 소통 내부가 후속 소통으로 대체되면서 진화하고 분화한 과정이 사회의 변화로 나타났다고 본다. 그래서 사회의 태동과 변화는 신이나 주체의 계획이나

11 일반체계 이론의 차원에서 이 관계는 이철(2015a), 앞의 논문의 그림 4. 새로운 기초 구별과 관찰에 그려져 있다.

의지의 결과가 아니라, 오로지 소통 사건의 발생에 의해 결정되었다.

여기에서 루만은 소통과 사회와 인간 역사가 ① 사회적/시간적/사실적 의미 차원의 상호작용, ② 사건-형식의 상보적 진행에 의해 추진되었다고 본다.

루만의 사회 이론
— 세 이론 조각과 소통 및 의미론

세 가지 차이와 세 이론 조각

일반적으로는 전체 구조의 맥락에서 부분들을 분석하며, 그래서 예컨대 거시 차원이 미시에 영향을 미친다고 보는 방식으로 이론 요소 간에 위계를 인정한다. 그런데 루만의 사회학적 체계 이론에서는 사회(societal)체계가 사회적(social) 체계의 하위 유형이고, 사회적 체계는 세 가지 차이의 상호작용에 의해 작동한다. 개념 관계에서 주도권을 행사하는 거시적인 사회 이론과 같은 것은 없다는 것이다. 루만의 이론 개념에서는 사회적/시간적/사실적 의미 차원들은 완전히 동등한 지위에서 '그 자체로서 완전히 민주적인 공동 결정의 텍스트'[12]를 공동으로 구성한다. 그래서 루만의 사회 이론은 사회적/시간적/사실적 의미 차원을 각각 담당하는 소통 매체 이론, 진화 이론, 분화 이론이라는 세 가지 이론 조각으로 구축된다.

소통 매체로는 언어 매체, 문자 매체 및 본격적인 확산 매체와 상징적으로 일반화된 매체의 네 유형이 있다. 소통 매체는 소통의 사회적인 관계를 주로 규정한다. 그런데 앞의 셋은 각각 정보→통보→이해의 각 단계를

12 니클라스 루만(2015), 『사회이론 입문』, 이철 옮김, 이론, p.24.

강화한다. 언어 매체에 의존하는 분절적 사회에서는 정보가, 문자 매체가 추가됨으로써 계층화된 사회에서는 통보 단계가 강화되었다. 확산 매체가 대중화된 근대사회에서는 이해의 축을 담당하는 대중이 소통에서 중요한 요인으로 고려되기에 이르렀다.[13]

시간적 차이를 다루는 진화 이론의 세 단계는 변이→선택→재안정화이다. 루만의 진화 이론은 변이에만 주목하는 일반 진화 이론과는 달리 진화 과정 전체를 시야에 확보하는 동시에, 정보→통보→이해로 구성된 소통 개념과 호환될 수 있다. 루만의 진화 이론은 '변이→선택→재안정화'를 중심으로 하여, 소통 사건들을 변이 · 수용/거부 · 구조의 관점에서 관찰한다. 소통에서 말함과 들음이 서로에 의해 상대화되었듯이 진화에서도 변이와 선택이, 일탈과 구조가 하나의 틀을 함께 구성하고 있다. 이러한 대칭적 개념 배치에서 알 수 있는 것처럼, 루만의 진화 이론은 계획이나 모델에 따라 최적을 지향하기보다 우발에 자신을 내맡긴다. 진화 이론은 시간 차원에서 세 가지 소통 매체의 생성 · 변천과 사회체계의 분화를 설명하는 역할을 맡는다.

분화 이론은 사실적 측면들이 선택되면서 체계 분화가 촉진되는 과정을 설명한다. 사실적 의미 차원은 기능적으로 분화된 사회에 와서야 다른 의미 차원들에 맞서 자신의 권리를 주장할 수 있게 된다. 그 이전의 계층적 사회에서는 사실적 의미 차원들은 대개 신분이라는 사회적 차이들에 의해 처리되었다. 그래서 분화 이론과 사실적 의미 차원은 근대의 기능 분화된 사회에서 중요한 역할을 수행하며, 뒤의 '근대사회의 소통, 의미론과 기능 분화'(303쪽)에서 자세히 설명하겠지만 '프로그램→코드→기능체계들'이라는 단계를 취한다.

13 뒤의 '근대사회의 문제와 기능, 매체와 코드와 프로그램'(303쪽) 참조.

이러한 세 가지 의미 차원의 공동 작용으로 발생하는 소통 '사건'은 '형식'으로서의 의미론과 시간 축 위에서 서로를 형성시킨다.

의미 '사건'으로서의 소통과 의미 '형식'으로서의 의미론

사회적으로 의미를 처리하는 소통 사건을 통해, 우리는 특별히 설득력 있거나 명증한 형식들을 나중에 비슷한 상황에 사용할 목적으로 보전해 두는데, 이것들을 루만은 의미론이라고 한다. 루만의 '의미론' 개념은 라인하르트 코젤렉의 『역사적 의미론과 개념사』[14]에서 차용한 것이며,[15] 개념사 연구방법론에 이론적 토대를 갖추어 주고 있다.[16]

루만은 의미론을 '(의미를 현재화하는 체험과 행위의 **사건들**의 총체와는 달리), (의미 기대의 반복이라는) 기능을 위해 사용될 수 있는 사회의 **형식들**의 총체'[17]라고 정의한다. 의미론은 다른 말로는 '사회의 의미론적 도구'나 '준비된 의미 처리 규칙들의 비축'[18]이다. 의미론은 소통의 결과 생성된 형식 가운데 선택되어 비축된 것으로서, 그 자신이 구체적인 상황으로부터 추상화되어 있어서 추후의 소통을 안내할 수 있다. 의미론은 말해지고 기록된 것 가운데 유용하다고 입증된 것들이 '소통의 목적을 위해 보관된'[19] 형식들이다.

의미론은 구전을 통해 보전되기도 하지만, 텍스트로 문서화되어[20] 보전

14 Koselleck, Reinhart ed.(1978), *Historische Semantik und Begriffsgeschicte*, Stuttgart : Klett-Cotta.

15 이 논문 뒤에 실린 니클라스 루만(2016), 「사회구조와 의미론적 구조」, 박근갑 외, 『언어와 소통 : 의미론의 쟁점들』, 주 13 참조.

16 뒤의 '소통 개념의 이론적 혁신들 : 코젤렉의 개념사와의 연관성' 장(310쪽) 참조.

17 이 논문 뒤에 실린 니클라스 루만(2016), 앞의 논문, 주 13 참조.

18 이 논문 뒤에 실린 니클라스 루만(2016), 앞의 논문, 주 13 참조.

19 Luhmann, Niklas(1984), *Soziale Systeme : Grundriβ einer allgemeinen Systemtheorie*, Frankfurt am Main : Suhrkamp, p.224.

20 Luhmann, Niklas(1997), *Die Gesellschaft der Gesellschaft*, Frankfurt am Main : Suhrkamp, p.887.

되기도 한다. 전자의 방식에는 예컨대 (격언처럼) 소통의 주제로서 생산된, 친숙한 소통의 길잡이가 되는 것들이 속한다. 후자는 주로 추상적인 소통 의도들을 위해 기록 · 전승되는데, 그래서 진지한, 입증된, 또는 '다듬어진 의미론'이라고 표현되기도 한다. '다듬어진 의미론'은 텍스트들, 역사적이며 문화적인 재료들과 (가령 사회에 관한 사회학적 이론처럼) 사회의 자기 기술들을 포함한다. 보다 구체적으로는 일반적인 개념들, 관념들 외에도 '세계관들, 과학철학 이론, 견해들, 에세이들, 토론 자료들 등'[21]이 의미론이다. 의미론은 우리가 소통 사건에서 떠올리거나 동원할 수 있는 의미 자원들의 총체라고 할 수 있겠다.

의미론은 '소통의 자기생산을 위한 구조'[22]로서 소통을 촉진하고 안내한다. 다른 한편 형식은 자신을 현재화하는 체험과 행위의 사건을 통하지 않고서는 현실적인 것이 될 수 없기[23] 때문에, 의미론도 소통을 필요로 한다. 형식은 사건에 의해 생성되고, 사건에 의해 현재화되는 한 존속한다. 이렇게 소통과 의미론은 서로를 지탱해 나간다. 즉 의미를 처리하는 소통 사건은 의미 '형식'으로서의 의미론을 생성시키고, 또 이렇게 보전된 의미론은 후속 소통에 대해 구조로서 작용한다. 여기에서 소통 사건과 의미론 형식은 각각 사회의 과정성/안정성과 사회의 변동/질서를 설명한다.

그래서 의미론은 소통과 그 매체와 사회의 분화 유형과 밀접한 관계를 맺는다. 이 포괄적인 관계를 다음의 '소통과 사회의 생성과 분화'(298쪽)와 '근대사회의 소통, 의미론과 기능 분화'(303쪽)에서 구체적으로 설명하기

21 Baraldi, Claudio, Giancarlo Corsi and Elena Esposito(2006), *GLU : Glossar zu Niklas Luhmanns Theorie sozialer Systeme*, Frankfurt am Main : Suhrkamp.

22 Luhmann, Niklas(1990), *Die Wissenschaft der Gesellschaft*, Frankfurt am Main : Suhrkamp, pp.109~110.

23 이 논문 뒤에 실린 니클라스 루만(2016), 앞의 논문, p.331~332 참조.

전에, 그 요점만 미리 말해 두면 다음과 같다(이 내용은 독자에 따라서는 다음 두 장의 내용을 읽은 후 요약으로 활용할 수도 있을 것이다).

언어 매체로 작동하는 분절적 사회에서는 의미론의 보관 장소는 기억이었고, 그래서 구두의미론이 주효했다. 문자 매체는 기억보다 내구성이 더 높은 의미론을 가능하게 했고, 이것은 계층화된 사회에서 기록된 의미론의 정당성과 권력의 근거가 되었다. 근대 기능사회의 의미론의 특징은 여러 의미론으로 나뉘었다는 데에 있다. 이것은 확산 매체가 주도 매체가 되어 감에 따라, 정보→통보→이해의 소통 단계 모두를 감안하는 사실적 의미 차원이 발달한 결과이다.[24]

한 편의 세 가지 의미 차원의 공동 작용과 다른 편의 의미론이 되풀이되는 가운데, 분절적 분화 유형의 사회, 계층적 분화 유형의 사회, 기능적 분화 유형의 사회가 — 발전을 의미하지는 않으면서 — 역사적으로 전개되어 나왔다. 최초의 분절적 사회에서는 기억에 보전된 구전의미론과 언어 매체에 의존하며, 주로 사회적 차원의 차이만 활성화되었다.

다음 단계의 계층적 사회에서는 언어 매체와 문자 매체가 공존하는 조건에서, 소통에서 정보 동작과 통보 동작이 중요해진다. 이 시기에는 사회적 의미 차원과 시간적 의미 차원이 경합했는데, 언어 매체에 비해 문자 매체가 더 빨리 통보를 실행함으로써 결정권을 가진다는 점에서, 시간적 차원이 우세해진다. 이 시기에 사실적 차원의 문제들은 아직 사회적 차원에서, 즉 신분적 차이를 근거로 하여 해결되었다.

기능적 분화의 사회에서는 언어와 문자를 토대로 하여 확산 매체를 통한 소통이 보편화되었다. 소통 단계에서 정보와 통보와 이해가 동등한 권

24 뒤의 '근대사회의 소통, 의미론과 기능 분화' 장(303쪽) '기능체계들과 특수의미론들 : 매체－코드와 프로그램'(306쪽) 참조.

력을 갖게 되었고, 진화 이론적으로 변이와 선택과 재안정화가 제각기 강화되었다. 의미 차원에서는 사회적 차원과 시간적 차원과 사실적 차원이 서로 경합하게 되고, 소통 경로들의 사실적 차원이 전문화되는 결과로 나타났다. 이것은 다음 장에서 상술하겠지만, 사회체계 내에서 프로그램과 코드의 구별 위에 구축되는 기능체계들의 독립 분화로 나타났다. 이상의 내용은 아래 〈표 1〉에 개괄하였다.

〈표 1〉 세 가지 의미 차원, 사회의 주된 분화 형식 및 의미론

소통 매체	진화 이론	분화 이론	의미 차원	주된 분화 형식	의미론
언어 문자 확산	변이 → 선택 → 재안정화	프로그램 → 코드 → 기능체계들	사회적 시간적 사실적	기능적 분화	특수의미론들
언어 문자	변이 → 선택	-	사회적 시간적	계층적 분화	기록된 의미론
언어	-	-	사회적	분절적 분화	구전의미론

소통과 사회의 생성과 분화

간단히 말하면 사회의 태동, 안정, 변화가 소통의 창발, 정착, 변천에 의해 설명된다는 것이다. 루만은 인간의 역사를 모두 네 시기와 세 유형의 사회로 구분한다. 첫 시기는 몸짓으로 신호 교환을 하는 시기로서, 루만은 이때에는 아직 사회가 발생하지 않았다고 본다. 언어를 사용하게 되면서 분절적 사회가 태동하였고, 이 사회는 다음 단계에서 언어에 기초하며 문자의 보조를 받는 계층적 사회로 진화되었다. 우리가 근대라고 부르는 시대를 루만은 화폐, 권력, 사랑, 진리 등과 같은 상징적으로 일반화된 소통

매체들에 의해 소통이 주로 성사되는 기능적 분화사회로 해석한다. 이러한 역사 발전은 선행하는 분화 원칙이 후속하는 분화 원칙에 의해 대체되는 방식이 아니라, 새로운 분화 원칙이 '주된' 분화 원칙으로 부상하는 식으로 진행된다.

소통의 자아는 처음부터 있지 않았다. 인간은 '예'와 '아니오'가 뚜렷하게 구별되는 언어를 사용하기 전까지 고유한 의식체계에 갇혀 차이를 인지하기만 했지, 이 차이를 소통을 통해 관철시킬 수 없었다. 이 시기에 인간은 불명료한 동의를 신호로 주고받았을 뿐이다. 인간은 자연을 자연적인 세계로 인지하는 이상의 의미공간을 만들어 내지 못했던 것이다. 인간은 '아니오'를 표현할 수 없었는데, 이것은 발생하는 것이 발생하기만 하는, 즉 긍정의 사실들만 있는 자연적인 세계의 질서 안에 인간들이 머물렀다는 것을 의미한다. 자연에는 '비가 온다', '산이 있다'는 있지만, '비가 오지 않는다'나 '산이 없다'처럼 발생하지 않는 것은 속하지 않는다. 이 시기에는 말함과 들음의 사회적 차원에서 차이가 만들어지지도 않았고, 그 차이가 소통되는 사회적인 의미공간도 만들어지지 않았다. 이 시기는 루만의 정의에 따르면 아직 사회가 아니다.

소통의 자아와 사회는 인간 역사에서 언어가 생성되는 순간 창발하였다. 루만은 언어가 인간 본연의 능력의 산물이나 신의 로고스로서 미리 주어졌다고 보지 않는다. 언어는 어떤 식으로든 발생한 것이 틀림없다.[25] 선행 연구가 없어 추정할 수밖에 없지만, 최초로 소통된 언어가 '아니오'였을 것으로 보는 데에는 큰 무리가 없을 것이다. '아니오'는 최초로 말해진 바로 그 순간 즉각적으로 이해되는 방식으로 정착되지는 않았을 것이다. 그보다는 유사한 상황들과 사건들이 무수하게 반복되는 가운데, 소통에

25 니클라스 루만(2015), 앞의 책, p.152.

참여한 개인들이 과거의 어떤 외침이나 몸짓에서 그것이 '아니오'였음을 함께 깨닫고, 다시금 반복되는 개인들 사이의 인지와 학습을 거쳐 정착되었다고 보아야 할 것이다.

'아니오'가 이해된 순간 인간은 인지를 사회적 차원에서 관철시킬 수 있게 되었다. 소통의 우회로가 개척되었다. 언어가 원시적 형태로 실현되었고, 사회 차원에서 의미공간이 개척되었다. 개별화된 의식체계들이 모여 살던 공동생활에서 어떤 것의 통보가 이해되는 소통의 차원이 확장되며 생성되었다. 의식과 인지는 이제 소통과 공동 작용하는 가운데 새로운 발전의 국면에 접어들었다. 의식과 인지는 특히 자연적인 긍정의 세계를, 부정/긍정 차원으로 구성된 현실로서 인지하고 소통할 수 있게 되었다. 언어 매체는 이런 점에서 의식체계들이 인지의 한계를 극복할 수 있도록 도와주었다.

언어 매체의 발전과 함께 상호작용체계들이 생성되었다. 이 유형의 소통체계들은 참석이라는 시공간적 제한에 묶여 있었고, 그래서 1백~2백 명 규모의 부족사회들을 생성시켰다. 부족사회들은 지역적으로 흩어져 복수의 사회로 존재했다. 이 사회들은 자체의 소통에만 의존했으며, 그래서 이 시기에는 복수의 사회 내지는 사회(societal)체계들이 있었다. 분절적으로 분화된 사회에서의 소통은 세 가지 의미 차원 가운데 주로 사회적 차원에서 이루어졌다. '(생각의) 말함과 들음' 가운데 생각이 권력을, 과거(이전)와 현재와 미래(이후) 가운데 과거가 권력을 누렸다. 소통은 정보(환경)에 의존했고, 그래서 상대적으로 안정적이지 못했다.

이러한 분절적 사회로부터 계층적으로 분화된 사회가 형성되었다. 이것은 문자 발명 이후 문자 소통이 기존의 언어 소통으로 작동하는 사회에서 영향력을 장악해 나가는 가운데 이루어졌다. 한편으로는 언어 소통에 의존하는 상호작용체계가 존속했고, 다른 한편 문자 소통도 활용하는 조직체계가 생성되었다. 하지만 문자 매체는 소통의 시공간적 제한을 넘어서기 때문에, 상호작용에 의존하는 소통을 지배할 수 있게 되었다. '문서'는 가히 사형 집행권을 가질 정도의 권력을 갖게 되었다. 이 시기에 사회에서는 도시/농촌의 분화와 귀족/농민의 분화가 — 역시 상보적으로 — 진행되었다. 전체 사회체계는 분절적 사회들에 비해 현저하게 확대되었으며, 대략적으로 말해 문자 매체를 활용할 수 있는 한편의 도시 · 귀족 · 조직체계와, 언어 매체에만 의존하는 농촌 · 평민 · 상호작용체계 사이에 계층화가 이루어졌다.

분절적 사회에서 구축된 통보의 권력은 계층적 사회에서 더욱 강화되었다. 부족사회에서는 단지 말함이 들음을 지배했지만, 계층적 사회에서는 '기록된 것'이 읽음을 지배하는 추가 권력 장치가 제도화되었다. 분절적 사회에서 언어는 기억으로 보전되었던 반면, 계층적 사회에서는 문자 기록과 조직의 지원을 받을 수 있었고 '과거'의 권력은 그만큼 더 강화되었다. 언어 매체 · 상호작용체계 대 문자 매체 · 조직체계의 권력 차이는 소통 효과의 공간적 · 시간적 차이를 증대시켰고, 시간적 의미 차원은 기존의 사회적 의미 차원과 더욱 뚜렷하게 상호작용하기 시작했다.

지금까지 소통의 범위, 사회의 규모, 권력 격차가 증대되는 경향이 있었지만, 전통사회는 그래도 개괄할 수 있는 규모의 지역 차원의 사회들이었다. 그러나 지난 몇백 년 동안 그 이전의 어떤 변화보다 빠르고 광범위한 변화가 실현되었다. 이 시기에도 완만하게 시작된 변화가 나중에, 즉 18세기 중반부터 가속화된다. 1890년대에 완료된다고 보는 이 시기를 루만은 계층화된 지역사회들이 기능적으로 분화된 세계사회로 재편된 결과라고 분석한다. 이 변화의 이면에도 매체와 소통의 구조와 범위의 변화가 작용하였다. 역사적으로는 언어 매체 · 상호작용체계 위에 문자 매체 · 조직체계가 덧씌워진 사회에서, 성공 매체들 · 기능체계들이 사회를 움직이는 주도적인 동력이 되었다. 이와 함께 지역 차원의 소통 범위가 세계 차원으로 확장되었다.

이 발전은 인쇄술이 본격적인 확산 매체로서 대두하며 소통의 시공간적인 제한을 급격하게 해체했던 데에 원인이 있다. 그리고 이 발전의 과정에서 소통의 사회적/시간적/사실적 차원들은 모두 활성화되었다. 기록된 것의 읽음이 새로이 소통의 주요 방식으로 대두하였고, 사실적 차원에서 전문화가 뚜렷하게 진행되었다. 소통의 송신자는 과거의 권력을 더 이상 유지할 수 없게 되었다. 시간 차원의 고려 또한 중요한 변수가 되었다. 시간 차원에서도 과거와 전통은 새로운 것을 약속하는 미래에 권력을 넘겨주었다. 이러한 변화들은 전통사회와 그 제도들의 해체와 함께 진행되었으며, 소통이 성공할 가능성을 희박하게 만들었다.

전통적인 소통이 성사될 조건이 해체되는 한편, 사람들의 기본 욕구들을 사회 차원에서 해결할 필요가 생성되었다. 이를 중심으로 하여 소통 제안들을 수용할 가능성을 높이는 매체들이 사회 내에서 관철되기 시작했다. 예컨대 희소한 자원을 배분하는 문제가 화폐 매체에 의해, 집합적 차원에서 구속력 있는 결정을 보장하는 문제가 권력 매체에 의해 조종되는 가운데 사회 내에서 제도화되기 시작했다. 기능체계들의 형성 과정에 대해서는 아래에서 자세하게 다루겠지만, 여기에서는 기능체계들이 사회의 구체적인 기관들을 가리키는 것이 아니라는 점만 기억해 두자.

기능체계들은 인체에 비유하면 심장이나 두뇌와 같은 신체기관이 아니라 인체의 혈류체계, 영양공급체계, 신경체계 등과 같다. 기능체계들은 사회 내에서 실행되는 해당 기능의 총체를 말한다. 예컨대 경제체계는 사회의 지불/비지불의 총체를 의미하며, 기업경제 · 국가경제 · 가정경제 등을 포괄한다. 하지만 그 중심 기능은 기업이라는 조직체계들에 의해 수행된다. 정치체계의 기능은 정당 조직이 수행한다. 그래서 근대사회에서 다양한 영역의 기능체계들의 확장과, 관련 전문 조직들의 발전은 서로를 설명한다. 기능체계들의 발전과 근대사회의 변화된 구조에 대한 자세한 분석은 소통의 사건적 측면과 형식적 측면에 관한 분석을 한 토대에서 속행하기로 하며, 세 가지 유형의 사회체계와 사회의 주된 분화 형식을 개괄하면 〈표 2〉와 같다.

〈표 2〉 매체, 의미 차원과 사회체계 및 사회의 주된 분화 형식

매체들	의미 차원	사회(societal)체계 구성	사회의 '주된' 분화 형식
언어 매체 문자 매체 확산 매체	사회적 차원 시간적 차원 사실적 차원	상호작용체계 조직체계 기능체계	기능적 분화 (다맥락 세계사회)
언어 매체 문자 매체	시간적 차원 사회적 차원	조직체계 상호작용체계	계층적 분화 (신분사회)
언어 매체	사회적 차원	상호작용체계	분절적 사회(부족사회)

근대사회의 소통, 의미론과 기능 분화

근대사회의 문제와 기능, 매체와 코드와 프로그램

루만의 근대 분석의 요체는 전통사회에서 근대사회로의 이행기에 소통방식, 의미론적 구조, 체계분화구조들이 — 서로를 진작시키면서 — 함께 변동한 것이라는 데에 있다. 확산 매체가 대중화되면서 소통은 전통적인 권력에서 해방되는 동시에 성사되기 어려워졌다. '정보와 통보와 이해'가 '저자와 인쇄 매체와 독자'에게 각각 할당되었다. 이제는 소통이 상호작용의 상황에서 성사되고 후속될 가능성이 희박해졌다. 같은 시기에 인간의 기본 욕구들, 즉 전통적인 방식으로 해결할 수 없게 된 욕구들과 변화된

상황에서 새롭게 분출되는 욕구들이 사회의(societal) **문제**로서 대두하였다. 그 문제들은 사회의 집합적 차원에서 부상하는 **기능**에 의해 소통들을 유인한다. 여기에서 기능은 물론 (파슨스와의 근본적인 차이로서) 전체나 구조가 전제되지 않은 조건에서의 기능이다.

성사되기 어려워진 소통의 구조적 상황에서, 저자와 인쇄 매체와 독자는 제각기 전문화되면서 서로를 지향한다. 즉 저자는 익명의 독자층을 지향한 집필에 전문화되고, 독자는 특정한 취향에 전문화되고, 인쇄 매체는 이 둘을 매개하여 소통을 성립시키는 기술적인 문제에 전문화되면서, 상호 지향하며 소통 경로를 모색한다. 이러한 변화들의 동학이 작용하는 가운데 사회문제들의 기능적 유인에 따라 특화된 **매체들**, **코드들**, **프로그램들**에 의존하는 특수 소통 경로들과 특수의미론들이 생성되었다.

전통사회의 해체기에 인간의 다양한 욕구를 처리하는 새로운 방식들이 제도화된다. 이것은 근대화를 규정하는 루만의 관점이기도 한데, 루만은 현재사회가 인간의 다양한 기본 욕구들을 충분히 해소하지 못하고 있다고 진단한다. 여기에서는 — 인간의 네 가지 기본 욕구와 관련하여 — 희소한 자원을 사회 차원에서 분배하여 기본적인 욕구를 충족시키는 문제, 집합적 차원에서 구속력 있는 결정을 통해 (자신이 포함된) 집단의 안전을 보장받는 문제, 비인격적인 관계가 증대하는 사회에서 전인격적인 인정을 보장받으려는 문제, 기능을 상실한 종교를 대신하여 생활의 길잡이가 되는 진리를 발견하는 문제만을 다루겠다. 이 문제들은 각각 경제체계, 정치체계, 친밀체계, 학문체계의 기능의 필요성을 사회 차원에서 부각시킨다.

그 결과 이러한 기능들의 해결이 소통들의 관심이 되고, 소통들을 조종할 수 있게 되었다. 이러한 상황에서 소통의 특수 매체들이 생성되었다. 특수 매체들은 소통의 의미 제안들이 수용될 개연성을 높이는 역할을 한다. 매체들은 자신들이 없으면 수용되지 않았을 소통을 수용되도록 하는 데에 기여한다. 루만은 이것을 파슨스를 차용하여 '상징적으로 일반화된 소통 매체'라고 개념화하고 경제체계, 정치체계, 친밀체계, 학문체계에 대해 순서대로 화폐, 권력, 사랑, 진리를 꼽는다.

이러한 매체들은 각각 특수한 선택 경로를 가지는데, 이것을 코드라고 한다. 네 체계의 코드는 순서대로 지불/비지불, 여당/야당, 사랑함/사랑하지 않음, 진리/허위이다. 코드는 이처럼 상호 배타적인 이항으로 구성되어 있어서, 제3항을 배제한 채 관찰체계들이 수용하거나 거부하는 방식으로 관찰할 수 있도록 해준다. 코드는 매체들이 선택되거나 거부되는 경로로서 체계를 발생시키고 안정화하는 데에 기여한다.

모든 체계는 긍정적인 코드가 선택되도록 하려는 경향이 있다. 이때 소통의 수용 여부를 결정하는 판단 기준이 체계마다 특수하게 작용하는데, 이것을 프로그램이라고 한다. 프로그램은 기능체계 특정적인 소통이 반복적으로 발생하여 안정화된 '의미론'의 일종이다. 네 체계에 대해 순서대로 희소성이나 가격 정책, 정치사상이나 선거공약, 이론과 방법론, (낭만적 사랑이나) 열정적 사랑이 된다. 이상의 개념들은 〈표 3〉에 개괄되어 있다.

〈표 3〉 근대사회의 문제와 기능체계들

문제-기능	기능(체계)	매체	코드	프로그램
희소 자원 분배	경제(체계)	화폐	지불 / 비지불	희소성, 가격
집합적으로 구속하는 결정	정치(체계)	권력	여당 / 야당	정치사상, 선거공약
인격적 인정	친밀(체계)	사랑	사랑함 / 사랑하지 않음	열정적인 사랑
삶의 지향	학문(체계)	진리	진리 / 허위	이론과 방법론

기능체계의 형성에서 코드와 프로그램이 서로 분리되어 공동 작용을

하는 것이 중요하다. 프로그램은 기능체계의 환경에 배치되어 체계에 정보를 유입시키며, 코드는 이항 도식을 갖고 소통을 조종한다. 프로그램은 체계의 유연성과 역동성을 보장하고, 코드는 안정성을 보장한다.[26] 프로그램은 형식으로서, 코드는 사건으로서 '사건-형식' 프레임을 반복 작동시킨다. 코드-프로그램의 반복은 기능체계-의미론의 생성과 안정화에 기여한다(동시에 그 반대도 작용한다). 이 원리가 구체적인 기능체계들에서 어떻게 작용하는지 살펴보자.

기능체계들과 특수의미론들 : 매체-코드와 프로그램

경제체계는 물질적 재생산 기능이, 화폐 매체를 수단으로 하여 지불/비지불(통보)가 결정(이해)되는 소통에 맡겨지는 과정을 통해 수립된다. 이 통보 행동의 이해는 경제행위자가 어떤 조건에서 지불하는지의 관찰로 이어지면서, 매체와 소통 방식과 함께 그것을 지탱하는 기능체계와 의미론을 만들어 낸다. 화폐 매체는 가격의 형식(!)으로 현재화됨으로써 거래행위를 성립시키는 능력을 사회 차원에서 인정받는다. 화폐 매체는 동시에 이러한 새로운 교환 방식을 사회적으로 제도화하는 데에 기여한다.

이러한 교환 방식이 반복되는 과정에서 경제행위자들의 행위 결정 기제(프로그램)가 생성되어 행동 선택(코드)의 기준을 강화한다. 가격이나 희소성과 같은 프로그램에 따른 가격 제안이 지불 여부에 관한 주도 구별(코드)의 근거가 되는 것이다. 경제적인 지불이 경제적인 근거에 따라 이루어짐으로써 지불/비지불의 경제적인 소통의 후속 발생이 보장된다. 이 소통은 관찰되고, 후속 소통과 관찰로 이어진다. 이러한 경제적 소통의 반복은 다시 의미론인 프로그램의 현실 적합성을 높인다. 경제체계는 이런 과정을

26 니클라스 루만(2014), 앞의 책, p.577.

거쳐 현실적인 매체와 의미론과 소통 경로에 의존한 채 사회 안에 착근되었다.[27]

정치체계는 예컨대 병역, 납세와 같은 특정한 행위 요청들을 관철할 사회의 필요를 위해 형성된다. 이러한 문제의 해결은 권력 매체를 수단으로 하여 집합적 차원의 구속적인 결정을 위임하는 방식으로 모색되었는데, 이것은 이 문제에 특화된 소통이 제도화되면서 해결되었다. 권력 매체는 여당이냐 야당이냐의 선택 경로를 중심으로 현재화됨으로써 정치적인 소통을 활성화시키기 시작한다. 이러한 정치 소통은 정치사상, 집권 프로그램, 정당 정책 등을 기준으로 결정되기에 이른다. 정치 소통이 종교나 경제나 그 밖의 요구로부터 독립된다는 것이다. 국가론이나 주권론과 같은 정치의미론이 강화되고, 일상적인 정치행위와 민주주의적 선거(소통)에 의해 구현되며, 그럼으로써 후속이 보장된다.[28]

친밀체계가 근대의 기능체계로 형성되었다는 주장은 권력이나 돈으로 사랑을 얻을 수 없게 된 현실에 그 근거가 있다. 친밀체계는 근대사회에서 비인격적인 관계가 보편화될 뿐 아니라 인격적 교류에만 집중하는 관계들도 생성되었음을 보여 주는 보기이다.[29] 근대의 사랑은 사랑의 소통으로만 얻을 수 있다. 사랑하는지 사랑하지 않는지의 질문이 『열정으로서의 사랑(*Liebe als Passion*)』[30]이라는 판별 기준에 의해 결정될 때, 친밀체계

27 Luhmann, Niklas(1994), *Die Wirtschaft der Gesellschaft*, Frankfurt am Main : Suhrkamp.

28 Luhmann, Niklas(2000), *Die Politik der Gesellschaft*, Frankfurt am Main : Suhrkamp ; 서영조(2013), 「자기생산체계로서의 정치체계 : 루만의 새로운 정치이해」, 『사회와 철학』 제25호.

29 니클라스 루만(2009), 『열정으로서의 사랑 : 친밀성의 코드화』, 정성훈 · 권기돈 · 조형돈 옮김, 새물결출판사, p.28.

30 니클라스 루만(2009), 앞의 책.

가 생성된다. 사랑하니까(프로그램) 사랑한다(코드). 결혼했기 때문에 사랑을 찾아 나서던 시기에서, 사랑이 결혼에 이르는 '특이한' 시대가 되었다.[31] 근대사회는 둘만의 특수 의미지평에 터 잡는 친밀체계를 구축하여, 계산과 합리화로 메말라 가는 사회에서 인격적인 인정에의 갈망을 해소하는 소통 경로로서 제도화하였다.

학문체계는 새로운 삶의 지향으로서 진리 매체가 진리/허위 코드에 따라 선택됨으로써 구축되기 시작했다. 진리/허위의 코드는 이론과 방법론의 프로그램을 근거로 하여 선택되었다. 학문 소통과 학문의미론은 반복되는 가운데 서로를 강화하며 형성되었다. 학문체계는 대학과 연구소 같은 현실적인 기관들에 의해 지탱되고 수행되었으며, 그 자신이 그 기관들을 사회적으로 정당화하였다.[32]

소통을 통한 의미 처리 방식이 분절적 사회에서는 사회적 차원을 중심으로, 계층적 사회에서는 사회적 차원과 시간적 차원의 상호작용에 의해 결정되었다. 이제 기능적 사회에서는 사회적①/ 시간적②/ 사실적③ 차원이 모두 활성화된다. 특히 기능적 사회에서 대두한 의미의 사실적 차원은 프로그램①/ 코드②/ 체계③의 원리에 따라, 가령 정치체계에서는 정당①/ 선거②/ 행정부③에 의해, 법체계에서는 재판①/ 판결②/ 상위법③에 의해 실행된다. 이러한 사회의 기관들은 진화 이론적으로는 각

31 Luhmann, Niklas(2008), *Liebe : Eine Übung*, Frankfurt am Main : Suhrkamp.

32 예술체계는 '기능 없음'의 기능을 유인자로 하여, 후견인들의 관심과 같은 비예술적인 결정 요인들로부터 예술 활동이 독립되는 과정에서, 예술적 개념으로서의 미(코드)와 미학적 개념으로서의 미(프로그램)가 서로로부터 독립 분화하면서 성립되기에 이르렀다. 이 둘이 독립 분화함으로써, 미학적 미를 기준으로 하여 미/추 또는 참신/진부의 코드가 차이를 생산하고 그 차이가 인지되는 예술 전문적인 소통의 순환 경로가 생성되었다. 이러한 소통 단계들은 각각 '천재(①)와 취향(②)과 예술비평(③)'과 같은 현실적인 기관들에 의해 실현되었으며, 이것들은 각각 '변이와 선택과 재안정화' 기능을 담당한다[니클라스 루만(2014), 앞의 책 ; 이철(2014b), 앞의 논문].

각 변이①/ 선택②/ 재안정화③의 기능을 담당한다.[33] 정치체계에서 정당은 변이를, 선거제도는 변이에 대한 선택을, 행정부는 그러한 선택에 대한 재안정화를 실행한다. 법체계에서도 재판은 변이 상황들을 만들어 내고, 판결을 통해 일탈적이거나 체계 보수적인 선택이 내려지고, 그것이 상위 법에 의해 재안정화되는 관계들이 진화상 성취로서 실현되었다는 것이다.

분석된 체계들 외에도 법체계, 종교체계, 가족체계, 대중매체체계 등의 기능체계들이 형성되었다. 개별 기능체계의 생성은 인과성의 결과라기보다, 근대 이행기의 복잡한 변화에 의해 간접적으로 유발된 결과이다. 그 체계들의 생성은 그 체계들 스스로 결정한다. 전체 사회의 소통의 확산, 특수 매체들의 생성, 프로그램과 코드의 생성과 분리, 기능체계들과 특수 의미론의 생성과 발전은 동시에 진행된 변화들이다. 이 변수들은 함께 작용하면서 복잡성을 형성하는 가운데 그 자신이 발전한다.

성공 매체들은 그 자신이 독립 분화하면서 새로운 소통 경로들의 사회적인 제도화에 기여하며, 상응하는 의미론과 기능체계들은 그만큼 더 독립 분화된다. 소통과 의미론은 각각 사건과 형식으로서 서로 의존하며 상대를 발전시키며, 기능체계의 독립 분화에 기여하였다. 이러한 쌍방적이며 간접적인 관계는 기능체계들의 변화와 전체 사회의 변화의 관계에서도 마찬가지로 적용된다. 개별 기능체계의 발전은 전체 사회의 재편에 기여하면서 그 자신이 전체 사회의 변화의 수혜자이다.

33 이 단락의 숫자 ①~③은 〔그림 3〕의 숫자 ①~③과 그 맥락을 같이한다.

소통 개념의 이론적 혁신들
— 코젤렉의 개념사와의 연관성

그러니까 루만은 유일하게 소통 사건만을 추적하면서 — 즉 한 편의 세 가지 의미 차원의 상호작용과 다른 한 편의 의미론의 생성과 변화에 주목하면서 — 하나의 통시적인 역사사회학적 분석을 실행한 것이다. 그 분석에 따르면, 사회는 '언어 매체 → 구두의미론 → 분절적 사회'로 태동하여, '문자 매체 → 기록된 의미론 → 층화된 사회'를 거쳐, '복수의 성공 매체 → **특수의 미론들** → 기능체계들로 분화된 사회'로 변천하였다. 이 간단한 결론은 여기에서는 간략하게 언급할 수밖에 없는 혁신적인 수준의 방법론적 혁신들과 이론적인 고려들을 포괄하고 있다.

첫째, 소통 사건과 의미론 형식 내지는 사회 유형과 의미론 유형을 사회와 문화로 간주하면, 우리는 사회와 문화의 생성 · 변동 · 유지를 설명하는 분석틀을 갖게 되었다. 일반적으로 문화 개념의 이론적 위상과 개념의 경계가 불분명한 반면, 루만의 의미론은 소통 사건과의 관계에서 현실적으로 적합한 문화 내용만을 포괄하며, 그 생성과 변동과 작용까지 설명할 수 있는 위치에 있다.

둘째, 근대 사회과학 일반이 행위사회학과 지식사회학을 별도로 운용할 수밖에 없었던 문제에 대해서도 소통 개념은 해법을 제출한다. 소통의 계기는 모든 사회적인 사건을 포괄하는 것으로서, 인간이 자신의 행위와 체험을 관철시키고 유효화하는 경로라는 것이다. 그래서 소통 개념의 '말함/들음'의 양쪽 지점에 자신의 체험/행위를 관철시키고자 하는 타자/자아를 배치하면, 행위사회학과 지식사회학을 통합하는 다음과 같은 교차 분석틀이 만들어진다.

소통의 타자가 자신의 행위를 갖고 자아의 체험을 끌어내고자 하는 경우는, 행위자가 지불 행위와 관찰자의 체험이 관련되는 경제체계를 형성하는 원리가 된다. 경제적 기능체계의 소통 관찰자는 지불 능력이 없으면, 지불할 수 있을 때까지 참아야 한다. 소통의 타자가 자신의 행위를 갖고 자아의 행위를 끌어내고자 하는 경우, 타인의 저항에 대해 자신의 의지를 관철시키려는 이러한 권력 내지는 대립하는 행위자 사이의 행위 조정의 문제는 사회 내에서 정치체계의 형성으로 제도화된다. 소통의 타자가 자신의 체험을 갖고 소통 자아의 행동을 끌어내고자 하는 경우는 친밀체계를 형성시킨다. 사랑하는 사람은 사랑을 입증하기 위해 행동해야 하기 때문이다. 마지막으로 소통의 타자가 자신의 체험을 갖고 자아의 체험을 끌어내고자 시도하는 경우, 체험을 통해서만 인지되고 소통될 수 있는 진리 매체로 작동하는 학문체계를 형성시킨다.[34]

바로 이 교차 분석틀은 하나의 경험적인 AGIL 도식을 구성한다. 이것은 파슨스의 분석적 도식이 아니라, 인간의 구체적인 욕구에 기초하는 도식이다. 루만[35]이 제안했고 빌케[36]가 AGIL 도식으로 활용한 이 구상은 방금 분석한 경제체계, 정치체계, 친밀체계, 학문체계를 그 내용으로 이루어진다.

행위/체험에 따른 루만적 AGIL 도식은 파슨스의 도식과 비교하면 적응, 목표 달성은 동일하게 경제, 정치에 할당되지만 통합과 잠재성 유지에서는 다르다. 파슨스가 사회공동체에 할당한 통합을 빌케는 친밀체계에, 파슨스

34 니클라스 루만(2015), 앞의 책, pp.210~224.

35 Luhmann, Niklas(1971), "Systemtheoretische Argumentationen : Eine Entgegnung auf Jürgen Habermas," in Jürgen Habermas and Niklas Luhmann, *Theorie der Gesellschaft oder Sozialtechnologie : Was leistet die Systemforschung*, Frankfurt : Suhrkamp, pp.291~405, 특히 p.345.

36 Willke, Helmut(1991), *Systemtheorie : Eine Einführung in die Grundprobleme der Theorie sozialer Systeme* 3, Aufl., Stuttgart etc. : Fischer, p.164 ; Willke, Helmut(2005), *Systemtheorie : Grundlagen : Eine Einführung in die Grundprobleme der Theorie sozialer Systeme* 7, überarbeitete Aufl., Stuttgart : Lucius & Lucius, p.213.

〈표 4〉 행위/체험과 AGIL 도식

	자아의 체험	자아의 행위
타자의 행위	화폐 / 경제체계 (A : 적응)	권력 / 정치체계 (G : 목표 달성)
타자의 체험	진리 / 학문체계 (L : 잠재성)	사랑 / 친밀체계 (I : 통합)

A : adaptation, G : goal-attainment, I : integration, L : latency · pattern-maintenance

가 문화에 할당한 잠재성 유지를 빌케는 학문체계에 맡겼다. 이러한 구상의 의의와 적실성에 대해서는 여기에서 더 자세히 논의할 수 없지만, 루만적 AGIL은 일반적인 욕구에 근거하여 경험적으로 제도화된 현상들을 기초로 하여 구축되었다는 점을 기록할 수는 있겠다.[37]

루만의 분석틀에서 의미론 개념을 중심으로 보면, 코젤렉의 역사적 개념사방법론과 밀접한 연관 관계를 발견할 수 있다. 일단 루만(1927~1998)과 코젤렉(1923~2006)은 동시대인이자 같은 대학의 동료로서 연구실도 그렇게 멀지 않았다. 그 둘은 정통의 이단으로서 일가를 이루었다는 점에서도 공통점이 있다. 루만의 의미론 개념이 코젤렉의 '역사적 의미론' 개념을 수용한 것이라는 점에서 먼저 영향을 미친 것은 코젤렉이었다.

텍스트 분석에만 의존하던 정신사를 사회적 · 정치적 맥락에서 상대화했으며, 역사학을 중심으로 초학제적인 근대성 연구를 주도한 방법론으로서 개념사 연구의 공헌과 의의는 막대하다.[38] 개념사 연구를 통해 근대는

37 그 밖에도 소통 개념은 분석의 전제가 되었던 행위와 구조를 소통 사건이 발생한 결과 생성되는 것으로 개념화함으로써 행위 / 구조 대립의 구도를 근본적으로 해결한다. 물론 여기에서 행위는 행위자의 관점이 아니라 소통 자아의 관점에서 사회적으로 처리된 행위를 의미하며, 구조 역시 분석의 전제나 출발점이 아니라 바로 사건의 결과 생성된 '형식'으로서, 후속 소통에 기대구조로서 작용하는 것을 의미한다〔이철(2011a), 「구조 / 행위 대립 극복으로서 루만의 커뮤니케이션 체계」, 『한국사회학』 제45집 제5호, pp.143~167〕.

38 Brunner, Otto, Werner Conze and Reinhart Koselleck eds.(1972~1997), *Geschichtliche*

시민계급과 개념들의 변화가 이끌어 낸 사회적 · 정치적 근대화 과정이면서 새로운 것을 출현시킨 역사적인 어떤 것으로 파악될 수 있었다.[39] 그러나 이 연구는 이론적 토대를 튼튼히 갖추지 않은 채, 정치적이며 역사적인 차원에만 주목했다는 한계가 있다. 근대성은 시민계급의 부상과 함께 민주화나 이데올로기화나 정치화처럼 주로 정치적인 의미론이 변화한 것으로 해석되었고, 근대는 프랑스혁명과 근대국가나 시민사회와 같은 '근대적인' 사건들과 등치되다시피 했다.[40] 이러한 독특한 역사성은 전체 사회구조를 토대로 검토되지 못했으며, 개념의 내용이 바뀔 수 있었던 맥락과 과정에 대한 이론적 통찰을 끌어내지 못했다. 근대를 새로운 것을 출현시킨 역사적인 어떤 것으로 파악하는 관점은, 시간의 형식으로 파악되는 근대가 변화가 가속화되면서 결국에는 위기에 봉착하게 된다. 경험공간과 기대지평의 간격이 벌어지면서 근대사회는 경험 통합의 기반이 침식되는 위기를 맞이한다. 개념과 근대는 위기에 직면하였고, 코젤렉은 이 위기의 해법을 중층화된 역사 층위(단기 사건 · 중기 변화 · 장기 지속)의 차이에서 발견할 수 있을 것으로 기대했지만, 주목할 만한 결과를 끌어내지는 못한 것으로 보인다.[41]

Grundbegriffe : Historishes Lexikon zur politisch-sozialen Sprache in Deutschland, 8 vols., Stuttgart : Klett-Cotta.

39 나인호(2005), 「라인하르트 코젤렉과 근대」, 『서양사연구』 제33집 ; 나인호(2010), 「코젤렉의 개념사 연구」, 『내일을 여는 역사』 제41호.

40 이 논문 뒤에 실린 니클라스 루만(2016), 앞의 논문, pp.325~326 참조.

41 이 맥락에서는 코젤렉의 역사적 개념사와 한스 블루멘베르크〔Blumenberg, Hans(1998), *Paradigmen zu einer Metaphorologie*, Frankfurt am Main : Suhrkamp〕의 은유학 명제들의 차이를 천착하자는 박근갑의 제안이 주목할 만하다. 이 두 개념이 삶의 현실을 지배하는 허상을 깨우치는 각성 개념으로서, 현실의 '절대주의'에 도전하는 동맹을 견고하게 할 것〔박근갑(2012), 「'근대'의 의미론 : 라인하르트 코젤렉(Reinhart Koselleck)과 한스 블루멘베르크(Hans Blumenberg)」, 『개념과 소통』 제9호, pp.117~145〕이라는 기대는 진지하면서도 타당한 생각이기 때문이다. 그러나 이 구상은 추상성 높은 은유학적 명제들과 구체적인 역사적 의미론의 개념들을 비교될 수 있는 진술 차원으로 옮기는 실질

코젤렉의 개념사 연구가 이러한 한계에 직면한 반면, 루만은 코젤렉의 문제의식과 혁신적인 발상을 실현시킬 수 있을 이론적 토대를 정비하였다. 코젤렉이 정치적·역사적 개념사 분석에만 제한된 영역을 분석한 반면, 루만은 근대사회의 거의 모든 현상에 대한 의미론 분석을 실행하였다. 또한 루만은 이 작업에서 사회적 차원, 시간적 차원, 사실적 차원을 서로에 의해 상대화된 조건에서 분석을 실행하였고, 그 결과 근대에서 시간적 차원이 사실적 차원에 의해 통제된다는 점을 지적하였다. 이것은 코젤렉이 근대의 역사성을 발견했지만 시간성의 문제에 갇힌 것과는 달리, 역사주의적인 임의성이 기능에 의해 통제되고 있음을 환기하고 있는 부분이다. 통보행동의 이해로 실행되는 소통에서는 모든 세 의미 차원이 선택될 가능성을 동등하게 갖고 있는 것이다. 예를 들어 루만이 도덕의 진화 이론에서 분석한, '결과와 관련한 행위의 도덕화' 유형은 행위의 결과라는 사실적인 측면보다 시간이 더 큰 변수로 작용할 것이라는 점을 고려한 것이다.[42] 반면 근대에 현실화된 특수 소통 경로들과 특수의미론과 특수기능체계들은 사실적 차원에서 선택이 이루어진 결과이다. 그런데 근대사회의 발전을 견인해 낸 것은 사실적 차원에서의 선택이었으며, 이것은 앞의 '근대사회의 소통, 의미론과 기능 분화' 장에서 살펴보았듯이 다양한 기능체계들과 특수의미론들의 생성으로 나타났다.

개념사 연구는 또한 지식을 보유자 집단의 것으로 귀속하는 지식사회학적 관점에 근거함으로써, 지식의 확실성을 행위자의 집단소속성에서 보장

적인 문제를 해결해야 한다.

42 Luhmann, Niklas(1989), *Gesellschaftsstruktur und Semantik : Studien zur Wissenssoziologie der modernen Gesellschaft*, Frankfurt am Main : Suhrkamp ; 이철(2011b), 「기능 분화 사회의 도덕 연구를 위한 윤리학과 도덕 사회학 : 니클라스 루만의 사회학적 도덕 이론을 중심으로」, 『한국사회학』 제45집 제4호.

받는 과학철학적 전통에 묶여 있었다. 그러나 체계 이론적 지식사회학에 기초하는 루만의 의미론 분석은 이와는 달리, 존재구속성에 묶인 지식을 사건연관성의 관계로 유연화하였다. 의미론은 "분리된 '이념상의 존재'"[43]로 다루어지지 않는다. 개념의 존재구속성은 의미론의 사건관련성으로 대체된다. 그래서 의미론은 소통의 자기생산을 촉진하기도 하지만, 오로지 소통에 의해서만 그 자신의 사회적인 현실성을 보전받는다. 루만이 소통 사건과 의미론 형식의 순환 관계를 전제한다는 것은 인과성을 배제한다는 것을 뜻한다. 그래서 루만의 이론에서 역사적 과정은 '다를 수 있을 가능성이 활동들을 자극하고 그 활동들 가운데에서 소통을 거치며 수용될 만한 내용들이 선택되는 방식'[44]으로 진행된다. 루만에게 있어 역사적 과정은 이념의 내용이 직접 실천에 옮겨지는 인과적인 방식으로 진행되지 않는다는 것이다. 의미론은 소통을 안내하기는 하지만, 그 자신이 소통의 경로를 통해 수정 · 폐지되고 대체될 가능성을 항상 가지고 있는 것이다.

이 순환성 관점은 어떤 것도 절대화하지 않으면서 소통과 의미론과 사회구조의 생성과 변이를 설명해 낼 수 있다. 한 번 더 약술하면, 근대사회 초기에는 성사될 수 없던 여러 특수한 소통들이, 특수 매체들이 특수 코드들로 전환되는 소통 사건과 이것을 뒷받침하는 특수의미론(프로그램)들이 서로를 진작하며 기능체계로 독립 분화되었다. 이 과정은 '정보와 **통보**의 이해'의 개별 단계가, '변이와 선택의 재안정화'와 각 단계를 강화하는 현실적인 사회 기관들의 생성으로 근대사회의 다양한 제도들로 구축되기에 이르렀다.

소통과 의미론의 순환 관계 테제는 근대 형성과 같은 장기간에 걸친

43 이 논문 뒤에 실린 니클라스 루만(2016), 앞의 논문 참조.

44 이 논문 뒤에 실린 니클라스 루만(2016), 앞의 논문 참조.

역사 과정뿐 아니라, 단기간에 완료되는 역사적 사건을 설명하는 데에도 유용하다. 2012년의 한국의 대통령 선거에서는 선거일 며칠 전 여당 후보가 젊은 정치인으로부터 부당하게 공격받았다고 느낀 50대 유권자들이 예외적으로 높은 투표율로 이에 반발하였다. 비록 필자 개인적인 차원에서의 관찰이기는 하지만, 한국사회의 50~60대가 부모 세대로서 자식 세대에 의해 무시당했다고 느끼고, 투표를 통해 의사를 표현할 것을 촉구하는 소통과 의미론이 선거 직전까지 전국적인 차원에서 순환되었음을 관찰하고 추론할 수 있었다. 정치적으로 반대 방향으로 작용한 비슷한 사건은 2002년 대통령 선거가 실시되기 전날 밤 당시 야당 후보의 지지자 사이에 행동을 촉구하는 소통이 광범위하게 개최된 데에서 찾아볼 수 있다. 이 사건의 자취는 그 하룻밤 사이에 인터넷 신문 『오마이뉴스』에 2천만이라는 방문자 수의 기록으로 남았으며, 이것이 다음날의 선거 결과에 영향을 미친 것은 말할 것도 없다.

이렇게 루만의 체계 이론적 · 진화 이론적 소통 이론은 다양한 유형의 역사적 과정을 분석하는 데에도 유용하다. 소통은 시간적으로 더 이상 쪼갤 수 없는 사건으로서 '점화된 평형 상태들(punctuated equilibria)'[45]로 기능하기 때문이다. 루만의 소통 개념은 사회의 관찰자들을 위한 중립적인 관찰 지점을 제공한다.

45 Gould, Stephen Jay(1989), "Punctuated Equilibria in Fact and Theory," *Journal of Social and Biological Structures* 12, pp.117~136.

참고문헌

니클라스 루만(2007a), 『사회체계이론 I』, 박여성 옮김, 한길사.

니클라스 루만(2007b), 『사회체계이론 II』, 박여성 옮김, 한길사.

니클라스 루만(2009), 『열정으로서의 사랑 : 친밀성의 코드화』, 정성훈 · 권기돈 · 조형돈 옮김, 새물결출판사.

니클라스 루만(2014), 『예술체계이론』, 박여성 · 이철 옮김, 한길사.

니클라스 루만(2015), 『사회이론 입문』, 이철 옮김, 이론.

마르고트 베르크하우스(2012), 『쉽게 읽는 루만』, 이철 옮김, 한울아카데미.

나인호(2005), 「라인하르트 코젤렉과 근대」, 『서양사연구』 제33집.

나인호(2010), 「코젤렉의 개념사 연구」, 『내일을 여는 역사』 제41호.

박근갑(2012), 「'근대'의 의미론 : 라인하르트 코젤렉(Reinhart Koselleck)과 한스 블루멘베르크(Hans Blumenberg)」, 『개념과 소통』 제9호.

박길성(1996), 「글로벌 사회」, 박길성 외 지음, 『현대사회의 구조와 변동』, 사회비평사.

서영조(2013), 「자기생산체계로서의 정치체계 : 루만의 새로운 정치이해」, 『사회와 철학』 제25호.

이철(2010), 「루만의 자기생산 체계 개념과 그 사회이론사적 의의」, 『담론201』 제13집 제3호.

이철(2011a), 「구조/행위 대립 극복으로서 루만의 커뮤니케이션 체계」, 『한국사회학』 제45집 제5호.

이철(2011b), 「기능 분화 사회의 도덕 연구를 위한 윤리학과 도덕 사회학 : 니클라스 루만의 사회학적 도덕 이론을 중심으로」, 『한국사회학』 제45집 제4호.

이철(2013a), 「소통, 사회구조와 의미론 : 코젤렉의 개념사 연구의 대안으로서 루만의 의미론」, 『개념과 소통』 제12호.

이철(2013b), 「인식하는 주체에서 관찰하는 체계들로 : 인지관찰자와 소통관찰자의 등장」, 『개념과 소통』 제11호.

이철(2013c), 「(작동하는) 사회의 (관찰하는) 사회 : 니클라스 루만의 『사회의 사회』의 이론적 함의들」, 『한국사회학』 제47집 제5호.

이철(2014a), 「니클라스 루만의 사상과 예술사회학 : 차이의 철학, 관찰자 이론, 예술의 진화 이론」, 니클라스 루만, 『예술체계이론』, 박여성 · 이철 옮김,

한길사.
이철(2014b), 「니클라스 루만의 자기준거적-자기생산적 체계에 대한 바른 이해 : 스펜서브라운의 형식형성 계산에 기초하여」, 『현상과 인식』 제38집 제4호.
이철(2015a), 「루만의 '재진입' 개념과 그 인식이론적 의의들 : 스펜서브라운의 재진입 개념에 기초하여」, 『사회사상과 문화』 제18권 제3호.
이철(2015b), 「스펜서브라운의 '재진입' 개념과 그 과학철학적 함의들」, 『사회사상과 문화』 제18권 제2호.
임운택(2012), 「유럽 통합과 사회이론의 과제」, 『사회와 이론』 제21집 제1호.
천선영(2001), 「세계화인가, 세계사회인가 : '사회'를 다시 묻는다」, 『한국사회학』 제35집 제3호.
니클라스 루만(2016), 「사회구조와 의미론적 구조」, 박근갑 외, 『언어와 소통 : 의미론적 쟁점들』, 소화.
루돌프 슈티히베(2014), 「니클라스 루만의 사회학 : 체계이론, 기능적 분화의 이론, 예술사회학」, 니클라스 루만, 『예술체계이론』, 박여성 · 이철 옮김, 한길사.

Baraldi, Claudio, Giancarlo Corsi and Elena Esposito(2006), *GLU : Glossar zu Niklas Luhmanns Theorie sozialer Systeme*, Frankfurt am Main : Suhrkamp.
Blumenberg, Hans(1998), *Paradigmen zu einer Metaphorologie*, Frankfurt am Main : Suhrkamp.
Brunner, Otto, Werner Conze and Reinhart Koselleck eds.(1972~1997), *Geschichtliche Grundbegriffe : Historishes Lexikon zur politisch-sozialen Sprache in Deutschland*, 8 vols., Stuttgart : Klett-Cotta.
Koselleck, Reinhart ed.(1978), *Historische Semantik und Begriffsgeschichte*, Stuttgart : Klett-Cotta.
Luhmann, Niklas(1980~1995), *Gesellschaftsstruktur und Semantik : Studien zur Wissenssoziologie der modernen Gesellschaft*, Bd.1-4, Frankfurt am Main : Suhrkamp.
Luhmann, Niklas(1984), *Soziale Systeme : Grundriß einer allgemeinen Systemtheorie*, Frankfurt am Main : Suhrkamp.
Luhmann, Niklas(1990), *Die Wissenschaft der Gesellschaft*, Frankfurt am Main :

Suhrkamp.
Luhmann, Niklas(1994), *Die Wirtschaft der Gesellschaft*, Frankfurt am Main : Suhrkamp.
Luhmann, Niklas(1995), *Die Kunst der Gesellschaft*, Frankfurt am Main : Suhrkamp.
Luhmann, Niklas(1997), *Die Gesellschaft der Gesellschaft*, Frankfurt am Main : Suhrkamp.
Luhmann, Niklas(2000), *Die Politik der Gesellschaft*, Frankfurt am Main : Suhrkamp.
Luhmann, Niklas(2005), *Einführung in die Theorie der Gesellschaft*, Heidelberg : Carl-Auer.
Luhmann, Niklas(2008), *Liebe : Eine Übung*, Frankfurt am Main : Suhrkamp.
Spencer-Brown, George(1969), *Laws of Form*, London : Allen & Unwin.
Willke, Helmut(1991), *Systemtheorie : Eine Einführung in die Grundprobleme der Theorie sozialer Systeme* 3, Aufl., Stuttgart etc. : Fischer.
Willke, Helmut(2005), *Systemtheorie : Grundlagen : Eine Einführung in die Grundprobleme der Theorie sozialer Systeme* 7, überarbeitete Aufl., Stuttgart : Lucius & Lucius.
Gould, Stephen Jay(1989), "Punctuated Equilibria in Fact and Theory," *Journal of Social and Biological Structures* 12.
Luhmann, Niklas(1971), "Systemtheoretische Argumentationen : Eine Entgegnung auf Jürgen Habermas," in Jürgen Habermas and Niklas Luhmann, *Theorie der Gesellschaft oder Sozialtechnologie : Was leistet die Systemforschung*, Frankfurt : Suhrkamp.
Luhmann, Niklas(1989), "Ethik als Reflexionstheorie der Moral," in Niklas Luhmann, *Gesellschaftsstruktur und Semantik* 3, Frankfurt am Main : Suhrkamp.
Stichweh, Rudolf(2000), "Semantik und Sozialstruktur : Zur Logik einer systemtheoretischen Unterscheidung," *Soziale Systeme* 4.

사회구조와 의미론적 구조*

니클라스 루만(Niklas Luhmann)

사회학적 체계 이론으로 20세기의 가장 중요한 학자 가운데 한 사람이다. 1946~1949년 프라이부르크대학교에서 법학을 전공하고 공직에 올랐으며 1960~1961년 하버드대학교에서 사회체계 이론을 수학하였다. 이후 1966년 뮌스터대학교에서 박사학위를 취득한 후 1993년까지 빌레펠트대학에서 강의하였다. 자신의 이론을 집대성한 책 『사회의 사회(*Die Gesellschaft der Gesellschaft*)』(1997) 외에 70여 권의 저서와 4백여 편의 논문으로 발표된 그의 작업은 사회 이론, 사회구조와 의미론, 사회학적 계몽이라는 세 가지 주요 프로젝트로 대변된다.

옮긴이 이철

동양대학교 교수. 독일 빌레펠트대학에서 사회학 박사학위를 받았다. 현재 니클라스 루만의 사회학적 체계 이론의 함의를 분석하고 국내에 소개하는 작업에 전념하고 있다. 루만의 『사회이론 입문』, 『예술체계 이론(사회의 예술)』, 『사회의 교육체계』와 입문서 『쉽게 읽는 루만』을 번역했으며, 논문으로는 「인식하는 체계에서 관찰하는 체계들로 : 인지관찰자와 소통관찰자의 등장」(2013), 「구조/행위 대립 극복으로서 루만의 커뮤니케이션체계」(2011) 등이 있다.

* 이 글의 원문은 다음과 같으며 Suhrkamp를 통한 저작권자와의 계약에 의해 이 책에 수록한다.
Niklas Luhmann, *Gesellschaftsstruktur und Semantik : Studien zur Wissenssoziologie der modernen Gesellschaft*, Volume 1, pp.9–71.

1.

우리는 18세기 중반부터 신성한 종류의 것이라 하더라도 의미론적 전통이 사회의 발전과 함께 변이한다고 생각할 수 있게 되었다. 다른 한편 인간은 죽기 때문에 모든 것이 시간과 함께 다가오고 지나간다는 것을 받아들이기 어려워한다. 그 이후 사회는 자신과 그 이상의 의미 연관에 관한 지식을 이중 경로를 통해 생산한다. 즉 한편으로는 모든 형식의 역사적 변이성에 관한 지식으로서, 다른 한편으로는 그런데도 필요한 기본 지식이나 현재의 고유한 생활을 불확실성에 넘기지 않은 채 궁극적으로 확실한 것으로 연결할 수 있는 출발지식으로서 말이다.

역사적인 고찰과 동시에 기능적 고찰이 등장했다. 이것은 똑같이 즉각적인 의미의 진리를 의문시하고 대체 가능성을 조절하는 관계들의 형식으로 바꾸려는 시도와 함께 등장했다. 역사주의와 기능주의는 동시에 생성하고 서로 관계가 있다.[1] 기능주의는 변이들이 임의적이지 않도록 역사주의를 제한하는 효과를 발휘한다. 그 점에서 필연적인 문제 연관은 의미 형식의 고유한 존재를 넘어서고 어떤 것이 진리인지 아닌지에 무관심한 태도를 취하며, 그럼으로써 논증의 문제에 빠져든다. 그때 우리는 이 견해가 스스로도 더 이상 진리인지 아닌지가 확정될 수 없다고 이의를 제기할 수 있을 것이다. 초기의 예를 하나 고르면, 페터 빌로메(Peter Villaume)는 중농학자

1 기능주의는 몰역사적이라는 사회학에서 자주 나타나는 테제는 자신이 역사에 주의하지 않고 정식화되었다.

자크 네커(Jacques Necker)의 기능주의적 종교 이해에 반대하는 다음과 같은 주장을 한다.[2] 사람들은 종교의 기능이 종교의 진리에 맞서는 것으로 태연하게 주장할 수 없을 것인데, 그렇게 하는 것은 종교 자체를 파괴하는 결과가 될 것이기 때문이다. 말하자면 '옳으냐 그르냐의 망상'이라는 것이다. 종교를 그렇게 기술하는 것은 오류를 밝히는 것과 무관하게 나타나고 계몽에 면역되어 있으며, 우리가 이 면역을 원하는 동시에 면역이 가능하고 오류를 일깨우는 것이 해롭지 않다는 것을 보여 줄 수 있을 때에만 지탱할 수 있다.

그 비난은 사회에 대한 효과를 논거로 사용한다. 기능적 분석은 공적인 의식이 되려 할 수 없다. 왜냐하면 그렇게 하는 것은 그 대상을 파괴할 것이기 때문이다. 그것은 그 기능의 잠재에 달려 있다. 그렇지만 거꾸로 계몽자는 정치적 목표를 위한 이성의 진리를 사심 없이 요구하고, 그것으로 자신의 이성이 편파적임을 다른 사람에게 알려 줄 수도 있다. 그는 대상을 파괴하지는 않지만, 자신이 출발점으로 삼은 진리는 파괴한다.

사회 자체는 그러한 모순을 거의 견뎌 낼 수 있다. 그렇다면 이론도 그렇게 모순을 견뎌 낼 수 있는가를 질문할 수 있을 것이다.

사회의 유효한 의미론의 역사화와 기능화를 이론적으로 작업하는 문제는 2백여 년 동안 해결되지 않은 문제이다. 우리는 그동안 문제를 다루는 일련의 방법을 알고 있는데, 그것은 모두 잘못된 방법이거나 문제로 되돌아가는 방법인 것으로 드러났다.

계몽 자체는 비판과 진리 재현의 모순으로 자신의 한계에 부딪힌다.

2 Necker, Jacques(1788), *De l'importance des opinions religieuses*, London ; Lyon ; Villaume, Peter(1791), *Über das Verhältniß der Religion zur Moral und zum Staate*, Libau, 특히 pp.60 ff 참조.

계몽은 반대 입장을 폭로하고 자신을 관철시키기 위해 역사화하며 기능화하는 논증 방식을 사용할 수 있다. 계몽은 그로써 옛 유럽의 신분 계층과 성직자 계층의 몰락을 동반했고 그것을 선포했다. 계몽은 역사적 입장을 넘어서서 계몽에 대한 비판 관련 문제를 단순히 사회계층에서 찾으며 그들의 관심을 일반화할 수 있다. 계몽은 그와 관련된 가운데 '이데올로기 비판'을 추구할 수 있다. 그러나 계몽은 반대 계몽을 허용할 수 없다. 계몽은 자신을 성찰할 수 없으며, 그래서 역사적이며 기능적인 상대화를 자신에게 돌려 적용하지는 못한다. 그것은 양심을 자극하는 용어학을 필요로 한다.

역사주의가 성찰에 관련되자마자 계몽은 그 자신을 이행기로 파악하는 역사적인 희망이라는 사실성만을 갖게 되었는데, 이것은 마르크스와 헤겔 이래 더 이상 무시할 수 없는 가능성이 되었다. 그 경우에도 가능한 의식상황은 혁명적인 것이 된다. 역사주의의 영속성은 혁명의 영속성일 수밖에 없다. 이 입장은 더 이상 혁명적인 의식을 실제로 허용하지 못하고, 행위할 수 있기 위해서뿐 아니라 삶의 의미를 형성할 수 있기 위해 목표나 가치나 사안의 구조를 필요로 하는 모든 사람을 함께 끌고 가기 위해 의미론을 도구화하는 것에 의존한다. 이 이론은 양심의 가책을 불러일으키는 용어학을 필요로 한다.

그와는 달리 삶을 이성적으로 운용하라는 요구로서 계몽의 역사적 입장을 고집하는 사람은 혁명적 의식을 이해할 수 없다. 그는 이데올로기 비판을 수긍하고 추진하지만 문화적 재화가 보편적으로 침식되는 것을 비판하는 모순에 빠진다. 위르겐 하버마스(Jürgen Habermas)는 이때에도 상황을 파악할 수 있도록 정당성 위기라는 표제어를 선언했다.[3] 그로써 계몽의

3 Habermas, Jürgen(1973), *Legitimationsprobleme im Spätkapitalismus*, Frankfurt am Main : Suhrkamp 참조.

성찰의 한계는 이것을 방해하는 사회 이론으로 옮겨져 객관화된다. 그러나 그것은 헤겔이 발견했고 마르크스에게서 아직 볼 수 있는 역사적 의식의 자기 성찰의 심층을 포기한 가운데 발생한다. 그 개념은 혁명적이지 않은 현대사회 이론이 도대체 가능할 것인가, 즉 그 이론이 스스로를 성찰할 수 있을 것인가라는 질문과 맞물리지 않는다.

이 흐름 외에도 그사이 고전이 된 '지식사회학적' 접근이 있다. 그 접근은 지식이 귀속된다는 것을 가지고 작업한다. 지식은 특정한 집단이나 계층이나 계급의 이해 상황이나 발전사적 상황이 표현된 것으로서 간주되며, 이것은 보다 집합적 토대에서 그렇게 간주되었는데, 이때 이 보유자 집단의 내적 소통구조를 분석하지는 않았다.[4] 이 연구 관심은 귀속 절차의 성과를 성찰하지 않은 채 후기 네오마르크시스트의 새로운 버전으로 전승된다. 그런데 여기에서는 이미 1920년대에 귀속하는 문제가 제기되었다. 계몽은 그 자신이 반대 계몽에 내맡겨져 있는 것을 보게 된다. 한동안 부상하는 계급이나 보수적인 개인이 다른 사람을 간파할 수 있기 때문에 역사적으로

4 그것의 보기들은 예컨대 Groethuysen, Bernhard(1927~1930), *Die Entstehung der bürgerlichen Welt- und Lebensanschauung in Frankreich*, 2 Bde., Halle : M. Niemeyer ; Hirsch, Arnold(1957), *Bürgertum und Barock im deutschen Roman : Ein Beitrag zur Entstehungsgeschichte des bürgerlichen Weltbildes*, Köln : Graz ; Böhlau ; Borkenau, Franz(1934), *Der Übergang vom feudalen zum bürgerlichen Weltbild : Studien zur Geschichte der Philosophie der Manufakturperiode*, Paris : F. Alcan ; Leo, Balet and Eberhard Rebling(1936), *Die Verbürgerlichung der deutschen Kunst, Literatur und Musik im 18. Jahrhundert*, Straßburg : Heitz & Co. ; von Oertzen, Peter(1974), *Die soziale Funktion des staatsrechtlichen Positivismus : Eine wissenssoziologische Studie über die Entstehung des formalistischen Positivismus in der deutschen Staatswissenschaft*, Frankfurt am Main : Suhtkamp(Dissertation von 1953) ; Fiedler, Ralpf(1972), *Die klassische deutsche Bildungsidee : Ihre soziologischen Wurzeln und pädagogischen Folgen*, Weinheim : Beltz ; Schröder, Winfried(1974), *Französische Aufklärung : Bürgerliche Emanzipation, Literatur und Bewußtseinsbildung*, Leipzig : Reclam. 이 문헌 범위에서의 비교에서 벌써 시민계급에의 귀속이 매우 상이한 기준으로 실행된다는 것을 알 수 있다.

특권화된 관점을 가지며 그럴 권리가 있는지에 관해 논란이 이루어질 수 있었다. 그러나 모두가 모두를 간파할 수 있다면, 결국에는 상대주의만이 인정될 수 있을 뿐이다. 또는 지식의 단순한 귀속의 이론적 성과를 비판하는 것만 남아 있다.

카를 만하임(Karl Mannheim)은 계몽의 한계와 그래서 가능성을 위협한, 이 발전을 이데올로기 개념의 총체화를 통해 저지하려 시도했다.[5] 만하임은 모든 지식은 그것의 진리 자질과 무관하게, 그 사회적인 존재 연관에서만 가능하다고 한다. 지식은 사회 내의 입지에 묶인 채 그리고 그 입지에서만 참되거나 거짓인 지식이라는 것이다. 입지는 관점 · 국면 · 문제 제기를 결정하며, 그로써 지식에 포함된다고 한다. 다른 한편 만하임은 그런데도 지식 주제가 객관성을 가질 수 있으며 사안과 관련해 결정될 수 있다고 주장한다. 각각의 관계에 따라 나타나는 지식은 다른 입장을 위해 변환되고 번역되어 접근할 수 있거나 모든 입지 관련성을 중화해야 한다. 그러나 그렇게 하기 위한 입지는 이 이론에서 더 이상 절대화될 수 없다. 그렇게 한다면 그 입지는 이론의 기본 전제와 상충하게 될 것이기 때문이다.[6] 그런데도 우리는 국지적으로 이미 확보된 부분적인 지식을 관련지을 수 있는 보편화한 의미론이, 어떤 사회구조하에서 가능할 것인지를 이 지점에서 질문할 수 있다. 물론 우리는 이러한 해법과 함께 진리 기준 자체가 의미론

5 가장 대표적인 서술로는 Mannheim, Karl(1931), *Handwörterbuch der Soziologie*, Stuttgart : Ferdinand Enke ; 개정판 Mannheim, Karl(1952), *Ideologie und Utopie*, 3th ed., Frankfurt am Main : Schulte-Blumke, pp.227~267 참조.

6 보통 비판은 만하임이 너무 포괄적인 모순을 제기했거나 적어도 이 질문에서 전략적으로 불명료한 입장을 취했다고 간주한다. 예컨대 Dahlke, Otto H.(1940), "The Sociology of Knowledge," in Harry Elmer Barnes, Howard Paul Becker and Frances Bennett Becker eds., *Contemporary Social Theory*, New York : D. Appleton-Century Co., pp.64~89, pp.86~87 참조.

적 구조의 상대적으로 높은 비교 가능성과 변환 가능성의 기준으로 변환된다는 것을 보아야 할 것이다. 이 접근에서 만들어지는, 인식의 (대상에 관련된) 객관적 존재 관련과 (사회적인) 주관적 존재 관련의 관계의 문제를 철저하게 따져 보는 것도 우리가 진리 개념 자체를 항구적인 것으로 생각하면, 필연적인 변증법적 해결에 거의 이르지 못할 것이다. 달리 말하면, 모든 지식의 형식을 상대화하는 데에서 출발하면서 하나의 진리 개념, 하나의 의미론적 영역, 하나의 합리성 연속체를 그 대상과 공유하는 바로 이 사태에 관한 메타이론은 발전되지 못했다.[7]

인식 이론적이거나 성찰 이론적인 종류의 그러한 문제에 참여하지 않고 (철학사가들과 학문사가들을 포함하여) 역사가들도 '말하자면 일종의 역사적이며 정치적인 의미론 작업'을 수용했다. 문학적인 문화의 고상한 개념이 각각 특수한 역사성이 있으며 심지어 과학 이론도 특수한 역사성이 있다는 것이 그 어느 때보다 명백해졌다. 그것은 지식사회학이 적극적으로 반응함으로써 의문시되지 않았다. 그러나 모든 역사성에서 사회체계와의 연관성은 전제되어 있다. 그렇지 않으면 역사성은 거의 이해될 수 없을 것이다. 그것으로 사회구조의 변화와 개념사적이거나 이념사적인 변화의 상관관계에 대한 질문이 중요해진다. 그러나 그 질문은 방법론적으로도 이론적으로도 만족할 만한 대답을 찾지 못했다. 그것은 여기에서 지식사회학의 유산

7 바로 이 문제를 노르베르트 엘리아스(Norbert Elias)는 주체/객체-관계를 주체의 가변적인 '관련(involvement)' 내지는 '분리(detachment)'의 차원으로서 다루는 연속체를 제한함으로써 해결하려 시도한다. 그에 따르면 지식은 주체들의 속성과 사회적 구속과 관련하여 '상대적으로 자유로울' 수 있다. 그리고 다른 한편 주체들은 자신의 지식과 관련해 다소 적극적일 수 있다. 그 경우에 우리는 어떤 사회구조적인 변화들이 어떤 지식을 이 차원에서 바꾸는지의 질문을 그 점에 연계시킬 수 있다[Elias, Norbert(1971), "Sociology of Knowledge : New Perspectives," *Sociology* 5(2), pp.149~168 ; 이 논문의 pp.351~366 참조].

을 물려받은 역사가들에 의해, 이론적인 지침 없이 일종의 추앙된 사실 연구로 다루어졌다. 의미론적 복합체들은 역사의 진행 과정에서 바뀌는 사실들로 간주된다. 여기에서 귀납적인 일반화에 이른다. 문제 해결을 대체하는 하나의 역사적인 과정을 조종하는 문제 연관에 이르든, 심층에 있는 의미론적 구조들에 이르든 상관없이 말이다. 이 의미론적 구조들은 역사적인 변이 연관에서 비우연성의 인상을 남기며, 이 연관성의 기술이 그것을 이론적으로 설명할 것을 요구하지는 않는다. 그것을 대표하는 것은 '역사적 개념사' 사전이 '옛 세계의 해체와 근대세계의 생성'[8]에 대한 의미론적 상관물에 대해 가진 질문이다. 그러한 변형은 민주화, 시간화, 이데올로기화, 정치화로 파악되었고 서로 연관되었다. 그러나 그렇게 깊이 놓여 있으며, 그 자신이 연관된 변환에 넘겨진 사상재들의 사회구조적인 조건연관성은 추정될 수 있을 뿐이다. 그러나 사상재들의 사회구조적인 조건연관성은 조명되지 못했고, 그것을 설명할 수 있는 사회학적 이론은 아직 발전되지 못한 초보 단계에 있다. 그래서 역사가들은 프랑스혁명과 근대국가나 시민사회 같은 개념을 사용해야 했고, 이 변화기는 그것을 가지고 사실에 대한 접근을 스스로 확보해야 했다.

우리는 다양한 분야에 걸쳐 있으며 내적으로 조율되지 않은 질문에 관한 어떤 토론에서 이에 대한 변항(變項)을 하나 발견할 수 있다. 그 질문은 먼 시대나 사회의 생각을 추론하기에 '현대적인' 개념이나 사전 이해가 적절할 것이며, 우리가 도대체 이렇게 생각해도 되는가 하는 것이다.[9] 그

8 Brunner, Otto, Werner Conze und Reinhart Koselleck eds.(1972), *Geschichtliche Grundbegriffe : Historisches Lexikon zur politisch-sozialen Sprache in Deutschland*, Stuttgart : Klett-Cotta. 인용은 서문(Koselleck), Bd. 1, p.XIV에서 취했다.

9 경제 영역에 대해서는 예컨대 Polanyi, Karl, Conrad M. Arensberg and Harry W. Pearson eds.(1957), *Trade and Market in the Early Empires*, Glencoe, Ill. : Free Press와 이어지는 토론에 대한 개괄로 Röpke, Jochen(1971), "Neuere Richtungen und

질문은 물론 이 새로운 형식에서 결정될 수 없었고, 질문을 제기하는 것만으로도 이론이 부재한 지점을 하나 알려 준다. 한편으로는 개념 도구들은 충분히 추상적이지 못해서 먼 곳의 문화를 어떤 식으로든 분석할 능력이 있다고 할 수 없다. 그러나 다른 한편 어떤 관점에서 그리고 어떤 이유에서 사고의 전제가 바뀌었는지를 정확하게 언급하려 할 때 필요한 사회체계의 진화 이론도 없다. 아래에서 우리는 무엇보다도 사회체계의 복잡성과 사회체계 작동의 우연성이 변화함으로써 의미론의 변화가 만들어진다는 것을 보여 주려 시도할 것이다. 우리는 그것을 이해할 수 있고, 그로써 낯선 생각과의 거리를 이해할 수 있다. 그렇지만 근대의 전제를 근거로 하여 구체적으로 "……처럼 그렇게 생각한다"는 식으로 이해하는 것은 아니다.

역사적이며 정치적인 의미론이 세련되고 심층적으로 예리해지고 사상재의 상호 의존과 그것의 변화에 대한 통찰이 증대하는 방향으로 발전함으로써, 사회학적인 사회 이론 또한 새로운 상황에 마주하게 된다. 지식사회학은 그 핵심 문제를 '주체 · 객체' 관계와 병행하여 하나의 **귀속** 문제로 제시했던, 즉 지식의 보유자를 질문했고 그 보유자 집단을 확인하는 데

theoretische Probleme der Wirtschaftstechnologie," in Hermann Trimborn ed., *Lehrbuch der Völkerkunde*, 4th ed., Stuttgart : F. Enke, pp.446~457. 법에 대해서는 예컨대 Gluckman, Max(1965), *The Ideas in Barotse Jurisprudence*, New Haven ; London : Yale University Press. 국가와 법에 대해서는 특히 Brunner, Otto(1943), *Land und Herrschaft : Grundfragen der territorialen Verfassungsgeschichte Südostdeutschlands im Mittelalter,* 3th ed., Brünn ; München ; Wien : Rudolf M. Rohrer, 특히 pp.124~188("Forderung nach einer quellenmäßigen Begriffssprache") 참조. 또한 정치적 이념에 관해서 Greenleaf, W. H.(1964), *Order, Empiricism and Politics : Two Traditions of English Political Thought 1500-1700*, London : Oxford University Press, pp.2 ff와 종교성의 신비적인 형식들에 관해 현재 토론에 대한 개괄로서 Kippendorf, Hans G. and Brigitte Luchesi eds.(1978), *Magie : Die sozialwissenschaftliche Kontroverse über das Verstehen fremden Denkens*, Frankfurt am Main : Suhrkamp 참조. 이 토론의 흐름 사이의 연결선들과 이들이 서로 인지했다는 사실을 찾아보는 것은 헛된 일이다.

만족했다. 반면 지식 보고와 사회구조의 **상관관계**나 **공변이**에 대한 질문은 이론적으로 훨씬 많은 것을 요구한다. 일단 사회구조적 상관관계를 생각하면, 이론은 '상응하는 복잡성'을 보여 주어야 한다. 말하자면 이론은 사회체계도 추상적이며 차별화하면서 정확하게 분석할 수 있어야 한다. 그것을 위해 체계 이론과 사회적 · 문화적 진화 이론과 소통 이론이 발전한 덕택에 오늘날에는 만하임시대보다 사정이 더 좋다. 성찰의 종결 문제로 대처하는 것은 어쩌면 너무 성급한 일이었다. 종결 문제는 모든 이론을 종결하는 문제였다. 종결 문제를 정식화하는 것은 그 문제를 감당할 정도로 상당한 분량의 이론 작업과 경험적 입증을 전제한다. 보편적으로 나타나는 지식사회학이나 역사주의의 상대주의에 관한 토론에서 발견되는 몇몇 논평과 성급한 결론은 조심스레 판단하는 데에는 충분하지 않다. 그것은 이론의 현실 해석과 관련하여 이론이 어떻게 스스로 가능한가 하는 질문의 성찰을 배제하는 것을 뜻하지 않는다. 이론은 오직 더 잘 준비되어야 하는 것일 뿐이다.

현재로서는 유일하게 사회학이 여기에서 언급할 만한 제안을 하고 있다. 그것은 탤컷 파슨스(Talcott Parsons)의 행위체계 일반 이론의 분석적 관련 틀 안에서 문화체계와 사회(적) 체계가 분화되어 있다는 것이다.[10]

10 탤컷 파슨스의 문제 제기로 옮겨 가기 위해서 Parsons, Talcott(1967), "An Approach to the Sciology of Knowledge," in *Sociological Theory and Modern Society*, New York : Free Press, pp.139~165와 그 밖에도 업데이트된 개괄로서는 Parsons, Talcott and Gerald M. Platt(1973), *The American University*, Cambridge Mass. : Harvard University Press, 특히 pp.8~9, pp.16 ff 참조. 이 토대에서 지식사회학을 재구성한 것으로는 Barber, Bernard(1975), "Toward a New View of the Sociology of Knowledge," in Lewis A. Coser ed., *The Ideas of Social Structure : Papers in Honor of Robert K. Merton*, New York : Harcourt Brace Jovanvich, pp.103~116 참조. 개념 형성의 문제는 이미 파슨스의 정의에서 알아챌 수 있다. "문화는 의미 있는 상징들의 부호화된 체계들과 그러한 상징들의 유의미성의 문제를 직접 지향하는 행위 측면들로 구성된다"(p.8). 이 정의에 따르면 문화체계는 행위체계의 부분체계이기는 하지만 그 자체가 (또는 부분

파슨스의 일반행위 이론은 문화적 재화가 독립적으로 진화한다는 것을 예견하며, 문화적 종류의 혁신이 체계의 상호 의존에도 불구하고 문화 자체에 의해 촉발될 수 있으며 매우 상이한 사회구조(사회)에 걸쳐 확산되거나 전승될 수 있다는 점을 고려할 수 있다. 그러나 다른 한편 그것은 문화체계의 내적 분화와 다른 체계들과의 총체로서의 문화체계의 관계가 통일적이며 포괄적인 도식에 의해 그 형식을 강요하는 것으로 이론화한다. 그것은 귀속의 결정을 강요하는데, 추정하건대 그 결정은 의미론적 전통의 내용을 충분히 예리하게 분석하지 못한다. 그 밖에도 문화가 행위체계라는 견해는 순수하게 분석적이며 학문 상대적인 체계 개념에 기초할 때에만 지탱할 수 있다. 우리는 아래에서 문화 내지는 의미론적인 상징적 복합체가 독립 분화될 수 있는 고유한 행위체계라는 테제를 포기할 것이다. 따라서 사회구조와 의미론적 전통의 관계를 파악하기 위해 상호 침투와 상호 교환처럼 이론적인 요구가 까다로운 개념들도 포기할 것이다. 우리의 문제를 표현하는 데에는, 보다 약하고 전제 조건이 적은 개념들 즉 호환성, 호환성의 한계, 상관관계 정도면 충분하다. 그것은 일단 사상재가 그것을 사용하는 사회와의 관계에서 임의로 변이할 수 없다는 것 정도를 의도할 뿐이다. 그로써

적으로) 행위들로 구성되는 것이 아니라 상징들로 구성된다. 더 일관성 있게 문화체계가 상징들을 관련짓는다는 점에서 행위체계라고 표현한다면, 이것이 실제로 독립 분화되기는커녕 분석적으로도 부분체계일 수 없다는 것이 분명해질 것이다. 왜냐하면 행위는 상징 사용을 통해서만 행위가 되기 때문이다.

다른 저자들도 상이한 체계의 구별을 갖고 작업하며 '상징적이며 의미론적인' 복합체들을 그러한 체계들 가운데 하나로 설정하며, 이때 파슨스처럼 개념적 문제는 그렇게 분명하게 돋보이지 않는다. 예컨대 Ribeiro, Darcy(1971), *Der zivilisatorische Prozeß*, Frankfurt am Main : Suhrkamp, pp.31~32에서 적응적 체계와 연상적 체계와 이데올로기적 체계의 구별이나, Fossaert, Robert(1977), *La Société 1 : Une théorie générale*, Paris : Ed. du Seuil와 그 외에도 Bell, Daniel (1976), *Die Zukunft der westlichen Welt : Kultur und Technologie im Widerstreit*, Frankfurt : S. Fischer의 경제적인 수준, 정치적인 수준, 이데올로기적 수준의 구별을 보라.

이론적 문제는 무엇을 통해 그리고 어떤 방식으로 사회구조가 임의성을 제한하는가의 질문으로 옮겨 갈 것이다. 그 질문에 답하려면 사회 분화의 형식과 결과에 관한 이론이 필요하다.

2.

사회구조에 관한 고려를 시작하기 전에 몇 가지 개념적이며 이론적인 사전 해명을 해두어야 할 것이다. 그것은 특히 우리의 주제가 학제적으로 지식사회학뿐 아니라 철학사적이며 학문사적인 문제사와 개념사와 사회사와 텍스트 언어학의 작업 영역에도 관여하며 이 모든 분과 학문이 상이한 접근법을 따른다는 이유 때문에 필수적이다.

우리의 출발점은 인간의 모든 체험과 행위가 의미 형식으로 진행되며 의미의 형식으로만 접근될 수 있다는 것이다. 그것은 그때그때 지향(intention)의 대상과 현재적인 실행의 현실화의 핵이 되는 것이 다른 가능성을 지시하는 형식으로만 주어짐을 뜻한다. 그로써 모든 의미는 이어지는 체험과 행위를 위한 일종의 연계 가능성과 반복 발생을 보증하고, 다른 의미 내용이 진행된 후 자신에게 되돌아올 가능성을 보증하는 것을 포함하고 있다. 그에 따르면 모든 의미는 현실적인 것을 다른 가능성과 함께 관철된 것으로서 재현하며, 그럼으로써 그 행동에 선택 압력을 가하기 때문이다. 그리고 그렇게 되는 것은 이 현현된 가능성 과잉에서 오직 하나의 또는 다른 우연성만이 현재적으로 현실화되고 주제로서 의도되고 행위를 한 것으로 이해될 수 있기 때문이다.

이 이해에서 의미는 현재적으로 실행될 때에만 현실성을 가진다. 그래서 의미는 언제나 현재적이다. 현재의 체험이나 행위의 의미와 무관한 의미는 없다. 아래에서 '다듬어진 의미론'이나 '이념의 진화'라고 말할 때에도 나는 언제나 이렇게 '인간의 머릿속에서' 개별화된 현실을 의도한다. 그러나 이것은 개별 조각, 과거의 감각론적인 심리학 유형에 따른 '생각'이 아니다. 그것은 모든 요소가 다른 요소로 이어지는 한에서만 존재하며 자신을 자극하는 분기점의 덩어리이다.

함께 함의된 세계의 '전체'가 양으로서가 아니라 선택, 즉 세부적인 것을 포기한 가운데 선택이나 정렬이나 집적을 통해서만 접근될 수 있는 것은 이 구조 때문이다. 이러한 선택을 사회적으로 기대할 만한 것과 연계될 수 있는 것의 범위에 유지하기 위해, 의미가 유형화된다. 필요에 따라 시간적으로, 사실적으로, 사회적으로 일반화된다는 것이다. 의미는 유형들과 관련되어 있지 않다면, 그것이 나타날 때 처음에는 충분히 규정되지 않고 이해될 수 없고 소통될 수 없을 것이다. 끊임없이 함께 진행되는 '나'에 대한 경험처럼 말이다. 의미는 항상 진행이 완결되지 않은 선택이지만, '그 밖의 다른 것'과 관련된 가운데 잠재되어 있다. 비교적 유형이 없는 의미 체험과 행위의 이러한 가능성은 전적으로 존재할 수 있다. 그리고 의미가 일종의 의외성을 만들어 내는 경우도 있다. 그런 식으로 열린 상황은 부정을 통해 추구될 수도 있다.

이 점을 고수하는 것은 진화 이론적 구성을 연결시키기 위해 중요하다.[11] 그러나 그런 식으로 특정화되지 않은 의미가 발생할 때에는 언제나 아노미를 제거하고[12] 정돈된 의미, 보통 사용될 수 있는 의미, 유형화된

11 유형화 개념은 이런 점에서 대략 Weick, Karl E.(1969b), *The Social Psychology of Organizing*, Reading Mass. : Addison-Wesley에서 '제정(enactment)' 개념이 취했던 자리에 있다. 즉 그것은 체계 안에서 다의성을 가능하게 하는 변이 기능의 '틀'로서 이해된다.

12 McHugh, Peter(1968), *Defining the Situation : The Organization of Meaning in Social Interaction*, Indianapolis : Bobbs-Merrill을 참조해서 표현한 것이다.

의미를 찾아내려는 노력이 투입된다. 우리는 문제를 해석한다거나 분류한다거나 억압하려는 노력을 해서 보통 사용되는 것으로 정상화한다. 진화 이론적으로 보면 그것은 선택이다. 그리고 선택은 일단은 기존에 비축된 유형과 알려지고 친숙한 유형에 관련됨으로써 안정화될 수 있는 것을 지향한다.

우리는 이 기능을 위해 사용될 수 있는 사회의 **형식들**의 총체를 (의미를 현행화하는 체험과 행위의 **사건들**의 총체와는 달리) 사회의 의미론, 사회의 의미론적 도구, 미리 준비된 의미 처리 규칙의 비축이라 일컫고자 한다. 따라서 우리는 의미론[13]을 높은 단계에서 일반화되었으며 상대적으로 상황과 무관하게 사용될 수 있는 의미라고 이해한다. 그로써 일단은 일상적인 사용과 관련해서도 의미가 생각될 수 있다. 슈츠(Alfred Schutz)를 참조한다면 '생활세계적인' 사용이라고 말할 수 있겠지만, 그것은 매우 혼동스럽다. 사회의 의미론은 이 단순한 차원에서 단편적이다. 그리고 단편은 중첩되고 누구나 사용할 수 있다.

여기에는 범선에서 노 젓는 사람들의 욕설 같은 것이 속한다. 그러나 진지하고 보전할 만한 소통을 위해 텍스트로 처리된 특별한 변항이 매우 일찍 추가로 발전한다.[14] 그러한 변항은 동시에 언어적 표현의 한계와 표현의 위험을 통제하는 기능을 넘겨받는다. 이 영역에서 '다듬어진' 의미론이

13 '의미론'이라는 단어 선택은 모든 관계에서 성공적이지는 않다. 우리는 기호와 기호의 지시의 학설을 참조하지 않는다. 우리는 " '역사적 · 정치적' 의미론"이라고 할 때 뜻하는 것을 참조한다. 가령 Koselleck, Reinhart ed.(1978), *Historische Semantik und Begriffsgeschichte*, Stuttgart : Klett-Cotta 참조.

14 Havelock, Eric Alfred(1963), *Preface to Plato*, Cambridge Mass. : Belknap Press ; Harvard University Press, p.134에 '보전된 소통(preserved communication)'이라는 말이 있다.

라는 말을 할 수 있는데,[15] 그것은 그 자신이 특별한 이념 진화의 출발을 가능하게 한다.[16]

개념사 연구는 다듬어진 의미론만을 연구한다. 연구자들이 그렇게 선택할 권리를 부정할 수는 없겠지만, 언제나 다음 몇 가지를 함께 생각해야 한다. 그러한 선택은 의미 처리의 토대에서 두 단계 떨어져 있으며, 그 선택이 현재적인 의미를 처리하는 형식의 처리를 다루고 있어서 (의미에 따른 개념 연관에서뿐 아니라) 이 방향에서도 이론적 통제가 이루어져야 한다는 것을 생각해야 한다. 그로써 개념이 의미를 기본적으로 처리하는 것보다 현실성이 적다는 말을 하려는 것은 결코 아니다. 우리는 '토대/상부구조-도식'의 방식으로 생각하지 않는다는 것이다. 다듬어진 의미론 역시 그것을 현재화하는 체험과 행위에서만 현실적이라는 것을 말하고 싶은 것이다. 다듬어진 의미론은 분리된 '이념상의 존재'를 가지고 있지 않다. (그러나 재현재화가 가능하다는 의미에서 박물관이나 도서관에 존재를 가지고 있을 수는 있을 것이다.) 상응하게 다듬어지거나 다듬는 행위가 나타날 기회는 그것이 충분히 개연성 있도록, 그것을 위해 정해진 상황·역할·부분체계의 독립 분화를 통해 특별히 대비되어 있어야 한다. 제식행위나 신화의

15 Krohn, Roger G.(1975), "Wissenssoziologie und Wissenschaftssoziologie : Entwicklung eines gemeinsamen Untersuchungsrahmens," in Nico Stehr and René König eds., *Wissenschaftssoziologie : Studien und Materialien*, Opladen : Westdt Verlag, pp.79~99, pp.82 ff. 방언문화, 메타문화, 상위문화(Suprakultur)를 구별한다.

16 우리는 여기에서 의식적으로 이 사태를 '개념'이나 '추상화'와 같은 개념들을 갖고 강하게 형식화하는 기술을 회피한다. 개념 역사학자들이 우리 주제에 기여하는 것과 비교했을 때, 이렇게 옮기는 것은 필수적이다. 가령 라인하르트 코젤렉이 거부하지 않는 '개념'의 내용 범위를 보라. Koselleck, Reinhart(1972), "Begriffsgeschichte und Sozialgeschichte," in Peter Christian Ludz ed., *Soziologie und Sozialgeschichte : Aspekte und Probleme*, Opladen : Westdt Verlag, pp.116~131과 Ludz, Peter Christian(1972), "Einleitung, Geschichtliche Grundbegriffe," a.a.O. Bd. I, pp.XIII~XXVII, 특히 pp.XXII~XXIII 참조.

문제들은 그러한 사정에 대한 초기의 예들이다.[17] 문자는 이후의 모든 것을 위해 필수적이며, 자신의 재생산을 충분히 개연성 있도록 만들어 주는 조건이다.

그로써 우리는 다듬어진 의미론으로 생각되지 않는 한 일상적인 의미처리의 사실성과 심지어 그 목적으로 사용된 유형화를 개념사 연구에서 도외시할 수도 있을 것이다. 그러나 우리는 **다듬어진 의미론의 현재화 가능성의 근거가 되는 독립 분화의 조건과 형식을 도외시할 수는 없다**. 그러한 독립 분화는 그 자신이 사회의 삶의 일상에서 반복되는 연관성에 묶여 있다. 독립 분화는 이행과 연계를 준비해야 하거나, 의미론의 고도 형식을 너무 오래 쉬게 해서는 안 되거나, 발생할 때에는 도약과 부정의 관계를 적절하게 제도화해야 한다.[18] 따라서 사회 안에서 독립 분화의 조건과 형식에 관해서는 '전달 조건들', 설득성에 대한 요구들, 학습과 상호 이해를 위한 '속도 요구들' 등이 다듬어진 의미론 안에 포함되어야 하며, 그것이 분리되거나 지나치게 전문화되거나 복잡해지지 않도록 제한해야 한다.

모든 개념사를 사회 조건의 포괄적 맥락에 묶는 것은 바로 이 독립 분화의 요구이다. 따라서 구속의 형식은 사회가 감당할 수 있는 독립 분화 형식과 공변이한다. 그리고 이것은 다시 사회의 기본구조에 달려 있다. 아래의 분석은 이것을 위해 무엇보다도 사회체계의 분화 형식이, 그리고 그에 종속하여 사회의 체험과 행위의 관련성의 복잡성이 결정적이라는 것을 보여 줄 것이다.

17 이것과 연계될 수 있는 제식의 기능 이론에 관해서는 Rappaport, Roy A.(1971b), "The Sacred in Human Evolution," *Annual Review of Ecology and Systematics* 2, pp.23~44 ; Rappaport, Roy A.(1971a), "Ritual, Sanctity and Cybernetics," *American Anthropologist* 73, pp.59~76 참조.

18 여기에서 인도사회에서 준비된, 세계와 사회적 신분을 포기하는 생활양식의 가능성을 생각할 수 있다.

3.

우리는 이하에서 **복잡성과 체계 분화**의 연관성을 전제할 것이다. '연관성'이라는 말은 복잡성과 분화가 같은 의미로 사용되지 않음을 뜻한다. 체계는 자신의 모든 요소를 더 이상 다른 모든 요소와 연결할 수 없을 때, 달리 말해 선택하는 절차를 거친 후에야 자기 요소들을 관계 지을 수 있을 때 복잡하다. 체계는 자신 안에 부분체계를 형성할 때, 즉 자신 안에서 체계 형성을 반복할 때, 말하자면 자신 안에서 체계와 (이제는 내적인) 환경을 한 번 더 만들어 낼 때 분화된 상태에 (있는 것이라고 말할 수) 있다. 내적 분화를 통해 체계는 자신을 증배시키는 것이다. 이때 체계는 부분체계와 외적 환경 안에 있는 내적 환경의 차이로서 자신 안에 자신을 반복한다. 이런 의미에서 체계 분화는 복잡성의 추진자이면서 창발적 질서를 구축하는 출발이다.

분화 개념은 고전적인 체계 발상을 무력화해 버린다. 건물이 벽돌로 구축되거나 육체가 기관으로 이루어지는 것처럼 전체가 부분으로 구성된다는 것을 전제하는 발상 말이다. 복잡성과 분화 개념의 구별 또한 사회학의 고전학자들의 기본 전제를 넘어선다. 사회 발전을 분화가 증대한 것으로 보거나 분석적으로 명확하게 구별하지 않은 채 단순한 관계에서 복잡한 관계로 발전하는 것으로 보는 전제 말이다. 우리는 여기에서 (복잡성과 분화의) 구별을 도입할 것인데, 이것은 보다 풍부한 진술 가능성을 확보하면서 지식사회학의 문제 제기를 보다 적절하게 고려하기 위함이다.

복잡성과 체계 분화의 연관성은, 이것 또한 낡은 사회학의 경향에서 벗어나지만, 단선적인 상승이 연속적으로 이어지는 연관성으로 파악되지 않는다. 그보다 우리의 가설은 사회체계가 도달할 수 있는 복잡성은 사회체계의 분화 **형식**에 달려 있다는 것을 내용으로 한다. 사회체계의 **주된**

분화, 부분체계들의 첫 번째 층의 형성이 어떤 주도 관점에 따라 수립되어 있는가에 따라 많건 적건 상이한 종류의 행위 계기가 사회체계 안에 있게 된다. 행위연관성들은 상황에 따라 다소간 선택적으로, 다소간 우연적인 것으로 행위자들에게 나타난다. 따라서 (행위에 대한) 자극들은 의식적인 의미 형성과 함께 변이하며, 의미 경험을 저장하고 정돈하고 접근할 수 있도록 유지하는 의미론의 구조와 변이한다.

사회체계의 복잡성 수준에서의 변화는 후성적으로(epigenetisch) 일어난다. 복잡성의 증대는 사회행위의 **의미 있는 목표 의도**도 아니며 **사회 진화의 정상적인 결과**도 아니며 **연속적으로 나타나는 결과**도 아니다. 그것은 구조적인 재배열, 무엇보다도 분화 형식이 바뀐 구조의 부수적인 결과이다. 그렇지만 사회의 복잡성 수준이 바뀌면, 체험과 행위를 이끄는 의미론은 현실에의 접근성을 잃지 않기 위해 그에 적응해야 한다. 따라서 복잡성은 진화로 유발된 구조 변경과 의미론의 변환을 중개하는 (매우 포괄적인) **매개변수**이다. 복잡성이 증대됨으로써 사회에서는 변경으로 인한 충격이 배가되고, 이차 진화가 유발되어 기존의 의미론적 재고나 구조적인 재고가 변경된 사회 내부의 복잡성에 적응될 수 있다. 사회구조와 의미론의 변화는 복잡성을 통한 중개 덕분에 목표 의도에 좌우되지 않는다. 사회는 발전의 경험을 토대로 미래에 대한 그림이 나타나서 영향력을 획득하더라도 목표하는 예상된 상태를 향해 발전해 가지 않는다. 다른 말로 하면 사회는 발전에 대한 반응, 즉 이미 증대된 복잡성에 대한 반응에서 발전한다. 진화는 이 방식으로만 행위의 용량에 맞추어질 수 있다.

사회는 언제나 최종적인 요소인 소통적인 행위들로 구성된다. 이 점에서 사회는 언제나 단순한 사회적 체계와 마찬가지로 이미 시간화된 체계이다. 사회는 행위들이 시점에 묶인 사건들이기에, 행위를 행위와 관련짓기 위해 시간을 사용해야 한다. 그리고 사회는 동시에 가능하지 않을 행위연관성을 구성하기 위해 시점 차이의 장점을 이용할 수 있다. 사회는 상황이 바뀔 때마다 행위 조합들이 달라진다는 것을 참여자들이 생각할 수 없다면, 그리고 행위의 의미를 구성하기 위해 그것에서 만들어지는 요구를 극복할 수 없다면 존재할 수 없을 것이다.[19]

어떤 우연이 사회에서 행위로 체험되고 처리되는 사건을 만들어 내든 어떤 유기적이고 심리적 체계/환경-과정이 그 사건으로 활성화되든 사회라는 사회적 체계에서는 행위를 다룸으로써, 즉 행위를 행위와 선택적으로 관련지음으로써 창발적인 의미가 생성된다. 이 창발적인 의미는 개별 행위에 완전히 귀속될 수 없지만, 거꾸로 행위가 귀속될 가능성을 전제한다. 이때 창발은 오직 시간 관계로서 성립할 수 있다. 창발은 미래와 과거를 현재화하는 특별한 형태로서[20] 가능하며, 현재의 목적을 위해 이 시간지평을 잠재화하는 차별적인 사용으로서 가능하다. 그것은 모든 순간에 새로운 어떤 조건에서 자발적으로 시작될 수 없다. 따라서 앞에서 상론했듯이, 다른 것보다 특정한 선택 기준을 더 개연적으로 만들며 특정한 방향으로 민감성을 세련화하며 다른 방향으로는 둔감하게 하는 의미론적 구조가 발전한다. 달리 말하면 그러한 포괄적인 상징 복합체를 만들어 내는 것은 행위를 연결하는 데에서 복잡성과 우연성과 선택성을 긴급하게 경험하는 것이다. 그 복합체들은 선택될 것을 압박받음으로써 형성되도록 압력을

19 이 테제를 위한 경험적 검증은 특히 실어증 연구에서 도움을 받을 수 있다. 그것과 이것과 연관된 다른 문제들에 대해서는 Srubar, Ilja(1975), *Glaube und Zeit : Über die Begründung der Metaentwürfe der sozialen Welt in der Struktur der sozialen Zeit*, Frankfurt 참조.

20 Mead, George Herbert(1932), *The Philosophy of the Present*, Chicago ; London : Open Court Publishing Co. 그 밖에도 McHugh, Peter(1968), 앞의 책, 특히 pp.24 ff 참조.

받는다. 의미 활성화를 조직하는 의미론의 이 차원에서, 체계는 의미구조의 복잡성과 선택 압력이 변경될 때 진화에 민감하다. 그리고 우리의 테제에 따르면, 주된 체계 분화 형식이 바뀔 때 거대한 양식으로, 마치 폭발하는 것처럼 급격한 변화가 이루어지고 거의 되돌릴 수 없는 엄청난 변화가 이루어진다.

이렇게 행위 사건을 체계 구축의 최종 요소로 이론적으로 분해하는 것은 그 자체가 사회의 의식의 필연적인 순간인 것은 물론 아니다. (그것은 체계와 복잡성과 시간 등에 관해 여기에서 이해하는 내용에 대해서도 마찬가지로 그렇지 않다.) 행위 구성은 사회 안의 공동생활에서 고유한 요구를 충족시켜야 하는 체험의 과정을 통해 진행된다. 행위와 마찬가지로 체험도 환원을 통해 처리된다. 그리고 체험은 지향하기 위해 기대와 기억을 묶기 위해, 놀라움과 실망의 배경이 되는 투명 요지로서 충분히 규정되지 않은 단위를 형성한다. 인물[21]이나 특정한 속성을 가진 역할을 형성한다는 것이다. 사회의 과정이 의미론으로서 남겨 두는 것은 일단은 장차 발생할 이러한 지향의 요구를 감안한다는 것이다. 그것은 체계의 복잡성에서 부수적으로 나타나는 강제를 원인이나 성취로서 주제화하지 않고서 선택으로 운반한다. 따라서 사회의 의식 상황의 발전은 인식에서 사실을 성찰한다는 의미에서 주체가 의식을 따르는 것처럼, 사회구조의 발전을 따르지 않는다. 의미론은 정신적인 환원 · 한데 묶음 · 탈취 · 단순화가 요소들을 관계화하는 데에서, 선택성의 변화에 적응한다는 의미에서 사회구조를 따른다. 그리고 사회 이론 역시 그것을 위해 독립 분화된 전문 학문이 없는 한, 일단은 이 정신적인 욕구를 제공할 뿐이다. 사회 이론은 자신의 개념을 경험의 척도에 따라

21 원어 Person의 번역어다. 사회에서 바라본 인간의 외부 면을 말한다.

각인하고 그후 가능한 경험들을 주조하는 형식으로서 제공한다.

우리의 고려의 두 번째 줄기는 사회(societal)체계가 상이한 방식으로 분화될 수 있다는 것을 전제한다. 사회체계 분화의 모든 형식에 **공통**된 특성은 그것들이 (예컨대 인간의 감각기관의 분화에서처럼) 환경 부문이나 환경구조에 연결되지 않고, 체계 자체와 관련된다는 것이다. 이 이유에서 사회분화 형식의 진화상 변경은 동시에 사회체계 자체의 증대하는 독립 분화를 이끌어 낸다. 그리고 이것은 의미론에 있어 인간세계와 스스로 성장하는 자연이 갈수록 상이해진다는 것을 뜻한다. 분화 형식의 **차이**는 사회체계 안에서 체계들과 환경들이 구별될 수 있다는 관점에 근거한다. 그러한 체계와 환경은 이제는 **부분**체계들과 사회 **내적** 환경들이 될 것이다.

인구학적 성장에서 그 자체로 만들어지는 가장 자연적인 원칙은 특히 가족, 성, 주거공동체 내지는 마을과 같은 동일한 단위들이 형성되는 것이다. 그것은 **분절적 분화**를 결과한다. 모든 부분체계는 사회 내부의 환경이 같거나 유사한 체계가 모인 것으로 본다. 그래서 전체 체계의 행위 가능성은 복잡성이 그렇게 높지 않다.

몇몇 경우에 사회체계들은 분절적 분화를 **층화된 분화**로 발전시켰고 그로써 고대문화의 전제를 만들어 냈다. 그 경우에는 주된 분할 원칙은 사회의 계층이 상이하다는 데에 있는데, 이 계층들은 다시 분절적으로, 즉 가족 단위의 내적 분화를 이루고 있다. 그로써 용이해진, 계층 특정적인 소통의 장점이 나타나게 되었는데, 그 소통은 특정한 계층의 부분체계와의 관계에서 환경을 전제할 수 있다. 모든 부분체계에 대해 환경이 같지 않다는 전제를 가지는 매우 복잡한 사회체계가 구축될 수 있다. 역할과 직업집단의 차원에서 쉬워진 내적 소통 조건 가운데 자원들, 특히 토지 소유가 이 자원들을 활용하는 상위 계층에 집중되면서 상당한 규모의 노동 분업이 실현된다.

층화된 분화는 분절적 분화와 비교했을 때, 사회체계의 내적 복잡성을 확대할 뿐 아니라 그와 함께 그 체계가 접근할 수 있는 환경의 복잡성도 확대한다. 종교와 도덕은 일반화되며, 상위 계층은 지역적으로 넓은 범위의 교제를 유지하며, 문서는 사태들에 대한 이해를 객관화하며, 사회의 삶의 시간지평은 넓이와 예리함을 얻고 더 많은 후속 차이들을 허용한다. 이 분화 유형에서는 불평등을 위계화해야 할 필연성 때문에 복잡성을 제한한다. 모든 부분체계는 물론 그 자신이 위계에 복속됨으로써 전체체계에 관련될 수 있다. 부분체계는 전체 안에서 자기 자리가 어디인지를 안다. 그러나 동시에 사회 내 자신의 환경을 자신과의 관계에서 불평등한 것으로 정의해야 하며, 물론 포괄적인 위계 기준에 따라서 그렇게 해야 한다.[22] 결과적으로 사회 내부의 환경은 제각기 부분체계와의 관계에서 더 이상 독립적으로 파악될 수 없다. 부분체계는 자신과 자신의 환경을 정의하고, 그렇게 함으로써 그리고 그렇게 함으로써만 스스로 사회 안에 편입된다.

층화된 사회 역시 기능 특정적인 상황, 역할, 문제들, 이해 관심들을 분명하게 골라낼 수 있다. 그러나 그런 사회들은 계층의 차이를 척도로 그러한 선택을 규제한다. 예컨대 서로 다른 신분의 사람 사이에서 사랑한다는 고백은 위에서 아래로 일어나는가, 아니면 아래에서 위로 일어나는가

22 이것은 Dumont, Louis(1970), *Homo Hierarchicus : The Caste System and Its Implications*, London : Weidenfeld and Nicolson에서 종교적인 토대 위에 세워진 순결한/부정한의 대립의 보기에서 매우 멋지게 보여 주고 있다. 그 대립은 인도의 카스트제도의 기초를 이루고 있으며, 다른 기준들이 추가되면 복잡한 신분 위계를 구축할 수 있도록 해준다. 그 신분 위계에서는 순결하거나 부정한 것으로 연상되는 활동이나 사태가 동시에 카스트제도의 연관성과 상호 의존과 차이를 구조화한다.
물론 위계 생성의 다른 형식들도 있다. 특히 대립이 아니라 등급을 나눌 수 있는 원칙, 즉 같은 자질(복지 · 순종 정도)이 동등하지 않게 배분된 것에 기초하는 형식들을 언급할 수 있다.

에 따라 달리 다루어진다.[23] 사랑의 고백은 위에서 아래로 은혜를 베푸는 것으로 나타날 때에는 공개적으로, 주저하지 않고 신분을 초월하는 것처럼 실행되어야 한다. 그렇지 않으면 의심을 불러일으키기 때문이다. 그와는 달리 아래에서 위를 향하는 사랑의 고백은 그 자체로 뻔뻔스런 일이며 매우 조심스레 알려야 하며, 상대방의 마음을 얻었다고 확신할 수 있을 때까지 신분 질서에 순응하는 상태에 있어야 한다. 친밀성에 도달하고 즐기는 기능 문제는 배제되지 않으며 특정한 방식으로 자기 권리를 누린다. 그러나 그 문제는 다른 체계 경계가 우선적으로 규정할 권한이 있다는 것을 지향해야 한다.

이 제한은 **기능적 분화**의 원칙으로의 이행기에 해제된다. 기능 분화라는 차이 형식은 유일하게 단 한 번, 유럽에서 시작되는 근대사회에서 실현되었다. 이 사회는 그것의 분화 형식의 결과로 역사적으로 비교 대상이 없는 독특한 특성들을 가진다. 그 사회는 오직 혼자서만 하나의 유형을 형성한다. 그래서 그다음에는 그 사회의 의미론이 다른 사회의 자기 경험과의 비교를 거의 허용하지 않는다는 것을 추측할 수 있다. 기능 분화는 상황과 역할과 (제한된 경우에) 상호작용체계의 차원에서 이미 오래전에 주어져 있었다. 전체 사회체계가 일차적으로 전체 질서를 규정하는 이러한 분화 유형으로 전환하는 것은 후기 중세에 시작해서 18세기 말엽에 이르러서는 (그리고 처음에는 유럽의 몇몇 지역에서만) 더 이상 되돌리기 어려운 상황에 이른다. 그로써 '역사적 기본 개념' 사전을 편찬하려는 정치적이며 사회적인 의미론의 개혁이 연결되는 것은 우연이 아니다. 그런데도 우리는 이 연관성을 꼭 필요한 정도로 정밀하게 세부적으로 파악하는 데에는 아직 한참

23 이 점에 관해서는 de Vaumorière, Pierre Ortigue(1701), *L'art de plaire dans la conversation*, 4th ed., Paris : Rue S. Jacques, pp.394~395 참조.

미치지 못하고 있다.

후속 연구를 위한 최초의 전제는, 기능적 분화가 무엇이며 이 분화 형식이 무엇을 함의하는지를 정확하게 아는 것이다.

모든 체계 분화에서 그런 것처럼 여기에서도 체계 안에서 체계/환경-차이가 새로 만들어지는 것이 관건이다. 부분체계 형성의 원칙은 이제 모든 부분체계가 자신을 위해 자신의 특별한 행위의 지향점으로 삼는 특별한 연관의 문제이다. 몇 가지만 보기로 들면 경제적 생산, 집합 차원의 구속적인 결정을 정치적으로 가능하게 하는 것, 법률적인 분쟁의 조정, 의료 서비스의 제공, 교육, 학문적 연구의 문제 말이다. 이러한 종류의 기능들은 일반적으로 유효한 서열로 짜이지 않는다. 그것은 계층처럼 위계화될 수 없다. 왜냐하면 그 서열은 사회 전체를 위해 통틀어 필수적인 것이며 그것 각각의 우위나 중요도는 오직 상황에 따라서만 조정될 수 있기 때문이다. 이러한 제한은 신분사회에서는 극단적인 경우에는 체계 형성과 기능 지향의 타협을 결과했다. 이러한 제한은 기능체계에서는, **부분체계들**이 **전체 사회적으로** 제도화되지 않았고 관철될 수 없는 **기능 우위**를 가지는 것으로 나타난다. 교육체계만이 다른 모든 것보다 교육 기능을 중요하게 생각한다. 법체계만이 정당한가 부당한가의 기준을 일차적으로 중요하게 생각한다. 경제체계만이 생산 증대이든 지출과 결산 관계의 합리화이든 이윤최대화이든 간에, 다른 모든 고려보다 경제적으로 표현된 목표를 더 중요하게 생각한다. 달리 말하면 기능적으로 분화된 사회체계는 기능 사이에 서열을 동시에 허용할 수 있으며, 작동의 근거가 되는 체계 준거에 따라 허용하지는 못한다. 모든 체계는 자신의 기능을 다른 모든 체계와의 관계에서 구체화할 수 있고 또 구체화해야 한다. 그러나 전체 사회의 관점에서는 기능들의 서열 관계가 규정되어 있지 않다. 그 밖에도 '미확정성'은 모든 기능이 동시에 중요하게 간주될 필요가 없다는 것이 가능하고 또 개연적이라는 것을 분명하게 의미한다. 그리고 그것은 개별 기능의 순환, 가령 경제의 순환을 특별히 중요하게 다루는 경향이 존재할 수 있다는 것을 의미하기도 한다.

(계층 간 관계의 전체 사회적 규정과는 달리) 기능체계 간 관계의 전체 사회적 규정을 포기하는 것은, 부분체계의 형성이 하나의 기능 우위에 초점을 맞춘다는 원칙과 함께 주어진다. 이것은 그렇게 포기하는 것이 분화 형식과 밀접한 관계가 있으며 그러한 사회질서에서는 그 때문에 불가피하다는 것을 뜻한다. 그것은 광범위한 결과를 낳는다. 왜냐하면 그와 함께 모든 부분체계가 동시에 자신의 사회 내부의 환경에 대해 제각기 고유하며 특별한 관계를 가지기 때문이다. 체계/환경-관계들의 총체는 더 이상 위/아래, 고상한/천한, 순수한/혼탁한과 같은 단순한 반대 공식이나 단계 공식을 가지고 쌓아 나갈 수 없다. 그래서 모든 부분체계는 자신의 환경 관계에서 전체를 지시하는 구조와 상징법을 가지고 있지 않다. 전체에 대한 지시는 오직 기능 자체에만 있다. 즉 그 지시는 환경이 자기 것으로 만들 수 없는 하나의 원칙에 존재한다. 그래서 부분체계와 사회 내부의 환경은 상호 간의 관계의 사회적 적실성에 관해 (물론 정황과 양식에 관해서도) 합의를 형성할 수 없다. 다른 말로 하면 사회체계는 체계들을 분화시키는 것이 아니라 체계/환경-관계들을 분화시킨다. 모든 관계는 달리 나타난다. 그래서 기능적으로 분화된 사회에서는 층화된 사회보다 훨씬 큰 복잡성이 생겨난다. 체계와 환경과 체계/환경-관계들은 모든 상황에서 보면 다른 의미를 가진다. 행위 의도와 이해 관심만 갈려 나가는 것이 아니라, 추가적으로 행위가 투사되는 곳으로서 환경의 지평 또한 제각기 갈려 나간다. 교육자에게는 정치와의 관련이 법률가의 정치 관련과는 다른 의미를 가진다. 그리고 정치가에게는 자신의 존재 근거가 되는 이러한 관점의 차이가 자신의 환경 구조이며, 그 구조 자체는 교육가의 환경이나 법률가의 환경에서 같은 모습으로 발견되지 않는다. 따라서 사회 내에서의 환경 관계는 부분체계의 구

조와 과정을 층화의 조건에서 생각할 수 있는 것과는 다른 방식으로 이해한다. 환경 관계는 정황에 따라 그리고 성공 전망에 따라 변이에 훨씬 더 많이 열려 있다.

사회 내부의 체계/환경-관계가 이렇게 재배열되었다는 데에서 출발하면서, 의미론의 필요를 위한 출발 상황에 영향을 미치는 또 다른 구조적 변경들을 그려 볼 수 있다. 이때 우리는 사회적 체계의 층위에서의 결과와 심리적 체계 내지는 인물(Person)에 대한 사회의 관계에서의 결과와 마지막으로 (다시금 심리적 체계를 포함하여) 사실적으로 파악할 수 있는 자신의 환경에 대한 사회체계의 관계에서의 결과를 구별해야 한다.

사회적 체계 사이의 관계에서는 이제 모든 기능체계가 복수의 체계 준거를 구별해야 한다는 것이 특별하게 작용한다. 무엇보다도 **기능**으로서 주어진 전체 사회와의 관계를 구별해야 한다. 그리고 사회 안에서 다른 부분체계와의 관계를 구별해야 하는데, 그것은 **성과**를 통해 투입과 산출에 따라 세분화되고 그러니까 시간 준거를 함의하며 현행화되어야 한다. 기능과 성과의 연관성은 더 이상 위계와 직접적인 호혜성이라는 전체 사회의 기본 상징법을 통해 보장되지 않는다. 그 연관성은 오히려 모든 체계에서 세 번째 체계 준거, 즉 자신에 대한 지향을 필요로 한다. 기능적이며 성과 능력이 있는 의미 규정 외에도 개별 부분체계가 자신의 정체성을 규정하고 기능과 성과의 관계를 조절하는 도구가 되는 일종의 부분체계 특정적인 **성찰**이 나타난다. 그리고 그것은 부분체계에서 자율적으로, 즉 충분한 전체 사회적인 의미 규정과 합의 보장 없이 발생할 수 있다.[24]

24 이 이론적 발상을 학문체계의 경우에 적용한 것으로는 Luhmann, Niklas(1977), "Theoretische und praktische Probleme der anwendungsbezogenen Sozialwissenschaften : Zur Einführung," in Wissenschaftszentrum Berlin ed., *Interaktion von Wissenschaft und Politik : Theoretische und Praktische Probleme der anwendungsorientierten Sozial-*

이 모든 것과 함께 사회적 맥락에서 인물로 나타나는 심리적 체계들이 사회 안에서 차지하는 위치가 바뀐다. 분절적 분화와 층화된 분화도 인물을 부분체계의 하나에 귀속하는 데에 의존한다. 따라서 분절적 사회에서는 족외혼의 조건하에 세대가 후속되는 데에서 (인물들이 체계 안에서) 하나의 기준으로 (귀속되는) 원칙이 관철된다. 층화된 사회에서는 결혼이 계층 안에서 이루어지며, 그래서 (가족이 아니라) 계층이 성원을 구성하는 데에서 자율성을 가진다. 인물은 이동성이 나타나는 곳에서도 하나의 그리고 오직 하나의 계층이라는 원칙에 따라 구성원이 된다. 인물의 정체성은 이런 의미에서 그의 '신분'에 근거하게 된다. 말하자면 사회적 분화의 원칙에 **직접적으로** 근거한다는 것이다. 샤를 로이조(Charles Loyseau, 1564~1627)의 표현에 따르면, "프랑수아는 특별히 동반하는 권위, 최고의 자질, 불가분의 권리를 가진 상태에 있는 것으로 지명된다."[25] 분절적 사회와 층화된 사회에 있어서도 이런 이유에서 존재들이 혼합되어 있는 것이 문제가 된다. 왜냐하면 계층의 지표가 없으면 사적인 인간에 불과한 인물에 너무 많은 행동 기대가 제기되기 때문이다.

기능적 분화는 바로 그 점에서 개인의 존재를 단순화한다. 기능적 분화는 더 이상 하나의 인물이 하나의 또는 오직 하나의 부분체계에 속한다는 의미에서 인물을 부분체계에 귀속시키지 않는다. 하나의 인물은 가령 순수하게 법률적인 존재이며, 다른 하나의 인물은 교육되기만 하는 것처럼 된

wissenschaften, Frankfurt ; New York : Campus-Verlag, pp.16~39 참조. 종교체계의 사례에 적용한 것으로는 Luhmann, Niklas(1977), *Funktion der Religion*, Frankfurt am Main : Suhrkamp, pp.54 ff 참조. 교육체계의 사례에 적용한 것으로는 Luhmann, Niklas and Karl Eberhard Schorr(1979), *Reflexionsprobleme im Erziehungssystem*, Stuttgart : Klett-Cotta, pp.34 ff 참조.

25 Loyseau, Charles(1614), *Traicté des ordres et simples dignitez*, Paris : Vve A. L'Angelier(Paris, 1678, p.3에서 인용).

다. 1800년경에만 해도 가능한 것으로 그렇게 구상된 마지막 사례는 부르주아 가족의 주부이면서 엄마였다. 그것 역시 지나가 버린 주제이다. 그 대신 현실에서도 모든 사람을 모든 기능체계 안에 **포함**시키는 원칙이 전제로서 타당하며 점점 더 타당해진다. 그에 따르면 모든 인물은 필요에 따라, 상황에 따라, 기능을 위해 중요한 능력이나 그 밖의 적실성 관점에 따라 모든 기능의 모임에 대한 접근권을 얻을 수 있어야 한다. 모두가 법적 능력이 있어야 하고, 가족을 꾸릴 수 있어야 하며, 정치적 권력을 함께 행사하거나 함께 통제할 수 있어야 한다. 모든 사람이 학교교육을 받아야 하며, 필요한 경우에 의료 서비스를 받아야 하고, 경제 교환에 참여할 수 있어야 한다. 포함의 원칙은 우리가 하나의 그리고 오직 하나의 집단에 속한다는 데에 근거하는 연대를 대체한다. 보편적인 포함은 자유와 평등과 같은 가치 전제를 통해 이상화된다. 포함은 실제로는 결코 모두에게 내맡겨져 있거나 평등하게 분배되어 있는 것은 물론 아니지만, 사회의 분화 형식으로 인해 더 이상 사전에 규제되어 있지 않다.

이러한 전환은 인간의 자연적인 평등이라는 개념에서 특별히 분명하게 보여 줄 수 있다. 옛 유럽의 층화된 사회 역시 인간의 자연적 평등의 원칙을 분명하게 알고 있다. 그러나 층화된 사회는 평등을 향상될 수 있는 원칙으로 이해하지 않는다. 그래서 모든 특별한 능력, 사회 내의 모든 완전함은 가령 신분 질서의 의미에서 평등의 특수화를 전제한다. 크리스티안 토마지우스(Christian Thomasius)가 말하는 바에 따르면 "특별한 평등은 훨씬 더 강한 통일을 야기하는데, 그 통일은 훨씬 더 강한 효과를 가지며, 즉 (토마지우스의 완전성의 존칭인) 그렇게 존경받는 가운데 더 많이 사랑의 존칭을 얻게 된다."[26] 그와는 달리 기능적으로 분화된 사회에서는, 평등을 전제한 덕택

26 Thomasius, Christian(1692), *Von der Kunst vernünftig und tugendhaft zu lieben* :

에 전체 국민을 (그러니까 모든 개인을) 모든 기능 영역에 포함시킬 수 있게 된다. 그래서 평등이 여기에서는 기회를 봉쇄하는 기존의 불평등에 맞서 향상될 수 있는 것으로 설명되어야 한다. 여기에서 평등은 가장 보편적인, 즉 일상적인 종의 특성을 가지고 특정한 방식으로 파악되지 않는다. 그것은 개별성에서 파악되는데, 이제 그 자체가 증대될 수 있는 것으로 생각될 수 있다. 인간은 바로 개별성의 유일무이성과 관련하여 평등한 것으로 유효하다. 인간은 바로 이 개별성을 공통으로 가지고 있기 때문이다. 평등은 이른바 유일성을 사용하기 위한 사회적 규제자이다. 우리는 보다 비개연적인 어떤 사회구조가 처음에는 놀랍고 믿기 어려운 전제를 가진 부자연스러운 의미론을 요구하는 것을 볼 수 있다.

포함, 자유, 평등, 개인, 사생활, 자율, 기능, 성찰, 성과와 같은 개념은 기능적 분화의 새롭게 수립된 사전 규정이 새로운 의미론에서 계층화와 분절화를 통해 어떤 지침에 따라 처리되는지를 볼 수 있도록 해준다. 여기에 새로운 종류의 충돌 개념들이 추가된다. 그 개념들은 전환이 자신의 고유한 역사적 의식을 정식화하고[27] 그때 개념들을 (예컨대 낡은/새로운 구별 도식으로) 시간화하며, 시간 개념과 마찬가지로 (예컨대 자연 · 완전함과 같은) 사실 개념도 투입한다는 데에서 만들어진다. 그 밖에도 의미론에 대한 요구는 분류상징법의 자격이 의문시되었던 위계의 상징법이 이제는 하향 조정되어야 하는 필요에서 생겨난다. 의미론은 부분적으로는 (처음에는 오직 종교적인 것으로만 전문화되었다가) 정치적인 것으로 전문화되었다.[28] 전체 사

Oder : Einleitung zur Sitten-Lehre, Halle : Salfeld, p.203.

27 그렇게 특별히 분명하게 표현한 것으로는 Ritter, Joachim(1969), *Metaphysik und Politik : Studien zu Aristoteles und Hegel*, Frankfurt am Main : Suhrkamp.

28 그에 대해서는 Greenleaf, W. H.(1964), 앞의 책 ; Little, David(1969), *Religion, Order and Law : A Study of Pre-Revolutionary England*, New York : Harpers & Row 참조. 16세기와 관련해서는 Talbert, Ernst William(1962), *The Problem of Order : Elisabethan*

회에서 하나의 기능체계로 이전되었다는 것이다. 의미론은 또한 부분적으로는 기능적으로 분화된 사회에서도 지속하며 기능적 분화의 결과를 통해 재생산되는 계층화로서 강등되었다. 그래서 위계 개념은 비판될 수 있는 계층화 맥락에서 부정적인 악센트를 얻기까지 한다.

우리는 또한 이러한 기준을 계속하여 늘려 나가고 특별히 개별 기능체계의 특수의미론 속으로 연장해 나가고, 정치 · 경제 그리고 그에 속하는 의미론적 도구의 개념의 변환을 입증해 나갈 수 있을 것이다. 그렇지만 우리의 테제는 그것을 훨씬 넘어선다. 우리의 테제는 새로운 분화 원칙이 낡은 개념의 특정한 변환을 유발한다고 주장하는 데 그치는 것도 아니다. 우리의 테제는 그 개념이 낡은 질서에 맞추어 달리 믿어지도록 만들 것을 주장하기만 하는 것도 아니다. 이론적으로 규정될 수 있는 새로운 질서의 의미론적 지탱 욕구만이 중요한 것이 아니다. 그것은 자신을 좋은 것으로 유지하고 어쩌면 자기비판의 과정에서도 실현될 수 있어야 한다. 분화 형식과 복잡성의 전제된 연관성에서 추론한다면, 이 모든 것은 문화의 의미론적 도구가 총체적으로 변환되었다는 훨씬 큰 규모의 테제를 전제한다.

마지막으로 기능적 사회분화로의 이행이 역사적으로 낡아 버린 모든 세계관을 추월해 버리는 방식으로 사회의 환경과 관련한 해체 능력과 재조합 능력을 제고한다는 것을 확인해 두어야 한다. 이 (새로운) 사회에서는 세계를 실체들의 넓이와 내부의 깊이로 나아가는 무한하게 가능한 진보의 지평으로 이해한다. 그래서 경계들은 작동상 필연성을 성찰할 뿐이지, 더 이상 최종 상태나 영역이나 원자나 실재하는 세계의 개인을 성찰하지 않는다.

Political Commonplaces and an Example of Shakespeare's Art, Chapell Hill : University of North Carolina Press 참조.

그래서 존재하는 것과 유효한 것에 관해 전체 사회적인 차원의 합의는 어려워지고 근본적으로 불가능해진다. 합의로 사용되는 것은 인식된 임시주의의 형식 안에서 기능한다.[29] 그 밖에 원래 생산적으로 기능 특정적인 현실의 종합이 개별 기능체계가 혼자서는 만들어 낼 수 없는 복잡성 수준에 있다. 그 기능체계는 더 이상 모임 기관, 사물들의 총체의 의미에서 종합 관점으로 포착될 수 없다.

층화된 분화처럼 기능적 분화 역시 사회체계와 그 환경의 상당한 수준의 복잡성을 만들어 내고 가능한 행위를 증대시키고 모든 주어진 상태와 관련해 해소 능력을 상승시킨다. 모든 의미는 그것을 통해 우연성이 증대된다. 의미는 다른 (물론 규정될 수 있는 다른) 가능성에 더 많이 노출된다. 모든 관계짓기, 모든 과정은 그것을 통해 선택성도 증대된다. 의미는 주어진 어떤 것을 다른 것과도 관련지을 수 있고, 다른 것을 또 다른 것과 관련지어 나갈 수도 있다. 그렇다면 그것의 정체성은 어디에선가 시작했다는 단순한 우연성에 있을 수밖에 없을 것이다.

체계 이론적 분석에 기초하면 필연적으로, 이렇게 전체적으로 변환했다는 가설로 확장된다. 그것은 우리가 체계 분화를 체계/환경-분화가 체계 안에서 반복하는 것으로서 그리고 복잡성을 선택에 대한 압력으로 파악하고, 이 둘을 서로 연결짓는 데에서 이끌어 낼 수 있다. 사회구조와 의미론적

29 '생활세계'라는 명칭을 가진 이러한 임시주의에 구체적인 초월의 궁극적으로 타당한 출발 지위를 부여한 것은 후설 철학 특유의 결정이었으며, 그것은 사회학 토론에서 상당한 결과를 초래했다. 특히 Husserl, Edmund(1954), *Die Krisis der europäischen Wissenschaften und die transzendentale Phänomenologie*, Den Haag : Martinus Nijhoff ; Brand, Gerd (1971), *Die Lebenswelt : Eine Philosophie des konkreten Apriori,* Berlin : De Gruyter 참조. 근대를 통해 열린 기술적이며 학문적이며 경제적인 관점과 이 생활세계의 관계는 그런데도 충분히 설명될 수 없었다. 어쨌든 생활세계가 기능 특정적 영역의 의미론적 구조에 선행하는 일종의 '존재 우위'를 가진다고 주장한 것은 사회학적으로 지탱할 수 없는 주장일 것이다.

전통 사이의 연관성을 질문한다면, 이 연관성에서 출발해야 한다. 이것은 다음의 개괄이 분명하게 보여 준다.

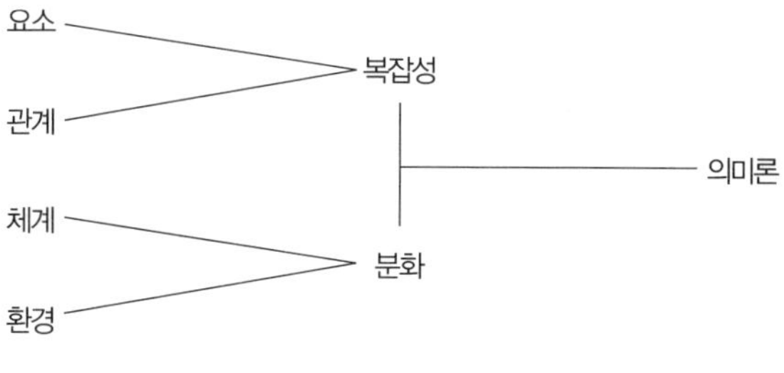

〔그림 1〕 사회구조와 의미론의 연관성

그렇지만 이 개괄은 너무 지나치게 단순화되었다. 왜냐하면 그것은 사회구조의 개별 특성이 (그리고 복잡성 수준만이 아니라) — 가령 더 이상 개인이 아니라 행위가 파악되어야 하거나 분화 형식이 주제가 될 때에 — 의미론에도 영향을 미친다는 점에서 생겨나는 특수한 의미론적 상관물을 충분히 고려하지 않기 때문이다. 그러니까 개별 관계들과 사회구조와 의미론 사이의 전체 관계는 나란히 진행해 나가며 서로 영향을 미친다. 그래서 우리는 분화 형식이 부분적으로는 직접적으로 부분적으로는 간접적으로, 즉 사회구조의 복잡성 상황을 통해 매개되어 의미론적 상관물을 만들어 낸다고 전제해야 한다. 그것은 경험적인 검증은 말할 것도 없고 보다 정확한 가설을 정식화하는 데에서 벌써 이론 형성을 어렵게 만든다. 왜냐하면 우리는 분화 형식과 그것의 몇몇 결과가 사회체계의 의미론에 직접 모사되는 것도 신뢰성 있게 추적할 수 없다면, 복잡성이 바뀜으로써 의미가 형성되는 것은 예측할 수 없고 그래서 이론적으로 기대할 수도 없게 될 것이기 때문이다.

4.

우리는 오직 의미 개념을 분해함으로써, 분화 형식의 변경과 사회의 복잡성 상승이 인간이 살고 있는 의미세계를 바꾼다는 단순한 추측에서 빠져나올 수 있다. 앞에서[30] 언급했듯이 의미 개념은 다른 것에 대한, 함의된 지시들의 과잉을 뜻한다. 그리고 그 과잉은 연계하는 모든 체험과 행위에서 선택적인 접근을 하도록 강요한다. 의미는 '암시적으로' 전체 세계를 접근될 수 있는 상태로 유지하지만, 다소간 구체적으로 수용된, 다른 가능성의 맥락에서 함께 진행되는 다음 단계의 선택을 필요로 한다.

모든 구체적인 유형화 이전에 모든 의미에서 다른 것에 대한 지시의 세 가지 상이한 차원이 구별될 수 있다. 그 셋은 현실의 낡은 개념의 의미에서 사실적인 의미 내용에 대한 지시, 시간적으로 거리를 둔 것, 즉 지나간 것이나 도래할 것에 대한 지시, 그리고 다른 사람이 체험하거나 행위하며 같은 의미를 어떻게 관련짓는지에 관한 지시이다. 우리는 **사실 차원, 의미의 시간 차원, 의미의 사회적 차원**을 세계의 표현을 변화시키기 위한 일반적인 형식으로서 구별할 수 있을 것이다. 그 차원들은 선택을 정돈하는 일반적인 형식으로서 구별될 수도 있다.

이 차원들의 차이는 의미 그 자체처럼 그 자신이 진화 과정의 결과이다. 이것은 사회가 기본의미론을 가지고 세계를 수용하는 데에 제공하는, 보다 제한된 모든 진술에 더욱더 유효하다. 차원들은 어느 정도 분석적으로 구별되어 있어야 한다. 그 경우에 사회는 자신이 어떤 의미를 사실성, 시간성, 사회성과 연결할 것인지를 정식화할 수 있다. 복잡성이 체계를 선택 압력으로 밀어 넣는다는 것이 옳다면, 의미가 선택성을 조직한다는 것이 옳다

30 이 논문의 pp.331~332.

면, 우리는 진화상 변이하는 복잡성이 개별 의미 차원에서 의미론적 상관물을 확보한다고 추정해야 할 것이다. 선택 압력은 사회에서 사용할 수 있는 모든 의미를 통해 의미 차원들에 전가된다. 선택은 '저것이 아닌 이것', '지금은 아직 아니지만 다음에', '아무개가 승인을 하는 경우에만'과 같은 형식을 갖는다. 그리고 이 형식들은 어느 정도 차원 상호 간 독립성을 조직하여, 가령 행위를 위해 특정한 시점을 선택하는 것이 그 행위가 어떻게 다루어질 것이며 그것을 위해 누구의 승인이 중요한지의 문제와 직접적인 관련이 없어진다는 것이다.

그래서 의미의 기본의미론에서 나타나는 증대하는 사회의 복잡성이 개별 의미 차원의 선택 여지를 더욱 분명하게 분리하는 데로 이끌 것이라는 테제를 일단은 고수하겠다. 그로써 세계의 사실 내용(실재)으로서, 시간으로서, 사회성의 형식으로서 체험과 행위를 이끄는 것의 형상화된, 은유적이거나 개념적이기도 한 규정을 위한 여지가 가능해진다. 그리스의 도시들이 발전되면서 예컨대 현실에 거리를 둔 언어적인 관계(철학)가, 과거와 미래의 방향으로 확장되는 보다 유연한 시간의 이해와 그리고 특히 도시의 정치적인 통일을 지향하는 고도로 선택적인 사회성이 싹튼다.[31] 차원 사이의 관계들은 느슨해진다. 시간은 인간이 감당할 수 있는 활동(가령 도시국가 아테네의 입법)을 통하지 않으면서 사회적 관계를 정돈할 수 있게 되며, 이것을 가령 시간과 진리가 분리되는 것이나 경험할 수 있는 것과 인간이 만든 법질서가 분리되는 것은 그 자신이, 이론이 발전되고 이론이 대립한 상태로

31 가령 Accame, Silvio(1961), "La concezione del tempo nell'età arcaica," *Rivista di filologia e d'istruzione classica* 39, pp.359~394 ; Starr, G. Chester(1968), *The Awakening of the Greek Historical Spirit*, New York : Knopf ; de Romilly, Jacqueline(1971), *Le temps dans la tragédie grecque*, Paris : J. Vrin ; Meier, Christian(1978), "Entstehung und Besonderheit der griechischen Demokratie," *Zeitschrift für Politik 25*, pp.1~31 참조.

유지되며 이론이 발전해 나갈 수 있도록 준거점을 제공하는 세계 구조가 된다. 모든 의미 차원의 상호 의존은 그것의 분석적인 토대에 기초하여 되돌아오고 그렇게 이론적인 지식의 문제가 된다. 이론적인 지식은 이때 그 자신이 더 이상 일상적인 체험을 대표하지 않을 수 있다.

우리는 이 방식으로 구조적인 사회 발전의 의미론적 상관물을 발견할 수 있고 이 점에서 이론적인 상관관계 가설을 입증할 수 있다. 따라서 이 가설은 처음에는 차원이 갈수록 분리된다는 것을 전제했는데, 이러한 분리는 선택에 대한 차원의 중요성이 상대적인 독립성을 가진다는 것을 뜻한다.

그러나 그것으로는 지금 가능한 차원 특정적인 기본의미론이 어떤 형식으로 표현되어 있는지를 아직 진단할 수 없다. 그것에 관해 일단 말할 수 있는 것은, 예를 들어 인간의 본성을 단순히 기록하는 것보다 더 많은 것을 제공하는 사회성을 위한 의미론이 개발되어야 한다는 **사실**이다. 이 요구가 **어떻게** 충족될 것인가, 주어진 사회 상황의 어떤 자극이 의미론적 전통을 안정시키는 대답을 유발하는가 하는 것은 추상적인 도식으로부터 예고할 수 없다. 그러나 우리는 문제 제기를 가지고 이른바 민감성에 대한 민감성을 획득할 수 있다. 그리고 이 민감성은 지금까지 역사적인 과정을 조종해 왔음이 틀림없다. 또한 층화된 사회체계에서는 계층 분화와 상위 계층의 상호 작용 조건을 더 정확하게 조사해야 한다는 것이 분명해진다.

경험적인 검증 가능성의 관점에서 이론적 도구를 정밀하게 다듬어 나가는 것은 증대하는 복잡성과 증대하는 선택 압력이 개별 차원에 있어 각각 무엇을 뜻하는지를, 다른 말로 하면 우연적인 선택성이 사실적 · 시간적 · 사회적 관점에서 어떻게 표현되며 점점 더 복잡해지는 일상생활에 제시될 수 있는지를 정밀하게 규정할 수 있다면 가능할 것이다. 눈치챘겠지만 이때 중요한 것은 행동 선택이 어떻게 쉽게 이루어질 수 있는가, 또는 우연성이 높은데도 어떻게 결정의 토대까지 만들어질 수 있는가 하는 질문이 아니다. 중요한 것은 사전 질문이다. 즉 선택성이 도대체 어떻게 인지되고 구조화될 수 있는가 하는 것이다.

사실 차원에 있어서는 이 발전을 주도하는 과정이 사회의 **해체 능력과 재조합 능력의 상승**에 근거를 두고 있는 것으로 보인다. 우리는 원자화 과정이라는 말을 할 수 있다. 여기에서 그때그때 더 이상 해체될 수 없는 최후 요소로서 기능하는 것은 가변적인 것으로 생각되어야 한다. 그것은 사용될 수 있는 재조합 가능성에 의존한다. 현상학적 세계는 더 이상 그것이 나타나는 모습으로 인지되지 않는다. '배경 장면 개념'이 형성되며, 이것은 점점 세계를 재배열할 가능성에 맞추어진다. 그렇다면 학문 자체는 많은 다른 요인, 특히 종교 · 기술 · 경제에 의존하고 있는데도 현실 구성은 학문이 책임지는 것으로 생각된다.

시간 차원에서는 **과거와 미래의** 가능한 **차이가** 어떻게 **확대되며** 현재의 처분권의 여지가 어떻게 **줄어들며** 그에 따라 전환이 어떻게 **가속화**하는지에 우리가 주목한다면, 우리는 선택을 위한 수용 태세가 적절하게 증대하는 것을 관찰할 수 있다. 시간은 엄청나게 커졌으며, 무한한 과거와 무한한 미래로 확장된 활동 여지에서 갈수록 빨리 진행되기 시작한다. 시간은 더 많은 시간과 더 적은 시간을 동시에 제공하여 선택 과정이 확장되고 압축될 수 있도록 한다. 그로써 진화와 행위를 시간 안으로 옮겨 구속사와 행위 역사들의 훨씬 더 좁게 개념화된 연관성을 대체할 수 있게 된다.

사회적 차원에서 해당되는 조건은 **상호 간의 자유 승인**을 낳는 발전에 있을 수 있다. 다른 사람은 타아로서 생각되고, 그로써 사실세계에서 독립 분화되며 모두가 그 자체로 자신에게서 깨닫게 되는 동일한 자기 준거(Selbstreferenz)와 선택의 자유를 가지는 것으로 생각된다. 특히 모두가 사회성을 이중의 우연성 형식에서 경험하고 바로 이 경험을 다른 사람에게 투사해 넣음을 의미한다. 친교를 위해, 그와 함께 윤리를 위해 중심적인 '또 다른 하나(allos autos)'라는 개념에 이것이 준비되어 있다. 그렇다. 그로써 원래 모든 것이 이미 언급되었다. 그러나 축적의 형식들과 이중우연성의 선택적인 통제의 형식들은 얼마나 많은 개별성이 사회질서를 가능하게 했으며, 얼마나 많은 사적인 것이 사회적으로 큰 결과를 가지는 결정에 있어서 사회질서를 허용했는지에 따라 바뀌어야 했다. 정치윤리에서 사회학 이론으로의 이전(과 이 변동에 맞서는 여전히 현실적인 저항)은 이 관점에서는 변화된 복잡성 상황에 뒤늦게 인지하는 것으로서 파악될 수 있을 것이다.

사회체계의 복잡성이 꾸준히 증대한다는 것을 (비현실적으로) 전제하면, 점증하는 선택성을 위한 의미론적 포획 장치는 개괄된 방향에서 꾸준히 변이한다는 것을 전제해야 할 것이다. 야만인들의 침략 사건을 겪은 후에나 — 그 자체로 큰 돌진인[32] — 과도한 설계들이 붕괴됨으로써 장애나 중단 사태가 일어남을 인정할 수 있을 것이다. 그러나 이론에서는 꾸준한 상승의 목적론이 기획을 맡고 있을 것이다. 그런데 복잡성이 증대하는 경우 사회체계의 주된 분화 형식에 따라 달라진다는 전제와 상충한다. 분화 형식들은 그 윤곽선이 뚜렷하지 못한데도 그리고 역사적인 진행의 모든 이행기에도 불구하고 필수 불가결한 중간 휴지를 둔다. 그래서 사실성, 시간성, 사회성으로 간주될 수 있고 실천될 수 있는 것과 관련하여 견고해진 기본의미론에 이르는 경우는 대개 분화 형식이 발전된 **이후**이며 이 분화 형식을 위해서이다. 그다음에는 실질적인 변화가 없는 상대적으로 긴 시기가 연계될 수 있으며, 그러한 변화들은 주어진 토대에서 언급될 수 있는 것을 발전시킬 뿐이다. 세계를 중앙으로 집중된 완전한 형식으로서 생각했던 옛 유럽적 전통은, 물론 완전히 사상적인 불임은 아니지만

32 *Lucan, Pharsalia* I, p.81.

미래를 근본적으로는 주어진 변이 가능성을 시험해 보는 것만으로 여겼고, 자연적이지만 부패했으며, 허용된 도덕성의 질서 잡힌 자기 준거와 혼란스런 자기 준거의 행동 규범을 가졌다. 이것들이 분화 형식을 포기하지 않은 채 도시에서 제국으로, 정치에서 종교로 확장할 수 있었던 귀족사회의 의미론적 결과물이다. 그에 따라 현실은 사물들의 현실이었고 그것들이 우발적으로 변이한 현실이었다. 시간은 연대기의 시간이었다. 사회성은 요구되는 행동의 자격을 부여해 주는 자질의 사회성이었다. 근대에 와서야 비로소 이 의미론에 균열이 나타났다. 처음에는 과거의 사고 수단이 강조되는 방식으로만 균열이 나타났다. 그래서 계층 개념에서 교육이 더 강조되었던 것이다.[33] 또는 그런데도 미래가 그렇게 완전히 불임으로 생각되지 않을 수도 있을 것이라는, 문화적 성취물의 체계적 축적 이론으로 이끌었던, 루이 르 로이(Louis Le Loy)의 짧은 논평이 있다.[34]

의미론적 기본 결정을 더 강하게 감안하는 방식은 **한계성**(Limitationaltät) 개념을 사용할 수 있었다. 그것은 작동들이 생산적일 수 있으며 영원성 이후 등의 빈 곳으로 나아가지 않도록, 그 자체로 생각할 수 있는 것에 경계(지평)가 주어져야 함을 뜻한다. 그러한 한계가 설득력을 가질 수 있었던 형식들은 사회의 분화 형식과 서로 상관관계에 있었고 이 연관 관계를 통해 설득성을 얻었다. 그래서 중세시대의 옛 유럽의 사회는 절대적으

33 개별적으로 말하면 Loyseau, Charles(1678), *Cinq livres du droit des offices, suivis du livre des seigneuries et de celui des ordres*, Paris에서 인용. 그 밖에도 Kelso, Ruth (1929), *The Doctrine of the English Gentleman in the Sixteenth Century*, Urbana : University of Illinois Press, pp.110 ff를 또 다른 힌트들과 함께 참조하라.

34 "불멸이 허용할 때까지 종말이 유보되어야 한다면, 자연이 모든 은총을 허용할 것이라고 생각해서는 안 된다[Ne pensons pas que nature (den Alten) ait ottroyé toutes ses graces, à fin de demeurer sterile à l'advenir]"[Le Roy, Louis(1575), *De la vicissitude ou variete des choses en l'univers*……, Paris : Chez Pierre l'Huilier, pp.113 ff].

로 동반된, 세계의 시간적 무한성이라는 사고 가능성에 맞서 **목적론**을 통해 시간 차원을 제한했다. 구 유럽사회는 마찬가지로 표현된 인간의 자연적 평등을 거스르며 **사회적 신분**을 통해 사회적 차원을 제한했다. 그것은 사실 차원을 사물의 본질이 그 자체로 생각될 수 있는 것과 성과가 잘못된 경우에 나타나는 부패나 혼합이나 괴물들에 반해 완성에 이르는 **속**(Gattungen)을 전제함으로써 제한했다. 이 모든 것은 16세기 후반부에 형식 확실성과 설득성을 상실하고 그후에는 기껏해야 설득성의 상실에 맞서 자신을 방어했을 뿐이다. 그렇지만 세 의미 차원이 위에서 개괄된 복잡성 요구에 빠져드는 한, 제한성의 전통적 입장은 지탱될 수 없게 된다. 가능한 것의 의미 경계들은 확장된다. 물론 기능체계들 내부에서의 자기 준거의 토대에서 그렇게 된다. 그것은 전체적으로 가능한 소통의 자유도를 높여 준다.

달리 형성되었을 사회가 사실적 · 시간적 · 사회적 관점에서 매우 높은 복잡성을 수용해야 했을 때, 과거를 되돌아보면서 비로소 제한들이 제한성의 **문제**와 **기능적으로 관련되어 있다는 것**을 알아챌 수 있었다. 그러니까 이 기능과 관련된 징후는 그것의 시대만을 추론의 근거로 삼아 해석해 낼 수는 없었다는 것이며, 기능적 분화의 방향으로 사회가 개조되는 것이 전체적인 기본의미론을 개혁하는 것을 통해 역사적인 의미를 얻게 된다. 현실과 시간과 사회적 관계를 위해 적절한 개념들을 정식화하는 것은 그러한 개조를 동반하는 이론으로부터 기대할 수는 없다. 그러한 정식화는 개조를 통해 만들어진 복잡성과 그것에 대처하는 방식이 경험적인 사실이 되었고, 현재 가능한 것과 현재 필요한 선택 이해를 아직도 버텨 내고 있는 틀의 조건들을 우리가 시험해 볼 수 있는 조건에서 최초로 가능해진다.

어쩌면 사람들은 1800년을 전후하여 프랑스혁명을 너무 빨리 근대사회의 기정사실로 생각했고 그렇게 하기 위해 정치 · 경제 이론을 제공했다. 그것이 성급했고 우리가 시민사회 이론 자체를 이행기의미론으로 보아야 한다면, 오늘날의 사정에 적절한 세 가지 의미 차원의 이해가 분석에 사용되기 위해 아직 대기 중인 것이다.

5.

기본의미론 개념은 사회구조적 변동과의 연관성에서 **무엇이** 바뀌었는가라는 질문을 한 단계 더 진척시켰다. 그러나 이 질문이 밝혀지는 한에서 구체적인 진행과 결과에 있어서 그러한 발전이 예측될 수 없다는 점이 동시에 인식된다. 따라서 그러한 발전이 **어떻게** 가능할 것인가 하는 질문에서 진화 이론적인 개념을 참조해야 한다. 왜냐하면 진화 이론은 정확하게 이 지점에서 필수적인 속성을 가지고 있기 때문이다. 진화 이론은 예측될 수 없는 것이 어떻게 생성되는가를 설명하려 시도하는 이론이다.

현재로서는 사회적 · 문화적 진화의 이론에서 충분히 입증되고 일반적으로 수용되어 참조할 수 있는 토대가 없다. 이 지점에서는 진화 이론이 단계별로 진행되는 특정할 수 있는 법칙에 따라 진행되는 보편사적 과정을 설명하려는 야심을 더 이상 가지고 있지 않다는 점을 전제해야 할 것이다.[35] 오히려 진화 이론이 개인의 차원에서 학습 이론과 비슷하게 (그러나 그보다 더 좁게) 구조 변경의 특정한 형식들을 다룬다는 것을 전제해야 할 것이다.

35 이 점에 관해 특히 Luhmann, Niklas(1978a), "Geschichte als Prozeß und die Theorie soziokultureller Evolution," in Karl-Georg Faber and Christian Meier eds., *Historische Prozesse*, München : Deutscher Taschenbuch-Verlag, pp.413~440 참조.

그에 따르면 구조 변경, 변이, 선택, 안정화의 기제가 분화됨으로써 가능할 때 진화를 통해 발생한다.[36] 그다음에는 진화는 얼마나 엄격하든 선택과 안정화가 변이들을 완전히 배제할 수 없다는 데에서 그것이 속행될 보장의 근거를 발견하고(전체적인 효과에서 과정이 작용한다는 인상을 만든다), 유기적 진화에 있어서 변이의 속행은 진화의 생화학적 토대의 복잡성을 통해 제한되어 있다. 이 복잡성은 안정화될 수 있는 재생산 실수(돌연변이)를 성립시키는 것이다. 사회적 · 문화적 진화에서 우리는 그 대응물을 체험과 행위의 의미포함성에서 발견한다. 의미포함성은 고정하는 모든 행동이 다른 것에 대한 지시를 그 내용으로 하고 있다는 것을 함의한다.

상대적으로 분명하며 제한적인 이 진화 개념에도 불구하고 전체 사회의 진화 이론이 단어사와 개념사, 이론 변경과 양식 변경, 교조 발전 등의 세부 사항까지 포착할 수 있다고 전제해서는 안 될 것이다. 적어도 현재로서는 그런 기대는 충족되기 어려운 것으로 보인다. 그러한 기대는 방금 개괄한 체계 분화 개념과도 상충한다. 우리가 전제로 삼을 수 있는 것은, 사회체계의 진화가 장기적인 관점에서 그리고 진화에 의해 체계구조들의 정상적인 구축과 파괴의 부산물로서 분화의 형식을 변이시키며, 그로써 자신 안에 더 높은 복잡성을 가진 환경들과 체계들을 구축해 넣을 수 있다는 것이다. 하지만 이 부분체계들이 어떻게 자신들의 사회 내적 환경에 반응하는가 하는 것은 그것으로 확정되지 않았다. 오직 다음 질문을 제기할 수 있을 뿐이다. **그것이 다시 구조들의 구축과 파괴의 진화 과정을 통해 규제될 것인가**?

36 Campbell, Donald T.(1969), "Variation and Selective Retention in Socio-Cultural Evolution," *General Systems* 14, pp.69~85 ; Weick, Karl E.(1969a), *The Social Psychology of Organizing*, Reading Mass. : Addison-Wesley ; LeVine, Robert Alan (1973), *Culture, Behavior, and Personality*, Chicago : Aldine Pub.Co., pp.101 ff 참조.

진화하는 체계들 안에서 그러한 진화를 추적하는 것은 분석과 언어와 관련해 까다로운 요구를 제기한다. 우리는 복수의 체계 준거, 말하자면 복수의 체계/환경 분화를 동시에 보고 있어야 한다. 우리는 전체 사회적인 체계의 층위에서 변이와 선택과 안정을 위한 진화 기제의 분화를, 사회 내부의 진화의 영역에서 발생하는 기제의 분화와 구별해야 한다. 그 밖에도 우리는 구별만을 다루어서는 안 되며, 전체 사회의 진화가 내적 진화를 가능하게 하고, 조건 짓고, 강요하는지의 여부와 그 방식에 관한 질문을 탐구해야 한다. 우리는 예컨대 내적 진화의 개별 기제가 사전에 고정되어 있는지, 가령 안정화 조건을 사전에 규정하는지 또는 그것이 하나의 내적 복잡성 압력만을 만들어 내서 내적 체계들이 형성될 때, 그 압력이 그 체계의 환경으로서 자유롭게 부유하는 진화를 가능하게 하는지의 질문을 추적해야 한다. 마지막으로 우리는 그러한 질문들에 대한 대답이 그 자체가 진화와 무관하게 주어질 수 없다는 것과 그것이 특히 어떤 분화 형식이 전체 사회의 진화에서 만들어졌는지에 달려 있다는 것을 감안해야 한다.

그러나 우리는 그러한 이론의 얽힘을 감안하고 다루어 낼 수 있어야 한다. 사회구조와 의미론적 전통의 진화상 변경들을 동시에 그리고 서로 관련된 가운데 추적하는 목표를 좇으려 한다면 말이다. 다른 방식으로는 성공할 수 없다. 일반적인 이론틀에 달리 수용된 부분과 관련해서도, 역사적이며 경험적인 세부 사항과 관련해서도 마찬가지이다. 다른 한편 분석적으로 생각할 수 있는 모든 변항을 완전하게 조합해 보고 이론적이며 경험적으로 대안을 완전하게 비교하는 것은 거의 불가능하다. 이 상황에서는 이론의 전통을 일단은 현실의 가능한 해석의 방향으로 농축시키고 이 개념을 시험해 보는 것을 추천할 수 있다. 그것이 입증되지 않는다면, 아직 그것으로 '진화 이론'이 반박된 것은 아니다. 그러나 그 경우에는 분석 자원을 다시 해체하여 다른 방식으로 투입해 보아야 할 것이다.

이 작업을 위해 필요한 단순화는 다음의 명제를 통해 도입될 수 있을 것이다.

① 일반적인 사회 진화에서 안정화 기능은 사회체계의 분화를 통해 채워진다. 사회체계의 분화는 특별한 체계들과 특별한 환경들의 범위 안에서 진화상 성취물을 유지하고 재생산할 수 있도록 해준다.
② 이 기능은 주된 체계 분화 형식의 변경을 통해 '두드러질' 수 있지만, 흔하게 일어나는 일은 아니며, 그 자체가 진화상 우연적이다. 그로써 사회체계의 외부 환경과 내부 환경의 복잡성이 증대되고 그것을 통해 비개연적인 진화상 성취물이 형성되고 유지되기 위한 전제 조건이 만들어진다.
③ 이 진화상 성취물 가운데 하나는, 사회체계의 외부 환경뿐 아니라 내부 환경에도 의존하는 추가적인 진화상 변경이 사회 내부에서 나타날 수 있다는 것이다. 그러니까 그러한 내적 진화들은 사회적으로 조건지어져 있지만, 진화 형식에서의 구조 변경으로서 사회적으로 계획되거나 조종되지는 않는다. 그러한 내적 진화는 그것의 미미한 효과로 인해, 그러나 또한 변이 · 선택 · 안정화의 기능이 다른 기제를 통해 수행되며 그 기제의 분리가 다른 문제를 만들어 냄을 통해서도 전체 사회의 진화와 구별된다.
④ 내적 진화는 의미론(이념 진화)의 변화일 수도 있고 부분체계의 진화일 수도 있다. 첫 번째 경우에는 사회의 의미론의 기능을 채워 주는 사상의 재료가 변한다. 두 번째 경우에는 사회적인 구조가 변하며, 그것에 의존하는 한 사회체계의 부분체계의 사상적 재료가 변한다.
⑤ 주된 사회분화 형식과 내적 진화의 가능성 사이에는 여러 관계가

존재한다. 그것을 위해서는 (완전히 열린 지식 상황에서 제기되는 모든 유보를 고려한 채) 다음의 가설들이 정식화될 수 있다.

a) 분절적 사회에서는 사회 내적으로 인구학적 진화의 효과가 있기는 하지만 차별적인 사회적·문화적 진화는 없다. 즉 개별 가족, 씨족 등의 상이한 사회구조나 문화의 발전을 위한 단서, 가령 '하위문화'와 같은 것이 없다.

b) 층화된 사회에서는 상위 계층이나 더 정확하게 말하면 문자를 사용하는 계층에 의존한 채 고유한 이념 진화가 시작한다. 이념 진화의 규모와 속도는 매우 근본적으로 문자체계와 그것의 (의미론적이며 체계에 어울리는) 범위에 달려 있다.

c) 기능적으로 분화된 사회에서는 개별 기능체계의 내적 분화도 있으며 그것은 근본적이다.[37] 기능체계의 내적 분화는 이미 층화된 사

37 이 질문을 추적하는 연구들은 몇몇 기능체계에 관해 연구를 처음으로 시작했고 모든 경우 초기 단계에 있다. **법체계**에 대해서는 Cairns, Huntington(1941), *The Theory of Legal Science*, Chapel Hill : University of North Carolina Press, pp.29 ff ; Luhmann, Niklas(1970), "Evolution des Rechts," in *Rechtstheorie* I, pp.3~22. **학문체계**에 대해서는 Caws, Peter(1969), "The Structure of Discovery : Scientific Discovery Is No Less Logical Than Deduction," *Science* 166, pp.1375~1380 ; Blachowicz, James A.(1971), "Systems Theory and Evolutionary Models of the Development of Science," *Philosophy of Science* 38(2), pp.178~199 ; Toulmin, Stephen(1972), *Human Understanding* I, Oxford : Clarendon Press. 그 외에도 Cohen, Jonanthan(1973), "Is the Progress of Science Evolutionary?," *British Journal of Philosophy of Science* 24, pp.41~61 ; Campbell, Donald T.(1974), "Unjustified Variation and Selective Retention in Scientifica Discovery," in Francisco José Ayala and Theodosius Dobzhansky eds., *Studies in the Philosophy of Biology : Reduction and Related Problems*, London : Macmillan, pp.139~161 참조(여기에서는 전체적으로 변이 기제에 국한하여 논의한다). **경제체계**에 대해서는 Alchain, Armen A.(1950), "Uncertainty, Evolution, and Economic Theory," *Journal of Political Economy* 58, pp.211~221 ; Sprengler, Joseph(1965), "Social Evolution and the Theory of Economic Development," in Herbert R. Barringer, George I. Blanksten and Raymond W. Mack eds., *Social Change in Developing Areas :*

회에서 특정한 기능체계(예컨대 종교체계)가 뚜렷하게 독립 분화할 때 시작된다. 그것은 추정하건대 모든 기능체계에 있어 적합한 것은 아니다. (그러나 그것은 우리 사회에서 역사적인 원인을 가지고 있을지도 모른다.) 그렇다면 기능체계에서 형성되는 의미론적 구조와 무관한 고유한 이념 진화는 더 이상 가능하지 않다. 충분한 부분체계 구조적인 토대가 없으며 기능적인 특정화도 없는 의미론은 단순한 형식 사용에 의존한다.[38]

여기에서 개괄된 이론적 접근의 범위에서 우리는 이 지점의 주제에 맞게 다시 부분적인 질문만을 추적할 수 있다. 특별히 의미론적 복합체에 몰두하는 개별 연구를 위해서는 기본 질문이 하나 선취해서 해결되어야 한다. 그 질문은 우리가 스스로 진화하는 사회체계 내부에서 독립적인 이념 진화를 말할 수 있으며, 어떤 구조적 조건에서 그렇게 할 수 있는가 하는 것이다. 그래서 다음에 이어지는 여러 장에서 사례 연구의 방식으로 특별한 주제 복합체에 전념하기 전에, 이념 진화가 가능할 조건에 관해 몇 가지 논평이 필요하다.

A Rcinterpretation of Evolutionary Theory, Cambridge Mass. : Schenkman Pub. Co., pp.243~272 ; Riese, Hajo(1972), "Schritte zu einer ökonomischen Theorie der Evolution," in Bernhard Gahlen and Alfred E. Ott eds., *Probleme der Wachstums-theorie*, Tübingen : Mohr, pp.380~434 ; Nelson, Richard R. and Sidney G. Winter (1973), "Toward an Evolutionary Theory of Economic Capabilities," *American Economic Review* 62, pp.440~449 참조.

38 어쩌면 예술에서도 읽을 수 있는 것처럼, 그것 역시 철학에서 전통이 풍부하다면 일정한 시간 동안 변이의 가능성을 제공할 수 있을 것이다.

6.

모든 진화처럼 이념 진화 또한 진화하는 연관성을 전제한다. 상호 의존과 독립의 토대가 되는 경험적인 몸체 말이다. 이 경우에는 특별히 다듬어진 의미론의 의미연관성이다. 그것은 항상 제각기 현재화되었으며 현재화된 의미의 지시지평에 놓여 있는 의미로서 파악된다.[39] 이 연관성은 진화가 자신에 대한 성찰이 되면, **바뀌는 것**으로서 주제화되고, 그와 함께 **변화하는 가운데 지속성을 보장하는 것**으로서 주제화된다. (그러나 모든 성찰에서 이 주제화 역시 **선택적으로** 발생하는 것처럼, 주제화는 실제로 발생하는 모든 것을 파악하지 않는다. 그것은 변경/유지 내지는 불연속/연속의 이원성에 힘입어 도식화한다.)

그 밖에도 진화는 이 진화하는 몸체에서 바뀐 구조들의 변이 · 선택 · 안정화의 기능이 분리될 때에만, 즉 상이한 기제에 전담될 때에만 가능해진다. 그리고 변이의 계기를 충분히 개연성 있게 만드는 매우 복잡한 환경이 필요하다. 또한 진화의 고등 형식에서는 진화 능력의 외적 조건과 비교했을 때 진화 능력의 내적 조건이 더 중요하다는 것을 추측할 수 있다. 그것은 이미 일반적으로 유기체 진화에서 사회적 · 문화적 진화의 관계에 대해 일반적으로 유효할 수 있으며, 사회 진화를 토대로 구축되는 사회 내부의 진화에 있어 더욱 뚜렷하게 타당할 수 있다.[40] 특히 진화하는 체계의 수가 줄어들 때 진화가 전적으로 가능하며, 그렇게 유지되려 한다면 환경에 의존하기보다 체계에 의존해 진화가 보장되어야 한다는 데에서 만들어진다.

39 앞 pp.331~332 참조. 언어의 진화에 관한 이론들도 비슷한 전제들을 가진다. 예컨대 Brosnahan, L. F.(1961), "Language and Evolution," *Lingua* 9, pp.225~236 참조.

40 또한 Aldrich, Howard E. and Jeffrey Pfeffer(1976), "Environments of Organizations," *Annual Review of Sociology* 2, pp.79~105, 특히 p.87.

이념 진화의 경우에는 중요한 사회적 환경이 사회체계를 통해 여과되는 것도, 사상적 재료의 특정한 속성도 처음에는 매우 비개연적인 구조 변동 양식이 개연성 있게 되는 조건에 속하는 것으로 보인다.

(이름을 들어 말하면 과학적인 진화 이론에서[41]) 주도적인 견해와는 달리, 우리는 선택 기제보다 변이 기제가 더욱더 외생적인 조건에 기초해야 한다고 전제한다. 의미론은 변이에 대한 외적 계기를 스스로 유발할 수 없다면, 너무 오래 기다려야 할 것이다.[42] 그리고 실제로는 **생각으로 그리고 문서로 고정된 사상적 재료**의 형식으로 바꾸려는 자극이 존재한다. 묘사를 경청할 때 이미 활동을 대부분 흡수하는, 말해진 의미나 언어로 재생산된 의미에서와는 달리, 문서로 쓰인 재료에 대해서는 그것을 거리를 두고 판단하라는 바로 그 요구를 가지고 대응이 이루어진다. 그 밖에도 어쩌면 끊임없이 더 조건이 까다로운 진화의 상황에서와 마찬가지로 변이를 가속화하는, 즉 충분히 빈번한 동시에 구조에 적응된 변이의 발생을 보장하는 추가 기제가 하나 있다.[43] 우리는 이것이 **인지적인 불일치와 문제들**, 주로 **해결될 수 없는 문제들**, 즉 전승된 사상재에 있는 것으로 본다. 그 경험은 그 밖에도 안정화, 실천적인 지식이나 이론적인 지식의 체계화와 더 추상적인 요약을 위한 이러한 노력들이 문제 제기를 생성시킴을 보여 준다. 따라서 안정화는 진화의 맥락에서 보면, 중단과 부정으로서가 아니라 변이 계기의 안정화로서 작용한다. 이념 진화가 결정적으로 보장되는 순간은 개연성과 속도에 도달하며, 지식이 일반적으로 문제 제기 덕택에 체계화되고 결속될 수 있다

41 주 37의 문헌들을 참조.

42 이것을 위해서는 Toulmin, Stephen(1972), 앞의 책, pp.337 ff의 '짝지어진 진화(coupled evolution)' 개념을 참조.

43 유기체 진화의 영역에서 변이는 돌연변이 **그리고** 양성에 의한 재생산의 필연성에 힘입은 발생적 재조합이라는 이중 기제에 근거하는 것으로 알려져 있다.

는 데에 있다. 의미론적 구성 요소는 중개 작동을 통해서만 다른 것을 지탱하고 함께 운반하는 능력을 가질 수 있으며, 이 중개 작동은 동시에 변이 과정을 함께 조종한다.[44] 변이는 단어의 본체가 바뀌는 것이나 새로운 조합에 근거할 수 있다. 그러나 또한 오해나 계획에 따른 오용, 즉 옛 개념에 새로운 의미를 채워 넣는 것에 근거할 수도 있다. 다듬어진 의미론이라는 것이 있다면, 그것은 이른바 통상적인 작업에 속한다. 변이는 끊임없이 이탈을 생산하고 의미론적 전통의 새로운 변항을 끊임없이 생산하는데, 대부분 성과는 없다. 개인이 이미 떠올린 생각을 소통에서 말하고 있지 않든, 소통의 효과가 전문가나 관심을 표명한 사람의 사회적 공동체에서 나타나고 있지 않든 상관없이 말이다. 그래서 의미론적 혁신의 영향사가 최초로 나타난 후 그것이 작용하기 시작할 때까지 매우 긴 시간이 걸린 것은 놀라운 일이 아니다.[45] 선택은 이 상황에서는 변이의 결과로서 설명될 수 없다. 선택은 변이의 단순한 발생을 의미론의 경력으로 옮기는 다른 종류의 추가 요인으로 소급된다.

이제 변이의 솟아나는 다양성과 관련해 선택을 유발하는 것이 무엇인가 하는 질문을 통해 하나의 중요한 분석 지점에 이른다. 그 질문은 독립 분화된 기능체계가 이념 진화의 운반자로서 기능하는지 아닌지에 따라서 달리 대답되어야 한다. 말하자면 이념 진화가 특별한 기능체계의 구조적인 진화의 순간인지, 아니면 자유롭게, 즉 중요한 지식을 장려하고 전승하는 상황과

44 그것으로부터 지식 복합체 내지는 전문 과학들이 독립 분화될 때, 문제 제기의 의미 내용들을 위한 귀결이 만들어진다. 이 점은 이 책의 제2권에서 "사회질서는 어떻게 가능한가?"의 연구에서 보기를 가지고 논의하겠다.

45 보기들은 다음과 같다. "Politische Ökonomie" 1615, "perfectibilitis. Perfektibilität" 1612 〔Koselleck, Reinhard(1975), "Fortschritt," in Otto Brunner, Werner Conze and Reinhart Koselleck eds., *Geschichtliche Grundbegriffe* 2, Stuttgart : Klett-Cotta, pp.351~423, p.375 참조〕. 두 경우에 효과의 역사는 18세기 후반에 시작된다.

역할에만 묶인 채 진행하는지에 따라서 달리 대답되어야 하는 것이다.

체계 이론적 전제에서 이끌어 낼 수 있는 것은, 작은 규모의 체계 내적 독립 분화는 사회에서 발생하는 진화를 **사회 내부의 환경**에 더 강하게 묶는 반면, 기능적 독립 분화는 선택을 **고유한 기준들**에 묶을 기회를 기능체계에 부여한다는 것이다. 여기에서 고유한 기준들이란 고유한 도식주의와 그것을 위해 마련된 프로그램을 뜻한다. 예컨대 옳은/틀린의 이항 도식과 이론, 정당한/부당한의 도식과 법칙, 아름다운/추한의 도식과 양식에 묶을 기회를 생각할 수 있을 것이다.[46] 그것이 옳다면 원칙적으로 기능적으로 분화된 사회질서로의 이행은 특별히 그것의 선택 양식 안에 있는 이념 진화를 관련지으며 보편 사회적인 이해 가능성의 요구와 진리, 철학, 학식처럼 그것들에 귀속된 형식으로부터 이전보다 더욱 강하게 분리시킬 것이다.

틀림없이 과도기는 매우 길다. 그것은 근대가 시작하기 전에 가령 법을 운영하는 데에서나 수도원에서 오래전에 시작되고, 일종의 지적인 준비로서 실행된 '전(前) 적응적 진전'으로서 이후의 일반화와 변환을 용이하게 해주는 기능 특정적인 용어학을 여기에서 생산한다. 기능 특정적인 순화가 바로 이 두 영역에서 매우 일찍, 즉 16세기에 벌써 나타나기 시작한 것은 우연한 일이 아니다. 다른 한편 사회과학들에서는 비교(秘敎)에 대한 분과 특정적인 권리가 오늘날까지 논란이 되고 있다. 그러나 전체적으로는 선택 기준이 기능체계에서 특정화되고 내부로부터 생성되는 경향이 있다. 이때 기능체계는 상호 간에 대해 환경이 되며, 그 결과 조정되지 않은 채 진화한다.

46 학문체계 안에서 이 차이는 개별 분과들이 학문체계의 부분체계로서 독립 분화되는 과정에 반복된다. 이 특별한 경우는 제2권에서 계획된 연구인 "Theorie Substitution in der Pädagogik : Von der Philanthrophie zum Neuhumanismus"의 목표가 될 것이다.

사회 내부 환경이 이념 진화의 선택에 영향을 미치는 방식은 **설득성**과 **명증성** 개념을 가지고 파악되어야 할 것이다.[47] 의미론의 확정이 설득성이 있을 때는 의미론이 또 다른 논증 없이도 이해가 되며 그 의미론이 다른 사람에게도 명백할 것이라고 기대할 수 있는 경우이다. 명증성은 설득성이 강화된 것이다. 명증성은 대안을 배제하는 것도 분명할 때에 주어져 있다.[48] 설득성과 명증성을 위한 사회적 맥락이 더 세밀하게 특정되지 않는 한(말하자면 독립 분화되지 않는 한), 이 경험의 내용은 전체 사회적인 연관을 암시한다. 이 경험 내용은 다듬어진 의미론의 운반 토대로서 기능한다. 그렇지만 동시에 유예에 민감하기도 하다. 경험 내용은 변이들이 제안될 **경우에** 선택적으로 작용한다. 그러나 그것은 사회의 환경이 바뀌면 변이에 굴복한다. 이념 진화가 설득성과 명증성에 의존하는 한 그것은 그 선택 기능에 있어서 독립적이지 않고, 그 대신 결과의 사회적 중요성에 있어서 더 강하게 보장되어 있기도 하다. 기능 특정적인 부분체계의 점증하는 독립 분화 역시 틀림없이 사회의 소통의 설득성의 압력에서 완전히 벗어날 수는 없다. 그러나 부분체계들의 독립 분화는 더욱 뚜렷하게 그것의 이념 진화를 환경과 무관하게 조종할 수 있으며, 이때 이념 진화는 시점들과

47 Child, Arthur(1947), "The Problem of Truth in the Sociology of Knowledge," *Ethics* 58(1), pp.18~34는 여기에서 '사회적인 실현 가능성(social feasibility)'이라는 말을 한다. 그러나 이것은 역사적으로 가능한 것을 완전히 사용하지는 않는다. 공통의 객관적인 진리의 문제는 '사회적인 실현 가능성을 역사적인 가능성을 갖고 초월함의 문제'라는 것이다. 이 두 가능성 프레임의 차이의 이론적 토대는 차일드(Arthur Child)에게 충분히 분명하게 드러나지 않는다. 우리는 그것을 체계 준거와 진화의 상응하는 구별을 가지고 정치화하려 시도할 것이다.

48 역사적 의미론에서의 이 차이 자체를 주제화한 것으로서 예컨대 Descartes, René, *Les Principes de la Philosophie, §§ 205, 206*〔Bridoux, André(1953), *Œuvres et lettres*, Bibliothèque de la Pléiade 40, Paris : Gallimard, pp.668~669〕의 도덕적 확실성(certitude morale) / 도덕적 확실성 이상(certitude plus que morale)의 구별을 참조. 그 구별은 17세기 과학 이론에 중요한 영향을 미쳤다.

사실적인 내용들과 관련된다. 그리고 부분체계의 독립 분화는 내적 사실 상황이 혁신을 선택하는 것을 찬성할 때 소위 명증성과 설득성을 위해 환경을 샅샅이 뒤질 수 있다.

변이와 선택의 기능과 마찬가지로 안정화의 기능도 그것이 사회체계의 내부에서 의미론적 전통의 독립적인 진화에 이르러야 한다면, 특별히 충족되어 있어야 한다. 의미론적 전통의 영역에서 안정화 기능은 지식의 **체계화**와 **교조화**를 통해 충족된다. 발생하는 형식과 유형은 보다 추상적인 규칙으로 옮겨지고, 그 규칙은 단순화하여 학습되고 전승되며 큰 사례들의 집합으로 정돈될 수 있다. 기관(institution)은 그것을 담당하는 로마제국의 개념이다. 그것은 의미론적 질서와 학설의 연관성을 표현한다. 그렇다면 안정성은 보편적인 것에서 특수한 것으로의 진행에서 도달될 수 있는 모든 것을 위해 보장된다. 분류법은 결국에는 어떤 사실 영역의 모든 문제를 가능한 한 완전하게 파악(하거나 대안적으로 배제)하려는 노력을 가능하게 하며, 동시에 통제될 수 없는 장애의 원천을 배제할 수 있도록 해준다.[49] 그 적절한 보기는 로마법이 1세기 이래 그리고 그후 16세기 이래 새로이 확보한 전승 능력이다. 이러한 안정화의 형식은 그후 그 자체가 변이와 선택의 도입 가능성을 정의한다. 안정화 형식은 의미론적 재료를 안정적이면서도 자기 비판적인 대중으로 만든다. 대중은 지속적인 운동 가운데에서, 그러나 동시에 혁신을 위한 모든 연계를 자신 안에서 모색하며, 말하자면 무효화되지 않고 발전될 수 있을 뿐이다.[50]

이 전세들이 대략 들어맞는다면, 이념 진화는 사회 진화와의 관계에서

49 이에 대해서는 Barber, Bernard(1975), 앞의 논문, pp.103~116, pp.111~112에서 소개된 이념체계 진화의 세 가지 경향인 추상성, 체계화, 포괄성을 참조.

50 이에 대해서는 Nörr, Dieter(1974), *Rechtskritik in der römishcen Antike*, München : Verlag der Bayerischen Akademie der Wissenschaften이 유익하다.

특히 안정화 양식을 통해 일정한 자율을 획득한다. 우발적인 변이는 존재하는 구조들에 나타나더라도, 의미론적으로 조종될 수 없으며 체계와 사전에 조정될 수 없는 계기들에 의존하는 상태로 남는다. (다른 어떤 것도 여기에서 '우발'을 뜻하지 않는다.) 선택은 설득성에 의존하는데, 설득성은 일반적인 사회의 교통에서 발생하며 그것을 지탱한다. 그와는 달리 진화상 구축의 결과물들, 우리가 의미론적 전통이라고 명명하는 것은 자신의 직접적인 상관물을 그 전통 자신 밖에 가지고 있지 않다. 결과물은 그것의 안정성을 스스로 보장한다. 그것의 자기 경험의 양식은 자명성의 양식이거나 교조화의 양식이다. 결과물은 자신의 교조성을 가지고 자신이 모든 변경 가능성의 조건이라고 주장하며, 진화 기제의 맥락에서 바로 그 안정화 기능의 입장을 성찰한다. 말하자면 가능한 변이와 선택의 전승 가능성과 조건을 동시에 보장할 수 있는 기능의 입장을 성찰한다.

따라서 교조는 이념 진화를 위한 성찰의 형식이다. 그것은 교조가 자신이 가능하도록 완성을 파악하고 정초하는 형식이다. 그리고 그것은 교조가 자신이 독립적이라고 알고 있는 형식이다. 이것을 전제한다면 18세기 모든 교조적인 것의 위기는 징조를 나타내는 가치를 얻는다. 그 위기는 이념 진화 가능성의 사회구조적 조건에서의 변화를 암시한다. 우리의 사회 이론적 출발점에서 생각하면 기능적 분화로의 전환이 결정적인 촉발자였다고 추측할 가능성이 떠오른다. 안정화 기능은 이제 전체 사회의 진화와 어울리는 가운데 전체 사회의 진화의 분화 형식, 즉 기능적 분화로 넘어간다. 그리고 사회 내적 진화에서는 기능체계들 자체로 넘어간다. 동시에 시제의 구조들과 발전 속도에 대한 요구들이 바뀐다. 교조를 통해 중개된 이념 진화는 현대사회에 있어서 충분히 빠르게 이루어지지 않는다. 그것으로 전승된 의미론이 사회적 · 문화적 진화에 미치는 모든 기여는 결코 배제되지 않는다. 그러나 우리는 이제 서로 간에 진화가 더 이상 조정될 수 없는,

각자 특별한 기능체계의 맥락에서 그러한 기여를 찾아야 한다. 기능체계들은 이제 쿤(Thomas Kuhn)의 과학혁명 분석이 보여 주듯이, 자신들의 선택 방식에서 보다 뚜렷하게 사회와 무관하다. 그럼으로써 기능체계들은 전통사회에서 가능했던 방식으로 결과를 보장할 수 없게 된다.

이념 진화의 재료를 체계 특정적인 지식의 진화로 넘기는 것은 그 자체로 점점 더 복잡해지도록 조건화된 과정이다. 순수하게 분석적으로 다음의 측면을 구별할 수 있다.

① 의미론적 발전의 관련 문제는 **인식 기능**에 더 첨예하게 맞추어져 있다. 즉 그것은 객체와 주체의 구별과 관계화의 도움으로 **기능적으로 특정화되어** 있다. 객체의(인간 이전에 놓여 있는 것) 근저를 이루는 것(주체)은 근대적인 의미에서 '주체화된다'. 즉 인식하는 의식으로서 안정화된다. 인식은 그다음에는 '유일하게' 의식(주체)과 대상(객체) 사이의 관계에 대해 관계가 있다.

② 기능적 특정화를 위한 전제 조건을 개조하는 데에서 **체계 성취물로서만 가능할 수 있는** 다음과 같은 성과들이 발전될 수 있다. 즉

a) **주체**의 편에서, 그 성과는 경험 처리의 **심리적 맥락과 사회적 맥락이** 포괄적으로 **중립화**되는 것이다. 이 중립화는 단순히 방어나 제거가 아니다. 그것은 **다른 의존성을 대체함**을 통해서만 가능하다. 그것은 학문체계 특정적인 새로운 민감성으로 중개된다. 주체들은 그에 걸맞게 의미론적이며 사회적인 특별 조건을 가지고 학문적 작업으로 요구를 지향한다. 그리고 주체들은 특별히 이 조건의 배경에서 개별성을 위한 특별한 기회를 가지고 있다.

b) **객체**의 편에서, 체계 형성은 (그리고 유일하게 체계 형성이) **이항적 도식주의를 대체함으로써 현상학적 진리를 무효화**할 수 있다. 우리는

더 이상 주어진 것을 전제할 수 없다. 이 확실성의 자리에 그 반대의 불가능성의 확실성이 들어선다.[51]

③ 그러한 작동 조건의 체계 독립 분화는 전체의 의미론적 전통을 과학화(szientifizieren)할 수 없다. 이미 해석된 세계는 그 전통에서는 **환경**이며, 그에 대해 학문체계 안에서 비판적이며 선택적으로 행동해야 한다. 그러한 환경이 없다면 학문은 불가능할 것이다. 그러나 학문은 옳은 것과 틀린 것을 이미 존재하는 것의 영역에서 골라내기만 하는 것은 아니다. 오히려 학문의 선택 원칙은 체계들과 환경들을 선택적으로 연결한다는 점에서 인식이 된다. 그러니까 인식은 체계 내적 원리에서 자신의 기능을 문제로서 주제화한다. 이때 그 문제는 오직 외적 조건들과 내적 조건들의 관계로서 다룰 때에만 해결될 수 있는 문제이다. 그리고 인식은 오직 이 의미에서 (그리고 의식 안에서 세계의 순수한 내적 구성으로서가 아니라) 새로운 체계의 자기 조직이다. 인식은 결국 체계들과 환경들을 서로 연관짓는 관계들을 관계화하는 것이라는 것이다.

이 세 순간은 서로 관련된 가운데 이념 진화에서 학문 진화로의 이행이 역사적으로 보면, 축소시키는 작용과 상승시키는 작용도 했다는 것을 이해할 수 있도록 해준다. 그 이행기는 이념 진화가 계속 진행한다는 것을

51 아마 최초로 파스칼(Blaise Pascal)이 이것을 인간 존재의 유일한 질서 차원으로의 후퇴로서 파악했다. *De l'esprit géométrique*에서 "인간이 진리에 대한 지휘권을 가지고 있다고 생각하는 것은 자연적인 질병이다. ……그 대신 그는 실제로 그것이 거짓말이라는 것을 물론 안다. 그리고 그는 다른 방식으로 그에게 필연적으로 나타나는 것들을 진실된 것으로 생각해야 한다"[Chevalier, Jacques ed.(1950), *Œuvres complètes*, Bibliothèque de la Pléiade 34, Paris : Gallimard, p.369]. 오늘날 우리는 더욱 분명하게 학문의 작동적인 주도 원칙으로서 '반증 가능성'이라는 말을 할 수 있다. 그리고 이때 위트의 질서가 마음의 질서와 자선의 질서일 수 없고 **그리고 그것을 알아야 한다는** 데에서 파스칼에게 만들어진 성찰의 요구들을 계속 추적하지 않는다.

배제하지 않는다. 그러나 그것이 다듬어진 의미론을 혼자 사용할 권한이 있다고 인정하지 않고 의미론의 설득성의 토대를 변경시키는데, 이때 그러한 도태를 의미 내용이 채워진 것으로 대체하지 못한다. 학문의 단순화는 치명적인 방식으로 선택되어, 그러한 단순화는 지식을 증대시킬 수 있게 되었다.

7.

고대문화의 다듬어진 의미론은 아주 옛날에 '지혜'[52]로서, 문자 사용이 확산되고 양이 증대된 후에도 여전히 지식으로서 파악되었다. 그 성취물은 소통의 실행이나 공동 실행을 해체하는 데에 있었다. 그것은 알고 있는 것을 검토하며 확인할 수 있는 거리에 있었고, 우리가 말하는 대상이 되는 것을 객관화하는 데에 있었다. 이 범위 안에 권위의 차이와 역할과 제도의 특별한 능력, 더 나아가 지식의 자질의 차이, 예컨대 '확실한 지식'과 '의견 지식'의 차이 또는 지식과 신앙의 구별이 구축될 수 있었다. 하지만 이때 기본구조는 지식과 대상의 단순한 관계구조의 수준을 넘지 못했다. 그것은 제식과 신화 이야기의 관계에서 진보가 되었다. 사람들은 그것을 포기할 수 없었고 전적으로 표현하기만 할 뿐이었다. 그에 맞추어 이러한 세계 지식의 세계는 사실의 세계, 하나의 수집기관(congregation corporum)에 머물렀다. 그것의 경계와 내부 비밀과 마찬가지로 지식과 오류의 불충분성의 이유는 종교적으로 확인되었다.

52 Université de Strasbourg(1963), *Les sagesses du Proche-Orient ancien : Colloque de Strasbourg 17-19, Mai 1962*, Paris : Presses universitaires de French 참조.

세계라는 이러한 사실 총체의 통일성은 **의존성들**로 중개되었다. 그것은 사회적 생활로부터 투사되어 나온 것이었다. 의존성들은 그 자체가 하나의 원인, 하나의 창조자와 관련될 수 있었지만 달리 표현될 수도 있었다. 가령 쌍방 간에 조절되는 대립이 모든 안정의 의존성으로서 표현될 수 있었다.[53] 의존성이라는 통일성 형식에서는 결국 모든 것이 우연적인 것으로 파악될 수 있었다. 그러나 그것으로 통일성이 필연적이라는 것이 의문시되지는 않았다. 그 반대였다. 우연적인 것에서 필연적인 것이 추론되었고, 복잡한 것에서 통일성이 추론되었다.

이 형식은 기능적 사회분화로 이행함으로써 자신의 자명성, 자신의 최종적인 타당성을 상실하기에 이른다. 행위의 동기들 다음에 지식의 동기들이 의심받게 된다. 의심은 언제나 있었겠지만 변이에 불과했을 것이다. 그러나 종교와 정치의 분화가 증대하면서 그리고 특히 이미 교조화된 종교체계의 신앙고백들이 내부 분화하면서 이제는 지식을 재확정하는 기관이 없다. 층화된 사회구조에서 그러한 기관은 최상위 계층에 있을 수 있었다. 하지만 그 계층의 소통체계는 상호작용에 의존한 채, 재통합이라는 제기되는 문제를 더 이상 해결할 수 없게 되었다. 이 상호작용의 토대는 17세기의 '종교적 · 도덕적 · 정치적' 문헌에서 그 자체가 문제가 되었다.[54] 결국에는 제각기 특별한 기능체계만이 충분한 안전을 만들어 낼 수 있었다. 가령 제도권 교회의 기능 종교를 통해서, 법률회사에서 법이 작동한다는 전제를

53 이것을 위한 보기들로서 Le Roy, Louis(1575), 앞의 책 ; Bruno, Giordano(1584), *Spaccio de la bestia trionfante*, Lanciano ; Paris(인용은 Mailand 1868년판) ; Norden, John (1600), *Vicissitude Rerum*, London : Stafford 참조.

54 「상위 계층에서의 상호작용 : 17세기와 18세기의 그 의미론의 변환에 관해」의 연구를 참조. Luhmann, Niklas(1980), *Gesellschaftsstruktur und Semantik : Studien zur Wissenssoziologie der modernen Gesellschaft* 1, Frankfurt am Main : Suhrkamp, pp.72 ff.

보장하는 것 자체를 통해서 또는 인식과 대상의 관계와 관련된 가운데 지식을 얻고 그로써 학문을 정초하려는 특수한 인식이론적 성찰을 통해서 말이다.

진지하게 의도된 중요한 의미론을 기능체계들과 그것들의 체계 지향(기능, 성찰, 성과)으로 이전하는 것은 전승된 의미론적 자료에서 나타나는 의미 이동과는 완전히 별도의 다양한 방향으로 결과가 작용하도록 한다. 특히 다듬어진 의미론은 세계와 관련된 지식이라는 생각은 붕괴된다. 규범적이고 가치에 적합하며 미학적인 판단들이 (상호 주관적인 동의의 기대를 가지는) 그때에도 지식으로서 인정되는 것에 맞서 독립된다. 근저에 놓인 비판적 관심을 이성에 하나 더 전제하려는 바로 칸트의 시도의 거리 둠에서 다른 방향을 추구하는 경향을 읽어 낼 수 있다. 가치 개념은 그것과의 연관성에서 자신의 의미론적 경력을 시작하고 19세기에 경제 영역에서 도덕, 미학, 문학, 종교 심지어 인식 자체까지 지향하는 방향으로 확장된다.[55] 기능을 포괄하는 의미 내용을 재구성하는 것은 가치 형식에 치우치는 경향이 있다. 그것은 단순히 평가한다는 관점에서 휘발되어 버리는 것이다. 기본 가치 개념들이 자연종교와 시민종교의 후계로서 공적인 소통을 위한 출발 개념과 지탱 개념으로서 생성되는데, 결과까지 확정하지는 않는다. 그리고 바로 이 느슨함은 기껏해야 기능체계들을 서로에 대해 사회로 보는 관점을 대표한다.

보다 형식적인 두 번째 추상화 방향은 지식이나 의견과 대상의 관계가 문제 된다는 데에서 출발한다. 이 문제화는 급진적이며 그래서 결과가 없

55 여기에서도 가치 개념이 매우 넓게 사용된다는 것에 대한 오래된 증거들을 제시할 수 있다. 예컨대 Pernetti, Jacques(1748), *Les Conseils de l'amitié*, 2nd ed., Francfort : Knoch & Eslinger, p.97에서 의무와 만족, 결혼과 생활, 부와 건강을 포함한 내용을 보라.

는 방식으로 언제나 이미 가능했다. 그것은 예컨대 회의론의 인도를 받았다. 이제는 부정하는 사고의 원칙적 가능성 이상이 중요하다. 다듬어진 의미론의 토대를 이 (부정하는 사고와의) 관계에 관한 진술로 되돌리는 것이 중요하다는 것이다.

선험화와 이데올로기화는 여기에서 평행하게 진행하며 각각 상이한 질문을 가지고 같은 것을 얻으려 노력한다. 선험적인 것에 대한 질문은 인식자의 정체성과 대상의 자기동일성에서 같은 것을 목표로 삼는다. 말하자면 지식이 독립적인 두 연속성이 순간적으로 접하는 사건 이상의 어떤 것임을 보장하는 것을 목표로 삼는다. 그와는 달리 사람들은 지식이나 의견이 '이차적인 현실', 즉 주체의 사회적 상황에 의존하는 한 지식을 이데올로기로서 파악하려 시도한다. 이론 구축 기술의 관점에서 보면 다른 사람이 아는 것을 선험화하는 전략은 지식이 지식으로서 정당화될 수 있는 지점으로 복잡성을 되돌리는 것이다. 말하자면 복잡성의 가능성의 조건으로 환원하는 것이다. 그리고 다른 사람이 아는 것을 이데올로기화하는 전략은 이차적인 현실과 관련짓는 것의 배경에서 그 현실 관계를 도입하는 것을 통해 복잡성을 확장하여, 이차적인 관계가 처분하는 것에 따라 대상성과 의미론적 도구가 가변적이 되도록 만든다. 그러니까 선험화의 경우에는 인식 관계를 확인하는 방향으로, 이데올로기의 경우에는 인식 관계를 관계화하는 방향으로 작업이 이루어진다.

낡은 방식의 지식을 선험화와 이데올로기화를 통해 해체하고 재구성하는 것은 더 이상 서로 '중재될' 수 없는 대립하는 두 전략을 통해 이루어진다는 것이다.[56] 문제를 '변증법적으로' 해결하는 것은 가능해 보이지 않는다.

56 이것과 관련하여 엘리아스의 범주인 '관련'과 '분리'(주 7)의 구별은 불충분한 것으로 드러났다. 발전의 구조를 분리가 점점 더 많아지는 방향, 집단 특성과의 관계에서 '불만족

〔변증법 자체가 헤겔 이후 선험화의 방법론으로서, (전제 조건이 없는) 생산의 전제를 전제 조건 없이 만들어 내는 것으로 파악되어야 한다는 점에서 더더욱 불가능해 보인다.〕 그래서 바로 이러한 지식의 상황을 지식사회학적으로 분석하는 것만이 가능한 것으로 남아 있다.

지식사회학의 자기분석의 잘 알려진 테제 가운데 하나는 지식사회학이 지식의 몇몇 사회적 구속이 해체되면서 비로소 나타날 수 있다는 것이다.[57] 그 이상으로 체계 이론적 사회 분석은 지식이 기능적으로 분화된 사회체계에서 비로소 가능해진 것이 우연이 아님을 알아챌 수 있도록 해준다.

사회의 중요한 의미 내용의 형성의 모든 중심 노선이 기능적 분화를 통해 개별 기능체계로 관련된다. 그래서 다듬어진 의미론의 범위 안에서 모든 의미는 전체 사회적인 체계의 층위 아래에서 하나의 체계 준거를 언급할 것을 요구한다. 그리고 바로 의미 상승, 바로 형식과 의식에 대한 특별한 요구는 이 조건을 준수해야 한다. 그것은 더 이상 전체를 완전하게 하는 데에 존재하지 않는다. 그것은 부분의 특별한 성과에 존재한다.[58] 그로써 보전할 가치가 있는 진지한 지식은 학문적인 지식의 방향으로 바뀐다. 바로 그 때문에 이 지식은 자신에 대한 성찰로 옮겨지고 이것은 더 이상 단순하게 대상에서 확인될 수 없는 형식으로 이루어진다. 지식은 객

이 더 커지고 문명화된 자기통제가 더 커진다는 이유로'〔Elias, Norbert(1971), 앞의 논문, p.359〕 지식의 상대적인 자율성의 방향으로 특징짓는 것은 거의 불가능하다. 이것이 증대된다는 것은 논란의 여지가 없다. 그러나 그것과 의식적으로 대조해 본다면, 동시에 참여된 지식의 자기주장이 상승되기도 한다.

57 다소 문화사회학적 분석의 틀 안에서 Proesler, Hans(1960), "Zur Genesis der wissenssoziologischen Problemstellung," *Kölner Zeitschrift für Soziologie und Sozialpsycholgie* 12, pp.41~52 참조.

58 Simmel, Georg(1898), "Zur Soziologie der Religion," *Neue Deutsche Rundschau* 9, pp.111~123에서 전체가 아니라 부분이 중요하다는 것을 종교의 예에서 매우 멋지게 보여 준다.

체를 지시하는 대신 이제 바로 자신의 반대만을 지시하며 그것이 잘못이 되지 않는 조건을 성찰하는 것으로 옮겨진다.[59]

학문적 지식의 기능적 특정화와 이항적 도식화는 그것을 성립시키는 맥락에 대한 질문을 그 자체가 '유일하게' 학문적인 질문으로서 만들어 낸다. 인식 이론적으로 질문하면, 그 질문은 너무 빨리 출발점으로 되돌아오게 되는 너무 작게 만든 순환을 지향해 나간다. 그 경우에는 인식의 조건을 인식하는 것과, 이때 어떤 인식 조건에서 인식 조건이 성립되는가를 추적해 들어가는 것이 중요해진다. 그 질문을 사회 이론적으로 제기하면, 그것의 자기 준거적 구조는 유지된 채 머무른다. 그러나 구도 안에 머무르면, 그 순환은 너무 커서 순환의 부분적인 조각들이 바로 구간처럼 다루어질 수 있게 된다. 기능적 분화의 공리의 도움으로 학문의 성찰은 자신을 사회의 다른 기능체계와의 비교에 내어 주며, 그 기능체계에서는 기능실체화, 이항적 도식화, 기능과 성과의 분리가 병행하여 나타나기에 이른다. 그래서 학문의 연구는 자신의 이익을 위해 요설을 한 것만은 아니라고 확신할 수 있다. 그 밖에도 이 개념은 자신을 역사적으로 상대적인 것으로 논증하며 이렇게 하는 것 역시 이론에 의해 주도되는, 경험 연구를 위한 거대한 프로그램을 통해 보장한다. 따라서 논리적으로 순환으로서, 그래서 차단용 논증으로서 간주되어야 하는 것을 위한 재료의 토대는 처음에는 엄청나게 확장될 수 있었다. 자신의 자기정당화를 그것의 대상에 대한 분석에서 끌어내는 그러한 사회 이론의 단위는 논리적인 실수에 기초하고 있을 수 있다. 그러나 그 경우에 체계의 단위의 근거가 되는 것은 바로 이 실수의 단위이다.

59 이 논문의 p.372 참조.

8.

마지막으로 우리는 지식사회학의 기본 문제, 즉 진리에 대한 지식사회학의 고유한 관계를 한 번 더 다루겠다. 우리는 이 문제가 해결되지 않은 채 유지되었다고 어느 정도 정당하게 말할 수 있다. 하지만 그것을 해결하려는 시도를 분석하면 문제를 다루는 공통적인 유형학은 발전되지 못하고 있다. 우리는 **부분 이론이 인식 가능성을 완전하게 구출해야 한다**는 공식을 가지고 그 유형학을 포착할 수 있다. 객관적인 진리는 (우리가 그것을 부인하지 않는 한[60]) 진리 능력이 있는 대상의 부분에만 해당되는 이론을 통해 완전하게 도달될 수 있다. 그리고 그것은 대상 집합의 부분 집합에 불과하며 사람들은 이것을 선택해야 하는 바로 그 이유 때문에, 결론에 이를 수 없는 이론 논쟁이 만들어진다.

그러한 구출하는 추구 이론을 위한 요구들은 우리가 **모든** 지식을 **사회적으로 상대화하면서**, 그런데도 **객관적인** 진리의 가능성을 포기하려 하지 않고 '객관적'이라는 것을 **상호 주관적으로 틀림없이 확실한** 것으로서 파악할 때에 생겨난다.[61] 유물론적 토대에서 죄르지 루카치(György Lukács)는 부상하는 계급은 지위를 방어하기 위해 지식을 투입할 필요가 없으므로 객관적

60 예컨대 Grünwald, Ernst(1934), *Das Problem der Soziologie des Wissens*, Wien ; Leipzig : Wilhelm Braumüller.

61 여기에서 이미 막스 셸러(Max Scheler)는 (경험적으로 보장되었다고 주장되는) 존재론적 · 초월론적 진리 개념의 도움으로 그 문제에서 벗어났고, 그래서 후속 논의에서도 벗어났다. Scheler, Max(1926), *Die Wissensformen und die Gesellschaft*, Leipzig : Neue-Geist 참조.
어떤 진술의 진리가 독립적으로 기준으로 보장되어 있기 때문에 사회적 관계에 의해 훼손될 수 없다고 단순하게 주장하는 모든 해결은 마찬가지로 충분하지 않다(주 58의 짐멜과 비교해 보라). 그러한 방책은 자신의 기준을 독단적으로 주장하거나, 그 기준들의 기능을 분석하면 상호 주관적 확실성의 문제나 차별적인 관계화의 문제로 되돌아오게 된다.

인 진리에 대한 특권적인 접근을 가지고 있다는 이해를 제시했다.[62] 그런 이론은 부상하는 계급 역시 사회적인 관계를 만들며 왜곡시키는 관점을 함께 들여온다는 것을 무시해야 한다. 이 이의와 관련해 어쩌면 너무 빨리 총체적인 이데올로기 비판으로 전환했는데, 그 비판 안에서는 오직 옳은 쪽에 참여하는 것이 진리인지 아닌지를 결정한다. 그러나 이에 반박할 수 있는 내용으로는, 가령 기능적으로 분석할 우연을 보는 데에 언제나 공격자가 더 나은 위치를 선점한다는 것과 그래서 그가 더 나은 진리의 기회를 가지게 되거나 의미론적 재료들을 변이시킴으로써 이념 진화의 과정을 더 빨리 작동시킬 수 있다는 것이다. (그것은 언제나 공격자 자신에 대한 결과와 귀결일 수 있을 것이다.)

마찬가지로 만하임은 모범적인 것으로 간주되는 다른 해법을 하나 제안했다. 만하임은 지식인들이 관계화되었는데도 객관적인 진리 기회를 가진 집단이라고 본다. 지식인들은 거리를 두며 참여할 수 있는 집단이(기는 하)다.[63] 그러나 이 지식인 이론을 사회학적으로 검토할 수 있는 작업은 아직 완성되지 않았다.[64] 그러나 이곳이 이의를 분명하게 드러내는 지점이다. 지식인들은 전형적으로 서로 논쟁적으로 행동하며, 바로 그 때문에 그 밖의 어떤 누구보다도 진리를 대표할 능력이 없다는 것이다. 그러나 여기에서도 추가 이론의 진화 이론의 방향으로 재정식화를 시도할 수 있다. 지식인들은 거리 둠을 통해, 추상화 능력을 통해 그리고 어쩌면 논쟁하려는 경향을 통해

62 Lukács, György(1923), *Geschichte und Klassenbewußtsein : Studien über Marxistische Dialektik*, Berlin : Der Malik Verlag. 본문과 상당한 거리를 두는 서문과 함께 출간된 Neuwied ; Berlin : Lunchterhand 1968년 신판.

63 엘리아스의 개념을 갖고 그들의 관련이 분리에 근거하며 그래서 주체/객체- 연속체의 통일성을 대표하는 집단이라고 표현할 수도 있을 것이다.

64 만하임이 Mannheim, Karl(1952), 앞의 책에서 제시하는 힌트들은 충분하지 않다.

사회의 다른 집단보다 더 많이 우연을 정식화하고 의미론적 자료에 변화를 주고 그렇게 진화상의 변화를 유발하는 데에 어울릴 것이다.

누군가가 사회학 자체가 문제의 해결이라고 주장한다면, 매우 유사하게 반응할 수 있다. 또는 그것은 사회학이 견고한 학문의 지위에 도달하는 조건에서 그렇게 될 수 있을 것이다. 그렇다면 여기에서도 추가 이론, 즉 사회학의 사회학은 과거에 초월이 있었던 기능의 지점에서 작동한다는 것이 타당할 것이다. 추가 이론은 통상적인 학문적 절차에서 완성될 수 있다. 여기에서는 즉시 제기되는 이의는, 도대체 어떻게 사회의 부분체계의 분과학문이 그 자신의 진리의 총체성을 소유하거나 대표한다는 주장을 할 수 있을 것인가 하는 것이다. 그리고 여기에서도 문제는 진화 이론적 전제를 통해 유연해질 수 있다. 그에 따르면 그후에는 더 이상 진리 소유가 관건이 아니고, 더 높은 우연을 주제화하는 능력이 중요할 뿐이다. 중요한 것은 대안들 가운데에서 생각할 능력, 해체 능력과 재조합 능력, 그리고 장기적으로 가능한 이 상승의 귀결들(장점들?)이다. 이러한 진화 이론적 개념에 분류된 채 진리 요구들을 가진 대체 아프리오리로서 경쟁해야 했던 상이한 추가 이론은 더 이상 서로를 배제하지 않는다. 사회체계 안에서는 우연성 증대를 위해 더 많은 출발점이 있을지도 모른다. 그러한 출발점의 의미 관점들은 상충할 수 있다. 그것들은 서로를 자극하고 활동하도록 할 수 있지만, 또한 서로를 지탱하고 입증할 수도 있다. 그것들은 진화 이론적 개념에서 일단은 사실에 관한 질문이다. 이론 문제는 보편적인 질문으로 이어지는데, 그 질문은 사회적 · 문화적 진화에서 어느 정도로 변이와 선택과 보유 사이에 연관성이 있으며, (부상하는 계급 · 지식인 · 학문과 어쩌면 또 다른 구조에 있는) 의미론적 재료를 변이시키기 위한 상이한 출발점이 선택 기제와 보유 기제와 동시에 연상되는가, 즉 이 기제들에 차별적으로 영향을 미치는가 하는 것이다.

지식사회학적 문제 제기를 이렇게 진화 이론에서 수용하는 것은 결국 체계 이론적 고려와 연결될 수 있다.[65] 한 번 더 간략하게 요약하면, 지식사회학은 새로운 초월주의나 모든 지식을 도출하고 검토하기 위한 '가설적이며 연역적인' 체계를 모색하지 않고 완전히 다른 의미에서 메타이론을 모색한다. 그것은 대상과 관련되어 차별된 채 (그리고 이 의미에서 참되다고 주장되면서) 사회적 맥락에서 생성되고 보존되는 지식이 어떻게 이 지식과 관련된 지식을 차별하는지를 (말하자면 모든 가능한 지식을 가능하게 하지 않으면서 지식이 아닌 모든 것 내지는 오류를 지식으로 다룰 수 없는지를) 설명하는 추가 장착된 이론이다. 이 추가 이론은 완전하게 경험적으로 조작화될 수 있다. 그 이론들이 다루는 지식과 그 이론들의 관계는 논리적으로 포함하는 관계가 아니다. 그것은 선택적인 작업의 관계이다. 그 이론들은 사회 내의 선택 과정의 선택에 관한 이론이다. 그리고 그것은 이론의 선택적인 입증의 정상적인 기준 자체에 의해 이론으로서 규정된다. (그리고 그 이론 자체가 생성과 그러한 기준의 생성과 사회적인 한계를 주제화할 때에도 그러하다.)

이것이 실제 존재하는 사회에서 가능하며 물론 소통의 성과와 함께 가능하다는 사실과 방식은 논리적인 문제가 아니라 체계 이론적인 문제이다. 그것은 우리를 체계 분화의 문제와 체계 내에서의 선택성 강화로 되돌린다. 모든 지식사회학은 다단계의 체계 분화와, 어떻게 우리가 소속된 전체 체계가 그 환경에 대응하는지를 관찰하고 주제화하는 입지가 되는 내적 입장을 필요로 한다. 사회의 부분체계(학문체계)의 부분체계(사회학)에서 지식사회학을 위해 독립 분화된 부분체계 내에서는 그후 특수의미론이 발전되고 보전될 수 있는데, 그것은 다른 체계/환경-관점에 이른바 어긋나게 제시된다. 그때에는 순수한 대상적절성의 의미에서 관점의 선택성을 서서히

65 이 점에 관해서는 Blachowicz, James A.(1971), 앞의 논문, pp.178~199 참조.

제거하는 것이 중요하지 않다. 중요한 것은 관점의 선택성 자체를 그것의 선택성의 관점에서 선택적으로 다루고 그렇게 함으로써 그것을 체계 안에서 (자신 안에서가 아니라!) 성찰하는 것이다.

이 고려들과 함께 의미론적 내용과 사회적 구조의 상관관계의 문제는 하나의 일반 이론에 부속되는데, 그것은 질서의 모든 구조가 선택적으로 다루어질 수 있는, 즉 그 자체가 부분적으로는 서로 의존하며 부분적으로는 독립적으로 변이하는 사실 내용을 포함하는 질서에 연계한다는 것을 진술한다.[66] 그러한 사전 규정은 모든 이론이 자신의 대상과 공유해야 한다. 즉 인식 또한 그것들의 고유한 작동의 가능성의 조건으로서 수용해야 한다. 그런 점에서 인식은 자연의 모방으로 남으며, 인식은 환원적인 질서구조를 반복하며 강화하는데, 그 질서구조는 질서 위에 세워지는 질서 위에 구축된다. 우리는 바로 이것 또한 다시 환원 전형의 선택 원칙으로 파악할 수 있고 이론을 그후 그것이 그 대상과 공유하는 것의 인식 위에, 즉 선택적인 관계화 위에 세울 수 있다. 모든 후속 형식 규정은 역사적인 성격을 가진다.

어떤 인식도 체계에 가능한 것을 넘어설 수 없다. 그러나 인식은 체계의 독립 분화와 내부 분화를 거쳐 전제 조건이 더 많은 질서를 형성할 수 있다. 그리고 인식은 사회분화의 형식이 인식에 부여하는 틀 안에서 기능 특정적인 독립 분화에 관한 특별한 성과를 증대시킬 수 있다. 사회체계가 층화된 분화에서 기능적인 분화로 변경된 것은 이것의 전제 조건을 만들어

66 이 점에 관해 근본적으로 Ashby, W. Ross(1956), *An Introduction to Cybernetics*, London : Chapman & Hall Ltd. 참조. Ashby, W. Ross(1962), "Principles of Self-Organizing System," in Heinz von Foerster and Georgy W. Zopf eds., *Principles of Self-Organization*, New York : Pergamon, pp.255~278〔Buckley, Walter Fredrick ed.(1968), *Modern System Research for the Behavioral Scientist : A Sourcebook*, Chicago : Aldine, pp.108~118에 재인쇄〕 참조.

주었고, 사회이론은 그 조건을 충족시키는 것은 말할 것 없고 아직 따라잡지도 못했다. 지식사회학의 문제 제기와 넓은 의미에서 의미론의 고도 형식과 사회적 구조 사이의 상관관계에 관한 연구는 추측하건대 그 자체가 진화상 변이의 출발점이다. 그러한 연구는 새로운 인식론을 준비한다. 그리고 그 때문에 그것을 이미 수용된 과학 이론의 의무 아래에 종속시키기를 주저해야 할 것이다.

9.

사회학의 대상이 의미를 지니며 자기 준거적인 것으로 파악되어야 한다면(즉 다른 방식으로는 사실에 적절하게 파악될 수 없다면) 우리에게 유일한 가능성은 진리 의미론과 과학 이론을 그것들의 고유한 대상의 부분으로서 파악하는 것밖에 없다. 앞의 고려들은 이렇게 요약할 수 있다. 그렇다면 '주체'와 함께 가졌던 문제들이 '객체들'에서 나타난다. 주체/객체-용어학을 유지하면서 그 안에서만 자기 준거의 문제의 입지나 관점을 바꾸는 것은 추천할 만하지 않다. 대상이 마찬가지로 자기 준거적이라거나 원래 객체만이 자기 준거적이며 주체는 그것이 객체화하는 한에서만 그러하다고 말한다면, 인식관계에 관련된 이 용어학은 그 순간 그 내용을 상실한다. 그래서 주체/객체의 용어학은 포기해야 한다. 이것은 자기 준거적인 의미포함성 테제가 고유한 개념성을 필요로 하는 문제 영역으로 이끄는 한 더더욱 그러하다. 그러한 개념 발전의 과정에서 비로소 용어사적 관련이 규명될 수 있다. 그리고 기존의 개념 형성 경험은 평가와 연계 능력의 변경된 관점에 예속되어야 할 것이다.

이 문제 가운데 하나는 지식사회학적 연구를 위해 특별히 중요하다.

지식사회학은 18세기에 태동할 때 지식과 사회적 구조나 사회적인 보유 집단과 관심의 관계 그 자신이 사회적 지식이 될 수 있는지, 아니면 '잠재적인 것으로' 유지되어야 하는지의 질문을 다루었다.[67] 사회학은 사회학 이전의 전통에 기초하고 지그문트 프로이트를 참조한 가운데 처음에는 의식을 배제함으로써 잠재를 정의하는 데에 만족했다.[68] 하지만 이 정의는 필연적인 잠재를 파악하는 것이 관건이 되자마자 실패에 이른다. 왜냐하면 우리는 의식의 존재하지 않음의 필연성을 설명하는 충분한 이유를 최종적으로 의식에서 끌어낼 수 없기 때문이다. 또는 왜 의식은 자기로부터

67 초기 논의에 관해서는 주 1의 지시들을 참조. 그 밖에도 잠재가 의식에서 스스로 벗어난다는 것이 이미 오래전에 인지되었다. 물론 사람들은 이 사실을 처음에는 필연적인 것으로 보지 않았고 그것에서 비판과 '계몽'에 대한 계기를 발견했다. 그래서 예컨대 Nicole, Pierre(1682), *Essais de Morale* 1, 6th ed., Paris : Chez G. Desprez, pp.33 ff에서, 무지는 무지가 알려지지 않는 것으로 보호되어서, 굴욕적인 자기 인식으로부터 보호하는 것이라고 말한다. 대략 비슷한 시기에 Glanvill, Joseph(1661), *The Vanity of Dogmatizing*, London : Eversden, p.225에서는 교조주의자를 자신이 무지하다는 것을 알지 못하는 가장 무지한 사람이라고 규정한다. 이 특성이 여기에서 종교(Pierre Nicole)에 대해서든 학문(Joseph Glanvill)에 대해서든, 특정한 기능 관심을 봉쇄하는 것으로 표현되는 것은 우연이 아니다. 그러나 의식 문제가 관건이 되기 때문에, 반대 논증을 할 수 있으며 계몽을 기능으로 논증할 수 있다. 하지만 프로이트와 그의 추종자들이 아직도 가지고 있는 이 이념 정치적인 이해 관심에서는 부정적인 것에서의 이러한 자기 준거, 이렇게 무지를 알지 못함을 도대체 어떻게 파악해야 할지가 밝혀지지 않은 상태에 있다(왜냐하면 그것은 보전해야 할 상태로 생각되지 않았기 때문이다). 분명하게 부정성의 부정으로서 규명되지는 않았다. 왜냐하면 그렇게 하는 것은 알지 못함을 지식으로 옮겨 놓아, 즉 의식으로 가져올 것이기 때문이다. 어쩌면 부정성을 부정하지 않음으로써 규명될 수는 있을 것이다. 그러나 그때에는 어떻게 이 특성이 아직 의미 있게 의식과 관련될 수 있을 것인가 하는 질문에 답해야 할 것이다. 그 의식은 이 부정적인 자기 준거의 긍정성을 이제 그 자신이 다시 부정할 수 있을 의식일 것이다. 어쨌든 우리는 무지를 알지 못함이라는 이 특성에서 유일하게 나중에 '필연적이며 잠재적인' 구조들로서 상술되는 것에 관한 선행 논의를 발견할 수 있다. 이 자기 준거적 순간을 배제하면, 우리는 숨은 지식, (비밀스럽게 또는 다른 사람이) 알고 있는 무지, 공개된 사상과 숨은 사상(Pascal)의 대립의 차원에 머무른다. 그럼으로써 타자 조작 내지는 자기 조작의 차원에 있다.

68 입문을 위해 Merton, Robert K.(1957), *Social Theory and Social Structure*, 2nd ed., Glencoe Ill. : Free Press, pp.60 ff 참조.

경계를 그어야 하는가? 그것은 왜 자신의 접근 불가능성을 표시해야 하는가? 그리고 잠재 개념은 그런 식으로 사회학에서도 계몽주의적인 특성을 보유한다.

(다른 것이 함께 있다는 뜻에서) 차이동일적이며 차이가 없고 부정될 수 없는 사실 내용인 '의미'를 전제함으로써 우리는 같은 질문을 가지고 다른 출발 상황에 있는 것이다. 그때에도 비록 모든 의미가 세계의 지평에 구상되어 있고 재귀적인 체험에 내맡겨져 있더라도, 즉 세계와 자신을 지시하더라도, 이 의미세계에서 불충분한 의미가 있을 수 있는지의 여부와 그 방식에 대해 질문이 제기된다. 여기에서도 문제는 인식되지 않은 사태에 대한 지시를 통해 해결될 수 없다. 문제는 다른 말로 하면 단순한 이항 도식인 '알려진/알려지지 않은', '의식된/무의식의', '접근될 수 있는/접근될 수 없는'을 갖고 파악될 수 없다.[69] 왜냐하면 의미 자체에 있어서는 부정하는 것도 의미를 가지므로, 접근 불가능성이 접근 가능성을 배제하지 않기 때문이다.[70] 배제가 아니라 지시의 과잉이나 가능성 과잉이 원칙적인 조건이며, 배제는 그에 참여하는 것을 통해서만 의미를 가진다.

69 그에 관해서는 Hejl, Peter(1974), "Zur Diskrepanz zwischen struktureller Komplexität und traditionalle Darstellungsmitteln der funktional-strukturellen Systemetheorie," in Franz Maciejewski ed., *Theorie der Gesellschaft oder Sozialtechnologie,* Frankfurt am Main : Suhrkamp, pp.186~235, pp.227~228도 참조.

70 의미와 체계의 관계에 관해 다음을 말해 두어야 한다. 여기에서 제출된 논증의 연관성에서 의미는 더 보편적인 범주이다. 왜냐하면 오직 의미를 포함하여 구성된 체계들만 가능하기 때문이다. 그러나 의미를 포함하여 구성된 체계들은 의미를 구성하는 체계들이기도 하다. 체계들이 없다면 의미도 없을 것이기 때문이다. 그 밖에도 체계 이론은 체계에 관한 진술들도 정식화할 수 있는데, 그 진술들은 의미체계의 환경으로서 의미체계들에 대해서만 의미를 가지지 자기 자신에 대해서는 의미를 가지지 않는다. 이러한 점에서 의미는 의미체계들의 환경 관점을 제한하는 것으로서 생각될 수도 있다. 의미는 이 형식에 의존하고 있다. 그리고 체계 개념(체계/환경-이론)은 이 관점에서 의미 개념보다 더 보편적이다.

그래서 의미 자체에서는 선택의 필연성만을, 즉 다른 가능성을 무시할 필연성만을 읽어 낼 수 있다. 하지만 함께 예고된 것이 잠재적으로 머물러야 할 필연성은 읽어 낼 수 없다. 모든 지시, 모든 다른 가능성의 예고, 모든 선택은 물론 충분한 형식규정성을 전제한다. 이것은 잠재 개념을 사용하기 위한 전제 조건으로서도 유효해야 한다. 그러나 잠재는 모든 규정이 비로소 드러나도록 기준점이 되는, 완전히 규정되지 않은 것과 관련하여 사용될 수 없는 말이다.[71] 잠재적인 가능성은 규정되었거나 상황에 따라 규정될 수 있지만 그런데도 현행화될 수 없는 가능성이다.

복잡한 영역은 체계 형성을 통해 비로소 경계가 정해지며, 그 영역은 특별한 속성을 드러낸다. 체계들은 ① 환경을 마주하는 경계를 설정하는데, 그 경계는 체계와 환경 사이의 의미 경계를 중개한다. 말하자면 내적인 것도 외적인 것도 지시하며 둘 다 서로에게 접근될 수 있는 것으로 유지한다. 체계들은 그렇게 함으로써 ② 사건들의 영역을 구분하며, 그 사건들이 현재화를 자신의 것으로 귀속시킨다. 이 행위 사이의 상호 의존과 함께 ③ 복잡성이 생성되는데, 그 복잡성은 체계 안에서 상징화되며 (체계의) 차이동일성으로서 성찰될 수 있으며, 그 점에서 체계에 대해 의미의 형식으로 역시 접근될 수 있는 상태에 있기는 하지만, 더 이상 작동적으로 실행될 수는 없다.[72] 상응하는 것이 ④ 체계의 환경에 대해 유효하다. 이때 환경은 체계를 위해 그리고 체계를 통해 그때그때 하나의 차이동일성이 된다.

그러한 체계 형성이 실행될 때에만 상징적 일반화들이 뚜렷해지는 동시

71 따라서 체계 경계는 그 자체가 의미구조이며 그래서 조정된 사회적 정의와 문화적 정의의 계기이다. 예를 들어 Fredrick, Barth ed.(1969), *Ethnic Groups and Boundaries : The Social Organization of Culture Difference*, Bergen-Oslo : Universitets Forlaget 참조.

72 이것은 뒤르켐적 사회학의 기본 진술이었던 것으로 보인다. 사회적 사실은 작동적으로 중요해지며 이 의미에서 실재일 수 있기 위해, 자기 자신 안에서 한 번 더 상징화되어야 하는 실재 자체라는 진술 말이다.

에 흐려져야 한다는 문제가 생성된다. 구조 형성의 증대된 성과, 즉 선택들을 선택하는 것에 걸맞게 선택성의 효과가 첨예하면서도 필연적으로 나타난다. 단순한 선택의 차원에서는 무시된 가능성을 '비용'으로 계산할 수 있고(기회비용), 그와는 달리 구조 선택의 차원에서는 무시된 가능성을 다시 활성화하는 것이 구조와 구조의 기능을 포기함을 뜻하게 될 것이다. 여기에서는 체계와 체계의 환경을 체계 자체에 접근할 수 있도록 해주는, 그러한 질서의 획득이 방어되고 잠재 보호를 통해 확보된다. 물론 의미의 형식에서는 다른 가능성을 위한 의미가 결코 완전히 무시되지는 않는다. 그리고 그것은 곤란하며 우연적인 지위를 잠재 자체에 준다. 그러나 그것은 인식의 열매를 따는 것을 허가하는 근거가 되지는 못한다. 그런 일이 발생한다면 그것은 바로 신에 의해 창조된 세계가 결국 천국이 아니라는 모순과 관계가 있다.

따라서 체계 형성이 전제된 가운데 의미에 의해 강요된 선택의 일반적인 문제가 세 가지 문제 단계로 쌓인다. 더 잘 파악할 수 없는 가능성, 말하자면 배제된 것으로 암시되는 가능성이라는 단순한 사실이 여전히 있다. 그래서 예컨대 층화된 사회에서는 접촉의 범위를 계층에 따라 분리된 것으로 유지하는 것이 추천된다. 반대의 가능성은 가시화되어 있고 생각될 수 있는 상태에 있지만 적당하지 않은 것으로 나타나며, 그것의 실현은 불리한 결과를 불러오는 행동 실수로서 드러난다. 부적절함은 그 자체가 구조 의존적이며 그래서 구조가 변화하면서 함께 변화한다. 그러나 금지는 극복될 수 있다.[73] 금지는 치명적인 결과를 가져올 수는 있지만 구조 변경

73 층화된 사회에서는, 예컨대 성공한 사람은 자신이 접촉을 확보한 계층에서 자신의 출신 계층에 관해 나쁜 소문에 휩싸이지 않도록 주의해야 한다. "그런데도 (높은 지위의 사람들과 교제하는) 그런 영광을 누리는 자는 모든 사람과 보통의 우정과 대화를 나누지 않도록 주의해야 한다. 왜냐하면 그의 목적이 자신을 위로 끌어올려 주는 경우보다 훨씬

을 강요하지는 않는다.

둘째로 우리는 구조 선택이 의미 조합을 더욱 강하게 제공하는 동시에 다른 의미 조합은 배제하는 상황과 관계가 있다. 특정한 체계구조와 관련하여 비로소 존재해서는 안 되는 것이나 허용될 수 없는 것이 관심을 불러일으킨다. 사회체계가 도덕적인 자격을 생각이나 동기에 묶는 도덕을 사용하자마자, 예컨대 도덕이 존중의 배분이나 상실을 규제하고 그로 인해 제재받는 사실이 문제가 된다. 존중을 바라서든 무시를 피해서든, 존중의 획득이나 상실이 도덕적 행동을 위한 원래의 의미라는 사실이 바로 동기 도덕들에게 나타난다. 이 동기들은 도덕이 그런 방식으로만 상호작용을 조종할 수 있기 때문에 실제적으로 사용되어야 한다.[74] 그러나 이 동기 토대와 기능 토대는 도덕의 의미 요구, 도덕이 행동의 토대로서 전제하는 것과 모순되기에 이른다. 도덕은 이른바 내용들을 통해 우회적으로 인도되어야 한다. 왜냐하면 존중은 희소 재화가 아니며 그래서 단순히 그것만이 분배되어서는 안 되기 때문이다. 다른 말로 하면, 도덕은 잠재적인 동기구조를 통해 자신의 기능을 채우는데, 그 동기구조는 직접적인 단락을 통해 도덕 자체에 도입되어서는 안 된다.

마지막으로 잠재가 단순히 부재하는 의식은 아니며 알지 못함의 알지 못함이라는 개념을 통해 충분하게 기술될 수 없음을 생각해야 한다. 잠재

낮은 곳에 있는 사람들에게 나쁜 의도를 풍기게 되는 경우를 우려해야 하기 때문이다"[Faret, Nicole(1630), *L'honnêste homme, ou l'art de plaire à la Cour*, Paris : T. Du Bray, 신판은 Paris : Presses universitaires de France, 1925, p.67]. 나중에는 반대로 부르주아세계에서 거꾸로 '명칭 강등'이 고유한 의미를 높이는 인기 있는 기술이 되었다. 그러나 그것은 사회분화의 원칙이 그사이에 바뀌었고, 다른 체계 경계들이 행동 방식을 주로 구조화한다는 이유에서 유일하게 가능한 일이다.

74 이 점에 관한 상세한 논의로는 Luhmann, Niklas(1978b), "Soziologie der Moral," in Niklas Luhmann and Stephan H. Pfürtner eds., *Theorietechnik und Moral*, Frankfurt am Main : Suhrkamp, pp.8~116, pp.43 ff 참조.

적인 것으로 다루어져야 하는 것은 체계구조 안에서 의미를 포함하여 처분될 수 있는 상태로 유지된다. 따라서 특별한 상징적인 구조가 형성된다. (그리고 이 차원 안에서 특별한 행동 기술이 형성된다.) 이 행동 기술은 바로 그렇게 다루는 것, 즉 접근될 수 있는 것을 접근될 수 없는 것으로 다루는 것에 관련되어 있다. 예컨대 도덕 이론에서는 방금 설명한 문제가 결코 주목받지 못한 상태로 남지 않았다. 도덕은 그 문제에 맞섰다. 물론 도덕의 의미에 관한 진술로 은폐되며 잠재적인 기능과 구조를 여기부터 평가절하하는 형식으로 말이다. 잠재된 것이 원래 사라지는 것이 아니라 바로 모습을 드러내려 한다는 유일한 이유로 구조에 이른다. 그 구조들은 그 자신이 어떤 상황에서 무엇을 알거나 몰라야 하며, 알아채거나 지나치거나, 말하거나 침묵해야 하는지를 규제하는 데에 전문화된다.

이 고려들은 잠재 문제를 체계에 상대화하면서, 지식사회학적 분석이 의식되지 않은 사태를 의식된 사태로 단순하게 파악하지 못하는 계몽의 독특한 형식을 추구한다는 결론을 끌어낸다. 사회학은 학문체계에 자리를 잡고는, 자신이 속하는 사회를 학문적 작업체계의 환경으로서 다룰 가능성을 활용한다. 사회는 학문과 그 안에서 그리고 사회학과 그 안에서, 지식사회학의 독립 분화를 통해 잠재를 문제화할 수 있게 된다. 그렇게 문제화하는 것은 체계의 비호가 없는 직접적인 문제 접근에서는 거의 불가능했을 것이다. 그런데도 사회학은 자신에 제한되어 유지되어야 할 비밀 지식을 정식화하지는 않는다. 사회학 이론에서 잠재적인 구조는 간파될 수 있는 것으로 나타나며, 이러한 간파는 확산될 수 있는 것으로 보인다. 사회가 그 자체로 고도로 분화된 체계이며 여러 상이한 체계/환경-준거를 그 자신 안에서 드러낸다면, 이 확산은 물론 돌을 물에 던지면 퍼져 나가며 확장되는 원처럼 생각될 수 없다. 사회는 사회 내부 환경의 상이한 체계/환경-준거들에 부딪히자마자 즉시 중단될 것이기 때문이다. 그러한 준거들은 우연성과 고유한 구조의 선택성을 뚜렷이 드러내야 할 경우에 제각기 상이한 문제를 가진다. 예를 하나만 들면, 지식사회학적 분석에서 구조 발전과 교육학적 의미론 사이의 상관관계를 분명하게 하기 위해, 교육학적인 '수립(establishment)' 개념이 사용된다면, 교육체계가 이 관계를 자신의 자기 성찰에 포함시켰는지 아니면 지식사회학적 분석에서 다른 방식으로 배웠는지는 미결정 문제로 남을 것이다. 이런 방식으로 분화된 체계의 테제는 성급하고 일반화하는 결론을 막는다. 그 테제는 잠재를 위한 필요의 증배를 체계 준거의 증배를 통해 설명한다. 그 테제는 계몽 가능성을 그에 전문화된 체계의 독립 분화를 통해 설명한다. 또한 그 테제는 사회체계가 자기 안의 모든 체계에 대해 언제나 분화된 환경이라는 것을 갖고 계몽의 효과가 한결같지 못하다는 점을 설명한다.

그것은 여기에서 추구되는 방식의 연구를 위해, 사회의 구조와 의미론적 전통 사이의 상관관계에 대한 연구를 위해 어떤 결론을 가지고 있는가? 이런 연구는 사회를 위한 일종의 잠재 보호(의 기능)을 넘겨받아야 하는가? 아니면 그것은 적어도 계몽을 갖고 조심스레 연구를 진행해야 하는가? 혹은 사회가 부분체계의 다양성으로 어쨌든 충분한 방어력을 갖고 있어서 사회학이 하고 싶은 말을 할 수 있게 될 것인가?

추정하건대 그런 질문은 너무 단순하며 너무 많이 실천적인 책임과 관련되어 제기된 것이다. 그런 책임에 대해서는 기술적인 도구화의 방법으로 대처할 수도 없다. 특정한 사회의 형성에서 사회구조와 이념세계가 어떻게 연관되어 있는지를 발견할 경우에도 그리고 우리가 이 연구를 세부적으로 추구할 수 있을 경우에도, 그것은 아직 변경 지식을 만들어 내지는 않을 것이다. 어쨌든 일단은 그런 연구의 토대를 구축하는 것밖에 기대할 수 없다. 그것은 모든 사회구조적인 성향과 의미론의 성향이 의미를 가지고 있음을 간파하는 것이다. 그러한 의미 포함은 변경의 여지를 추적해 나가는 출발점이다. 변경의 여지는 상관관계의 한 면을 변하지 않는 것으로 고정할 경우, 즉 기능적으로 분화된 사회에서 출발하거나 근대사회 학문의 해체 능력을 전제할 경우 아직 미결정 상태이다. 이런 종류의 지식사회학적 연구는 일단은 우연성 의식과 조합의 비임의성 의식을 증대시킬 것이다. 그리고 그것은 추정하건대 사회에 의해 전체적인 차원에서 보상받지 못하는, 어쨌든 적절한 변경 태세를 통해 보상을 얻지 못하는 방식으로 대답을 얻게 될 것이다. 그것은 오히려 일상성이라는 거대한 압력이라는 대답을 돌려받을 것이다. '의미'를 사회구조와 진지한 의미론의 공통된 토대로 지정하면, 그로써 일단은 이론 추진 동기가 주어질 뿐이다. 의미는 자신에 관해, 자신이 나타나는 사회 안에서 우연히 나타나는 것이 아니라고 말할 수 있다. 그것은 지식사회학에 질문을 하나 만들어 준다. 지식사회학이 의미와 상관관계에 대한, 사회구조와 의미론에 대한, 자신이 이 모든 것을 일단은 **지시**하기만 하는 데에 사용하는 자신의 사회 환경과 자신에 대한 자기 진술을 한 번 더 파악할 수 있을 것인가? 그렇게 함으로써 **지시된 것** 안에 재진입할 때, 사회의 현실 안에 재진입할 때 진술을 파악할 수 있을 것인가? 그리고 지식사회학은 그 일을 위해, 단순히 **지시**함을 넘어서지 않고 이론 모델을 발전시킬 수 있을 것인가?

그러한 개념을 위한 생각의 틀에 속하지 않는 이론으로서 자기 준거 이론적 실천 이론을 들 수 있다. 왜냐하면 그 이론은 자신의 효과를 사용할 가능성을 전제할 수 있을 것임이 틀림없기 때문이다. 덜 까다로운 이론으로서는 진화 이론을 들 수 있다. 그것은 지식사회학적 분석이 가능한 진화의 조건에 자신을 내맡기라고 요구할 것이다. 사회구조와 의미론을 '의미'라는 공통된 토대에 두고 상관관계를 연구하려는 시도는 ① 적절한(진실된) 현실의 서술로서, 그리고 ② 말하자면 이 진술이 진술을 통해 지시된 사태 안에 재진입하게 될 경우에 대해, 진화의 기회를 재개하는 것으로서 파악될 수 있다. 진화 기회의 재개방은 존재하는 것에 있는 상관관계가 어디에서 진화상 변이가 (유효한 의미론적 전통의 기준에서 얼마나 '결함이 있는지'와는 무관하게) 가능한지를 보여 준다는 데에 있을 것이다. 그때에는 사회학적인 계몽에서 어떤 우상들이 넘어지고, 어떤 잠재적인 구조들이 간파될 가능성이 만들어지는 데에도 입증되는가 하는 문제가 사회적 · 문화적 진화에 넘겨진 채 검토될 것으로 남을 것이다.

참고문헌

Lucan, Pharsalia I.

Ashby, W. Ross(1956), *An Introduction to Cybernetics*, London : Chapman & Hall Ltd.

Bell, Daniel(1976), *Die Zukunft der westlichen Welt : Kultur und Technologie im Widerstreit*, Frankfurt : S. Fischer.

Borkenau, Franz(1934), *Der Übergang vom feudalen zum bürgerlichen Weltbild : Studien zur Geschichte der Philosophie der Manufakturperiode*, Paris : F. Alcan.

Brand, Gerd(1971), *Die Lebenswelt : Eine Philosophie des konkreten Apriori*, Berlin : De Gruyter.

Brunner, Otto(1943), *Land und Herrschaft : Grundfragen der territorialen Verfassungsgeschichte Südostdeutschlands im Mittelalter*, 3th ed., Brünn ; München ; Wien : Rudolf M. Rohrer.

Brunner, Otto, Werner Conze und Reinhart Koselleck eds.(1972), *Geschichtliche Grundbegriffe : Historisches Lexikon zur politisch-sozialen Sprache in Deutschland*, Stuttgart : Klett-Cotta.

Bruno, Giordano(1584), *Spaccio de la bestia trionfante*, Lanciano ; Paris(Mailand 1868년판).

Cairns, Huntington(1941), *The Theory of Legal Science*, Chapel Hill : University of North Carolina Press.

de Romilly, Jacqueline(1971), *Le temps dans la tragédie grecque*, Paris : J. Vrin.

Descartes, René(1953), *Les Principes de la Philosophie*(Œuvres et lettres, éd de la Pléiade, Paris : Gallimard).

de Vaumoriére, Pierre Ortigue(1701), *L'art de plaire dans la conversation*, 4th ed., Paris : Rue S. Jacques.

Dumont, Louis(1970), *Homo Hierarchicus : The Caste System and Its Implications*, London : Weidenfeld and Nicolson.

Faret, Nicole(1630), *L'honnêste homme, ou l'art de plaire à la Cour*, Paris : T.

Du Bray(신판 Paris : Presses universitaires de France, 1925).

Fiedler, Ralpf(1972), *Die klassische deutsche Bildungsidee : Ihre soziologischen Wurzeln und padagogischen Folgen*, Weinheim : Beltz.

Fossaert, Robert(1977), *La Société 1 : Une théorie générale*, Paris : Ed. du Seuil.

Fredrick, Barth ed.(1969), *Ethnic Groups and Boundaries : The Social Organization of Culture Difference*, Bergen-Oslo : Universitets Forlaget.

Glanvill, Joseph(1661), *The Vanity of Dogmatizing*, London : Eversden.

Gluckman, Max(1965), *The Ideas in Barotse Jurisprudence*, New Haven ; London : Yale University Press.

Greenleaf, W. H.(1964), *Order, Empiricism and Politics : Two Traditions of English Political Thought 1500-1700*, London : Oxford University Press.

Groethuysen, Bernhard(1927~1930), *Die Entstehung der bürgerlichen Welt- und Lebensanschauung in Frankreich*, 2 Bde., Halle : M. Niemeyer.

Grünwald, Ernst(1934), *Das Problem der Soziologie des Wissens*, Wien ; Leipzig : Wilhelm Braumüller.

Habermas, Jürgen(1973), *Legitimationsprobleme im Spätkapitalismus*, Frankfurt am Main : Suhrkamp.

Havelock, Eric Alfred(1963), *Preface to Plato*, Cambridge Mass. : Belknap Press ; Harvard University Press.

Hirsch, Arnold(1957), *Bürgertum und Barock im deutschen Roman : Ein Beitrag zur Entstehungsgeschichte des bürgerlichen Weltbildes*, Köln ; Graz : Böhlau.

Husserl, Edmund(1954), *Die Krisis der europäischen Wissenschaften und die transzendentale Phänomenologie*, Den Haag : Martinus Nijhoff.

Kelso, Ruth(1929), *The Doctrine of the English Gentleman in the Sixteenth Century*, Urbana : University of Illinois Press.

Kippendorf, Hans G. and Brigitte Luchesi eds.(1978), *Magie : Die sozialwissenschaftliche Kontroverse über das Verstehen fremden Denkens*, Frankfurt am Main : Suhrkamp.

Koselleck, Reinhart ed.(1978), *Historische Semantik und Begriffsgeschichte*, Stuttgart : Klett-Cotta.

Leo, Balet and Eberhard Rebling(1936), *Die Verbürgerlichung der deutschen*

Kunst, Literatur und Musik im 18. Jahrhundert, Straβburg : Heitz & Co.

Le Roy, Louis(1575), *De la vicissitude ou variete des choses en l'univers*…, Paris : Chez Pierre l'Huilier.

LeVine, Robert Alan(1973), *Culture, Behavior, and Personality*, Chicago : Aldine Pub. Co.

Little, David(1969), *Religion, Order and Law : A Study of Pre-Revolutionary England*, New York : Harpers & Row.

Loyseau, Charles(1614), *Traicté des ordres et simples dignitez*, Paris : Vve A. L'Angelier(Œuvres, Paris, 1678).

Loyseau, Charles(1678), *Cinq livres du droit des offices, suivis du livre des seigneuries et de celui des ordres*, Paris.

Luhmann, Niklas(1977), *Funktion der Religion*, Frankfurt am Main : Suhrkamp.

Luhmann, Niklas(1980), *Gesellschaftsstruktur und Semantik : Studien zur Wissenssoziologie der modernen Gesellschaft* 1, Frankfurt am Main : Suhrkamp.

Luhmann, Niklas and Karl Eberhard Schorr(1979), *Reflexionsprobleme im Erziehungssystem*, Stuttgart : Klett-Cotta.

Lukács, György(1923), *Geschichte und Klassenbewuβtsein : Studien über marxistische Dialektik*, Berlin : Der Malik Verlag(Neuwied ; Berlin 1968년 신판).

Mannheim, Karl(1931), *Handwörterbuch der Soziologie*, Stuttgart : Ferdinand Enke.

Mannheim, Karl(1952), *Ideologie und Utopie*, 3th ed., Frankfurt am Main : Schulte-Bulmke.

McHugh, Peter(1968), *Defining the Situation : The Organization of Meaning in Social Interaction*, Indianapolis : Bobbs-Merrill.

Mead, George Herbert(1932), *The Philosophy of the Present*, Chicago ; London : Open Court Publishing Co.

Merton, Robert K.(1957), *Social Theory and Social Structure*, 2nd ed., Glencoe Ill. : Free Press.

Necker, Jacques(1788), *De l'importance des opinions religieuses*, London ; Lyon.

Nicole, Pierre(1682), *Essais de Morale* 1, 6th ed., Paris : Chez G. Desprez.

Norden, John(1600), *Vicissitude Rerum*, London : Stafford.

Nörr, Dieter(1974), *Rechtskritik in der römishcen Antike*, München : Verlag der Bayerischen Akademie der Wissenschaften.

Parsons, Talcott and Gerald M. Platt(1973), *The American University*, Cambridge Mass. : Harvard University Press.

Pascal, Blaise(1950), *De l'esprit géometrique*, Œuvre, Bible. de la Pléiade, Paris.

Pernetti, Jacques(1748), *Les Conseils de l'amitié*, 2nd ed., Francfort : Knoch & Eslinger.

Polanyi, Karl, Conrad M. Arensberg and Harry W. Pearson eds.(1957), *Trade and Market in the Early Empires*, Glencoe Ill. : Free Press.

Ribeiro, Darcy(1971), *Der zivilisatorische Prozeß*, Frankfurt am Main : Suhrkamp.

Ritter, Joachim(1969), *Metaphysik und Politik : Studien zu Aristoteles und Hegel*, Frankfurt am Main : Suhrkamp.

Scheler, Max(1926), *Wissensformen und die Gesellschaft*, Leipzig : Neue-Geist.

Schröder, Winfried(1974), *Französische Aufklärung : Bürgerliche Emanzipation, Literatur und Bewußtseinsbildung*, Leipzig : Reclam.

Srubar, Ilja(1975), *Glaube und Zeit : Über die Begründung der Metaentwürfe der sozialen Welt in der Struktur der sozialen Zeit*, Frankfurt.

Starr, G. Chester(1968), *The Awakening of the Greek Historical Spirit*, New York : Knopf.

Talbert, Ernst William(1962), *The Problem of Order : Elisabethan Political Commonplaces and an Example of Shakespeare's Art*, Chapell Hill : University of North Carolina Press.

Thomasius, Christian(1692), *Von der Kunst vernünftig und tugendhaft zu lieben : Oder : Einleitung zur Sitten-Lehre*, Halle : Salfeld.

Toulmin, Stephen(1972), *Human Understanding* I, Oxford : Clarendon Press.

Université de Strasbourg(1963), *Les sagesses du Proche-Orient ancien : Colloque de Strasbourg 17-19, Mai 1962*, Paris : Presses universitaires de French.

Villaume, Peter(1791), *Über das Verhältniß der Religion zur Moral und zum Staate*, Libau.

von Oertzen, Peter(1974), *Die soziale Funktion des staatsrechtlichen Positivismus : Eine wissenssoziologische Studie über die Entstehung des formalistischen*

Positivismus in der deutschen Staatswissenschaft, Frankfurt am Main : Suhrkamp(Dissertation von 1953).

Weick, Karl E.(1969a), *The Social Psychology of Organizing*, Reading Mass. : Addison-Wesley.

Weick, Karl E.(1969b), *The Sociology of Organizing*, Reading Mass. : Addison-Wesley.

Accame, Silvio(1961), "La concezione del tempo nell'età arcaica," *Rivasta di filogia e di istruzione classica* 39.

Alchain, Armen A.(1950), "Uncertainty, Evolution, and Economic Theory," *Journal of Political Economy* 58.

Aldrich, Howard E. and Jeffrey Pfeffer(1976), "Environments of Organizations," *Annual Review of Sociology* 2.

Ashby, W. Ross(1962), "Principles of Self-Organizing System," in Heinz von Foerster and Georgy W. Zopf eds., *Principles of Self-Organization*, New York : Pergamon[Buckley, Walter ed.(1968), *Modern System Research for the Behavioral Scientist : A Sourcebook*, Chicago : Aldine].

Barber, Bernard(1975), "Toward a New View of the Sociology of Knowledge," in Lewis A. Coser ed., *The Ideas of Social Structure : Papers in Honor of Robert K. Merton*, New York : Harcourt Brace Jovanvich.

Blachowicz, James A.(1971), "Systems Theory and Evolutionary Models of the Development of Science," *Philosophy of Science* 38.

Brosnahan, L. F.(1961), "Language and Evolution," *Lingua* 9.

Campbell, Donald T.(1969), "Variation and Selective Retention in Socio-Cultural Evolution," *General Systems* 14.

Campbell, Donald T.(1974), "Unjustified Variation and Selective Retention in Scientifica Discovery," in Francisco José Ayala and Theodosius Dobzhansky eds., *Studies in the Philosophy of Biology : Reduction and Related Problems*, London : Macmillan.

Caws, Peter(1969), "The Structure of Discovery : Scientific Discovery Is No Less Logical Than Deduction," *Science* 166.

Child, Arthur(1947), "The Problem of Truth in the Sociology of Knowledge," *Ethics* 58.

Cohen, Jonanthan(1973), "Is the Progress of Science Evolutionary?," *British Journal of Philosophy of Science* 24.

Dahlke, Otto H.(1940), "The Sociology of Knowledge," in Harry E. Barnes, Howard Paul Becker and Frances Bennett Becker eds., *Contemporary Social Theory*, New York : D. Appleton-Century Co.

Elias, Norbert(1971), "Sociology of Knowledge : New Perspectives," *Sociology* 5.

Hejl, Peter(1974), "Zur Diskrepanz zwischen struktureller Komplexität und traditionalle Darstellungsmitteln der funktional-strukturellen Systemetheorie," in Franz Maciejewski ed., *Theorie der Gesellschaft oder Sozialetechnologie*, Frankfurt am Main : Suhrkamp.

Koselleck, Reinhart(1972), "Begriffsgeschichte und Sozialgeschichte," in Peter C. Ludz ed., *Soziologie und Sozialgeschichte : Aspekte und Probleme*, Opladen : Westdt Verlag.

Koselleck, Reinhard(1975), "Fortschritt," in Otto Brunner, Werner Conze and Reinhart Koselleck eds., *Geschichtliche Grundbegriffe* 2, Stuttgart, Klett-Cotta,

Krohn, Roger G.(1975), "Wissenssoziologie und Wissenschaftssoziologie : Entwicklung eines gemeinsamen Untersuchungsrahmens," in Nico Stehr and René König eds., *Wissenschaftssoziologie : Studien und Materialien*, Opladen : Westdt Verlag.

Ludz, Peter Christian(1972), "Einleitung, Geschichtliche Grundbegriffe," in Peter C. Ludz ed., *Soziologie und Sozialgeschichte*, Sonderheft 16 der Kölner Zeitschrift für Soziologie und Sozialpsychologie, Opladen : Westdeutscher Verlag.

Luhmann, Niklas(1970), "Evolution des Rechts," in *Rechtstheorie* I.

Luhmann, Niklas(1977), "Theoretische und praktische Probleme der anwendungsbezogenen Sozialwissenschaften : Zur Einführung," in Wissenschaftszentrum Berlin ed., *Interaktion von Wissenschaft und Politik : Theoretische und Praktische Probleme der anwendungsorientierten Sozialwissenschaften*, Frankfurt ; New York : Campus-Verlag.

Luhmann, Niklas(1978a), "Geschichte als Prozeß und die Theorie soziokultureller Evolution," in Karl-Georg Faber and Christian Meier eds., *Historische*

Prozesse, München : Deutscher Taschenbuch-Verlag.
Luhmann, Niklas(1978b), "Soziologie der Moral," in Niklas Luhmann and Stephan H. Pfürtner eds., *Theorietechnik und Moral*, Frankfurt am Main : Suhrkamp.
Meier, Christian(1978), "Entstehung und Besonderheit der griechischen Demokratie," *Zeitschrift für Politik* 25.
Nelson, Richard R. and Sidney G. Winter(1973), "Toward an Evolutionary Theory of Economic Capabilities," *American Economic Review* 62.
Parsons, Talcott(1967), "An Approach to the Sciology of Knowledge," in *Sociological Theory and Modern Society*, New York : Free Press.
Proesler, Hans(1960), "Zur Genesis der wissenssoziologischen Problemstellung," *Kölner Zeitschrift für Soziologie und Sozialpsycholgie* 12.
Rappaport, Roy A.(1971a), "Ritual, Sanctity and Cybernetics," *American Anthropologist* 73.
Rappaport, Roy A.(1971b), "The Sacred in Human Evolution," *Annual Review of Ecology and Systematics* 2.
Riese, Hajo(1972), "Schritte zu einer ökonomischen Theorie der Evolution," in Bernard Gahlen and Alfred E. Ott eds., *Probleme der Wachstumstheorie*, Tübingen : Mohr.
Röpke, Jochen(1971), "Neuere Richtungen und theoretische Probleme der Wirtschaftstechnologie," in Hermann Trimborn ed., *Lehrbuch der Völkerkunde*, 4th ed., Stuttgart : F. Enke.
Simmel, Georg(1898), "Zur Soziologie der Religion," *Neue Deutsche Rundschau* 9.
Sprengler, Joseph(1965), "Social Evolution and the Theory of Economic Development," in Herbert R. Baringer, George I. Blanksten and Raymond W. Mack eds., *Social Change in Developing Areas : A Reinterpretation of Evolutionary Theory*, Cambridge Mass. : Schenkman Pub. Co.

지나간 미래와 오지 않은 과거*

—코젤렉과 개념사 연구방법론

황정아

한림대학교 한림과학원 HK교수. 저서로 『개념비평의 인문학』(2015), 편저로 『다시 소설 이론을 읽는다』(2015), 역서로 『패니와 애니』(2013 · 공역), 『왜 마르크스가 옳았는가』(2012), 『역사를 읽는 방법』(2012 · 공역) 등이 있다.

* 이 논문은 2007년 정부(교육과학기술부)의 재원으로 한국연구재단의 지원을 받아 수행된 연구(NRF-2007-361-AM0001)로, 『개념과 소통』 제13호(2014. 6)에 게재되었다.

코젤렉을 어떻게 '번역'할 것인가

라인하르트 코젤렉(Reinhart Koselleck)은 "역사란 그것이 특정한 개념들로 분명히 표현되는 정도까지만 이해될 수 있다"[1]고 강조함으로써 개념사 연구를 정착시켰다고 일컬어지며, 여전히 이 분야를 대표하는 학자로 꼽힌다. 그에게 개념은 역사를 인식하는 매개에 그치지 않고 사회의 (재)구성과 역사의 변화에 관여하는 주된 요소였다는 사실도 널리 알려져 있다. 사정이 이러하므로 한국의 개념사 연구에서 코젤렉이 중요한 참조점으로 거듭 등장하는 것은 당연하다고 하겠는데, 특히 개념사 연구방법론을 다루는 대목에서는 그의 이름이 빠짐없이 거론된다. 강력한 영향 관계에는 대개 '영향에 대한 불안(anxiety of influence)'이 뒤따르는 만큼, 코젤렉을 호명하며 시작된 한국의 개념사 연구 또한 그를 어떻게 넘어설 것인가, 혹은 한국(그리고 좀 더 확장하여 동아시아)의 개념사가 코젤렉이 수행한 개념사와 어떤 차별성을 확보할 수 있는가 하는 질문을 지속적으로 제기해 왔다. '개념의 기원과 그 자체의 보편성에 주목하다 보면, 타자의 시선에 맞추어 자신을 재단하는 우를 범하기' 쉽다는 경계라든지[2] '한국을 비롯한 동아시

1 Dipper, Christof(2000), "Die 'Geschichtlichen Grundbegriffe' : Von der Begriffsgeschichte zur Theorie der historischen Zeiten," *Historische Zeitschrift* 270(2), p.293. Tribe, Keith (2004), "Translator's Introduction," in Reinhart Koselleck, *Futures Past : On the Semantics of Historical Time*, Keiteh Tribe trans., New York : Columbia University Press, p.xv에서 재인용.

2 이행훈(2011), 「'과거의 현재'와 '현재의 과거'의 매혹적 만남 : 한국 개념사 연구의 현재와 미래」, 『개념과 소통』 제7호, p.209.

아의 근대를 밝혀 주기 위해 또 다른 차원의 방법론적 논의가 필요하지 않을까' 하는 질문,[3] '한국 근대의 경험을 잘 반영하는 주체적인 개념사 연구방법론의 정립'이 중요한 화두라는 확인[4] 등이 모두 그와 같은 방법론적 자의식을 반영하고 있다. 요컨대 한국의 개념사 연구가 스스로에게 부여한 주요한 방법론적 과제는 '코젤렉을 어떻게 번역할 것인가' 하는 것으로 보인다.

'번역'이라는 표현으로 이 과제를 요약한 데에는 우선 한국 개념사에서 개념의 번역이 중요한 연구 대상이라는 사실이 적잖이 작용하고 있다. 서구 개념들에 대한 번역 과정이 일면적 전파와 수용이 아니라 전유와 재해석을 내포했음을 밝히려는 개념사적 작업의 연장선, 어쩌면 그 작업과 동일한 맥락에 코젤렉의 번역이 놓여 있다는 것이다. 실상 번역의 문제는 개념사 연구 일반에 긴밀하고도 내재적으로 관련된다. "상대적 현재로의 번역은 어느 것이든 개념사를 수반한다"는 코젤렉의 설명은 번역이 개념사의 조력을 필요로 한다거나 그 결과물이 개념사의 일부가 된다는 주장에서 끝나지 않고 개념사 연구 자체의 고유한 속성을 지시하고 있다.[5] 그 유명한 '말안장시대(Sattelzeit)'란 개념적 변화가 매우 급격하여 그 이전의 개념들이 번역을 통하지 않고는 현재로 옮겨질 수 없는 일종의 분기점을 나타내기 때문이다. 이런 각도에서 볼 때 한국 개념사 연구가 표방한 코젤렉 번역의 과제는 번역을 고유 속성으로 갖는 개념사 연구를 번역한다는 의미

3 양일모(2011), 「한국 개념사 연구의 모색과 논점」, 『개념과 소통』 제8호, p.18.

4 허수(2012), 「한국 개념사 연구의 현황과 전망」, 『역사와 현실』 제86호, p.362.

5 Palonen, Kari(2012), "Reinhart Koselleck on Translation, Anarchronism and Conceptual Change," in Martin J. Burke and Melvin Richter eds., *Why Concepts Matter : Translating Social and Political Thought*, Leiden ; Boston : Brill, pp.73~75 참조. 팔로넨의 글을 포함하여 이 책에 관한 다소 상세한 소개는 『개념과 소통』 제12호에 실린 서평 「개념사와 번역, 어떻게 만나는가」(황정아, 2013) 참고.

에서 중역(重譯)이고 번역방법론을 번역한다는 의미에서는 메타번역으로 규정할 수 있을 것이다.

팔로넨(Kari Palonen)에 따르면 개념사라는 '상대적 현재로의 번역'에서 코젤렉이 경계했던 바는 당연히 과거를 일방적으로 현재의 관점에서 번역하는 오류, 즉 과거가 마치 현재에 이르러서야 온전히 의미가 갖추어질 어떤 것을 하고 있었다고 설명하는 '시대착오'의 오류였다. 하지만 그에게 시대착오에 대한 비판은 '다만 그림의 절반을 나타낼 뿐'이었고, 과거란 역사가가 필요한 개념을 그저 가져다 쓰기만 하면 되는 자료로 존재하는 것이 아니라 현재의 문맥으로 들어오기 위해 부득이하게 번역, 다시 말해 일종의 해석 과정을 요청한다.[6] 과거 개념의 번역이 시대착오가 되지 않기 위해 개념의 역사성에 대한 인식이 있어야 하는 것처럼, 개념의 역사성을 제대로 전달하기 위해서는 '현재로의' 번역 과정이 필요하다는 것이다. 그런 점에서 개념들의 당파성과 객관성을 다루는 개념사 연구 자체가 당파성과 객관성의 차원에 연루한다고 할 수 있다.

(현재의) 당파성으로 (과거의) 객관성을 오염시킬 위험이 있지만 동시에 (과거의) 객관성에 대한 접근이 (현재의) 당파성을 요구하는 역사 연구의 이중성은, 자칫 모든 역사가 역사가의 서사일 뿐이라는 헤이든 화이트(Hayden White)식 주장으로 넘어갈 소지가 있다. 특히 텍스트 바깥은 없다는 탈구조주의적 인식이 크게 영향을 미친 다음이라 이 사안은 과거에 대한 시대착오를 경계하기보다 오히려 과거에 대한 객관적 접근이란 불가능하다는 결론으로 이어지기 쉽다. 하지만 코젤렉 자신은 어느 한쪽에 치

6 Palonen, Kari(2012), 앞의 논문, pp.77~80 참고. 이 대목에서 팔로넨은 시대착오에 대한 비판과 이 비판의 한계에 관한 의식이 동시에 있었다는 점에서는 코젤렉과 스키너(Quentin Skinner)가 공통점을 갖는다고 지적한다.

우치지 않고 "(과거와 현재라는) 두 가지 다른 '언어'를 말해야"[7] 하는 개념사의 난관을 비교적 '상식적'인 선에서 정리하고 있다.

> 나는 이 이중적 현실(dual reality)을 지나치게 과대평가해서는 안 된다고 생각합니다. 모두가 자신의 언어로 말하는 게 당연하다는 점에서 그건 다분히 범상한 일이지요. ……이 질문은 가다머(Hans-Georg Gadamer)에게는 문제가 되지 않았어요. 그는 무언가를 이해하기 위해서는 '편견'이 필요하다고 말했으니까요. ……내가 말하고 싶은 건 우리가 항상 가설을 필요로 한다는 것, 답을 얻기 위해서는 질문이 있어야만 한다는 겁니다. 답이란 청하지 않고 동기를 부여하지 않으면 오지 않는 법인데, 답이 필요한 질문을 하는 쪽은 당연히 우리지요. 그건 불가피합니다. 무슨 특권이 아니라 피할 수 없는 겁니다.[8]

그의 태도는 과거 자료들의 엄연한 물질성과 마주하는 역사가로서의 건전한 균형으로 보이는데, 이런 지적을 염두에 둔다면 코젤렉에 대한 (메타)번역 또한 답을 얻기 위한 질문에서 시작해 볼 수 있을 것이다. 그 질문을 종종 코젤렉의 비교 대상으로 소환되는 퀜틴 스키너(Quentin Skinner)에게 기대어 던져 보면 어떨까. 스키너는 시대착오의 오류를 피하고 과거를 최대한 객관적으로 복원하기 위해 과거를 살았던 '그들의 방식으로 바라보기'를 강조했으며, 비트겐슈타인(Ludwig Wittgenstein)에서 오스틴(John Langshaw Austin)으로 이어지는 화행론(speech act theory)을 적극 참조하면서 역사적 텍스트에서 과거의 사상가들이 무슨 말을 했는가뿐 아니라 '그 말을 함으

7 Sebastián, Javiér Fernández and Juan Francisco Fuentes(2006), "Conceptual History, Memory, and Identity : An Interview with Reinhart Koselleck," *Contributions to the History of Concepts* 2(1), p.123.

8 Sebastián, Javiér Fernández and Juan Francisco Fuentes(2006), 앞의 논문, pp.123~124.

로써 무엇을 했는가' 하는 수행성의 층위를 핵심 사안으로 제시한 바 있다.[9] 그렇다면 코젤렉 개념사의 수행성은 어떤 것이었을까? 다시 말해 코젤렉은 개념사를 이야기함으로써 무엇을 한 것일까?

코젤렉 개념사의 수행성

역사 일반에서 개념의 핵심적 역할을 강조했던 만큼 코젤렉은 개념사를 역사 인식의 하나의 전범(典範)으로 제시한 셈이며, 사회사와 비교하여 그 독자성을 상세히 해명한 바 있다.[10] 하지만 코젤렉 개념사의 수행성이 개념사에 관한 그 자신의 설명과는 다른 차원의 문제라는 점은 말할 필요가 없을 것이다. 마찬가지로 코젤렉의 '프로젝트가 메타역사적이며, 그는 역사적 시간 구상들의 역사를 쓰고 있는 것'[11]이라고 본 데이비드 카(David Carr)의 정리는 코젤렉의 작업이 명시적으로 표방하는 바에서 그다지 멀지 않고, 따라서 '이 메타역사를 통해 그가 무엇을 했는가' 하는 질문으로 돌아가게 만든다. 그보다는 코젤렉의 작업이 "복제되거나 적용되거나 비교되어야 할 역사적 분석의 '방법'으로 이해되기보다는 우리의 역사적 자기 이해에 대한 기여"[12]로 이해되어야 한다는 키스 트라이브(Keith Tribe)의 지적이 의미심장하거니와, 실제로 한국 개념사 연구에서는 개념사를 말함으

9 퀜틴 스키너(2012), 『역사를 읽는 방법』, 황정아 · 김용수 옮김, 돌베개, 특히 제1장과 제4장 참조.

10 라인하르트 코젤렉(1998), 『지나간 미래』, 한철 옮김, 문학동네, pp.121~144 참조.

11 Carr, David(1987), "Review Essay : *Futures Past : On the Semantics of Historical Time*," *History and Theory* 26(2), p.199.

12 Tribe, Keith(2004), 앞의 글, p.xix.

로써 코젤렉이 하고 있는 바가 현시대 곧 근대에 대한 역사적 자기 이해라는 결론이 널리 받아들여진 것으로 보인다. 앞에서 살펴본 대로 독자적 연구방법론의 필요성을 말하는 논의들은 그런 독자성을 확보할 방도이자 그 척도로서 대개 '한국(혹은 동아시아)의 근대'를 호명하는데, 거기에 전제된 바는 코젤렉의 개념사가 하고 있는 근대(성)에 관한 탐구, 더 정확히 말하면 유럽발(發) 근대 탐구라는 인식이 전제되어 있다. 스키너를 비롯한 영어권 역사가들에 비해 '근대라는 질문과 그 성격, 원인, 비용은 독일 역사가들에게는 거의 강박적인 관심사'였다는 릭터(Melvin Richter)의 지적도 이 결론을 뒷받침해 준다.[13]

코젤렉 개념사의 방법론을 일정하게 비판했다는 면에서 자주 언급되는 브라질의 호아오 페레스 주니어(João Feres Júnior) 또한 코젤렉의 개념사가 과거에 던지는 질문들은 '근대성의 기원(the genesis of modernity)'과 관련되며, '현재를 근대성으로 진단하는 것이야말로 (코젤렉의) 개념사가 과거에게 질문을 던지고 그럼으로써 거기에 의미를 불어넣는 근거 지점(foundational point)'이라고 본다.[14] 그런데 한국의 개념사 연구가 차별화를 모색하면서도 개념사가 근대를 해명하는 작업이 되는 것 자체는 대체로 수용하는 입장인 데 비해, 페레스 주니어는 바로 그 점이야말로 코젤렉 개념사의 문제라고 본다. 그는 "근대성의 기원에 대한 강조가 코젤렉의 『개념사 사전(*Geschichtliche Grundbegriff*)』을 19세기 자유주의에 집중하고 20세기 나치 · 파시즘을 제쳐 놓게 만들었다"는 멜턴(James Van Horn Melton)의 비판을 소개

13 멜빈 릭터(2010), 『정치 · 사회적 개념의 역사 : 비판적 소개』, 송승철 · 김용수 옮김, 소화, p.216.

14 Feres Júnior, João(2005), "For a Critical Conceptual History of Brazil : Receiving *Begriffsgeschichte*," *Contributions to the History of Concepts* 1(2), p.188.

하는 한편, 근대성을 둘러싼 논란을 언급하며 "현재란 근대성 같은 논쟁적 용어로 요약될 수 있는 분명하고 단순한 구조를 갖지 않기" 때문에 "근대성 가지고는 안 된다(modernity won't do)"라고 한마디로 잘라 말한다.[15]

근대(성) 개념은 의미 규정을 둘러싸고도 많은 이견이 있지만, 페레스 주니어의 주장이 보여 주다시피 실상 이 개념의 구사 여부가 논란의 대상이다. 근대(성)을 말하는 순간 고대 · 중세 · 근대라는 시대 구분이 도입되며, 그렇게 해서 역사를 몇 개의 시대로 절단될 수 있는 단선적 대상으로 환원하고 한 시대 내부의 시간을 동질화한다고 볼 소지가 생기기 때문이다. 코젤렉에게 근대(성) 이론이나 시대 구분이 전부가 아니었음을 입증하고자 한 헬게 요드하임(Helge Jordheim)의 논의는 바로 그런 비판을 염두에 둔 것이다. 요드하임은 코젤렉의 개념사가 시대 구분을 토대로 근대를 해명한 차원이 있는 것은 사실이지만, '역사적 시간대에 관한 코젤렉의 진짜 이론(real theory)'은 시대 구분에 도전하고 '다수의 시간성(multiple temporalities)'을 제시한 데 있다고 주장한다. 그에 따르면, 코젤렉은 역사가 보여 주는 반복을 이야기함으로써 '근대(Neuzeit)의 불연속성에 관한 그 자신의 이론을 의문시'했고, '근대성이 근본적 단절로서 출현했다는 스스로의 생각을 상대화하면서' 역사가가 소위 '새로운 시대'의 새로움뿐 아니라 '거기 이미 있었고 다만 새로운 외양으로 돌아온 것' 또한 탐구해야 한다고 주장했다. 시대 구분의 선명함과 근대의 불연속성을 압축적으로 표현한다고 생각되는 말안장시대에 관해서도 코젤렉은 '애초에 연구비 지원서에서 하나의 선전 문구로 구상된 이 개념이 프로젝트를 진전시키기보다는 모호하게 만들고' 있으며, "이러한 시대 구분은 『개념사 사전』의 초점을 좁히고 목표를 더 감당할 만한 것으로 만드는 한 가지 수단에 불과하다"는 입장이

15 Feres Júnior, João(2005), 앞의 논문, pp.189~190.

었다는 것이다.[16]

요드하임의 논의는 코젤렉에 대한 통상적인 요약이 그의 개념사 연구 전부를 담아내지는 못한다는 점을 새삼 일러 준다. 따라서 코젤렉에 관한 비판 또한 정교하게 이루어질 필요가 있는데, 가령 그가 말안장시대를 고정된 유형으로 설정했다거나 역사의 연속성이나 비동시성을 무시했다고 보기는 어렵다. 그러나 여기저기 산재한 코젤렉의 발언 하나하나를 곧이곧대로 수용할 일은 아니며, 무엇보다 요드하임이 코젤렉을 옹호하는 논리 자체가 변명의 구조를 갖고 있어서 얼마든지 뒤집어 볼 여지를 남긴다. 설사 코젤렉에서 시대 구분을 비판하고 근대의 연속성을 말하는 대목들을 얼마든지 발견할 수 있더라도 근대가 (균등하고 동질적이지는 않더라도) 이전과 구분되는 하나의 단일한 시대로 설정되어 있다는 것 또한 여전히 분명한 사실로 남아 있는 것이다. 그렇다면 이 중 어느 쪽이 코젤렉의 '진짜 이론'인가를 판단하는 문제가 쟁점이 된다. 그런데 '다수의 시간성'이 시대 구분을 결정적으로 상대화하고 압도하는 요소가 되려면, 그것이 의미하는 바가 모든 개념이 제각각 다른 방식으로 '비동시적인 것의 동시성'을 담고 있어 시대적 특징을 규명하기는 고사하고 하나의 시대로 묶어 내는 일 자체가 불가능하다는 의미가 되어야 할 것이다. 하지만 요드하임의 설명은 개념의 과거와 현재가 이어지고 겹쳐진다는 선에서 머문다.

이 문제를 살펴보는 다른 방식은 코젤렉이 방법론을 설명하는 대목에서 역사를 인식하는 메타역사적 혹은 인류학적 범주를 제시했다는 사실을 고려하는 것이다. 그는 '경험공간'과 '기대지평'이라는 이 범주를 한편으로는 역사 연구에서 사용하는 표현들이 그 자체로 역사성을 갖는 데에서

16 Jordheim, Helge(2012), "Against Periodization : Koselleck's Theory of Multiple Temporalities," *History and Theory* 51(2), pp.156~157.

오는 '무한한 소용돌이'에서 벗어날 방편으로 설명하고, 다른 한편으로 이 범주 자체가 "인간의 보편적 소견을 가리키며, 역사를 가능하게 하거나 생각할 수 있도록 하는 데 필수적인 인류학적 조건을 가리킨다"고 정당화한다.[17]

그런데 이 두 메타역사적 범주 및 둘 사이의 관계를 통해 코젤렉이 말하려는 바는 '역사적 시간은 무내용적 규정일 뿐 아니라 역사와 함께 변화하는 **단위**라는 것이, 그리고 경험과 기대 사이의 관계 변화가 그 **단위의 변화**에서 나온다는 것이 설명될 것'이라는 데 있다(인용자 강조).[18] 여기에서 사용된 '단위'가 시대 구분을 의미하며 코젤렉에서 경험과 기대의 관계와 관련된 '단위의 변화'가 실제로 적용되는 지점이 근대라는 것도 분명하다. '기대들이 그때까지의 경험들에서 점점 멀어지면서 근대가 새로운 시대로 파악'[19]된다는 진술이 일러 주듯이 이 범주들의 관계를 시대적 자기규정의 토대로 삼는 것은 다른 어떤 시대가 아닌 근대이기 때문이다. 그런 점에서 경험과 기대가 원래부터 보편적인 인류학적 범주라기보다, 둘 사이의 긴장과 어긋남이 충분히 커져서 역사적 중요성을 갖는 순간에 비로소 보편적인 범주로 등장한다고 보는 편이 적절할 것이다. 이렇듯이 코젤렉의 방법론이 채택한 메타역사적 범주가 엄밀히 '메타적'인 것이 아니고 사실상 근대와 특별한 관계에 있다는 점은, 그의 개념사가 무엇보다 '근대 이야기'라고 볼 또 하나의 근거가 된다. 그렇다면 코젤렉 개념사의 수행성에 관한 질문은 그가 근대를 말함으로써 무엇을 했는가 하는 질문으로 다시 이어진다.

17 라인하르트 코젤렉(1998), 앞의 책, p.392, p.394.
18 라인하르트 코젤렉(1998), 앞의 책, p.393.
19 라인하르트 코젤렉(1998), 앞의 책, p.399.

코젤렉의 근대 이야기

실상 이 질문은 코젤렉의 개념사 연구 전체를 경유하는 작업으로 귀결될 법하다. 여기에서는 그런 방대한 작업 대신 그의 개념사가 근대를 어떤 태도로 묘사하고 있는가를 묻는 방식으로 대체하려 하는데,[20] 먼저 그의 개념사가 근대 비판을 함축한다는 견해를 보자.

전진성은『비판과 위기』라는 초기 텍스트를 주로 참조하면서 코젤렉이 기본적으로 계몽주의 역사철학에 비판적이었으며, 목적론적 진보사관이 유토피아적인 미래 목표에 몰두함으로써 역사를 소외시키고 이데올로기 투쟁을 자초했다는 입장이었다고 설명한다. 근대적 의미의 역사가 미래에 주도권을 내어 주는 바람에 현재는 한시바삐 추월되어야 하는 단계로 격하되었고, 그에 따라 현존하는 정치질서가 정당성을 상실하는 위기가 초래되었다는 것이다. 그는 이러한 입장이 사상적으로 당대 독일의 신보수주의적 근대 비판과 같은 맥락에 있다고 지적하고, '근대를 보수주의적 방향으로 유도하는 것'을 목표로 삼는 코젤렉의 개념사 연구가 '끊임없이 위기로 치닫는 근대의 맹렬한 질주에 대한 저항'의 일환이었다고 설명한다.[21]

전진성이 코젤렉에게 영향을 미친 보수주의적 입장에 대체로 비판적

20 앞에서 살펴본 페레스 주니어의 비판은 근대성을 설정하는 것 자체가 일정한 정치성을 내포할 수 있다는 암시를 담고 있는데, 실제로 포스트모더니즘은 근대성 개념을 거대 역사서사의 한 예로 비판하기도 했다. 다른 한편 포스트모더니즘의 유행 이후 다시 귀환한 근대성 논의가 전 지구적 자유시장 논리와 연관되어 있다는 비판에 관해서는 Jameson, Fredric(2001), *A Singular Modernity : Essay on the Ontology of of the Present*, London ; New York : Verso, pp.7~8 참조. 이 글에서는 근대성 개념 자체의 정치성에 관해서는 본격적으로 다루지 않는다.

21 전진성(2006),「"항구적 위기"로서의 근대 : 코젤렉의 초기 저작에 나타나는 신보수주의」,『서양사론』제91권. 인용문은 각각 p.34, p.40.

어조인 데 비해, 나인호는 나치즘에서 독일 민족 부흥을 구하는 등 많은 문제가 있는 것은 사실이나 "이들의 문제의식을 '반근대주의', '반동적 근대주의', 더 나아가 '문화적 비관주의'라고 일관되게 부정적으로 묘사하는 영미 서구 학자들의 태도는 지나치게 일방적"이며 "오늘날의 관점에서 볼 때, 오히려 서구에서 발원한 낯선 근대성에 대한 이들의 비판과 비유럽 세계 지식인들의 유럽(서양)중심주의 비판 사이의 유사성이 강조될 수 있다"고 본다. 이러한 근대 비판의 경향을 상속한 코젤렉의 개념에는 '근대에 대한 이데올로기 비판적 태도, 즉 근대화 및 근대가 반드시 올바르고 당위적인 것은 아니고, 치러야 할 대가 또한 만만치 않다는 인식이 작용'하고 있다는 것이다.[22]

코젤렉 자신이 진보사관에 동조하거나 근대가 유토피아의 시작 혹은 최소한 그에 이르는 확실한 길이라고 보지 않았음은 비교적 분명하다. 근대적 혁명 개념이 영속성을 획득하면서 끊임없이 내전을 재생산하게 되었다는 지적을 비롯하여 근대에 일어난 역사의 정치화, 당파에 대한 강요, 이데올로기화 같은 현상을 묘사하는 코젤렉의 태도에 종종 우려가 섞여 있음을 감지할 수 있기 때문이다. 하지만 근대에 대한 그의 전반적인 묘사는 명시적 판단보다는 중립적 진술에 가까워서 그가 취하는 '거리'가 얼마나 심각한 근대 비판에 해당하는지는 조심스러운 검토를 요한다. 데이비드 카 역시 근대성에 대한 코젤렉의 태도가 계몽주의에 있는 좋은 것을 구제하려 한 하버마스(Jürgen Habermas)보다는 아도르노(Theodor Adorno)나 호르크하이머(Max Horkheimer), 프랑스 포스트모더니스트의 비관주의에 가까울 거라는 암시가 있기는 하지만 이는 어디까지나 '추측일 뿐', 코젤렉

22 나인호(2011), 『개념사란 무엇인가 : 역사와 언어의 새로운 만남』, 역사비평사, p.137, p.142.

은 '역사가로서 서술하고 자신의 저작이 제기하는 철학적인 질문들을 다루는 것은 다른 이들에게 남겨 두'었다고 말한 바 있다.[23]

암시와 추측의 차원에 남겨진 이 문제에 조금 더 접근하기 위해 코젤렉의 구체적인 개념사 서술 방식과, 마찬가지로 개념의 역사적 변화를 다루되 이를 '철학자'로서 서술한 하이데거(Martin Heidegger)의 사례를 비교해 보자. 코젤렉에게 영향을 미친 학자로도 거론되는[24] 하이데거는 근대의 문제점을 '사유하지 않음(thoughtlessness)'으로 규정하고 그 지경에 이르는 경과를 '과학' 개념의 역사적 변화를 매개로 분석하고 있다. 그는 인간이 '사유로부터 도피'하게 된 사태가 기술시대라는 전혀 새로운 시대가 시작되면서 '계산적 사유(calculative thingking)'라는 특정 종류의 사유가 지배하면서 발생했다고 본다.[25] 계산적 사유의 지배는 과학 개념의 변화에서 단적으로 나타난다. 하이데거는 우선 과학의 본질을 '실재에 관한 이론(theory of the real)'으로 정의하고 '실재'와 '이론' 개념이 각각 역사적으로 어떻게 변화했는지를 추적한다. 그에 따르면 'the real'에 해당하는 말은 그리스인에게는 '불러내어 앞에 놓인 것'을 뜻하다가 로마인에게는 '결과로서 뒤따르는 것'으로 변했고 근대에 들어서는 '대상(object)'으로 여기게 되었다. 한편 'theory'에 해당하는 그리스어는 '현전하는 것의 드러남에 경건하게 주의를 기울임'이라는 의미로 '진리(aletheia)'와 관계된 최고도의 행위였으나, 로마어에서는 '어떤 것을 별개의 부문으로 나누어 그 안에 넣어 둠'을 뜻하게 되었고 마침

23 Carr, David(1987), 앞의 논문, p.204.

24 하이데거는 1940년대 후반에서 1950년대 초 가다머와 뢰비트(Karl Löwith)의 세미나에 정기적으로 참여했으며 여기에 코젤렉도 참석한 바 있다. Tribe, Keith(2004), 앞의 글, p.xi 참조.

25 Heidegger, Martin(1966), *Discourse on Thinking : A Translation of Gelassenheit*, John M. Anderson and E. Has Freund trans., New York : Harper & Row, pp.43~57 참조.

내 근대에서는 '관찰'과 연결되었다.[26]

이 사례에서 하이데거의 근대 비판적 입장은 뚜렷한 편이다. 근대가 사유를 망각한 것이 말 그대로 아무 생각도 하지 않는다기보다 특정 종류의 사유가 전부라는 생각 때문에 그렇게 되었다면, 그것은 사유가 갖는 가능성이 근대 들어 결정적으로 편협해졌음을 뜻한다. 같은 맥락에서 과학이 가졌던 풍부하고 차원 높은 가능성 또한 점차 축소되다가 마침내 근대과학은 대상에 관한 관찰이라는 한정된 활동으로 '전락'했다는 논지이기 때문이다. 하이데거의 근대 이론 전체가 이런 식의 근대 비판으로 일관했다고 보기는 무리겠지만, 적어도 이 대목에는 하이데거가 근대에 취한 비판적 태도와 그 근거 그리고 근대의 문제가 해결되어야 할 방향 또한 분명히 제시되어 있다.

이번에는 코젤렉의 『개념사 사전』에서 기본 개념의 하나로 다루어진 '진보' 항목의 몇 대목을 살펴보자. 서문은 진보 개념사의 과제와 대략적인 내용을 다음과 같이 정리하고 있다.

> 앞으로 있을 분석의 과제는 '진보'라는 유동적 범주의 생성과 유래를 해명하여 **이전에는 없었던 '진보'의 근대적 의미를 부각시키는 것**이다. ……이 용어에는 이전의 '전진(Progreβ)'이나 '진전(Fortgang)'이라는 표현으로는 **파악할 수 없는 역동성이 담겨 있다.** 역사적 움직임을 나타내는 현대적 의미의 진보 개념은 **어원적 의미를 상실하고 그것을 잊게 만들었다.** 진보 이전에 쓰이던 전진과 진전은 이제 성장 메타포로, 자연적이고 순환적인 사건의 진행을 이해하는 개념으로 사용되었다. 반면 진보는 그렇지 않다. 진보는 순수하게 역사적인 어떤 시간을

26 Heidegger, Martin(1977), *The Question Concerning Technology and Other Essays*, William Lovitt trans., New York : Harper & Row, pp.159~167 참조.

개념화해야 했다(인용자 강조).[27]

여기에서도 근대 들어 발생한 변화에 방점이 찍히고 그것이 의미의 상실과 망각을 수반하는 것으로 설명되지만, 이때의 상실과 망각은 축소와 퇴락이기보다 전에 없던 새로운 의미의 등장이나 적어도 새로운 방향으로의 분화에 가깝다. 이후의 서술에서도 이런 기조는 그대로 유지된다. 가령 고대 그리스·로마시대는 "역사가 전반적으로 변화 과정에 있다는 생각을 하지 못했다"거나 "시간의 흐름이 개선이라는 하나의 통일된 방향으로 나아간다고 생각하지 못했다"고 기술되며, 진보의식이 있었더라도 '그러한 인식은 기껏해야 그리스인에게만 퍼져 있었'고 '장기적으로 진보가 가능하다는 가정들은 특정한 영역에 제한되었다'고 평가된다. 반면 근대의 진보 개념에 대해서는 '마침내 순전히 역사적인 시간 자체가 인식되었'다고 묘사하고 있다.[28] 이런 서술을 통해 코젤렉의 진보개념사에서 무언가를 결핍했거나 실현하지 못한 쪽은 근대가 아니라 고대가 된 셈이다. 진보개념사의 마지막 절은 이 개념에 대한 이런저런 혐오와 비판을 간단히 소개하고 있으나 그런 비판들이 진보의 개념사를 결정적으로 분기시킨 것으로 다루어지지는 않는다. 다만 '과거에 있었던 진보를 통해 이제 우리는 우리의 새 시대를 향해 질문을 던지게 되지만 과거를 돌아보면서 그 답을 얻을 수 있을지는 의문'이라는 다소 회의적인 언급이 이어질 따름인데, 과거에서 새 시대의 답을 찾지 못하리라는 회의 자체가 바로 근대적 진보 개념의 의미장을 대표하는 특징이기도 했다.

27 라인하르트 코젤렉·크리스티안 마이어(2010), 『코젤렉의 개념사 사전 2 : 진보』, 황선애 옮김, 푸른역사, pp.13~14.

28 각각 라인하르트 코젤렉·크리스티안 마이어(2010), 앞의 책, p.19, pp.23~25, p.51.

진보 항목을 코젤렉 개념사의 범례라고 하려면 더 많은 검토가 필요하겠지만, 그의 근대론이라는 측면에서는 중요한 표본으로 삼아도 무방할 것이다. 하이데거의 사례와 비교할 때, 여기에서 코젤렉이 하는 작업은 보수주의라는 협의에 딱히 들어맞지 않을뿐더러 근대 비판으로서의 무게도 별달리 실감하기 힘들다. 오히려 근대가 일종의 최종 지평으로 설정되어 있고 근대 개념이 갖는 문제들을 해결하거나 넘어설 단초가 고대에서건 어디에서건 암시되지 않는다는 의미에서, 코젤렉의 근대 이야기 자체가 그가 다루는 근대의 의미론 안에 접혀 들어가 있는 것으로 보인다. 그의 개념사가 다루는 근대가 결국 '지나간 미래'[29]일 수밖에 없는 이유가 거기에 있을 것이다.

근대 다시 쓰기와 한국 개념사 연구

메타역사적 범주의 하나로 경험공간을 제시하는 대목에서 코젤렉의 설명은 상호 충돌하는 정의를 담고 있다. 그는 '경험의 계기가 과거의 것인 만큼, 일단 결집된 경험은 완전'한 '반면 기대로서 선취된 미래에 행해질

29 그의 저작 『지나간 미래』의 본문에서 이 표현은 근대 초기가 갖는 특성을 살펴보겠다는 대목에서 등장한다. '당시 세대들의 미래에서 드러나는 측면, 간단히 말해서 지나간 미래'에 초점을 두겠다는 내용인데 영문판 번역자 키스 트라이브는 이 대목을 'futures past'가 아니라 'former futures'로 옮겼고 따라서 제목도 바뀌었어야 더 적절하리라고 설명하고 있다〔Koselleck, Reinhart(2004), *Futures Past : On the Semantics of Historical Time*, Keith Tribe trans., New York : Columbia University Press, p. xi 참조〕. '예전의 미래'라는 말이 과거가 미래에 대해 생각한 바라는 의미를 더 분명하게 드러내 주는 면이 있다. 하지만 근대 초기가 미래에 대해 생각하고 기대한 것들은 현재의 시점에서 이미 지나간 미래라고 할 수 있으므로 현재의 번역도 크게 어긋나는 것은 아니라 하겠는데, 근대의 지속이라는 점에서는 결국 현재도 지나간 미래의 연장이 된다.

경험은 다양한 시간적 확장의 무한성 속으로 사라'지므로, "'경험공간'과 '기대지평'에 관해 말하는 것이 '경험지평'과 '기대공간'에 관해 말하는 것보다 훨씬 분명하다"고 설명한다. 이럴 때 '공간'이라는 단어는 경험의 완결성과 총체성을 가리키며 '지평'과 비교하여 상대적으로 닫혀 있는 구조를 지시한다. 하지만 앞에서 보았다시피 코젤렉에게 과거란 객관적으로 이미 발생한 사건들이라는 면이 있으면서 '사건들이 체화되어 기억될 수 있는 현재적 과거'이기도 했다. 그런 이유로 '소급 작용하는 기대'와 더불어 '일단 만들어진 경험도 시간이 흐르면서 변할 수 있'는 것이다.[30]

이렇게 볼 때 코젤렉이 다룬, 근대에 이르는 개념들의 역사라는 경험공간은 이중적인 의미에서 근대적 지평으로 수렴되는 셈이다. 하나는 앞선 시대들과 다르고 또 앞선 시대들이 서로 다른 것과도 다른 '새로움'으로서의 근대에 방점을 두었다는 의미에서, 다른 하나는 그가 개념사라는 경험공간의 서술에 소급 작용시킨 기대가 근대적인 것이라는 의미에서이다. 그렇다면 코젤렉 개념사와 차별성을 갖는 근대 다시 쓰기 또한 이와 같은 이중적 층위를 고려해야 하며, 이 두 층위 모두에서 근대적 의미론을 돌파할 필요가 있다.

전자와 관련하여 전통 개념의 지속이나 근대 개념의 지역적 차이를 강조하는 시도는, 그것이 근대라는 역사적 시간의 새로움 혹은 불연속성을 결정적으로 상대화하지 못하는 한 코젤렉의 보완수정판이 아닌 별개의 다른 이야기라고 주장할 근거가 불충분하다고 할 수 있다. 마찬가지로 공론장에서 논의되지 못한, 이른바 '침묵당한' 사회적 경험들을 근거로 코젤렉 개념사의 한계를 비판한 페레스 주니어의 논의[31] 또한 억압과 배제

30 라인하르트 코젤렉(1998), 앞의 책, pp.394~395, p.398 참조.

31 Feres Júnior, João(2005), 앞의 논문, pp.191~193 참조.

라는 근대의 이면을 보충한 '비판적' 근대 이야기에 그칠 수 있다. 코젤렉이 페레스 주니어의 비판을 가볍게 수용할 수 있었던 것도 이와 관련이 있다.

> 글쎄요……. 기본 개념에 대한 내 구상은 침묵당한 부정적인 경험들을 배제하지 않습니다. 내가 방법론적 관점에서 가다머를 비판한 점이 바로 그가 언어를 모든 경험의 유일하고 배타적인 원천이라 생각한 데 집중되어 있지요. ……전에 내가 에세이에서 다룬 비대칭적 대응 개념들도 침묵시키기의 기술과 관련이 깊습니다. ……이와 유사한 일이 죽은 이를 기리는 기념비와 관련해서도 일어나지요. 기념비는 보여 주기도 하고 침묵시키기도 합니다. 승자를 기념하는 기념비는 패자를 감추고, 패배한 이를 기억하는 기념비는 승자를 잊습니다. 이는 물론 도덕적인 질문을 제기하지요. ……따라서 나는 이 문제를 발터 베냐민(Walter Benjamin)이 했던 식으로 다루는 데 아무 이의가 없어요. 그는 우리가 패배한 자들도 기념해야 하고, 사람들로 하여금 그들의 관점으로 사태를 보도록 요청해야 한다고 말했지요. 그러니, 안 될 게 뭐가 있나요? 개념사가 배제된 사람들 또한 기념하지 말아야 할 이유는 없습니다.[32]

여기에서 코젤렉은 '기본 개념'이 공적 담론으로 포함된 것들에 한정된다는 페레스 주니어의 비판에 대해, 한편으로는 자신이 '비대칭적 대응 개념'을 통해 '야만인'·'이교도'·'비인간' 등 타자적 개념들을 실제로 다루었음을 상기시키고, 다른 한편으로는 기본 개념 구상이 기본적으로 열려 있다는 점을 지적함으로써 대응하고 있다. 따라서 한국 혹은 동아시아 근

32 Sebastián, Javiér Fernández and Juan Francisco Fuentes(2006), 앞의 논문, p.125.

대를 ‘다른 이야기’로 쓰기 위해서는 단순히 지금까지 침묵당해 온 경험 혹은 패배한 사람들의 경험을 비로소 공적인 담론으로 포함시킨다는 차원을 넘어서야 하며, 어쩌면 침묵과 패배 자체의 의미를 바꾸는 근본적인 전환을 동반해야 한다. 그런데 여기에서 코젤렉 자신이 소환하는 베냐민의 역사관이 과연 이쪽저쪽을 다 보아야 한다는 이야기였을까? 이와 연관되는 베냐민의 텍스트는 이른바 「역사철학테제」의 제7테제이다. 특히 관련이 깊은 대목은 다음과 같이 서술된다.

> 그런데 그때그때 지배하는 자들은 예전에 승리했던 자들의 후예들이다. 그에 따라 승리자에게 감정이입을 하는 일은 그때그때 지배하는 자들에게 도움을 준다. 이로써 역사적 유물론자는 충분히 알 수 있다. 오늘에 이르기까지 늘 승리를 거둔 사람은 오늘날 바닥에 누워 있는 자들을 짓밟고 가는 지배자들의 개선 행렬에 따라다닌다. 사람들은 그 전리품을 문화재라고 칭한다. ……그것들은 그것들을 만들어 낸 위대한 천재들의 노고뿐만 아니라 그 천재들과 함께 살았던 무명의 동시대인의 노역에도 힘입고 있다. 동시에 야만의 기록이 아닌 문화의 기록이란 결코 없다. 그리고 문화의 기록 자체가 야만성에서 벗어날 수 없는 것처럼 그것이 한 사람에게서 다른 사람에게로 넘어간 전승의 과정 역시 야만성을 벗어나지 못한다. 따라서 역사적 유물론자는 가능한 한도 내에서 그러한 전승에서 비켜선다. 그는 결을 거슬러 역사를 솔질하는 것을 자신의 과제로 본다.[33]

이 진술의 의미를 충분히 파악하기 위해서는 이 난해한 텍스트 전체를

33 발터 베냐민(2008), 『역사의 개념에 대하여 · 폭력비판을 위하여 · 초현실주의 외』, 최성만 옮김, 도서출판 길, pp.335~336.

이해하는 버거운 작업이 전제되는지도 모른다. 하지만 이 테제가 승리자들이 스스로를 정당화하고 자신들의 업적을 기리는 전승의 과정으로부터 '비켜'서서 '결을 거슬러서 역사를 솔질하는 것'을 '역사적 유물론자'의 과제로 내세우며 끝맺고 있다는 사실만 보더라도 그의 문제의식이 다양한 사실의 인식이나 균형 잡힌 시각의 요청 같은 것이 아니라는 점은 어느 정도 드러난다. 코젤렉이 말했듯이 패배자의 역사까지 포함하고 기념하는 정도로는 그와 같은 '비켜섬'과 '거스름'이 수행될 수 없다. '야만성'이라는 단어가 암시해 주듯이, 승자의 역사와 패자의 역사를 모두 포함할 수 있을는지는 몰라도 둘 다를 공평하게 '기념하는' 일 자체가 어쩌면 불가능한지도 모른다. 오히려 베냐민은 여기에서 역사가에게 일종의 '당파성'의 적극적 개입을 요구한다고 볼 수 있는데, 베냐민이 주장하는 바를 코젤렉도 언급한 '소급 작용하는 기대'와 관련시킨 지제크(Slavoj Žižek)의 해석이 흥미롭다.

지제크가 「역사철학테제」에서 주목하는 점은 베냐민이 두 가지 시간성 양식을 대립시킨 점이다. 하나는 동질적인 지속성의 시간으로, 이 시간에서는 현재를 지배하는 자들을 그 지배에 이르도록 해준 진보만이 지속되고 피지배자들의 실패는 배제되어 있다. 그리고 그렇게 철저히 현재를 정당화하는 방식으로 해석되는 시간이므로 그 안에서 엄밀한 의미의 역사적 운동은 여지없이 억류되어 있다. 이와 대비되는 비지속성의 시간은 피지배자들의 실패라는 과거가 구원의 열망이라는 형태로 미래의 차원을 포함하고 있으며 그러한 한에서 현재의 운동을 적극적으로 촉발한다. 즉 현재로 하여금 반복을 통해 과거의 이 실패를 소급적으로 구원하기를 요청하는 것이다. 경험공간의 완결성과 변화 가능성의 견지로 옮겨 본다면, 이 두 시간성의 대립은 역사적 과거를 총체성으로 파악함으로써 옴짝달싹할 수 없게 만드는 것과 그러한 폐쇄된 총체성에서 특정한 세부를 분리함으로써 새로운 의미의 가능성을 여는 것 사이의 차이라는 설명이[34] 참고할 만하다. 지제크는 여기에서 베냐민이 말하고자 하는 바가 패자의 관점 **또한** 다루어져야 한다는 것이 아니며 기본적으로 역사를 바라보는 양립 불가능한 두 개의 관점을 대조하고 있다고 본 것이다.

베냐민의 역사철학을 정당하게 해석하는가 여부를 떠나 지제크가 베냐민을 빌려 이야기하는 비지속성의 시간은 코젤렉식 소급 작용과는 다른 방식을 암시해 주는 점에서 주목할 만하다. 여기에서 과거는 특정한 미래 개념을 구상하는 주체가 아니라 그 자체가 미래를 담고 있다. 그리고 과거가 포함하는 미래란 진보에 대한 기대가 아니라 실패로서 나타나는 '구원'의 열망이다. 그런 의미에서 지제크가 말하는 '과거의 미래'는 '지나간 미래'가 아니라 과거가 하려고 했으나 실현되지 않은 것, 곧 '오지 않은 과거'이다. 이 '오지 않은 과거'는 완결된 경험공간으로 이미 존재하는 것이 아니라 오로지 실패를 '구원'하고자 하는 현재의 소급 작용을 계기로 비로소 존재하게 된다. 이런 종류의 소급 작용은 경험공간 속에 기대지평을 기입한다는 점에서 양자 사이의 거리와 불일치라는 근대적 속성을 벗어나 있다.

한국의 개념사 연구는 바로 이러한 방식으로 코젤렉의 개념사와의 차별성을 모색할 수 있지 않을까. 코젤렉의 근대 이야기를 수정하고 보충하려는 노력이 아니라 근대 이야기에서는 오직 역사적 실패로 기록될 수밖에 없는 과거를 그 완결된 이야기에서 떼어 내어 새로운 가능성을 부여하는 것, 또 그러기 위해 기대지평을 근대의 바깥으로 계속해서 넓혀 나가면

34 Žižek, Slavoj(1989), *The Sublime Object of Ideology*, London ; New York : Verso, pp.138~139 참조. 이 대목에 관한 좀 더 상세한 논의는 황정아(2013), 「실재와 현실, 그리고 '실재주의' 비평」, 『크리티카』 제6호 참조.

서 충분히 실현되지 않은 개념적 의미에 새겨진 잠재력을 발굴하는 것, 이러한 작업이 한국적 근대든 동아시아적 근대든 '또 다른 근대 이야기'로 감당되지는 않으며 '근대와는 다른 이야기'로서 수행되리라는 것만큼은 분명해 보인다.

참고문헌

나인호(2011), 『개념사란 무엇인가 : 역사와 언어의 새로운 만남』, 역사비평사.

릭터 멜빈(2010), 『정치 · 사회적 개념의 역사 : 비판적 소개』, 송승철 · 김용수 옮김, 소화출판사.

발터 베냐민(2008), 『역사의 개념에 대하여 · 폭력비판을 위하여 · 초현실주의 외』, 최성만 옮김, 도서출판 길.

코젤렉 라인하르트(1998), 『지나간 미래』, 한철 옮김, 문학동네.

코젤렉 라인하르트 · 크리스티안 마이어(2010), 『코젤렉의 개념사 사전 2 : 진보』, 황선애 옮김, 푸른역사.

퀜틴 스키너(2012), 『역사를 읽는 방법』, 황정아 · 김용수 옮김, 돌베개.

양일모(2011), 「한국 개념사 연구의 모색과 논점」, 『개념과 소통』 제8호.

이행훈(2011), 「'과거의 현재'와 '현재의 과거'의 매혹적 만남 : 한국 개념사 연구의 현재와 미래」, 『개념과 소통』 제7호.

전진성(2006), 「"항구적 위기"로서의 근대 : 코젤렉의 초기 저작에 나타나는 신보수주의」, 『서양사론』 제91권.

허수(2012), 「한국 개념사 연구의 현황과 전망」, 『역사와 현실』 제86호.

황정아(2013), 「실재와 현실, 그리고 '실재주의' 비평」, 『크리티카』 제6호.

Heidegger, Martin(1966), *Discourse on Thinking : A Translation of Gelassenheit*, Anderson John M. and E. Has Freund trans., New York : Harper & Row.

Heidegger, Martin(1977), *The Question Concerning Technology and Other Essays*, William Lovitt trans., New York : Harper & Row.

Koselleck, Reinhart(2004), *Futures Past : On the Semantics of Historical Time*, Keith Tribe trans., New York : Columbia University Press.

Jameson, Fredric(2001), *A Singular Modernity : Essay on the Ontology of the Present*, London ; New York : Verso.

Žižek, Slavoj(1989), *The Sublime Object of Ideology*, London ; New York : Verso.

Carr, David(1987), "Review Essay : *Futures Past : On the Semantics of Historical Time*," *History and Theory* 26(2).

Dipper, Christof(2000), "Die 'Geschichtlichen Grundbegriffe' : Von der Begriffsgeschichte zur Theorie der historischen Zeiten," *Historische Zeitschrift* 270(2).

Feres Júnior, João(2005), "For a Critical Conceptual History of Brazil : Receiving *Begriffsgeschichte*," *Contributions to the History of Concepts* 1(2).

Jordheim, Helge(2012), "Against Periodization : Koselleck's Theory of Multiple Temporalities," *History and Theory* 51(2).

Palonen, Kari(2012), "Reinhart Koselleck on Translation, Anarchronism and Conceptual Change," *Why Concepts Matter : Translating Social and Political Thought*, in Martin J. Burke and Melvin Richter eds., *Why Concepts Matter : Translating Social and Political Thought*, Leiden ; Boston : Brill.

Sebastián, Javiér Fernández and Juan Francisco Fuentes(2006), "Conceptual History, Memory, and Identity : An Interview with Reinhart Koselleck," *Contributions to the History of Concepts* 2(1).

Tribe, Keith(2004), "Translator's Introduction," in Reinhart Koselleck, *Futures Past : On the Semantics of Historical Time*, Keith Tribe trans., New York : Columbia University Press.

찾아보기

사항

[ㅇ]

[ㅊ]

[ㅋ·ㅌ·ㅍ]

[ㅎ · 기타]

인명

책 · 논문

언어와 소통 – 의미론의 쟁점들

초판 발행 1쇄 2016년 4월 15일

지은이 박근갑 · 황수영 · 정연재 · 허경 · 디트리히 부세 · 자크 기요무 · 박여성 · 이철
니클라스 루만 · 황정아
펴낸이 고화숙 / **펴낸곳** 도서출판 소화 / **등록번호** 제13-412호
주소 서울시 영등포구 버드나루로 69 / **전화** 02-2677-5890 / **팩스** 02-2636-6393
홈페이지 www.sowha.com

ISBN 978-89-8410-483-9 94900
ISBN 978-89-8410-360-3(세트)

값 27,000원

이 도서의 국립중앙도서관 출판시도서목록(CIP)은 서지정보유통지원시스템 홈페이지(http://seoji.nl.go.kr)와 국가자료공동목록시스템(http://www.nl.go.kr/kolisnet)에서 이용하실 수 있습니다.
(CIP제어번호 : CIP2016008695)